民法典与民事诉讼法协同实施研究三部曲

民事诉权
基础理论研究

任 重 著

中国人民大学出版社
· 北京 ·

本书是国家社科基金重大项目
"民法典与民事诉讼法的协同实施研究"
（项目批准号：22&ZD206）的阶段性研究成果

自序：民事诉权基础理论研究向何处去？
——从"哥德巴赫猜想"到"希尔伯特问题"

在民事诉讼理论体系乃至整个法学大厦中，诉权毫无疑问是最本原的基础性问题。民事诉讼法学者将其与诉讼标的论、既判力本质论并称为三大基础理论问题；法律史学者追问罗马法诉权（actio）的起源和变迁；比较法学者以诉权为视角分析大陆法系与英美法系迥异的裁判思维；民法学者则以诉权作为请求权的母体，为切实实施民法典寻找科学方法。诉权的历史源头是罗马法上的 actio，而现代意义上的诉权正是"切实实施民法典"的重要制度保障。是故，诉权与民事诉权这两个概念表述基本可以相互替代。本书以民事诉权为题是考虑到行政诉权在我国独特的问题群，如"民告官""告状难"。尽管如此，行政诉权、刑事诉权与民事诉权的同源性是不争的事实。鉴于此，本书的研究结论也可能对行政诉权和刑事诉权研究具有参考价值。

长期以来，民事诉权论因其抽象性与挑战性而被称为法学界的"哥德巴赫猜想"。"哥德巴赫猜想"被誉为数学界的"圣杯"。1742 年，德国数学家哥德巴赫（Goldbach）在与瑞士数学家欧拉（Euler）的通信中提出了关于整数性质的猜想。"哥德巴赫猜想"的核心内容可以被表述为"每个大于 2 的偶数都可以写成两个素数之和"。1920 年，挪威数学家布朗证明了"9＋9"。1948 年，匈牙利数学家瑞尼证明了"1＋c"（其中 c 为某个常数）。我国数学家陈景润于 1966 年证明了"1＋2"，这一成果被称为"陈氏定理"，是目前"哥德巴赫猜想"的最佳结果。陈景润的证明在国际数学界引起轰动，至今仍未被超越。虽然"1＋2"已非常接近"哥德巴赫猜想"的最终解决，但"1＋1"的证明仍遥遥无期。在被提出 283 年之后，"哥德巴赫猜想"仍是数学界最耀眼的未解之谜。

作为法学界的"哥德巴赫猜想"，民事诉权论旨在回答当事人缘何可向法院起诉，法院在何种条件下应对当事人提供法律保护。哥德巴赫的德国同胞萨维尼（Savigny）以罗马法上的诉权为蓝本提出了纯粹私法诉权学说。德国法学家温德沙伊德（Windscheid）则有针对性地提出了混合私法诉权学说。随着公法理论的发展和引入，彪罗（Bülow）提出抽象公法诉权说，瓦赫（Wach）则倡导具体公法诉权说。《德国民事诉讼法》和《德国民法典》的先后颁布并未对诉权论战一锤定音，反而呈现出私法诉权说、抽象公法诉权说和具体公法诉权说的"三足鼎立"格局。其中，受温德沙伊德学说的实质影响，《德国民事诉讼法》与《德国民法典》的法律文本体现出私法诉权色彩。彪罗则质疑私法诉权说在结果上严重贬损当事人诉权，而具体公法诉权说不过是私法诉权说的变种。

上述诉权论战并未彻底解决法学界的"哥德巴赫猜想"。苏联法学家顾尔维奇（Гурвич）在 20 世纪 40 年代较为客观地分析和评述了上述德国诉权论战。不仅如此，顾尔维奇还在赫尔维格（Hellwig）的权利保护请求权理论基础上提出了三元诉权论。新中国成立后，顾尔维奇的《诉权》被译为中文并由中国人民大学出版社出版。我国诉讼法学者在顾尔维奇诉权理论的基础上提出二元诉权论，这至今仍旧是我国的通说。二元诉权论在我国有不同的分支，它们的共同点是对起诉权的强调。起诉权是当事人向法院提起诉讼并获得法院受理的公法权利。是故，法院在诉讼程序开始之前就应集中审查起诉权是否具备。若判定当事人享有起诉权，人民法院就受理起诉并开启诉讼程序；若发现当事人并无起诉权，人民法院则不予受理或驳回起诉。

相较于其他民事诉讼基础理论问题，民事诉权论在我国起步早、发展快。改革开放初期的学术论文和教科书均对民事诉权的学说史有全面且深入的分析。可以说，顾培东教授的诉权研究和江伟教授、陈刚教授、邵明教授的诉权专著业已代表了民事诉权研究的高峰。在"哥德巴赫猜想"意义上超越上述研究的可能性微乎其微。既有研究对主要诉权学说的理解和认识、对我国二元诉权论的分析和批判以及对我国民事诉权研究发展的学术展望已经基本达到"1＋2"的程度。近年来，刘敏教授、柯阳友教授、严仁群教授、吴英姿教授先后发表的学术成果则进一步夯实了我国民事诉权研究的学理基础。在可预见的未来，最终证成民事诉权论这一"哥德巴赫猜想"在世界范围内都遥遥无期。德国的司法保护请求权说、日本的本案判决请求权说都难谓"1＋1"。我国民事诉权基础理论的最新发展则呈现出司法保护请求权说、本案判决请求权说、私法诉权说、权利保护请求权说、诉权否定论等不同流派。

值得肯定的是，"哥德巴赫猜想"模式的民事诉权基础理论研究极大地推动了学术争鸣且有利于法学方法论革新。同样须冷静指出的是，民事诉权基础理论研究的"哥德巴赫猜想"模式业已显露出缺陷与乏力。党的十八届四中全会通过的《中共中央关于全面推进依法治国若干重大问题的决定》明确要求："改革法院案件受理制度，变立案审查制为立案登记制，对人民法院依法应该受理的案件，做到有案必立、有诉必理，保障当事人诉权。"无论是保障当事人诉权的改革目标，还是变立案审查制为立案登记制的改革路径，均亟待民事诉权基础理论研究提供强有力的理论支撑。然而，"哥德巴赫猜想"模式下的民事诉权基础理论研究呈现出失语现象。无论是以立案登记制改革为代表的诉权保障问题，抑或是虚假诉讼、恶意诉讼、无理缠诉等诉权规制问题，均在一定程度上脱离开民事诉权基础理论研究而独自前行。民事诉权基础理论的边缘化并非偶然现象，而是源于"哥德巴赫猜想"模式的自身缺陷。"哥德巴赫猜想"模式的特点正是其抽象性和挑战性，进而不强调明确性和共识性。然而，民事诉权保障的切实实现必然需要明确、具体的诉权标准和层层递进的改革方案。

可见，我国民事诉权基础理论研究有待由"哥德巴赫猜想"模式转换为"希尔伯特问题"模式。1900年，德国数学家希尔伯特（Hilbert）在巴黎国际数学家大会上提出了23个数学问题，这些问题涵盖彼时数学各领域的核心难题，被视为20世纪数学发展的"指路明灯"，对现代数学的走向产生了深远影响。从"哥德巴赫猜想"到"希尔伯特问题"的民事诉权基础理论研究模式转型要求我们从新的角度提问，即从"何种民事诉权理论最优越"转换为"何种民事诉权理论最有利于且适合我国的民事诉权保障""何种民事诉权理论最有助于民法典与民事诉讼法的协同实施""何种民事诉权理论最适合构筑民事诉讼法学自主知识体系"。

以"希尔伯特问题"模式为切入点，本书逐步推进民事诉权基础理论研究的模式转型。民事诉权基础理论研究有别于具体制度研究，其关注具有一般性和规律性的民事诉权课题。是故，以"具体制度＋诉权"为特征的诉权问题，如再审诉权、民事公益诉权，它们被原则上排除在本书的研究范围之外。在此基础上，本书分为三编共十四章。其中，上编"民事诉权原理"旨在实现民事诉权基础理论研究范式的转换，并以此为契机重新审视、整理和补充我国既有诉权研究，为民事诉权的体系展开和民事诉权规制打下牢靠的原理基础。具体而言，第一章至第五章层层递进地展开民事诉权的希尔伯特问题、民事诉权的中国问题意识、民事诉权的中国意涵、民事诉权理论重思及民事诉权学说重述。本书的中编（第六章至第十章）则以审判程序中的民事诉权、执行程序中的民事诉权、保全程序中的民事诉权以及非讼程序中的民事诉权展开四元民事诉权保障体系，以实现全过程的民事诉权保障。下编（第十一章至第十四章）以民事诉权规制为着眼点，在阐明民事诉权的时代挑战、观念挑战后展开民事诉权规制的两个面向，即审判权面向和诉权面向，以在切实保障民事诉权的同时科学且有效规制民事诉权的滥用。

面对浩如烟海的中外文诉权文献和璀璨的诉权学说，本书从不期待能在"哥德巴赫猜想"范式下的"1＋2"基础上证成"1＋1"，或在"希尔伯特问题"语境下对民事诉权意涵、理论谱系、转型方向、诉权体系以及民事诉权规制提供若干"标准答案"。本书希望呈现的是民事诉权基础理论的某种可能性。作为民事诉讼法学体系的原点，民事诉权基础理论不应满足于"屠龙术"的基本定位，而应科学化和系统化地回答法治进程中的实践之问和时代之问。唯有如此，民事诉权才可期成为中国民事诉讼法学自主知识体系甚至中国法学自主知识体系的基石。衷心期待各位师友和读者不吝提出宝贵的批评和建议。

任重

2025 年 4 月

于清华大学法律图书馆

缩略语表

法律法规、司法解释等名称	缩略语
《中共中央关于全面推进依法治国若干重大问题的决定》	《依法治国决定》
《关于人民法院推行立案登记制改革的意见》	《立案登记改革意见》
《最高人民法院关于人民法院登记立案若干问题的规定》	《登记立案规定》
《中华人民共和国民事诉讼法》	《民事诉讼法》
《中华人民共和国民事诉讼法（试行）》	《民事诉讼法（试行）》
《最高人民法院关于适用〈中华人民共和国民事诉讼法〉的解释》	《民诉法解释》
《中华人民共和国宪法》	《宪法》
《中华人民共和国民法典》	《民法典》
《中华人民共和国民法通则》	《民法通则》
《中华人民共和国合同法》	《合同法》
《中华人民共和国侵权责任法》	《侵权责任法》
《中华人民共和国担保法》	《担保法》
《中华人民共和国物权法》	《物权法》
《最高人民法院关于民事诉讼证据的若干规定》	《证据规定》
Zivilprozessordnung	《德国民事诉讼法》
Bürgerliches Gesetzbuch	《德国民法典》
Gerichtskostengesetz	《德国诉讼费用法》

续表

法律法规、司法解释等名称	缩略语
《最高人民法院关于适用〈中华人民共和国民法典〉物权编的解释（一）》	《物权编解释（一）》
《中华人民共和国法官法》	《法官法》
《中华人民共和国人民法院组织法》	《法院组织法》
《中华人民共和国刑事诉讼法》	《刑事诉讼法》
《中华人民共和国行政诉讼法》	《行政诉讼法》
《中华人民共和国婚姻法》	《婚姻法》
Civilprozeßordnung	《帝国民事诉讼法》
Wettbewerbsgesetz	《德国竞争法》
《最高人民法院关于适用〈中华人民共和国民法典〉有关担保制度的解释》	《担保解释》
《中华人民共和国诉讼程序试行通则（草案）》	《程序通则》
《关于各级人民法院民事案件审判程序总结》	《程序总结》
《民事案件审判程序（草稿）》	《程序草稿》
《最高人民法院关于人民法院执行工作若干问题的规定（试行）》	《执行规定》
《中华人民共和国专利法》	《专利法》
《中华人民共和国反家庭暴力法》	《反家庭暴力法》
《最高人民法院关于审查知识产权纠纷行为保全案件适用法律若干问题的规定》	《保全规定》
《全国法院民商事审判工作会议纪要》	《九民纪要》
《最高人民法院关于民事执行中变更、追加当事人若干问题的规定》	《变更、追加规定》
《最高人民法院关于审理建设工程施工合同纠纷案件适用法律问题的解释》	《建设工程施工合同解释》
《最高人民法院关于审理建设工程施工合同纠纷案件适用法律问题的解释（一）》	《建设工程施工合同解释（一）》
《中华人民共和国妇女权益保障法》	《妇女权益保障法》

续表

法律法规、司法解释等名称	缩略语
《最高人民法院关于办理人身安全保护令案件适用法律若干问题的规定》	《人身安全保护令规定》
《中华人民共和国公司法》	《公司法》
《最高人民法院人民法院审判民事案件程序制度的规定（试行）》	《制度规定》
《最高人民法院关于审理民事案件适用诉讼时效制度若干问题的规定》	《诉讼时效规定》
《最高人民法院关于变更和追加执行当事人的若干规定（征求意见稿）》	《变更和追加规定（征求意见稿）》
《中华人民共和国合伙企业法》	《合伙企业法》
《最高人民法院关于对诉前停止侵犯专利权行为适用法律问题的若干规定》	《诉前停止侵犯专利权规定》
《中华人民共和国国家赔偿法》	《国家赔偿法》
《最高人民法院关于确定民事侵权精神损害赔偿责任若干问题的解释》	《精神损害赔偿解释》
《最高人民法院关于适用〈中华人民共和国民法典〉婚姻家庭编的解释（一）》	《婚姻家庭编解释（一）》
《最高人民法院关于审理人身损害赔偿案件适用法律若干问题的解释》	《人身损害赔偿解释》
《最高人民法院关于适用〈中华人民共和国婚姻法〉若干问题的解释（一）》	《婚姻法解释（一）》
《最高人民法院关于人民法院民事调解工作若干问题的规定》	《民事调解规定》
《中华人民共和国刑法》	《刑法》
《最高人民法院关于人民法院办理执行异议和复议案件若干问题的规定》	《执行异议和复议规定》
《中华人民共和国仲裁法》	《仲裁法》
《中华人民共和国企业破产法》	《破产法》

目 录

上 编 民事诉权原理

第一章 民事诉权的希尔伯特问题 …… 3

第一节 三重希尔伯特之问 …… 3

第二节 民事诉权的中国问题意识 …… 8

第三节 民事诉权概念的再审视 …… 15

第四节 民事诉权学说的再认识 …… 17

第五节 我国民事诉权的规范体系 …… 20

第六节 民事诉权的现实挑战与模式转型 …… 28

第七节 小 结 …… 32

第二章 民事诉权的中国问题意识 …… 34

第一节 民事诉权的比较法基因及困境 …… 34

第二节 民事诉讼的中国问题意识 …… 38

第三节 改革开放以来的比较民事诉讼简史 …… 41

第四节 中国问题意识在民事诉讼中的表现形式 …… 45

第五节 中国问题意识在民事诉讼中的现实挑战 …… 49

第六节 中国问题意识在民事诉讼中的标准厘清 …… 51

第七节 探寻民事诉权的中国问题意识共识 …… 57

第三章 民事诉权的中国意涵 …… 64

第一节 民事诉权中国意涵的问题展开 …… 64

第二节 《依法治国决定》中的民事诉权体系 …… 69

第三节 立案登记制改革中的民事诉权 …… 73

第四节 民事诉权意涵的基本共识及模式转型 …… 79

第五节 重塑民事诉权的中国意涵 …… 84

第四章 民事诉权理论重思 …… 86

第一节 我国民事诉权理论的生成 …… 87

第二节 民事诉权理论变迁 …… 91

第三节 民事诉权理论研究述评 …… 98

第四节 民事诉权理论的"本土化" …… 101

第五节 以诉权为基点的中国民事诉讼法学自主知识体系 …… 103

第五章 民事诉权学说重述 ……………………………… 108

　第一节 既有主要民事诉权学说的再认识 …………… 108

　第二节 我国主要民事诉权学说评析 ………………… 118

　第三节 我国民事诉权学说补遗 ……………………… 122

　第四节 我国民事诉权理论的谱系追问 ……………… 128

　第五节 我国民事诉权理论的转型方向 ……………… 130

中　编　民事诉权体系

第六章 民事诉权的体系展开 ………………………… 135

　第一节 民事诉权模式转型与四元民事诉权保障体系 … 135

　第二节 审判程序中的民事诉权保障体系 …………… 137

　第三节 执行程序中的民事诉权保障体系 …………… 143

　第四节 保全程序中的民事诉权保障体系 …………… 144

　第五节 非讼程序中的民事诉权保障体系 …………… 145

第七章 审判程序中的民事诉权 ……………………… 147

　第一节 民事诉讼的中国式现代化 …………………… 147

　第二节 审判程序民事诉权的模式变迁 ……………… 149

　第三节 审判程序民事诉权的实践样态 ……………… 157

　第四节 审判程序民事诉权的阶层化展开 …………… 169

　第五节 审判程序民事诉权的中国式现代化 ………… 178

第八章 执行程序中的民事诉权 ……………………… 180

　第一节 执行程序民事诉权要件分层 ………………… 180

　第二节 审判程序民事诉权与执行程序民事诉权的对接 … 182

　第三节 审判程序民事诉权与执行程序民事诉权的转换 … 185

　第四节 审判程序民事诉权与执行程序民事诉权的协同 … 192

　第五节 既判力与执行力协同模式的展开 …………… 198

第九章 保全程序中的民事诉权 ……………………… 205

　第一节 诉前行为保全"申请难" …………………… 205

　第二节 诉前行为保全"申请难"的制度成因 ……… 207

　第三节 诉前行为保全"申请难"的制度应对 ……… 212

　第四节 诉前行为保全"申请难"的诉权表达 ……… 213

　第五节 保全程序民事诉权的配套机制 ……………… 215

第十章 非讼程序中的民事诉权 ……………………… 223

　第一节 审判程序民事诉权与非讼程序民事诉权的界分 … 223

第二节　实现担保物权程序的理论争议和实践困境 ……… 225

第三节　审判程序民事诉权与非讼程序民事诉权一元模式 ……… 235

第四节　审判程序民事诉权与非讼程序民事诉权二元模式 ……… 241

第五节　非讼程序民事诉权的模式转型 ……… 247

下　编　民事诉权规制

第十一章　民事诉权的时代挑战 ……… 253

　第一节　程序简化对民事诉权的制约 ……… 254

　第二节　改革开放与民事程序精细化 ……… 255

　第三节　"案多人少"背景下的民事程序简化 ……… 260

　第四节　民事程序简化的逻辑反思 ……… 268

　第五节　从减轻法院负担到切实保障民事诉权 ……… 275

第十二章　民事诉权的观念挑战 ……… 278

　第一节　纠纷一次性解决理念对民事诉权的影响 ……… 278

　第二节　纠纷一次性解决的概念界定 ……… 279

　第三节　纠纷一次性解决的实践样态 ……… 286

　第四节　纠纷一次性解决的限度 ……… 299

　第五节　"纠纷"与"一次性"协同 ……… 303

第十三章　民事诉权规制的审判权面向 ……… 306

　第一节　民事诉讼诚信原则与民事诉权规制 ……… 306

　第二节　民事诉讼诚信原则适用范围的基本范式 ……… 309

　第三节　法官禁反言原则 ……… 312

　第四节　诉讼权利滥用规制原则 ……… 315

　第五节　诉讼权利漏洞填补原则 ……… 322

　第六节　民事诉讼诚信原则的局限性 ……… 324

第十四章　民事诉权规制的诉权面向 ……… 326

　第一节　虚假诉讼概念的提出 ……… 327

　第二节　虚假诉讼的定性分析 ……… 331

　第三节　虚假诉讼的实践样态及其评析 ……… 341

　第四节　虚假诉讼的法律成因分析 ……… 345

　第五节　虚假诉讼规制的诉权面向 ……… 348

关键词索引 ……… 351

后　记 ……… 369

细　目

上　编　民事诉权原理

第一章　民事诉权的希尔伯特问题 ……………………………… 3
　第一节　三重希尔伯特之问 …………………………………… 3
　　一、法学的希尔伯特之问 …………………………………… 3
　　二、民事诉讼法学的希尔伯特之问 ………………………… 4
　　三、民事诉权的希尔伯特之问 ……………………………… 5
　第二节　民事诉权的中国问题意识 …………………………… 8
　　一、民事诉权的边缘化之困 ………………………………… 8
　　二、民事诉讼体制的社会主义转型 ………………………… 9
　　三、确保审判权依法独立公正行使 ………………………… 11
　　四、变立案审查制为立案登记制 …………………………… 11
　　五、"切实实施民法典" ……………………………………… 13
　　六、中国问题意识的体系构造 ……………………………… 15
　第三节　民事诉权概念的再审视 ……………………………… 15
　　一、多元化的民事诉权概念理解 …………………………… 15
　　二、诉权理论在司法实践中的失语和缺位 ………………… 16
　　三、民事诉权概念之重塑 …………………………………… 16
　　四、民事诉权概念之牵连性 ………………………………… 17
　第四节　民事诉权学说的再认识 ……………………………… 17
　　一、诉权学说对诉权概念的塑造作用 ……………………… 17
　　二、民事诉权谱系 …………………………………………… 18
　　三、我国民事诉权模式之追问 ……………………………… 19
　第五节　我国民事诉权的规范体系 …………………………… 20
　　一、民事诉权的宪法性准据 ………………………………… 20
　　二、《民事诉讼法》中的起诉规范 ………………………… 20
　　三、《民法典》中的起诉规范 ……………………………… 25
　第六节　民事诉权的现实挑战与模式转型 …………………… 28
　　一、"诉讼爆炸""案多人少"与民事诉权保障 …………… 28
　　二、我国民事诉权基本模式探析 …………………………… 28

三、我国民事诉权模式转型 ·························· 31

第七节 小 结 ······································· 32

第二章 民事诉权的中国问题意识 ··············· 34

第一节 民事诉权的比较法基因及困境 ············· 34

一、民事诉权理论的模糊语境 ·················· 34

二、二元诉权论的模糊定位 ···················· 35

三、诉权配套制度的"南橘北枳" ·············· 36

（一）德国民事起诉与诉讼费用预交制度 ······ 36

（二）我国民事起诉与诉讼费用预交制度 ······ 37

第二节 民事诉讼的中国问题意识 ················· 38

一、我国民事程序法治现代化的初始时刻 ········ 38

二、比较民事诉讼研究的波浪式前进 ············ 39

三、民事诉讼法修订与比较民事诉讼研究 ········ 40

第三节 改革开放以来的比较民事诉讼简史 ········· 41

一、1.0 时代：以苏联民事诉讼法为样板 ········· 41

二、2.0 时代：以大陆法系民事诉讼法为参照 ····· 42

三、3.0 时代：多元化发展的比较民事诉讼 ······· 44

四、4.0 时代：比较研究的"选择困难症"及其克服 ··· 45

第四节 中国问题意识在民事诉讼中的表现形式 ····· 45

一、诉讼模式/体制转型尚未完成 ··············· 46

二、民事诉讼发展阶段错位 ···················· 47

三、科学应对"诉讼爆炸""案多人少" ·········· 48

第五节 中国问题意识在民事诉讼中的现实挑战 ····· 49

一、中国问题意识在民事诉讼中的规范制约 ······ 50

二、中国问题意识在民事诉讼中的多重面孔 ······ 50

三、中国问题意识在民事诉讼中的标准问题 ······ 51

第六节 中国问题意识在民事诉讼中的标准厘清 ····· 51

一、中国问题意识在民事诉讼中的立法论标准 ···· 51

（一）两大法系民事诉讼比较的中国问题意识 ··· 51

（二）民事诉讼基础理论研究的中国问题意识 ··· 52

二、中国问题意识的解释论标准 ················ 53

（一）当事人主义诉讼体制/模式转型的徘徊与停滞 ··· 54

（二）当事人主义诉讼体制/模式转型的反思与后退 ··· 55

三、从聚焦到散光的民事诉讼中国问题意识标准 ··· 56

第七节 探寻民事诉权的中国问题意识共识 …………………… 57

一、坚持当事人主义诉讼体制/模式 …………………………… 58

（一）1.0和2.0时代的中国问题意识 ………………… 58

（二）3.0和4.0时代的中国问题意识 ………………… 58

（三）民事诉权的中国问题意识重塑 ………………… 58

二、科学认识当事人主义诉讼体制/模式与"诉讼爆炸"

"案多人少"的关系 ……………………………………… 59

（一）强化诉权保障意识 ……………………………… 59

（二）完善诉权配套制度 ……………………………… 60

（三）认识当事人主义的制度优势 …………………… 61

（四）跳出职权主义的制度陷阱 ……………………… 61

三、当事人主义的本土改造 …………………………………… 62

第三章 民事诉权的中国意涵 ………………………………………… 64

第一节 民事诉权中国意涵的问题展开 ……………………… 64

一、从比较民事诉讼研究到民事诉讼法的比较 …………… 64

二、我国民事诉权意涵的多源性 …………………………… 65

三、我国民事诉权意涵的通用表述 ………………………… 65

（一）我国民事诉权意涵中的公法诉权色彩 ………… 65

（二）我国民事诉权意涵中的私法诉权色彩 ………… 66

1. 民事诉权之宪法准据的解释困境 ……………… 66

2. "诉讼爆炸""案多人少"对诉权意涵的实质

影响 …………………………………………… 67

（三）退回私法理论的诉权意涵 ……………………… 68

第二节 《依法治国决定》中的民事诉权体系 ……………… 69

一、有案必立、有诉必理，保障当事人诉权 ……………… 70

二、保障庭审在保护诉权方面发挥决定性作用 …………… 71

三、强化诉讼过程中的诉权保障 …………………………… 71

四、优化诉讼终结后的诉权保障 …………………………… 73

第三节 立案登记制改革中的民事诉权 ……………………… 73

一、第一步：《民诉法解释》第208条与起诉条件法定化 …… 74

二、第二步：《立案登记改革意见》与全过程诉权保障 …… 74

三、第三步：《登记立案规定》和附条件诉权 …………… 76

第四节 民事诉权意涵的基本共识及模式转型 ……………… 79

一、民事诉权意涵的基本共识 ……………………………… 79

（一）起诉条件法定 ·· 79

（二）附条件的民事诉权意涵 ·································· 80

（三）全过程民事诉权之转型目标 ······················ 81

二、民事诉权意涵的模式转型 ································· 81

（一）起诉权中心模式并非我国民事诉权的固有意涵 ··· 82

（二）起诉权与胜诉权的关系重塑 ······················ 83

（三）广义诉权的四重意涵 ·································· 83

第五节　重塑民事诉权的中国意涵 ······················ 84

第四章　民事诉权理论重思 ··································· 86

第一节　我国民事诉权理论的生成 ······················ 87

一、清末与民国：诉权意识的酝酿 ······················ 87

二、新中国成立以来：二元诉权论的确立 ············ 88

三、改革开放到 20 世纪 80 年代：二元诉权论的反思

及其论辩 ··· 89

第二节　民事诉权理论变迁 ··································· 91

一、20 世纪 90 年代：探寻诉权新理论 ··············· 91

（一）起诉条件理论 ·· 92

（二）起诉权利和满足实体要求理论 ··················· 93

（三）获得司法保护理论 ···································· 93

（四）起诉权、胜诉权与反诉权、应诉权和答辩权

对应理论 ··· 94

（五）程序权利理论 ·· 94

（六）全过程诉权理论 ······································ 94

二、21 世纪第一个十年：搁置诉权争议 ·············· 95

三、21 世纪第二个十年至今：民事诉权论的三条展开

路径 ·· 96

（一）滥用诉权规制 ·· 96

（二）具体诉权研究 ·· 97

（三）诉权的人权化 ·· 97

第三节　民事诉权理论研究述评 ··························· 98

一、民事诉权理论研究起步早 ······························ 98

二、民事诉权理论研究水平高 ······························ 99

三、民事诉权理论研究停滞长 ····························· 100

第四节　民事诉权理论的"本土化" ···················· 101

一、我国民事诉权理论的比较法依赖 ……………………… 101

二、民事诉权学说背后的"本土性" ……………………… 101

三、民事诉权理论与民事诉讼法学自主知识体系 ………… 103

第五节　以诉权为基点的中国民事诉讼法学自主知识体系 …… 103

一、民事诉讼法学自主知识体系的构建现状 …………… 103

二、诉权论在民事诉讼法学自主知识体系中的缺位 …… 104

三、民事诉权理论本土化的两个向度 …………………… 106

（一）以中国素材厘定我国民事诉权的内涵与外延 … 106

（二）回归我国民事诉权论的起点 ………………… 106

第五章　民事诉权学说重述 ………………………………… 108

第一节　既有主要民事诉权学说的再认识 …………………… 108

一、现代诉权学说的起点：私法诉权说 ………………… 109

（一）萨维尼的纯粹私法诉权说 …………………… 109

（二）温德沙伊德的混合私法诉权说 ……………… 110

（三）私法诉权说与公法诉权说之间的联系 ……… 112

二、现代诉权学说的枢纽：公法诉权说 ………………… 113

（一）抽象公法诉权论 ……………………………… 113

（二）具体公法诉权论 ……………………………… 114

三、我国长期以来的通说：二元诉权论 ………………… 114

四、比较法上的新动向 …………………………………… 115

（一）司法保护请求权说（德国通说） …………… 116

（二）本案判决请求权说（日本通说） …………… 116

（三）司法保护请求权说、本案判决请求权说与抽象

公法诉权说的关系 …………………………… 117

（四）诉权否定说 …………………………………… 117

第二节　我国主要民事诉权学说评析 ………………………… 118

一、民事诉权学说的扁平化 ……………………………… 118

二、民事诉权学说的语境缺失 …………………………… 120

（一）抽象公法诉权说的问题意识：立案审查制批判 … 120

（二）具体公法诉权说的问题意识：切实实施民法典 … 121

第三节　我国民事诉权学说补遗 ……………………………… 122

一、权利保护请求权说与立案登记制 …………………… 122

二、权利保护请求权说与"切实实施民法典" ………… 123

（一）《德国民法典》的协同实施 ………………… 123

（二）《帝国民事诉讼法》的协同实施 …………… 124

三、科学看待权利保护请求权说的退场 …………… 125

第四节 我国民事诉权理论的谱系追问 …………… 128

第五节 我国民事诉权理论的转型方向 …………… 130

一、民事诉权理论转型的实体导向 …………… 130

二、民事诉权理论转型的学说参照 …………… 131

中　编　民事诉权体系

第六章　民事诉权的体系展开 …………………… 135

第一节 民事诉权模式转型与四元民事诉权保障体系 … 135

第二节 审判程序中的民事诉权保障体系 …………… 137

一、诉权概念的重塑 …………………………… 137

二、重拾诉的可能性 …………………………… 138

三、重塑起诉权（诉的可能性）与胜诉权（诉权）的关系 … 138

四、诉讼要件与诉的前提条件之辨 …………… 139

（一）法律效果之辨 ………………………… 140

（二）构成要件之辨 ………………………… 140

（三）诉的前提条件之展开 ………………… 141

（四）诉讼层面之诉的前提条件与诉讼要件的界分 … 141

五、权利保护请求权视域下审判程序中的民事诉权 …… 142

第三节 执行程序中的民事诉权保障体系 …………… 143

一、执行程序民事诉权的体系定位 …………… 143

二、民事诉权视域下的"执行难"与"执行乱" ……… 144

第四节 保全程序中的民事诉权保障体系 …………… 144

第五节 非讼程序中的民事诉权保障体系 …………… 145

第七章　审判程序中的民事诉权 ………………… 147

第一节 民事诉讼的中国式现代化 …………………… 147

第二节 审判程序民事诉权的模式变迁 ……………… 149

一、以诉权为中心推动民事诉讼社会主义转型（1949—1981 年）

…………………………………………………… 150

（一）新中国成立以来的民事诉权意涵 …………… 151

（二）"起诉—受理"模式的初步确立 …………… 151

二、以起诉权为中心应对"诉讼爆炸""案多人少"

（1982—2013 年） ………………………………… 152

（一）《民事诉讼法（试行）》以来的民事诉权意涵 … 152

（二）民事诉权的功能变迁 ……………………… 155

三、"有案必立、有诉必理，保障当事人诉权"（2014 年

以来） ……………………………………………… 155

第三节　审判程序民事诉权的实践样态 ………………… 157

一、审判程序民事诉权实践概览 ……………………… 157

二、审判程序民事诉权实践的基本特征 ……………… 163

（一）起诉权的中心化 …………………………… 163

（二）诉权与诉讼权利的一体化 ………………… 164

（三）起诉条件法定化 …………………………… 165

三、审判程序民事诉权实践的困境与反思 …………… 165

（一）起诉权构成要件泛化 ……………………… 165

（二）胜诉权构成要件的起诉权化 ……………… 167

第四节　审判程序民事诉权的阶层化展开 ……………… 169

一、审判程序民事诉权要件分层的立法努力 ………… 169

二、审判程序民事诉权要件分层的实践消解 ………… 170

三、审判程序民事诉权要件分层的理论重塑 ………… 171

（一）第一阶层：起诉行为成立要件 …………… 171

1. 符合法律规定的起诉行为 ………………… 171

2. 起诉人具有诉讼行为能力或被有效代理 … 171

（二）第二阶层：起诉权构成要件 ……………… 172

1. 原告适格的限缩适用 ……………………… 172

2. 法院管辖规则分层 ………………………… 173

（三）第三阶层：判决请求权构成要件 ………… 173

（四）第四阶层：胜诉权构成要件 ……………… 175

四、立案登记制改革再深化的配套机制 ……………… 176

第五节　审判程序民事诉权的中国式现代化 …………… 178

第八章　执行程序中的民事诉权 ………………………… 180

第一节　执行程序民事诉权要件分层 …………………… 180

第二节　审判程序民事诉权与执行程序民事诉权的对接 … 182

一、国家对权利保护的垄断 …………………………… 182

二、作为执行程序民事诉权要件的法院生效（给付）判决 … 183

第三节　审判程序民事诉权与执行程序民事诉权的转换 … 185

一、民事权利保护目的的后置 ………………………… 185

二、民事权利与诉讼程序的对应 ……………………………… 187

三、请求权的多点对焦关系 ……………………………………… 187

四、多点对焦关系的忽视：人格权禁令论争 …………………… 189

五、请求权、诉讼标的与执行力范围的协同 …………………… 190

　　（一）既存实体权利≠诉讼标的 ……………………………… 190

　　（二）判决内容≠既存实体权利 ……………………………… 190

　　（三）实体/程序之双重法秩序 ……………………………… 191

　　（四）执行债权≠既存请求权 ………………………………… 191

第四节　审判程序民事诉权与执行程序民事诉权的协同 ……… 192

一、执行力任意扩张之反思 ……………………………………… 192

二、我国既判力相对性原则之证成 ……………………………… 193

　　（一）第三人撤销之诉与既判力相对性 ……………………… 193

　　（二）既判力相对性的法教义学分析 ………………………… 194

三、既判力与执行力的协同关系 ………………………………… 195

　　（一）既判力与执行力的规范分析 …………………………… 195

　　　　1.《民事诉讼法》第235条第1款 ……………………… 196

　　　　2.《民事诉讼法》第247条第1款 ……………………… 196

　　　　3.《执行规定》第16条第1款 …………………………… 197

　　（二）既判力与执行力的一元模式证成 ……………………… 197

第五节　既判力与执行力协同模式的展开 ……………………… 198

一、权利义务承受型 ……………………………………………… 199

二、诉讼实施权赋予型 …………………………………………… 199

三、穿透式执行力扩张及其风险 ………………………………… 201

　　（一）穿透式执行力扩张的规范分析 ………………………… 202

　　（二）穿透式执行力扩张的理论反思 ………………………… 202

第九章　保全程序中的民事诉权 ………………………………… 205

第一节　诉前行为保全"申请难" ……………………………… 205

第二节　诉前行为保全"申请难"的制度成因 ………………… 207

一、"申请难"与"起诉难"的联动 …………………………… 207

　　（一）立案登记制改革的盲区 ………………………………… 207

　　（二）申请条件和程序事项的混同 …………………………… 208

二、"申请难"的特殊成因 ……………………………………… 209

　　（一）"重实体，轻程序"的思维惯性 ……………………… 209

　　（二）"案结事了"与临时性权利保障之间的冲突 ………… 210

（三）超短审限与错案风险 ……………………… 210

（四）强制担保制度 ……………………………… 211

第三节　诉前行为保全"申请难"的制度应对 …………… 212

第四节　诉前行为保全"申请难"的诉权表达 …………… 213

第五节　保全程序民事诉权的配套机制 ………………… 215

一、保全程序证明标准的反思 …………………… 215

二、多元证明标准的构建 ………………………… 217

三、我国优势盖然性标准初探 …………………… 220

第十章　非讼程序中的民事诉权 ………………………… 223

第一节　审判程序民事诉权与非讼程序民事诉权的界分 ………… 223

第二节　实现担保物权程序的理论争议和实践困境 ……… 225

一、实现担保物权程序的理论争议 ……………… 225

二、实现担保物权程序的实践困境 ……………… 227

（一）何为"无民事权益争议" ……………… 227

1. 不具备实质理由的异议 ……………… 227

2. 程序性异议 …………………………… 228

3. 实体性异议 …………………………… 230

（二）被申请人异议的处理机制 ……………… 233

第三节　审判程序民事诉权与非讼程序民事诉权一元模式 ……… 235

一、非讼程序标的与诉讼程序标的 ……………… 235

二、一元模式的逻辑悖论 ………………………… 237

三、一元模式的程序保障缺陷 …………………… 238

第四节　审判程序民事诉权与非讼程序民事诉权二元模式 ……… 241

一、二元模式的逻辑及正当性 …………………… 241

二、程序标的识别与旧实体法说的改造 ………… 244

三、实现担保物权案件的审理范围 ……………… 246

第五节　非讼程序民事诉权的模式转型 ………………… 247

下　编　民事诉权规制

第十一章　民事诉权的时代挑战 ………………………… 253

第一节　程序简化对民事诉权的制约 …………………… 254

第二节　改革开放与民事程序精细化 …………………… 255

一、市场经济、民法发展与民事诉讼模式转型 ……… 255

二、民事诉讼模式转型与"诉讼爆炸" …………… 257

（一）"诉讼爆炸"的界定 ……………………………… 257

（二）"案多"的统计学表达 ……………………………… 258

（三）"案多"的系统应对 ……………………………… 258

（四）"人少"的统计学表达 ……………………………… 259

第三节 "案多人少"背景下的民事程序简化 …………… 260

一、司法文件中的"案多人少" ………………………… 260

（一）发挥主观能动性，克服"案多人少" ………… 260

（二）通过简化程序和规定法定不变期间应对"案多
人少" ……………………………………………… 260

（三）通过增加法官编制和完善司法职业保障切实缓解
"案多人少" ……………………………………… 261

（四）员额制改革与"案多人少" ………………… 262

（五）"诉讼爆炸"并非"案多人少"的主因 ……… 262

二、民事程序简化的缘起与进路 ……………………… 263

（一）民事程序简化的初始逻辑 ………………… 264

（二）民事程序简化的逻辑转换 ………………… 265

第四节 民事程序简化的逻辑反思 …………………… 268

一、民事诉讼模式转型的松动 ………………………… 268

（一）"案多人少"对民事诉讼模式转型的制约 … 269

（二）司法职权与司法责任的不协同 …………… 269

二、两波民事程序简化改革 …………………………… 271

（一）以"大调解"为名的第一波民事程序简化 … 271

（二）以小额程序为核心的第二波民事程序简化 … 272

三、2021年民事诉讼法修正之省思 ………………… 273

（一）当事人主义诉讼模式转型的认识误区 …… 273

（二）当事人主义对"案多人少"的科学回应 …… 274

第五节 从减轻法院负担到切实保障民事诉权 ………… 275

第十二章 民事诉权的观念挑战 ………………………… 278

第一节 纠纷一次性解决理念对民事诉权的影响 ……… 278

第二节 纠纷一次性解决的概念界定 …………………… 279

一、概念缘起：新旧诉讼标的理论与既判力的客观范围 … 280

二、概念变迁：从法律意义之诉讼标的到生活意义之纠纷
…………………………………………………………… 281

（一）借助纠纷一次性解决理念描述和改进我国民事诉讼

　　　　制度 ··· 282

　　　　（二）建立民事诉讼协同主义实现纠纷的一次性解决 ··· 284

　　　　（三）参照美国模式进一步拓宽纠纷一次性解决的范畴

　　　　　　 ··· 284

　　三、概念风险：纠纷一次性解决的模糊性 ··············· 285

　第三节　纠纷一次性解决的实践样态 ··················· 286

　　一、诉讼标的扩容 ····································· 286

　　　　（一）模糊的诉讼标的识别标准 ··················· 286

　　　　（二）漂移的案件事实同一性标准 ················· 288

　　　　（三）"本案一次性解决完毕"的理论解释 ········· 290

　　　　（四）"双方纠纷一次性解决完毕"的实体效果和程序

　　　　　　 效果 ··· 291

　　二、诉讼程序扩容 ····································· 292

　　　　（一）合并审理的规范障碍及其克服 ············· 292

　　　　（二）连带责任纠纷一次性解决的限度 ············· 294

　　三、依职权扩容审理范围 ····························· 297

　第四节　纠纷一次性解决的限度 ······················· 299

　　一、坚持传统诉讼标的识别标准 ······················· 299

　　　　（一）司法实践偏离传统诉讼标的识别标准的原因 ····· 300

　　　　（二）传统诉讼标的理论的制度优势 ··············· 300

　　　　（三）传统诉讼标的理论的配套机制 ··············· 301

　　二、强化和充实诉讼程序扩容 ························· 301

　　　　（一）民事程序容量的观念重塑 ··············· 301

　　　　（二）民事程序容量的规范重塑 ··············· 302

　　　　（三）法官对合并审理的自由裁量权 ··············· 302

　　三、禁止依职权扩大审理范围 ························· 303

　第五节　"纠纷"与"一次性"协同 ··················· 303

第十三章　民事诉权规制的审判权面向 ··············· 306

　第一节　民事诉讼诚信原则与民事诉权规制 ··············· 306

　　一、民事诉讼诚信原则在民事诉权规制体系中的定位 ······· 306

　　二、我国民事诉讼诚信原则的两个面向 ··············· 308

　第二节　民事诉讼诚信原则适用范围的基本范式 ··············· 309

　　一、民事诉讼诚信原则的"重规制，轻填补" ··············· 309

　　二、民事诉讼诚信原则的模式转型 ··············· 309

　　三、民事诉讼诚信原则的实践概览 ······························· 310

第三节　法官禁反言原则 ······································· 312

第四节　诉讼权利滥用规制原则 ····························· 315

　　一、虚假诉讼与恶意诉讼 ································· 315

　　二、诉讼权利滥用 ····································· 317

　　　　（一）滥用程序权利拖延诉讼 ····················· 317

　　　　（二）拆分实体权利提起多项诉讼 ················· 319

　　　　（三）迟延提出攻击防御方法 ····················· 320

　　　　（四）滥用应诉管辖 ··························· 321

第五节　诉讼权利漏洞填补原则 ····························· 322

第六节　民事诉讼诚信原则的局限性 ······················· 324

第十四章　民事诉权规制的诉权面向 ······················· 326

第一节　虚假诉讼概念的提出 ······························· 327

　　一、作为法律现象的虚假诉讼 ······················· 328

　　二、作为法律概念的虚假诉讼 ······················· 329

第二节　虚假诉讼的定性分析 ······························· 331

　　一、民事审判程序与案外第三人民事实体权益损害 ······ 331

　　　　（一）民事生效裁判的作用方式 ··················· 332

　　　　　　1. 实体法说 ··························· 332

　　　　　　2. 诉讼法说 ··························· 332

　　　　　　3. 两种学说的比较 ····················· 332

　　　　　　4. 诉讼法说的自身优势 ················· 333

　　　　　　5. 诉讼法说在我国的确立 ··············· 334

　　　　（二）导致物权变动的民事裁判类型 ··············· 334

　　二、民事执行程序与案外第三人实体权益损害 ·········· 337

　　三、虚假诉讼与案外第三人程序权利损害 ·············· 338

　　　　（一）案外第三人诉权的固有保障 ················· 338

　　　　　　1. 既判力相对性对案外第三人诉权的保障 ····· 339

　　　　　　2. 诉讼标的识别标准对案外第三人诉权的保障 ··· 339

　　　　（二）固有保障体系的制度困境 ··················· 339

　　　　（三）案外第三人证明要求的加重 ················· 340

　　　　（四）民事程序权利侵害型虚假诉讼的证成 ········· 340

第三节　虚假诉讼的实践样态及其评析 ····················· 341

　　一、虚假诉讼的泛化理解与适用 ····················· 341

二、侵犯案外第三人民事实体权益的虚假诉讼 …………………… 342
　　（一）物权侵害型虚假诉讼 ………………………………… 342
　　（二）普通债权侵害型虚假诉讼 …………………………… 342
　　（三）破产债权侵害型虚假诉讼 …………………………… 343
　　（四）与案外第三人有利害关系的虚假诉讼 ……………… 344
三、侵犯案外第三人民事程序权利的虚假诉讼 …………………… 345
第四节　虚假诉讼的法律成因分析 ……………………………… 345
一、对民事裁判作用方式的误读 ………………………………… 346
二、另诉权保障的缺失 …………………………………………… 347
三、既判力相对性原则的松动 …………………………………… 347
第五节　虚假诉讼规制的诉权面向 ……………………………… 348
一、重视和强调《民法典》第 229 条的程序协同 ……………… 348
二、对《民法典》第 229 条作限缩解释 ………………………… 348
三、对《民事诉讼法》第 59 条第 3 款作扩张解释 …………… 349
四、对案件事实的预决效力科学定位 …………………………… 349
五、进一步夯实既判力相对性原则 ……………………………… 350

关键词索引 ……………………………………………………… 351
后　记 …………………………………………………………… 369

上　编
民事诉权原理

第一章 民事诉权的希尔伯特问题

第一节 三重希尔伯特之问

一、法学的希尔伯特之问

1900 年，在巴黎举行的第二届国际数学家大会上，德国数学家大卫·希尔伯特作了题为"数学问题"的演讲，为 20 世纪提出了 23 道极具前瞻性和基础性的数学问题。之后一百年间，尽管数学的发展远远超出希尔伯特的预测，但希尔伯特问题对 20 世纪的数学研究作出了巨大贡献。① 就今天的数学研究而言，希尔伯特问题仍具有重要现实意义。菲尔兹奖首位华人得主、清华大学求真书院院长、清华大学数学科学中心主任丘成桐教授就曾于 2024 年主讲"希尔伯特二十三问"并于某视频平台"THU 求真书院"频道进行线上直播。各个学科都有自己的希尔伯特之问，法学也不例外。当前，法学的希尔伯特问题主要集中于民法领域，如中国民法总则的希尔伯特问题②、物权法的希尔伯特问题③、不当得利法的希尔伯特问题④、侵权法的希尔伯特问题⑤，此外还延伸至民法典与民事诉讼法协同实施的具体议题。⑥ 那么，何种问题构成民事诉讼法学的希尔伯特之问？何种问题是民事诉讼法学希尔伯特问题中的希尔伯特之问，亦即最具有基础性同时相对薄弱的研究论题？这构成了本书的思考起点。

---

① 参见中外法学编辑部：《编者按》，《中外法学》2022 年第 2 期。
② 参见朱庆育：《中国民法总则的希尔伯特问题》，《中外法学》2023 年第 2 期。
③ 参见常鹏翱：《物权法的"希尔伯特问题"》，《中外法学》2022 年第 2 期；谢在全：《物权法争议问题之挑战：常鹏翱教授〈物权法的"希尔伯特问题"〉之启发》，《中外法学》2023 年第 2 期。
④ 参见叶名怡：《不当得利法的希尔伯特问题》，《中外法学》2022 年第 4 期。
⑤ 参见程啸：《侵权法的希尔伯特问题》，《中外法学》2022 年第 6 期。
⑥ 参见任重：《举证责任的希尔伯特之问》，《月旦民商法杂志》2024 年第 2 期。

二、民事诉讼法学的希尔伯特之问

一般认为，民事诉讼法学有三大抽象而重要的基础理论问题：一是诉讼标的论，二是诉权论，三是既判力本质论。三大理论的提法源于我国台湾地区学者陈荣宗教授，并在学界深入人心。① 也有学者认为，除上述三大基本理论之外，我国民事诉讼法学基础理论体系还应该包括诉讼目的论和诉讼法律关系论。② 作为最复杂和最有争议的诉讼理论，诉权可与证明责任、当事人适格、既判力、诉讼标的等并称为民事诉讼理论中的"猜想级问题"③。还有观点将诉权论提升到更显著的位置，认为诉权是现代民事诉讼理论体系的基石④，是民事诉讼程序运行的逻辑起点和核心⑤，具有人权之重要属性。⑥ 民事诉权也被认为不以国家授予为前提⑦，是个人维护独立人格和意志自由的基本需要。⑧ 不同见解的交汇处在于，民事诉权是民事诉讼法学的希尔伯特问题。

诉权是民事诉讼法学的希尔伯特问题，而诉权论中的希尔伯特问题进一步指向了民事诉权基础理论。此处以基础理论来限缩诉权的研究范畴基于如下考量：作为本原问题，民事诉讼理论体系正是以诉权为起点递次展开的。可以说，任何民事诉讼理论和制度都与诉权存在千丝万缕的联系，例如民事诉讼法中的起诉权⑨、上诉权⑩、再审诉权⑪、第三人撤销诉

① 参见陈荣宗：《举证责任分配与民事程序法》，三民书局 1984 年版，第 153 页；江伟：《市场经济与民事诉讼法学的使命》，《现代法学》1996 年第 3 期。

② 参见江伟：《市场经济与民事诉讼法学的使命》，《现代法学》1996 年第 3 期。

③ 参见张卫平：《民事诉讼法》（第六版），法律出版社 2023 年版，第 198 页。

④ 参见巢志雄：《诉权概念史》，厦门大学出版社 2021 年版，前言第 1 页。

⑤ 参见李燕、胡月：《我国民事诉权司法保障的实证考察与完善路径》，《人权》2021 年第 5 期。

⑥ 参见吴英姿：《论诉权的人权属性——以历史演进为视角》，《中国社会科学》2015 年第 6 期。

⑦ 参见周永坤：《诉权法理研究论纲》，《中国法学》2004 年第 5 期。

⑧ 参见姜建明：《论作为基本人权的公民诉讼权》，《学海》2004 年第 2 期。

⑨ 参见杨富元、杨桂芳、宋太郎：《谈谈民事诉讼中的起诉权与胜诉权》，《法学评论》1985 年第 3 期；单锋：《检察机关民事起诉权的批评与展开——以公益诉讼为视角》，《甘肃政法学院学报》2006 年第 3 期；侯海军：《试论起诉权行使的正当界限——也谈"禁止诉权滥用"原则在立案审查程序中的引入》，《理论界》2008 年第 7 期。

⑩ 参见高艳丽：《滥用民事诉讼上诉权法律问题探讨》，《内蒙古电大学刊》2008 年第 7 期。

⑪ 参见熊跃敏：《民事再审案件审理程序论略——以再审诉权为基础的程序建构》，《法学杂志》2007 年第 1 期；张卫平：《再审诉权与再审监督权：性质、目的与行使逻辑》，《法律科学》2022 年第 5 期。

权①、执行异议诉权②，以及法官释明权、当事人辩论权、审限③；民法视域下的形成诉权④以及共有物分割诉权⑤，也正是基于诉权学说的发展，形成诉权才最终被发现并被普遍认可⑥；再如公司法等商事实体法中的股东代表诉权⑦、决议瑕疵诉权⑧等，它们都以诉权保障为原点。甚至在行政法与行政诉讼法领域同样存在诉权具体制度问题⑨，在刑事法领域诉权亦是重要视角。⑩可以期待，实质回应希尔伯特之问的诉权理论将成为协同三大诉讼的重要枢纽。⑪

三、民事诉权的希尔伯特之问

面对浩如烟海的中外诉权文献和厚重的诉权研究成果，在民法典时代重拾诉权问题的必要性与可行性何在？这是摆在本书面前的一道难题。在

---

① 参见李卫国、胡莹莹、冷传莉：《案外第三人撤销诉权被滥用的原因与对策》，《重庆科技学院学报（社会科学版）》2016 年第 8 期。

② 执行异议诉权归属于诉讼法上的形成诉权，与离婚诉权等实体法上的形成诉权相对应。参见任重：《形成判决的效力——兼论我国物权法第 28 条》，《政法论坛》2014 年第 1 期。

③ 参见张卫平：《民事诉讼"释明"概念的展开》，《中外法学》2006 年第 2 期；蔡虹：《释明权：基础透视与制度构建》，《法学评论》2005 年第 1 期；肖建华、陈琳：《法官释明权之理论阐释与立法完善》，《北方法学》2007 年第 2 期；熊跃敏：《民事诉讼中法院释明的实证分析——以释明范围为中心的考察》，《中国法学》2010 年第 5 期；严仁群：《释明的理论逻辑》，《法学研究》2012 年第 4 期；刘敏：《民事诉讼中当事人辩论权之保障——兼析〈民事诉讼法〉第 179 条第 1 款第 10 项再审事由》，《法学》2008 年第 4 期；占善刚、薛娟娟："违法剥夺当事人辩论权"不应作为再审事由，《时代法学》2019 年第 1 期；高艳丽：《滥用民事诉讼上诉权法律问题探讨》，《内蒙古电大学刊》2008 年第 7 期；王福华、融天明：《民事诉讼审限制度的存与废》，《法律科学》2007 年第 4 期；蔡虹、刘加良：《论民事审限制度》，《法商研究》2004 年第 4 期；王亚新：《我国民事诉讼法上的审限问题及修改之必要》，《人民司法》2005 年第 1 期；唐力：《民事审限制度的异化及其矫正》，《法制与社会发展》2017 年第 2 期；任重：《民事迟延裁判治理转型》，《国家检察官学院学报》2016 年第 3 期。

④ 参见房绍坤：《导致物权变动之法院判决类型》，《法学研究》2015 年第 1 期；宋史超：《形成诉权行使方式的反思与重构》，《环球法律评论》2024 年第 5 期。

⑤ 参见刘子赫：《共有物分割诉讼的类型分析》，《苏州大学学报（法学版）》2023 年第 3 期。

⑥ 参见张卫平：《民事诉讼法》（第六版），法律出版社 2023 年版，第 208 页。

⑦ 参见江伟、段厚省：《论股东诉权》，《浙江社会科学》1999 年第 3 期；段厚省：《略论股东代表诉权》，《政治与法律》2000 年第 4 期。

⑧ 参见丁勇：《组织法的诉讼构造：公司决议纠纷诉讼规则重构》，《中国法学》2019 年第 5 期。

⑨ 参见赵宏：《主观公权利、行政诉权与保护规范理论——基于实体法的思考》，《行政法学研究》2020 年第 2 期。

⑩ 参见肖波：《量刑建议权与刑罚裁量权关系之澄清——一个刑事诉权角度的检视》，《法律适用》2011 年第 1 期。

⑪ 参见任品杰：《论二元制模式下民刑虚假诉讼程序衔接》，《甘肃政法大学学报》2021 年第 2 期。

中国知网中进行期刊论文检索，全文出现"诉权"的民事诉讼法学论文共计 9 485 篇，其发表数量及其关键词分布如图 1-1、图 1-2 所示①：

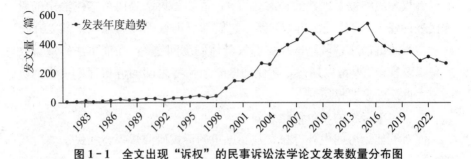

图 1-1　全文出现"诉权"的民事诉讼法学论文发表数量分布图

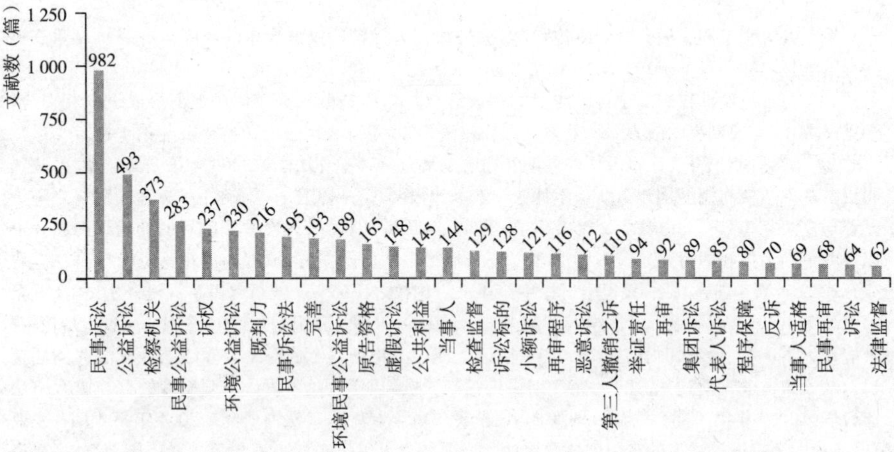

图 1-2　全文出现"诉权"的民事诉讼法学论文关键词分布图

以罗马法为起点绵延至今的诉权问题历经 actio（罗马法中的诉或诉权）到 Klagerecht（现代诉权理论中的诉权），再到 Justizanspruch（诉权宪法化语境的诉权）的概念变迁。虽然 actio、Klagerecht 和 Justizanspruch 均可被译为诉权，但西文表述变迁背后是从实体、程序不分的古代诉权模式到实体、程序合一的私法诉权模式，随后经过由温德沙伊德奠基而完成的实体请求权与诉讼请求权分野，复经以科勒为中兴的私法诉权说、以彪罗为旗手的抽象公法诉权论以及以瓦赫、赫尔维格为代表人物的具体公法诉权论（权利保护请求权说）的诉权模式变迁。以第二次

---

① 该数据自中国知网数据库检索而得，检索时间为 2024 年 11 月 4 日。本章其他数据亦同一时间自同一数据库检索获得。

世界大战为分水岭，受宪法（基本法）与民事诉讼法的协同实施的深刻影响，诉权逐渐得到宪法塑形，司法请求权论应运而生，但这并不意味着诉权的消亡，反而是其在宪法与民事诉讼法协同关系中的升华。① 可谓从"诉权如是说"润物细无声地发展为"如是说诉权"。

值得注意的是，上述从罗马法诉权到宪法性诉权的诉权简史并非新知，而是民事诉讼法学研究的常识。苏联诉讼法学家顾尔维奇的经典著作《诉权》于 1958 年被翻译成中文在中国出版并成为中国诉权研究的重要起点，其中较为详细地评注了从罗马法诉权到赫尔维格诉权论的发展历程。② 虽然赫尔维格对诉权认识的更新及其世纪论战并未得到顾尔维奇的关注③，但我国学界于改革开放之后对苏联诉权理论的反思④以及对德日等大陆法系国家和地区诉权新发展的追踪和探讨⑤，使我国民事诉讼法学研究建立起较为完备的诉权学理认识。

有必要在开篇就坦诚指出的是，本书的写作目的并非抛开上述诉权研究成果，另辟蹊径，提出某种全新的诉权概念、理论及其模式。相反，本书希望站在诉权这一理论巨人的肩膀上，提出、解决，至少是直面民事诉权的希尔伯特之问，亦即从诉权是什么，到诉权何以重要，再到如何重塑民事诉权基础理论体系，进而使民事诉权在我国被真正用起来。经过上述追问，民事诉权将成为民事程序法治现代化和民事诉讼法再法典化的原动力。⑥ 这毋宁是本书可能产生的些许微薄之力。

---

① 参见任重：《赫尔维格的法律保护请求权论》，载中国法学会民事诉讼法学研究会主办：《民事程序法研究》（第十六辑），厦门大学出版社 2016 年版，第 103 - 106 页。

② 参见［苏］M. A. 顾尔维奇：《诉权》，康宝田、沈其昌译，中国人民大学出版社 1958 年版，第 5 - 45 页。

③ 参见［德］赫尔维格：《诉权与诉的可能性：当代民事诉讼基本问题研究》，任重译，法律出版社 2018 年版。

④ 参见顾培东：《诉权辨析》，《西北政法学院学报》1983 年第 1 期；刘家兴：《有关诉和诉权的几个问题》，《政治与法律》1985 年第 6 期；袁岳：《诉权现代化与诉讼民主化——历史与现状的比较研究》，《比较法研究》1988 年第 4 期。

⑤ 参见王锡三：《诉讼标的理论概述》，《现代法学》1987 年第 3 期；周永坤：《诉权法理研究论纲》，《中国法学》2004 年第 5 期；戴锐：《民事诉权学说探析》，《国家检察官学院学报》2008 年第 2 期；吴英姿：《论诉权的人权属性——以历史演进为视角》，《中国社会科学》2015 年第 6 期；江伟、邵明、陈刚：《民事诉权研究》，法律出版社 2002 年版，第 100 - 102 页；李浩：《民事诉讼法》（第三版），法律出版社 2016 年版，第 130 - 131 页；邵明：《民事诉讼法学》（第二版），中国人民大学出版社 2016 年版，第 58 页。

⑥ 关于民事程序法治现代化标准及其法典化问题，参见张卫平：《民事诉讼现代化标准判识》，《东方法学》2024 年第 2 期；汤维建：《形成独树一帜民事诉讼法中国学派》，《检察日报》2024 年 10 月 17 日，第 3 版。

第二节　民事诉权的中国问题意识

一、民事诉权的边缘化之困

在民事诉讼理论体系中，诉讼标的论和证明责任论被誉为民事诉讼的"脊梁"。举证责任作为民事诉讼的脊骨（脊梁、脊椎）在中国学界更为深入人心。[①] 经过考察，该论述首先由骆永家教授提出，随后得到王锡三教授的支持和转引。[②] 不过，日本学界则更普遍将诉讼标的作为民事诉讼的"脊椎"。[③] 诉讼标的和证明责任，尤其是主观证明责任，不仅贯穿民事诉讼流程的始终，而且为当事人的诉讼行为和法官的裁判行为提供了方向和指引。[④] 既判力则在判决效力的本质上划定了法院裁判与民事法律秩序之间的相互关系[⑤]，即法院的生效判决原则上只是描述性的，其并不变动实体权利义务秩序。[⑥] 从表面来看，诉权是原告拥有的提起诉的权能，但其内容的确定则经常与民事诉讼目的论这一问题相结合，并呈现出"有什么诉权学说就有什么诉讼目的认识"的决定关系。[⑦]

相较而言，诉讼目的论、诉讼标的论、证明责任论和既判力理论在我国得到了持续且实质的推进。[⑧] 然而，民事诉权基础理论研究在我国存在

---

① 参见李浩：《证明责任：民事诉讼的脊椎》，《中国律师》1999 年第 12 期；陈刚：《证明责任概念辨析》，《现代法学》1997 年第 2 期；胡学军：《从"抽象证明责任"到"具体举证责任"——德、日民事证据法研究的实践转向及其对我国的启示》，《法学家》2012 年第 2 期。

② 参见骆永家：《民事举证责任论》，台湾"商务印书馆"1972 年版，前言第 1 页；王锡三：《资产阶级国家民事诉讼法要论》，西南政法学院法律系诉讼法教研室编印 1986 年版，第 251－252 页。

③ 参见［日］高桥宏志：《民事诉讼法重点讲义（导读版）》，林剑锋译，法律出版社 2023 年版，第 27 页。

④ 参见胡学军：《证明责任制度本质重述》，《法学研究》2020 年第 5 期。

⑤ 参见张卫平：《既判力相对性原则：根据、例外与制度化》，《法学研究》2015 年第 1 期；林剑锋：《既判力相对性原则在我国制度化的现状与障碍》，《现代法学》2016 年第 1 期；金印：《既判力相对性法源地位之证成》，《法学》2022 年第 10 期。

⑥ 参见房绍坤：《导致物权变动之法院判决类型》，《法学研究》2015 年第 1 期；任重：《形成判决的效力——兼论我国物权法第 28 条》，《政法论坛》2014 年第 1 期。

⑦ 参见［日］伊藤真：《民事诉讼法》（第四版补订版），曹云吉译，北京大学出版社 2019 年版，第 12 页。

⑧ 参见江伟、邵明、陈刚：《论既判力的客观范围》，《法学研究》1996 年第 4 期；刘子赫：《〈民法典〉第 580 条第 2 款（违约方司法解除权）诉讼评注》，《云南社会科学》2023 年第 1 期；冯祝恒：《〈民法典〉第 186 条（违约与侵权请求权竞合）诉讼评注》，《华东政法大学学报》2023 年第 1 期。

着边缘化风险。民事诉权论被认为不仅"贫瘠"而且"失能"。[①] 上述判断能得到中国知网中相关论文发表数据的印证。虽然在全文中出现"诉权"的民事诉讼法学论文达 9 485 篇，但以"诉权"为篇名的论文数量骤减，仅为 313 篇，其中 CSSCI 论文 67 篇。这说明，虽然诉权是民事诉讼的制度原点，诸多诉讼制度的解决都要回溯到诉权问题，但诉权的内涵与外延、体系与模式、语境与功能并未得到充分澄清，更无共识。[②]

随着 2012 年民事诉讼法修正案引入虚假诉讼规制规则，特别是 2014 年《依法治国决定》对诉权保障的明确要求，诉权研究迎来新契机。作为民事诉讼法学最本原的希尔伯特问题，民事诉权缘何反而呈现边缘化，亦即我国民事诉讼立法、司法和理论缘何可以脱离诉权而独自前进，即便不依靠诉权论也不会遇到难以克服的理论障碍和实践困境？要科学看待上述"边缘化"问题，首先要厘清民事诉权理论的历史使命和当前的时代精神。换句话说，要有效证成民事诉权理论在我国的有用性。从中国问题意识出发，关于民事诉权基础理论的历史使命和时代精神可从以下维度加以总结和展开。

二、民事诉讼体制的社会主义转型

诉权概念是舶来品。新中国成立之前，我国并无严格意义上的诉权规范及其理论。[③] 清末及民国时期，随着经济社会的发展和思想观念的转变，由"诉冤"逐渐引申出"权利受到侵犯"以及"权利应得保护"的权利意识。[④] 然而，民国时期的诉权表述主要出现在刑事司法审判中，且以"公诉权""起诉权""上诉权""告诉权"作为具体表现形式。[⑤] 上述立法

---

① 参见巢志雄：《诉权概念史》，厦门大学出版社 2021 年版，前言第 1 页。

② 参见任重：《中国式现代化视域下民事诉权的反思与重塑》，《中国法学》2024 年第 4 期。

③ 中国古代法律中已有关于起诉的规定，如"告诉乃论""辞者辞廷""辞者不先辞官长，啬夫"等。参见袁岳：《诉权现代化与诉讼民主化——历史与现状的比较研究》，《比较法研究》1988 年第 4 期。

④ 参见李青：《清代档案与民事诉讼制度研究》，中国政法大学出版社 2012 年版，第 53 页。

⑤ 如《例规：刑事：解释公诉权时效与略诱和诱关系函》，《司法公报》1915 年总第 36 期；《解释法令文件：最高法院解释法令文：刑事：解释提起公诉权时效及反革命治罪适用刑律问题由》，《江西高等法院公报》1928 年第 3 期；《判决例：大理院复广东高等审判厅准贵厅函称转据南海第二初级检察厅请解释关于起诉权时效中断一节查此项问题应请总检察厅示遵本院未便遽予答覆希查照函》，《司法公报》1914 年第 7 期；《刑事：解释刑律刑法关于起诉权时效适用之疑义函》，《最高法院公报》1929 年第 3 期；《例规：审判：解释上诉权及管辖机关函》，《司法公报》1916 年总第 69 期；《解释：复江西高等法院首席检察官原告诉人非刑事当事人无上诉权》，《司法杂志》1929 年第 1 期；《刑事：和诱罪告诉权如无人主张可由检察官依声请指定代行告诉人函》，《司法公报》1915 年总第 36 期；《解释：解释奸非罪告诉权疑议代电》，《河南司法公报》1931 年第 12 期。

和司法实践中的"重刑轻民"使偶然闪现的民事诉权表述沦为刑事诉权论的附带。① 虽然我国古代已经出现诉权意识的萌芽，并且伴随清末民事诉讼立法，在清末民初的立法和司法文件中出现"诉权"概念，但实质推进民事诉权基础理论的是新中国成立后的民事诉讼法律体系改造。

新中国成立后，民事诉权基础理论是最先发展并较早进入研究高潮的重要课题，这也充分体现出诉权论作为民事诉讼法学首要希尔伯特问题的本原性。中央人民政府法制委员会于 1951 年编译出版《苏俄民事诉讼法典》。② 经过苏联司法部学校管理局审定为法律学校教科书的《苏维埃民事诉讼》1954 年也被中国人民大学民法教研室翻译和引介出版。③ 三年后即 1957 年，苏联诉讼法学家克列曼的教科书被翻译出版。④ 1958 年，苏联法学家顾尔维奇的诉权专论被引介。⑤

新中国成立之初大力推进的民事诉讼法律和理论体系的社会主义转型同样说明，诉权是我国民事诉讼法学理论体系的起点。以苏联立法和理论作为学习对象，我国民事诉讼立法和理论体系的社会主义转型沿着"民事诉讼法典→民事诉讼教科书→民事诉权"的步骤层层推进。在比较法基础上，以实现社会主义的诉讼体制转型为目标，我国学者在主要参照顾尔维奇诉权论的基础上发展出二元诉权论（也称双重诉权说），其是我国长期以来的多数说并影响至今。⑥ 在对私法诉权论（也称实体诉权论）、抽象公法诉权论（也称抽象诉权论）、具体公法诉权论（也称具体诉权论）的批评基础上，学界于改革开放之初就强调二元诉权论对社会主义诉讼体制转型的核心作用："我们社会主义法学中的诉权理论，继承了历史上各种诉权学说的合理因素，全面阐明了诉权的两种涵义及其相互关系，它同资产阶级的各种诉权学说，在理论的科学性、完整性以及阶级本质上，都有着根本区别。"⑦ 综上，诉权论在我国肩负着构建社会主义民事诉讼法律和理论体系的历史使命。

---

① 参见戳庐：《译件：论诉权》，《江苏司法汇报》1912 年第 5 期；[日] 板仓松太郎：《刑诉权与刑诉手续之进化》，《法学新报》1927 年第 7 期。

② 参见中央人民政府法制委员会编：《苏俄民事诉讼法典》，张文蕴译，人民出版社 1951 年版。

③ 参见 [苏] C. H. 阿布拉莫夫：《苏维埃民事诉讼》（上、下册），中国人民大学民法教研室译，中国人民大学出版社 1954 年版。

④ 参见 [苏] 克列曼：《苏维埃民事诉讼》，法律出版社 1957 年版。

⑤ 参见 [苏] M. A. 顾尔维奇：《诉权》，康宝田、沈其昌译，中国人民大学出版社 1958 年版。

⑥ 参见李浩：《民事诉讼法》（第三版），法律出版社 2016 年版，第 131 页。

⑦ 柴发邦等：《民事诉讼法通论》，法律出版社 1982 年版，第 199 页。

三、确保审判权依法独立公正行使

随着改革开放的逐步深入，诉权对审判权的监督和制约作用成为民事诉权基础理论的研究重心[1]，引起民事诉权论的持续关注。[2] 一般认为，诉权与审判权两者在行使的过程中，除相互配合、相互协调外，还相互制约，主要表现为诉权的行使与审判权的行使均须符合法定的程序和方式。诉权对审判权的制约，表现为约束审判权超越法律制度，即防止审判权的滥用，监督审判权依法行使。[3]

在特定历史条件下，诉权与审判权之间并不总是携手共进，而是存在此消彼长的制约关系。尤其是在民事诉讼体制或模式转型的发展阶段，诉权对审判权的制约集中体现在约束性辩论原则和约束性处分原则的确立与贯彻上。[4] 改革开放以来，虽然我国在诉权保障方面已经取得了长足进步，但从上述两项核心基本原则的实施情况来观察，诉权对审判权的制约作用尚未得到充分发挥。[5] 换句话说，审判权在立法、司法和理论等各层面的扩张正是民事诉权边缘化以及辩论原则、处分原则不具约束力的根本成因。正如有学者指出，从我国民事诉讼改革的进程看，尽管制度层面的当事人诉讼权利完善取得进展，但在权力（审判权）制约方面仍有不足，我国民事诉讼现代化改革深化和民事诉讼模式转型的方向应从权利保障调整为权力制约，此乃构建实质当事人主义的关键。[6]

四、变立案审查制为立案登记制

《依法治国决定》是民事诉权基础理论研究的里程碑，诉权首次出现在了国家重要文件（讲话）中。《依法治国决定》中有两处"诉权"表述：第一处"诉权"着眼于"告状难"，明确提出"改革法院案件受理制度，

---

[1] 参见王福华：《论诉权对审判权的制衡功能》，《烟台大学学报（哲学社会科学版）》1999 年第 4 期；江伟主编：《民事诉讼法》，高等教育出版社 2000 年版，第 38 - 39 页；吴英姿：《诉权理论重构》，载《南京大学法学评论》南京大学出版社 2001 年版，第 148 - 154 页；王福华：《民事诉讼基本结构——诉权与审判权的对峙与调和》，中国检察出版社 2002 年版。

[2] 参见廖永安等：《诉讼费用研究——以当事人诉权保护为分析视角》，中国政法大学出版社 2006 年版；赵旭东：《论诉权、审判权、检察权在民事诉讼中的制衡关系》，《政治与法律》2009 年第 6 期；段厚省、郭宗才：《民法请求权与民事诉权之关系考察》，《河北法学》2009 年第 10 期；张睿：《论民事诉权对审判权的制约——以程序主体性原则为理念》，《东南学术》2009 年第 6 期。

[3] 参见刘家兴主编：《民事诉讼法学教程》，北京大学出版社 1994 年版，第 35 - 36 页。

[4] 参见张卫平：《诉讼体制或模式转型的现实与前景分析》，《当代法学》2016 年第 3 期。

[5] 参见任重：《论中国民事诉讼的理论共识》，《当代法学》2016 年第 3 期。

[6] 参见冯珂：《从权利保障到权力制约：论我国民事诉讼模式转换的趋向》，《当代法学》2016 年第 3 期。

变立案审查制为立案登记制，对人民法院依法应该受理的案件，做到有案必立、有诉必理，保障当事人诉权"，同时要求有效规制诉权滥用；第二处"诉权"则强调"以审判为中心"，明确开庭审理对诉权保护的决定性作用。值得注意的是，第一处诉权表述的重心是行政诉讼，即"民告官"；第二处诉权表述则强调审判之于刑事侦查和审查起诉的核心功能。尽管如此，其同样对民事诉权保障提出了改革要求。① 无论是中央全面深化改革领导小组第十一次会议审议通过的《立案登记改革意见》抑或是《登记立案规定》，均以民事诉权作为首要对象。② 在《依法治国决定》的明确要求下，最高人民法院分"三步走"贯彻落实立案登记制，即《民诉法解释》第 208 条之一般性规定③、《立案登记改革意见》的六个方面以及《登记立案规定》之细化落实。

《依法治国决定》对立案登记制与诉权保障的联动提出明确要求，为诉权的模式转型提供了政策红利。④ 客观而言，诉权保障与立案登记制之间的关系还有相当大的研究空间。⑤ 从民事诉权学说史的发展和迭代观察，诉权保障并不一定带来立案登记制。例如，私法诉权说必然要求甚至自然导出立案审查制，因为实体权利的存在及其受害是诉权的前提条件，换句话说，诉权是实体权利的特殊发展阶段，这就必然要求法官在正式开启诉讼程序之前验证诉权的客观存在。⑥ 可以说，严格的立案审查制正是建基于以萨维尼为代表的私法诉权说，并与普鲁士时期的司法实践存在

---

① 关于党的十八届四中全会对民事诉权改革的阶层化要求，参见任重：《中国式现代化视域下民事诉权的反思与重塑》，《中国法学》2024 年第 4 期。行政诉权的层次论探讨，参见梁君瑜：《"诉权层次论"视域下的行政诉权要件探析——基于诉权本质学说与诉权要件之关联性考察》，《北京理工大学学报（社会科学版）》2018 年第 5 期。

② 参见《立案登记改革意见》第 2 条第 1 项和《登记立案规定》第 4 条。

③ 参见最高人民法院修改后民事诉讼法贯彻实施工作领导小组编著：《最高人民法院民事诉讼法司法解释理解与适用》（上），人民法院出版社 2015 年版，第 554－555 页。

④ 参见蔡虹、李棠洁：《民事立案登记制度之反思——写在立案登记制度实施之后》，《湖南社会科学》2016 年第 1 期；韩波：《立案登记改革中的书状答辩》，《法律科学》2021 年第 6 期；刘荣军：《如何看待立案登记制实施中出现的问题》，《上海法治报》2024 年 7 月 17 日 B3 版。

⑤ 参见吴英姿：《论诉权的人权属性——以历史演进为视角》，《中国社会科学》2015 年第 6 期；曹云吉：《民事诉讼正当当事人判断标准的建构——兼谈起诉条件的"双重高阶化"》，《北方法学》2019 年第 5 期。

⑥ 参见［德］赫尔维格：《诉权与诉的可能性：当代民事诉讼基本问题研究》，任重译，法律出版社 2018 年版，第 68 页。

密切互动。① 其恰恰是马克思《福格特先生》一文的批评对象："不承认私人在他个人的私事方面有起诉权的法律，也就是对市民社会最起码的根本法还认识不清。起诉权由独立的私人的理所当然的权利变成了国家通过它的司法官员所赋予的特权。"②《普鲁士诉讼条例》正是以私法诉权说为基础。③

以马克思的上述重要论述为准据，无论是顾尔维奇的诉权专著，抑或是改革开放初期我国代表性的民事诉讼法教科书，均因私法诉权说贬损当事人诉权以及纵容法官在受理问题上的恣意裁夺而对其加以批判。顾尔维奇认为，萨维尼所主张的实体权利对程序权利的吞并，在《普鲁士诉讼条例》时代被用来作为法官预先审查原告是否具有"诉权"这种程序的根据。如果法官根据诉状发现原告没有诉权，那么，他就用自己的绝对命令终止案件程序；原告就不能得到保护。④ 我国改革开放初期的代表性教科书也认为，私法诉权说（实体诉权说）主张起诉时就要查明当事人有无实体权利，"实质上等于把起诉权化为乌有，在客观上助长了资产阶级法院的武断专横"⑤。

总体而言，学界对于诉权学说与立案登记制改革之间的联动关系通常停留于附带性论述。立案登记制改革的顶层设计要求民事诉权基础理论研究改变上述局面，坚持将诉权保障作为中国式现代化的程序法治精神，以本土资源为中心，充分参考比较法上诉权学说与立案模式的联动，最终在根本上解决"起诉难"问题。不仅如此，立案登记制改革目前集中于审判程序。行为保全"申请难"背后同样存在诉权学说的研究局限，受制于诉权与诉、起诉以及审判程序的绑定而并未进入立案登记制改革的视野。⑥

五、"切实实施民法典"

在与经济社会发展和社会民生息息相关的民事法治建设方面，《依

---

① 值得注意的是，私法诉权说同时代的司法实践并未完全贯彻立案审查制，而是赋予了法官较大的自由裁量空间。参见任重：《论我国民事诉讼标的与诉讼请求的关系》，《中国法学》2021 年第 2 期。

② 《马克思恩格斯全集》（第十九卷），人民出版社 2006 年版，第 359 页。

③ 参见陈刚：《试述马克思对普鲁士刑事自诉程序的批判》，《当代法学》2019 年第 6 期。

④ 参见 [苏] M. A. 顾尔维奇：《诉权》，康宝田、沈其昌译，中国人民大学出版社 1958 年版，第 7 页。

⑤ 柴发邦等：《民事诉讼法通论》，法律出版社 1982 年版，第 197 页。

⑥ 参见任重：《我国诉前行为保全申请的实践难题：成因与出路》，《环球法律评论》2016 年第 4 期；刘子赫：《人格权禁令独立性的保全路径——以起诉期间制度为核心》，《财经法学》2023 年第 5 期。执行程序和非讼程序申请权的相关探讨，参见任重：《担保物权实现的程序标的：实践、识别与制度化》，《法学研究》2016 年第 2 期；任重：《民事诉讼法教义学视角下的"执行难"：成因与出路——以夫妻共同财产的执行为中心》，《当代法学》2019 年第 3 期。

法治国决定》要求"加强市场法律制度建设，编纂民法典"。作为《民法典》的实施和保障机制，作为国际营商和投资环境的风向标，诉权保障是《依法治国决定》关于民事程序法治建设的重要部署。改革开放之初，我国诉讼法学界就对诉权与民法典的关系形成了关键认识。在对诉权功能的论述中，诉权所发挥的首要功能被确定为维护当事人的合法权益。① 也就是说，当事人参加诉讼的目的是维护自己的合法权益。为了实现这一目的，他们必须借助一定的诉讼手段，这就是法律赋予他们的诉讼权利。而诉讼权利产生的基础，则是当事人的诉权。正因为当事人享有诉权，所以其可以在诉讼中提出诉讼请求，提供证据证明案件事实，或反驳诉讼请求；有权请求司法保护；有权请求法院作出公正裁判，纠正有错误的裁判，以达到维护其合法权益的目的。从上述第一项功能中还可导出民事诉权的第二项功能，即"实现双方当事人的对抗"。当事人在诉讼中平等享有诉权，只不过因为其诉讼地位不同而使诉权的表现形式不同。② 其中，原告通常是提起诉讼、提出诉讼请求（原告诉权），被告则通常是反驳诉讼请求或提出反请求（被告诉权）。上述双方当事人享有诉权和诉权不同表现形式的根源在于，国家法律平等保护民事权利主体的正当权利和合法权益的法治精神。民法典时代的民事诉权基础理论革新既是时代精神的体现，也是民事诉权基础理论研究的重要内容。

民法与民事诉讼法的血肉联系是新中国成立以来的定论。例如，马克思关于两法关系的论断虽然并未言明民事诉讼法必须与民法同步制定，但明确指出了民事诉讼法必须与民法保持"同一精神"：民事诉讼法的调整对象、法律关系和制度效果不能脱离民法而独自前行，民事诉讼法要避免沦为"空洞的形式"③。然而，随着民事诉讼法的"试行化"④，"切实实施民法典"的保障功能逐渐弱化，与民法典保持"同一精神"甚至可能被认为蕴含着独立性和自主性丧失的风险。⑤ 作为民法典与民事诉讼法协同实施的逻辑起点和关键之问⑥，民事诉权的边缘化正反映出两法的不协同和

---

① 参见刘家兴主编：《民事诉讼法学教程》，北京大学出版社 1994 年版，第 34－35 页。

② 参见刘家兴主编：《民事诉讼法学教程》，北京大学出版社 1994 年版，第 35 页。

③ 江伟、刘家兴：《建议民事诉讼法先于民法颁布施行》，载江伟：《探索与构建——民事诉讼法学研究》（上卷），中国人民大学出版社 2008 年版，第 4 页。

④ 任重：《民事诉讼法"去试行化"：以民法典为参照》，《法治社会》2024 年第 3 期。

⑤ 参见杨荣新：《应尽快颁布施行民事诉讼法》，《北京政法学院学报》1981 年第 2 期。

⑥ 参见［德］赫尔维格：《诉权与诉的可能性：当代民事诉讼基本问题研究》，任重译，法律出版社 2018 年版，第 48－50 页。

关系的不科学。①

六、中国问题意识的体系构造

基于其本原性和基础性，诉权可谓民事诉讼法学的首要希尔伯特问题。然而，与诉讼标的论、证明责任论、既判力论相比，民事诉权基础理论研究在我国呈现出起步早、持续久、后劲弱、共识少的发展困境，这也是民事诉权边缘化的成因。民事诉权基础理论是否可能实现去边缘化？民事诉讼立法、司法和理论研究的中国式现代化可否脱离民事诉权基础理论而顺利推进？上述问题的实质解决需要厘清民事诉权在我国的有用性。经过上述分析可知，民事诉权肩负和蕴含四个层次的历史使命与时代精神。上述四个层次虽然各有侧重，但并不彼此独立，它们融合成密切联系的整体。其中，民事诉讼体制的社会主义转型是依法独立公正行使审判权、立案登记制改革和"切实实施民法典"的历史底色；借助诉权监督审判权的根据是以保护当事人的民事权利作为首要民事诉讼目的；"切实实施民法典"要求进一步审视立案登记制改革，即以民事权利保护作为导向，通过民事诉权基础理论的再探讨实现立案登记制的深化和彻底改革，以确保民法典的科学有效实施。不仅如此，除民事诉讼体制的社会主义转型业已完成，故而可谓历史使命之外，依法独立公正行使审判权、立案登记制改革以及"切实实施民法典"依旧是当前我国民事程序法治现代化进程中的现实之问，它们相互交织、协同发展，共同呈现出民事诉讼之中国式现代化的时代之问。

第三节　民事诉权概念的再审视

一、多元化的民事诉权概念理解

民事诉权的概念界定在改革开放以来的民事诉讼法学教科书中已有较为充分的分析讨论，在取得丰硕成果的同时也呈现出了并不细微的理解差异。据不完全统计，主要观点有如下几种：一是起诉条件说，即认为诉权是允许起诉的条件，当事人要提起诉讼，就得具备诉权，并借助诉讼过程

---

① 参见任重：《民法典与民事诉讼法的协同实施：回眸与展望》，《当代法学》2023年第1期。

予以实现；二是起诉权利和满足实体要求说，该说认为诉权是原告享有的提起诉讼的权利和满足原告对被告实体要求的权利；三是获得司法保护说，该说认为诉权是指程序上的起诉权和实体上的请求权；四是起诉权、胜诉权与反诉权、应诉权和答辩权对应说，即诉权对原告来说是起诉权和胜诉权，对被告来说是反诉权、应诉权和答辩权；五是程序权利说，即诉权是当事人双方就其民事法律关系的争议而进行诉讼，实行诉讼行为，以维护其正当民事权利的基本的程序权利；六是程序意义上和实体意义上的诉权说，即由国家法律制度决定其内容，为原告和被告双方当事人享有，贯穿于整个诉讼过程中，在诉讼各阶段表现为不同诉讼权利。① 还有代表性观点认为诉权仅有程序含义，且应该统摄正当当事人②；以及诉权是与每个人联系的起诉权和与诉讼标的联系的胜诉权。③

二、诉权理论在司法实践中的失语和缺位

二元诉权论虽然是我国诉权通说，但其局限性须引起重视。正如有学者指出，在我国长期占统治地位的二元诉权论较多关注具体问题，对传统理论的基本问题和深层次问题基本未有涉足。④ 二元诉权论也被认为陷入了僵局，包括：所有学说都无法自圆其说⑤，既往研究多是平面、静态和断代的，难以解释各种学说的时代价值。理论研究的困境影响了制度设计和司法实践，导致"起诉难"的情况大量存在。⑥

三、民事诉权概念之重塑

当前，具有代表性的诉权定义有：诉权是启动司法程序以解决民事纠纷的寻求司法裁判的基本权利⑦；诉权是当事人对国家所享有的司法保护的请求权，即当事人请求法院依法保护其民事权益的权利⑧；诉权是当事

---

① 参见刘家兴主编：《民事诉讼法学教程》，北京大学出版社 1994 年版，第 34 页；江伟、单国钧：《关于诉权的若干问题的研究》，载陈光中、江伟主编：《诉讼法论丛》（第一卷），法律出版社 1998 年版，第 219 页。

② 参见顾培东：《诉权辨析》，《西北政法学院学报》1983 年第 1 期。

③ 参见王锡三：《诉讼标的理论概述》，《现代法学》1987 年第 3 期。

④ 参见江伟、单国钧：《关于诉权的若干问题的研究》，载陈光中、江伟主编：《诉讼法论丛》（第一卷），法律出版社 1998 年版，第 221 页。

⑤ 参见严仁群：《回到抽象的诉权说》，《法学研究》2011 年第 1 期。

⑥ 参见吴英姿：《论诉权的人权属性——以历史演进为视角》，《中国社会科学》2015 年第 6 期。

⑦ 参见张卫平：《民事诉讼法》（第六版），法律出版社 2023 年版，第 197 页。

⑧ 参见李浩：《民事诉讼法》（第三版），法律出版社 2016 年版，第 128 页。

人为维护自己的合法权益，要求法院对民事争议进行裁判的权利，诉权是一项基本权利，没有这项权利，公民、法人和其他组织便不能启动民事诉讼程序获得司法裁判，实现实体权利。① 上述二元诉权论的最新界定虽有趋近的态势，例如均呈现出公法诉权认识，以及解决实体纠纷的诉权内容认识，但依旧存在无法忽视的隐性分歧。这具体表现为二元诉权论的两个基本内容认识上的分歧。在起诉权构造方面，诉权是不是开启诉讼程序的前提，如若将起诉权作为案件受理的条件，是否意味着我国在起诉权问题上退回了私法诉权说这一新中国成立以来饱受批判的理论学说？在胜诉权内容方面，保护民事权益是否构成诉权的应有之义，实体权利构成如何有机融入民事诉权概念，进而在"切实实施民法典"的同时避免出现胜诉权的起诉权化的现象和问题？

四、民事诉权概念之牵连性

上述隐性分歧并非细枝末节。民事诉权的概念界定抽象、基础且本原，尽管如此，诉权概念与其他诉权问题仍存在牵一发而动全身的联动关系，可谓"差之毫厘，谬以千里"：诉权的定义直接受到诉权学说认识的影响，关于诉权的各种认识其实就是诉权的各种学说本身。由此可见，诉权概念的再界定须与其蕴含的时代精神相融贯，并与诉权模式选定相协同。

第四节　民事诉权学说的再认识

一、诉权学说对诉权概念的塑造作用

对民事诉权概念的不同理解背后是诉权学说的选取差异。在改革开放之初的代表性教科书中，实体诉权说（私法诉权说）、抽象（公法）诉权说、具体（公法）诉权说、二元诉权论较早进入学界视野。② 上述认识受到苏联诉讼法学的实质影响。顾尔维奇在《诉权》一书中同样对实体诉权

---

① 参见江伟主编：《民事诉讼法》（第五版），高等教育出版社 2016 年版，第 61 页。
② 参见柴发邦等：《民事诉讼法通论》，法律出版社 1982 年版，第 196-198 页。

说、抽象诉权说、具体诉权说加以全面介绍和批判①，并在此基础上提出以起诉权（程序意义上的诉权）和实质意义诉权以及认定诉讼资格作为主要内容的诉权学说。② 苏联民事诉权理论在顾尔维奇诉权论基础上，发展出二元诉权理论，即在诉讼法意义上，诉权是向法院请求的权利，是提起诉讼的权利；在实体法意义上，诉权是满足诉讼请求的权利。③ 可以说，有什么样的诉权学说，就有什么样的诉权概念。

二、民事诉权谱系

以诉权学说谱系观察，二元诉权论与具体公法诉权论存在亲缘关系。虽然诉讼法意义上的诉权可能引发"起诉难"，这也是我国立案登记制改革当前所遭遇的理论瓶颈，但二元诉权论仍与私法诉权说存在显著区别。苏联诉讼法学界向来将私法诉权说与资产阶级司法陋习相联系。苏联学者克列曼批评资产阶级司法机关利用诉权学说达到阶级目的，并引用了马克思谈到的亲身经历，《国民日报》的主笔查贝利曾经在报纸上公开诽谤马克思，马克思便请求检察署对查贝利提起追诉。在检察署拒绝了马克思的请求后，马克思的律师韦伯对查贝利提起了民事诉讼。马克思在他的《福格特先生》一书中叙述了这件事的结果。普鲁士的法官事先在审查文件时，竟然认为原告没有诉权，因而法院不让其进行诉讼，遂以裁定驳回原告的请求。1860 年 7 月 8 日，柏林皇家市法院作出的正是这样的裁定。因此，马克思没有可能让查贝利到法院负诽谤行为的法律责任。④ 克列曼就此认为，私法诉权说负有具体的历史使命，"在剥削者国家中，统治阶级是利用这种理论来保护自己的阶级利益，为法官的专横行为辩解，以及侵犯被剥削阶级的权利"⑤。

当然，苏联学者对诉权学说的讨论主要基于二战结束前后的学说演进，而未能兼顾二战后以德国、日本为代表的诉权新发展。我国既有研究

---

① 参见［苏］M. A. 顾尔维奇：《诉权》，康宝田、沈其昌译，中国人民大学出版社 1958 年版，第 5 - 45 页。
② 参见［苏］M. A. 顾尔维奇：《诉权》，康宝田、沈其昌译，中国人民大学出版社 1958 年版，第 46 - 216 页。
③ 参见［苏］克列曼：《苏维埃民事诉讼》，法律出版社 1957 年版，第 206 页。
④ 参见［苏］克列曼：《苏维埃民事诉讼》，法律出版社 1957 年版，第 205 - 206 页。
⑤ ［苏］克列曼：《苏维埃民事诉讼》，法律出版社 1957 年版，第 206 页。

对此已有实质推进。在此基础上，诉权学说的再选取亟须结合比较法资料进行查漏补缺，进而达成对诉权主要学说的立体化认识。随着公法学和法治国家理论的发展，针对私法诉权说（主要是萨维尼的诉权论）在逻辑上的缺陷，19 世纪后半叶的德国产生了公法诉权说。据此，诉权不是民事权利受到侵害后的发展阶段，其并非实体权利，而是国民针对国家设立的法院所享有的公法权利。① 以权利内容为准据，公法诉权说可进一步细分为抽象公法诉权论与具体公法诉权论。其中，具体和抽象的标准一般被认为是与实体权利的相关性：抽象诉权不问实体权利为何，而具体诉权则坚持以实体权利为导向。② 当然，从另一角度观察，抽象意味着诉权并未说明国民在何种条件下能够合法提起诉讼，也未明确法院在何种情况下才能够满足起诉人提出的请求。③ 是故，抽象公法诉权论的主要功绩是对私法诉权说和立案审查制的批判。然而，从诉权的体系化价值以及民事诉讼法治现代化的视角观察，抽象公法诉权论存在历史局限。以民事诉权的公私二分为核心标准，民事诉权在二战后新产生的主要学说分支，如德国法上的司法保护请求权（也称司法请求权）、日本法上的本案请求权，均可以在公法诉权说一侧找到落脚点，是在权利保护请求权说（也称法律保护请求权说）长期占主导地位之后，受诉权宪法化和人权化潮流影响的新进展，是抽象公法诉权论和诉权否定论综合影响下的理论产物。④

三、我国民事诉权模式之追问

综上，民事诉权基础理论的第三个希尔伯特问题是在补遗诉权学说的基础上，建立适合我国国情的民事诉权模式，并联动形成我国统一的民事诉权概念认识。在民事诉权的既有理论谱系中，我国民事诉权模式的确立及转型必须充分回应本土国情，这具体表现在：第一，民法典若干规范依旧保有实体程序不分的 actio 色彩或萨维尼时代的私法诉权说色

---

① 参见张卫平：《民事诉讼法》（第六版），法律出版社 2023 年版，第 200 页。

② 参见［苏］M. A. 顾尔维奇：《诉权》，康宝田、沈其昌译，中国人民大学出版社 1958 年版，第 2 页；顾培东：《诉权辨析》，《西北政法学院学报》1983 年第 1 期。

③ 参见李浩：《民事诉讼法》（第三版），法律出版社 2016 年版，第 129 页。

④ 关于权利保护请求权论的基本主张及其历史影响，参见任重：《诉权的体系化价值及其对我国的启示》，载［德］赫尔维格：《诉权与诉的可能性：当代民事诉讼基本问题研究》，任重译，法律出版社 2018 年版，第 25-34 页。

彩；第二，我国二元诉权论存在胜诉权要件起诉权化等"重程序，轻实体"问题；第三，诉权的宪法化等新发展在我国并无配套制度可依循，甚至《宪法》第41条第1款虽可成为行政诉权的根据，但民事诉权超出了其"中华人民共和国公民对于任何国家机关和国家工作人员，有提出批评和建议的权利；对于任何国家机关和国家工作人员的违法失职行为，有向有关国家机关提出申诉、控告或者检举的权利，但是不得捏造或者歪曲事实进行诬告陷害"之明确文义，对民事诉权不得不另循《宪法》第33条第3款之诉权人权化和《宪法》第38条第1句之"中华人民共和国公民的人格尊严不受侵犯"予以解释，此项工作须密切结合宪法学之基本权利研究予以协同达成[①]；第四，民事诉讼法自"试行化"以来始终面临与实体法的分离和脱节，诉权学说的选取必须充分回应民法典与民事诉讼法的协同实施以及民事诉讼法典化等中国式现代化议题。

第五节　我国民事诉权的规范体系

一、民事诉权的宪法性准据

无论是国家重要文件（讲话）中的诉权观，还是以《宪法》第41条第1款、第33条第3款及第38条第1句之准民事诉权规范为代表法律规范，都须如涟漪一般蔓延和辐射到整个法律体系。在此基础上，回答民事诉权基础理论的第四个希尔伯特问题必然要勾勒出我国民事诉权的规范体系。不无遗憾的是，二元诉权论虽然是我国长期坚守的通说，但其并未为诉权规范及其实践提供清晰的概念指引。限于本章的篇幅，本书将着重对《民事诉讼法》与《民法典》中的起诉规范进行以点带面的分析与展开。

二、《民事诉讼法》中的起诉规范

以起诉权和胜诉权为要素的二元诉权论虽然是我国长期坚持的通说，但《民事诉讼法》并未使用上述两个概念，直到2012年才经过修订引入"起诉权利"的法律表达，即现行《民事诉讼法》第126条之规定："人民

---

① 参见李忠夏：《社会本位的中国基本权利功能体系构建》，《中国法学》2024年第5期。

法院应当保障当事人依照法律规定享有的起诉权利。对符合本法第一百二十二条的起诉，必须受理。符合起诉条件的，应当在七日内立案，并通知当事人；不符合起诉条件的，应当在七日内作出裁定书，不予受理；原告对裁定不服的，可以提起上诉。"与起诉权不同，民事诉讼法律文本中至今并未出现"胜诉""胜诉权"等相关表述。《民事诉讼法》中的诉权规范更集中表现为起诉规范，其中"起诉"共计被使用 53 次。第一处起诉规范位于《民事诉讼法》第 5 条第 1 款，其并未与起诉条件相联系，而是侧重于提起诉讼的行为，即当事人向人民法院递交起诉状或口头起诉，并由人民法院记入笔录（《民事诉讼法》第 123 条）。然而，全国人大常委会法工委释义书对第 5 条第 1 款的解释认为，该规定有两重含义：一是外国人、无国籍人、外国企业和组织与中国公民、法人和其他组织按照我国实体法和程序法的规定，有同等的诉讼权利能力和诉讼行为能力；二是外国人、无国籍人、外国企业和组织在我国人民法院起诉、应诉，享有与中国公民、法人和其他组织同等的民事诉讼权利，承担相同的民事诉讼义务，不能因其是外国人或者外国企业而有歧视或者给予特殊照顾。[1] 考虑到同等原则的立法目的，仅仅是提起诉讼并由法院出具书面凭证（《登记立案规定》第 2 条第 1 款）虽然也构成同等原则的具体表现，但"特殊照顾"主要指向了受理案件的法定条件，蕴含起诉权同等原则的基本内涵。

起诉行为和起诉条件的双重内涵同样呈现于支持起诉制度（《民事诉讼法》第 15 条）。释义书认为，支持起诉制度的制度目的是在特殊情况下，对于受到损害的单位或者个人不能独立保护自己的合法权益的，由有关组织给予协助和支持，是运用社会力量帮助若干单位或者个人实现诉讼权利。值得注意的是，《民事诉讼法》第 15 条可能进一步导出起诉规范的第三重含义，即不仅要帮助弱势单位或个人实现起诉权，而且要致力于帮助其实现胜诉权。[2] 释义书中也有如下表述："向他们宣传法律知识、提供法律咨询服务，使他们熟悉法律所规定的权利义务，提高法制观念，加

---

[1]　参见王胜明主编：《中华人民共和国民事诉讼法释义》（最新修正版），法律出版社 2012年版，第 8 页。

[2]　参见胡守鑫、张军德：《诉权保护维度下检察机关支持起诉制度论析》，《辽宁师范大学学报（社会科学版）》2024 年第 5 期。

强法制意识，敢于和善于运用法律武器维护自己的合法权益；也可以经他们同意，接受他们的委托或者推荐律师当他们的诉讼代理人，帮助他们维护合法权益；也可以向他们提供物质帮助，如代交诉讼费、律师费等"[1]。是故，帮助起诉的内涵并不局限在撰写起诉状、满足起诉条件，而是要进一步引申出帮助弱势群体实现胜诉权。加之《民事诉讼法》中并无"胜诉""胜诉权"之表述，故而宜对《民事诉讼法》第15条作胜诉权层面的解释。这同样引发了最高人民检察院对支持起诉指导性案例的多元化理解。在第122号指导性案例"李某滨与李某峰财产损害赔偿纠纷支持起诉案"中，最高人民检察院将"保障当事人平等行使诉权"理解为通过收集证据来支持起诉人满足法定起诉条件。根据上述理解，诉权是原告在满足法定起诉条件后所享有的要求法院受理案件的诉讼权利。而最高人民检察院在第154号指导性案例"李某荣等七人与李某云民间借贷纠纷抗诉案"中则指出，"准确适用司法鉴定对于查明案件事实、充分保障当事人诉权及客观公正办理案件具有重要意义"。上述理解显然不同于起诉权，而进入了通过证据证明获得己有利的事实认定和有利判决的胜诉权范畴。[2]

　　除了起诉行为、起诉权以及胜诉权构成要件，《民事诉讼法》中的起诉规范还可能指向具体起诉条件，如《民事诉讼法》第36条中的"向其中一个人民法院起诉"和"向两个以上有管辖权的人民法院起诉"，在文义上接近当事人提交诉状的行为，但结合本条的前提条件"两个以上人民法院都有管辖权的诉讼"可知，本条系在起诉权的意义上规定选择管辖的处理方案。不仅如此，起诉规范也可能指向案件受理后的相关程序处理。《民事诉讼法》第57条第1款规定："诉讼标的是同一种类、当事人一方人数众多在起诉时人数尚未确定的，人民法院可以发出公告，说明案件情况和诉讼请求，通知权利人在一定期间向人民法院登记。"由于法院发出

---

　　[1]　王胜明主编：《中华人民共和国民事诉讼法释义》（最新修正版），法律出版社2012年版，第27页。

　　[2]　关于实体意义诉权或胜诉权的不同理解与认识，参见柴发邦等：《民事诉讼法通论》，法律出版社1982年版，第195页；顾培东：《诉权辨析》，《西北政法学院学报》1983年第1期，第76页；刘家兴主编：《民事诉讼法学教程》，北京大学出版社1994年版，第34页；王锡三：《民事诉讼法研究》，重庆大学出版社1996年版，第149页；江伟、单国军：《关于诉权的若干问题的研究》，载陈光中、江伟主编：《诉讼法论丛》（第一卷），法律出版社1998年版，第237-239页。

公告的时间是在起诉被受理后①，是故，起诉时人数尚未确定，实乃案件受理后尚未确定之含义。同样，须澄清的是，受"试行化"影响，若干起诉规范还将诉讼时效作为前提条件，但这并不意味着据此规定了新的起诉权构成要件。《民事诉讼法》第57条第4款则规定："人民法院作出的判决、裁定，对参加登记的全体权利人发生效力。未参加登记的权利人在诉讼时效期间提起诉讼的，适用该判决、裁定。"此为第五处"起诉"。对其中"未参加登记的权利人在诉讼时效期间提起诉讼的"的字面理解是，将诉讼时效期间作为起诉的前置条件，故而有起诉条件的外观。但综合考量本条要求在诉讼时效期间提起诉讼的法律效果，即"适用该判决、裁定"，且诉讼时效的法律效果是实体抗辩权的产生（驳回判决），而非起诉条件之瑕疵（驳回裁定），不宜将《民事诉讼法》第57条第4款理解为起诉权之规定。同样地，本条也并非对胜诉权之规范，盖因《民法典》第193条明确禁止人民法院主动适用诉讼时效规定。有鉴于此，《民事诉讼法》第57条第4款之"在诉讼时效期间提起诉讼"宜理解为单纯的起诉行为。②

上述对起诉行为、起诉权、胜诉权、案件受理等起诉规范的多元理解表明，二元诉权概念及其学说还欠缺对诉权规范的应有穿透力，作为民事诉讼法学首要希尔伯特问题的诉权论却存在边缘化风险。尽管如此，在重视诉权规范的同时体系化地分析和总结法律文本中的相关表达无疑具有理论价值和实践意义。例如，《民事诉讼法》第84条第2款规定和第104条第1款中的"提起诉讼"指向诉前证据保全和诉前行为保全。结合我国的起诉和受理制度，若将此处的"提起诉讼"前理解为向法院递交诉状或口头起诉之前，那么，当事人在递交诉状的同时提出的保全申请就不被作为诉前保全。由于7日受理期间的存在，尤其是在补交材料时可能会等待更长时间，故而"诉前"不宜按照字面含义解读为起诉前，这并未充分回应"因情况紧急"的制度要求。此处的"提起诉讼"应被理解为"受理"，这使诉前证据保全和诉前行为保全中的"提起诉讼"具有了起诉权的内涵与外延。相反，考虑到申请人对受理结果的不可控性，同时为避免出现保全空档期，《民事诉讼法》第104条第3款之"依法提起诉讼"宜被解读为向法院递交诉状。

---

① 参见王胜明主编：《中华人民共和国民事诉讼法释义》（最新修正版），法律出版社2012年版，第99页。

② 参见黄薇主编：《中华人民共和国民法典总则编解读》，中国法制出版社2020年版，第654页。

为避免赘文，本书分类整理了《民事诉讼法》中起诉规范的主要类别，如表1-1所示。

表1-1 《民事诉讼法》中起诉规范的主要类别

提交诉状或口头起诉		起诉权		胜诉权	
第57条	在诉讼时效期间提起诉讼	第5条	同等原则	第15条	支持起诉
第104条	不依法提起诉讼	第36条	原告向两个以上有管辖权的人民法院起诉	第58条	支持起诉
第123条	起诉应当向人民法院递交起诉状	第57条	在起诉时人数尚未确定的		
第124条	起诉状记载事项	第58条	公益诉讼		
第157条	驳回起诉	第59条	有独立请求权第三人		
第161条	口头起诉		第三人撤销之诉		
第186条	告知另行起诉	第84条	诉前证据保全		
第188条	向选区所在地基层人民法院起诉	第104条	诉前行为保全		
		第115条	向人民法院提起诉讼		
第206条	向人民法院提起诉讼	第122条	起诉条件		
第208条	向人民法院提起诉讼	第125条	先行调解		
第232条	向人民法院起诉	第126条	依照法律规定享有的起诉权利		
第234条	向作出判决的人民法院起诉			第59条	第三人撤销之诉
第248条	向人民法院起诉	第127条	消极起诉条件		
第274条	在人民法院起诉				
第280条	在人民法院起诉				
第282条	向更为方便的外国法院提起诉讼	第189条	选民资格案件起诉人		
		第228条	不同意提起诉讼		
		第238条	执行异议之诉		
		第282条	向人民法院起诉		
		第288条	不得向人民法院起诉		
			可以向人民法院起诉		
		第290条	不得向人民法院起诉		
		第292条	可以向人民法院起诉		
		第302条	驳回起诉		

三、《民法典》中的起诉规范

《民法典》第 1 条和第 3 条凸显出权利本位与权利导向的立法宗旨。[1] 以民事权利为中心，《民法典》发挥着民事权利宣言书和社会生活百科全书的重要作用。其中，民事权利的构成要件多以社会和经济生活为场景，指引法官在出现相关要件事实时（小前提）充实构成要件（大前提），依法作出权利判定（结论），经过"请求→抗辩→再抗辩→再再抗辩"之案件事实分层证成实体判项（司法三段论）。[2]《民法典》条文的构成要件以平等主体之间的社会和经济交往为中心（《民法典》第 2 条），并在总则之后进一步将民事权利归入物权、合同、人格权、婚姻家庭、继承和侵权责任等典型生活单元。不容忽视的是，《民法典》部分条文存在诉讼场景和程序要素。在《民法典》共计 1 260 个法律条文中，"人民法院"出现 87 次，"仲裁机构"出现 13 次。[3] 不仅如此，《民法典》的若干条文还涉及民事主体向法院提起诉讼和获取判决等诉讼（公法）行为，其中，"起诉"出现 19 次，"判决"则被使用 13 次。

沿用《民事诉讼法》中起诉规范的分析框架，《民法典》中共有"起诉"表述 18 处，经过实质筛选为 18 次。《民法典》第 565 条第 2 款之第二处"起诉"表述实为"起诉状"："当事人一方未通知对方，直接以提起诉讼或者申请仲裁的方式依法主张解除合同，人民法院或者仲裁机构确认该主张的，合同自起诉状副本或者仲裁申请书副本送达对方时解除。"《最高人民法院关于适用〈中华人民共和国民法典〉合同编通则若干问题的解释》第 54 条则针对当事人一方未通知对方，直接以起诉行为主张解除合

---

① 参见黄薇主编：《中华人民共和国民法典总则编解读》，中国法制出版社 2020 年版，第 9 页。

② 参见任重：《夫妻债务规范的诉讼实施——兼论民法典与民事诉讼的衔接》，《法学》2020 年第 12 期。

③ 《民法典》中首次出现"人民法院"表述的是第 24 条第 1 款："不能辨认或者不能完全辨认自己行为的成年人，其利害关系人或者有关组织，可以向人民法院申请认定该成年人为无民事行为能力人或者限制民事行为能力人。"最后出现"人民法院"概念的是第 1196 条第 2 款："网络服务提供者接到声明后，应当将该声明转送发出通知的权利人，并告知其可以向有关部门投诉或者向人民法院提起诉讼"。

同的实体效果和程序协同进行了专门规定。①

以"诉讼"作为关键词进行补充检索，《民法典》中另有涉及起诉的实体规范 8 项，主要集中于《民法典》第 233 条到第 239 条之物权保护规定。《民法典》第 233 条规定："物权受到侵害的，权利人可以通过和解、调解、仲裁、诉讼等途径解决。"上述诉讼途径并非起诉权抑或胜诉权之内涵，而是一般性提示诉讼途径，类似表 1-1 中的第一类起诉规范"提交诉状或口头起诉"，此种诉权意涵指向抽象公法诉权说之诉权和具体公法诉权论中诉的可能性。而对第 234 条到第 239 条也可体系解释出一般诉讼途径之内容。须注意的是，我国民事诉权的常用语义是在具备三类 19 种起诉条件后要求法院依法受理的公权利，而作为向法院作出起诉行为的诉之可能性概念被忽视甚至缺失，这导致法律文本中作为起诉行为的法律规范被习惯性解释为起诉权规范，使起诉门槛被不断筑高，典型例证是将《公司法》第 57 条第 2 款作为股东知情诉权前置程序的实践做法。②《民法典》第 1079 条第 1 款、第 3 款和第 4 款同样频繁使用起诉表达，其中，第 1 款是对形成诉权的提示，归属于"起诉权"范畴，而第 3 款和第 4 款则分别指向"胜诉权"。

同样，为了避免赘文，本书分类整理了《民法典》中的起诉规范如表 1-2 所示。

以《民事诉讼法》和《民法典》为代表的民事法律中不乏诉权规范，对它们的正确理解与适用离不开民事诉权概念的正确界定和学说模式的科学选取。与此同时，构建本土的民事诉权理论体系不应忽视具体诉权规范的限定作用。对我国实定法中诉权规范的教义学分析可谓民事诉权基础理论中第四个希尔伯特问题。③

---

① 参见杨秀清、周远航：《确认合同解除主张程序的诉讼法检视——兼评〈民法典〉第 565 条第 2 款》，《北方法学》2024 年第 4 期；刘子赫：《〈民法典〉第 580 条第 2 款（违约方司法解除权）诉讼评注》，《云南社会科学》2023 年第 1 期。

② 参见任重：《中国式现代化视域下民事诉权的反思与重塑》，《中国法学》2024 年第 4 期。

③ 关于民事诉讼法教义学的特性及与规范研究的关系，参见任重：《论我国民事诉讼法学的法理化》，《南通大学学报（社会科学版）》2024 年第 4 期。

表 1-2 《民法典》中起诉规范的主要类别

提交诉状或口头起诉		起诉权		胜诉权	
第 195 条	权利人提起诉讼,诉讼时效中断	第 896 条	第三人对保管人提起诉讼	第 594 条	提起诉讼的时效期间为 4 年
				第 944 条	合理期限届满仍不支付的,可以提起诉讼
				第 1079 条	一方被宣告失踪,另一方提起离婚诉讼的,应当准予离婚
第 220 条	与提起诉讼同等效力的其他情形,诉讼时效中断	第 1073 条	对亲子关系有异议且有正当理由,父或者母可以向人民法院提起诉讼		
	15 日内不提起诉讼		对亲子关系有异议且有正当理由的,成年子女可以向人民法院提起诉讼		
第 565 条	直接以提起诉讼的方式依法主张解除合同	第 1079 条	直接向人民法院提起离婚诉讼		判决不准离婚后,双方又分居满一年,一方再次提起离婚诉讼的,应当准予离婚
		第 1092 条	向法院起诉请求再次分割夫妻共同财产		
第 693 条	未在保证期间对债务人提起诉讼	第 1114 条	不能达成解除收养关系协议的,向法院提起诉讼		
第 694 条	在保证期间对债务人提起诉讼	第 1115 条	不能达成解除收养关系协议的,向人民法院提起诉讼		
第 1182 条	向人民法院提起诉讼的,由人民法院根据实际情况确定赔偿数额	第 1132 条	遗产分割协商不成的,向人民法院提起诉讼		
第 1196 条	可以向有关部门投诉或者向人民法院提起诉讼				
	未收到权利人已经投诉或者提起诉讼通知的,应当及时终止所采取的措施				

第六节 民事诉权的现实挑战与模式转型

一、"诉讼爆炸""案多人少"与民事诉权保障

民事诉权基础理论研究不能无视我国民事司法正面临的现实挑战,这在当前较为集中地表现为"诉讼爆炸""案多人少"。① 面对持续增长的"人案比"以及较长的民事案件处理周期,民事诉权的切实有效保障面临时代挑战,即:如何在切实保障诉权的同时避免虚假诉讼、恶意诉讼以及无理缠诉?如何实现"好钢用在刀刃上",使宝贵的司法资源被真正用于解决现实纠纷?如何规制以"专利蟑螂"诉讼为典型的滥用诉权行为?上述时代之问不仅是我国民事诉权研究不能回避的现实挑战,而且理应作为希尔伯特问题而得到有效回应。

毋庸讳言,"诉讼爆炸""案多人少"实质制约着我国民事诉权的希尔伯特问题,争议焦点正是立案登记制。② 民事诉权保障并不必然导出立案登记制,立案审查制正是私法诉权论的内在要求。以民事诉权为内核的立案登记制改革蕴含着具体公法诉权说的诉权模式转型要求。而诉权模式转型则包含层层递进的两项命题,即:(1)我国民事规范和司法实践体现出的诉权模式何为?(2)立案登记制改革要求的诉权模式何为?如何通过法律解释、实践探索和法律修订实现上述民事诉权的模式转型?本书同样拟对上述民事诉权的开放性希尔伯特问题展开初步分析与探索,以期抛砖引玉。

二、我国民事诉权基本模式探析

受苏联诉权论的实质影响,我国诉讼法学界对二元诉权论展开了较长时间的探索和比较。学说史之研究成果也部分渗透进立法和司法实践。其

---

① 参见左卫民:《"诉讼爆炸"的中国应对:基于 W 区法院近三十年审判实践的实证分析》,《中国法学》2018 年第 4 期;张卫平:《"案多人少"困境的程序应对之策》,《法治研究》2022 年第 3 期;程金华:《中国法院"案多人少"的实证评估与应对策略》,《中国法学》2022 年第 6 期;胡学军:《系统论视角下"案多人少"的应对之道》,《法治研究》2022 年第 3 期;任重:《"案多人少"的成因与出路——对本轮民事诉讼法修正之省思》,《法学评论》2022 年第 2 期。

② 参见张卫平:《民事案件受理制度的反思与重构》,《法商研究》2015 年第 3 期;唐力:《民事诉讼立审程序结构再认识——基于立案登记制改革下的思考》,《法学评论》2017 年第 3 期;张嘉军:《立案登记背景下立案庭的定位及其未来走向》,《中国法学》2018 年第 4 期;曹志勋:《民事立案程序中诉讼标的审查反思》,《中国法学》2020 年第 1 期;冯珂:《民事诉讼驳回起诉的理论困境与功能转型》,《法治研究》2022 年第 3 期。

中，二元诉权论在我国作为通说地位的时间长，对立法和实务影响较为深远。二元诉权论最显著的特征是"起诉权＋胜诉权"的二元构造。然而，其在民事诉权学说谱系中的定位还待进一步厘清。在公法诉权说和私法诉权说的二分结构中，二元诉权论究竟属于公法性质抑或私法属性，在改革开放以来的民事诉讼法学教科书中并未得到充分讨论和清晰界定。以代表性教科书《民事诉讼法通论》（以下简称《通论》）为例，其不仅未对二元诉权论的诉权属性加以明确选定，而且有如下论断："在我们社会主义国家中，公民和法人都享有的民法和其他实体法所规定的权利，都具有强制实现的属性，受到司法上的保护，因而不存在'公法'上和'私法'上请求权的区分。"①

在民法典与民事诉讼法协同实施的研究视域下，民法归于私法而诉讼法属于公法乃基本出发点。《通论》坚持公私不分，这也使二元诉权论的性质界定存在认识论障碍。总体而言，二元诉权论并未排斥公法诉权说。《通论》认为诉是当事人向法院提出司法保护的请求，诉权就是当事人向法院提出获得司法保护的权利。② 综合诉权与诉的关联表述，《通论》所界定的诉权是当事人向法院提出获得司法保护的请求权，而不是向对方当事人要求作为或不作为的请求权。是故，二元诉权论所定义的诉权实乃公法属性。③

《通论》认为，程序意义上的诉权又称起诉权，是当事人的合法权益受到侵犯或发生争执，请求法院给予司法保护的权利。仅从程序意义上的诉权出发，二元诉权论的表述与私法诉权说存在部分重合，即既有的实体权利受到侵犯。不过，二元诉权论有意区分实体权利和诉权，其并不认为程序意义上的诉权是实体权利的组成部分或发展阶段，并且旗帜鲜明地提出当事人有请求法院给予司法保护的权利。与此同时，因为起诉请求司法保护的权利附有"当事人的合法权益受到侵犯或发生争执"的前提要求，而并未将诉权理解为任何人都具有的抽象权利，故无法被归入抽象公法诉权论的范畴。《通论》进一步将实体意义上的诉权界定为请求权，即当事人请求法院通过审判强制实现其合法权益的权利。④ 此处的请求权从上下文来观察并非实体请求权，盖因请求的对象并非对方当事人，而是法院。否则，该请求权与民法中的请求权将会发生混同而陷入实体程序不分的混

---

① 柴发邦等：《民事诉讼法通论》，法律出版社 1982 年版，第 199 页。
② 参见柴发邦等：《民事诉讼法通论》，法律出版社 1982 年版，第 195 页。
③ 参见李浩：《民事诉讼法》（第三版），法律出版社 2016 年版，第 132 页。
④ 参见柴发邦等：《民事诉讼法通论》，法律出版社 1982 年版，第 195 页。

沌状态。① 鉴于此，实体意义上的诉权应理解为满足诉讼请求（即获得胜诉）的权利，亦即使请求权主张被法院支持的权利（胜诉权）。

关于实体意义上诉权和程序意义上诉权的相互关系，《通论》理解为形式与内容的关系：实体意义上的诉权是内容，也就是合法权益本身；程序意义上的诉权则是实体意义上诉权的诉讼形式。虽然实体诉权是形式诉权的内容，但《通论》认为：私法实践中即使没有实体意义上的诉权，程序意义上的诉权也能单独存在。只要具备起诉权（程序意义上的诉权）的条件，任何公民、法人都能够行使这种诉权。而对于是否有程序意义上的诉权，法院在起诉时就应查明，其后果是引起诉讼程序的发生或驳回诉讼。②

综上所述，我国二元诉权论中的起诉权依旧是附条件的。不仅如此，人民法院在受理前即须确定起诉权存否，并在肯定起诉权的前提下开启审理程序。《通论》虽未指出当时的相关规定，但可以锁定其程序意义上的诉权需要满足《民事诉讼法（试行）》第 81 条。此外，当存在消极起诉条件时也将被判定为起诉权不存在［《民事诉讼法（试行）》第 84 条］。可见，二元诉权论的立法、实践和理论均未承认任何人都享有起诉权。起诉权系指当事人在满足积极起诉条件且不落入消极起诉条件并符合起诉手续要求后，有权要求法院依法受理案件。

而在二元诉权论的另一端，实体意义上的诉是指原告通过法院向被告提出的实体请求。从文义解释出发，实体意义上的诉难以与原告在诉讼程序中的实体权利主张相界分。这一构造在我国《民法典》第 565 条第 2 款有直接规定，即："当事人一方未通知对方，直接以提起诉讼或者申请仲裁的方式依法主张解除合同，人民法院或者仲裁机构确认该主张的，合同自起诉状副本或者仲裁申请书副本送达对方时解除。"据此，对实体意义上的诉权存在两种解释路径：（1）实体意义上的诉权是在法院见证下以诉讼为场景的实体权利行使和主张，虽然存在法官这一诉讼主体和庭审等诉讼场景，但这种意义上的诉权实乃实体权利，而不是严格意义上的诉权（如《民法典》第 565 条第 1 款）；（2）实体意义上的诉权的被请求主体依旧是法院，请求的内容是要求法院根据诉讼请求支持其请求权主张（如《民法典》第 565 条第 2 款）。

第一种路径的权利主体是原告，义务主体是被告，权利的内容是要求

---

① 参见顾培东：《诉权辨析》，《西北政法学院学报》1983 年第 1 期。
② 参见柴发邦等：《民事诉讼法通论》，法律出版社 1982 年版，第 195-196 页。

被告为或不为一定行为（请求权情境下）。第二种路径虽然在表述上与第一种路径接近，但在权利的主体以及权利内容方面存在着本质差别。第二种路径的权利主体是原告，义务主体是法院，权利内容是请求法院判决其胜诉，亦即支持其实体权利主张。《通论》注意到上述两种不同解释路径：实体意义上的诉是原告通过法院的审判，强制实现由民事实体法所产生的、并应受到司法保护的请求。① 据此，民法所保护的请求权等实体权利是法院审判的根据，实体意义上的诉权是当事人请求法院通过审判强制实现其实体权益的权利。需要注意的是，由于《通论》中对实体意义诉权的表述能够容纳两种解释路径，有观点据此认为诉权包含实体权利。② 虽有上述争议，但上述不同认识的共同点在于，二元诉权论中实体诉权的构成要件需要参酌实体权利规范，而无法如程序意义的诉权一样根据《民事诉讼法》予以判定。借助诉权的程序意义和实体意义，"实体事项—程序事项"的二元构造也相应得到贯彻，并成为判决驳回与裁定驳回的主要根据。

三、我国民事诉权模式转型

二元诉权论并非私法诉权说，亦与抽象（公法）诉权论同样有显著区别。总体而言，二元诉权论可以被纳入具体公法诉权说。然而，以权利保护请求权论为参照③，依旧可发现二元诉权论存在诸多特性，这也是当前我国诉权保障遭遇瓶颈的深层次理论原因。"起诉难"并不是权利保护请求权论的弊病，相反，此乃私法诉权说的痼疾。马克思在《福格特先生》一文中对以私法诉权说为基础的《普鲁士诉讼条例》所作的深刻揭露和批判可以归结为如下经典论述："不承认私人在他们的私人方面有起诉权的法律，也就破坏了市民社会的最起码的根本法。起诉权由独立的私人的理所当然的权利变成了国家通过它的司法官员所赋予的特权。"④ 对于具体公法诉权说会引发"起诉难"的批判和质疑，赫尔维格在《诉权与诉的可能性》一书中曾予以专门澄清，具体保护请求权之所以不将诉的可能性纳入诉权的概念范畴，是因为任何人都有诉的可能性，虽然法律没有明确规定，但这于立法者而言是不言而喻的。有鉴于此，德国立法中规定满足特定条件才"可以被诉请"，其所指向的并非诉的可能性，而是要求获得特

---

① 参见柴发邦等：《民事诉讼法通论》，法律出版社 1982 年版，第 186 页和第 195 页。

② 参见刘家兴主编：《民事诉讼法学教程》，北京大学出版社 1994 年版，第 32 页。

③ 赫尔维格的权利保护请求权论被顾尔维奇称为最完备的诉权学说。参见［苏］M. A.顾尔维奇：《诉权》，康宝田、沈其昌译，中国人民大学出版社 1958 年版，第 16 页。

④ 柴发邦等：《民事诉讼法通论》，法律出版社 1982 年版，第 197 页。

定内容判决的权利。①

综上，起诉条件的肥大化以及诉之可能性概念的缺失并非权利保护请求权论所固有的问题，而是基于我国"诉讼爆炸"和"案多人少"的现实而对具体公法诉权论的本土化改造。② 对上述理论改造的得与失，还需要通过社会学、经济学、统计学、政治学等多学科的共同协作才可能得出全面且科学的认识。具体公法诉权论的起点在于，国家仅在极小的范围内准许个人动用自己的力量去保护其被损害或受到威胁的民事权益。有鉴于此，国家理应设置司法机关提供无条件的法律保护。③ 在民事诉讼中，当事人仅仅提出权利主张就足以要求法院启动程序。对此不需要证据证明，不要求宣誓，也无须担保，只要送达起诉状就可以把对方置于被告的地位，使他开始考虑如何对不正当的攻击进行防御。④ 尽管如此，德国立法者已经考虑到了"诉讼爆炸""案多人少"以及"无理缠诉"的制度风险，当事人面临的诉讼费用缴纳义务被认为足以遏制对诉之可能性的滥用。如果原告无理由地提起民事诉讼，那么，他必须承担由此产生的诉讼费用。⑤ 虽然在法律意义上，对起诉状的司法审查工作并不是"案"，但在实际上和案件审理一样消耗着司法资源。上述问题并非依靠诉权理论研究就可以圆满解决，而是需要法学内以及法学与其他社会科学交叉协同，在有效规制虚假诉讼、恶意诉讼、无理缠诉行为的同时，实现迈向具体公法诉权论的诉权模式转型。

第七节 小 结

民事诉权既是民法与民事诉讼法协同实施的原点问题，亦是民事诉讼之中国式现代化的关键步骤。然而，民事诉权论在我国存在边缘化风险。

---

① 参见［德］赫尔维格：《诉权与诉的可能性：当代民事诉讼基本问题研究》，任重译，法律出版社 2018 年版，第 68 页。

② 新中国成立之初，"案多人少"就已出现在相关司法文件中。详见任重：《中国式民事程序简化：逻辑与省思》，《法治研究》2022 年第 3 期。

③ 参见［德］赫尔维格：《诉权与诉的可能性：当代民事诉讼基本问题研究》，任重译，法律出版社 2018 年版，第 38 页。

④ 参见［德］赫尔维格：《诉权与诉的可能性：当代民事诉讼基本问题研究》，任重译，法律出版社 2018 年版，第 65 - 66 页。

⑤ 参见［德］赫尔维格：《诉权与诉的可能性：当代民事诉讼基本问题研究》，任重译，法律出版社 2018 年版，第 65 - 66 页。

相较于诉讼标的、证明责任、既判力等民事诉讼法学的其他希尔伯特问题，民事诉权虽然起步早、持续长，但基础弱、共识少。无论是《依法治国决定》中诉权保障的顶层设计，抑或是立案登记制改革、虚假诉讼、恶意诉讼、无理缠诉等中观命题，直至《民事诉讼法》与《民法典》中具体诉权规范的理解与适用，民事诉权论都还难以给出实质回应和科学解决。作为民事诉讼法学的首要希尔伯特问题，民事诉权从边缘走向中心注定是一个缓慢且反复的过程。本书并不是要一揽子解决民事诉权的现实困境，而是试图提出民事诉权的希尔伯特问题。民事诉权首先需要明确其有用性，亦即坚持民事诉权的中国问题意识，通过历史的、政治的、经济的、社会的协同研究明确民事诉权的历史使命与时代精神。对此，虽然《依法治国决定》已经给出了初步答案，但其有用性如何从"应然"落实到"实然"，依旧构成民事诉权的希尔伯特问题。不仅如此，我国亟待科学锁定二元诉权论的体系位置，在此基础上科学解读我国实定法中的诉权规范。上述四个希尔伯特问题不仅具有理论价值，而且具有现实意义，它们共同为系统推进民事诉权的模式转型和科学解决虚假诉讼、恶意诉讼、无理缠诉等诉权滥用问题提供了坚实基础，最终实现民事诉权保障和规制的衡平与共赢。

第二章　民事诉权的中国问题意识

第一节　民事诉权的比较法基因及困境

　　诉权概念是舶来品。作为我国通说的二元诉权理论同样移植借鉴自苏联诉讼法理论。进一步回溯，苏联的民事诉权理论又与自罗马法以降的诉权模式变迁一脉相承。苏联法学家顾尔维奇在对各类诉权模式进行评述后认为："最严整的理论是赫尔维格的理论……这种理论把诉讼以外的权利同要求保护这种权利的权利联系起来，把它们合并在统一的、要求有利判决的权利这样一个概念之中"[①]。民事诉权理论的借鉴与发展有效推动了我国民事诉讼体制的社会主义转型，形塑了诉讼权利体系。[②] 不能忽视的是，由于我国长期承受"诉讼爆炸""案多人少"的压力，二元诉权论在我国异化出起诉权中心化和胜诉权构成要件的起诉权化，并在司法实践中诱发"起诉难""执行难""立案乱""乱执行"。无论是民事诉权理论体系的构建，还是上述制约民事诉权保障的历史遗留问题，都亟待民事诉权之中国问题意识的登场。不仅如此，作为民事诉讼法学的起点和原点，作为民法典与民事诉讼法协同实施的枢纽问题，诉权具有牵一发而动全身的重要作用，甚至可以说，民事诉权的中国问题意识亦是民事诉讼法的中国问题意识，反之亦然。

一、民事诉权理论的模糊语境

　　民事诉权在我国的边缘化部分缘于其中国问题意识的缺位。诉权是一切诉讼权利和诉讼理论的中心。[③] 然而，上述论述或可完全脱离中国语

　　[①]　［苏］M. A. 顾尔维奇：《诉权》，康宝田、沈其昌译，中国人民大学出版社 1958 年版，第 16 - 18 页。

　　[②]　参见任重：《中国式现代化视域下民事诉权的反思与重塑》，《中国法学》2024 年第 4 期。

　　[③]　参见王锡三：《民事诉讼法研究》，重庆大学出版社 1996 年版，第 2、146 页。

境。例如，诉权是罗马法的核心制度，甚至罗马法就是罗马诉权法①；又如，德国法学家萨维尼（Savigny）正是通过作为枢纽概念的诉权联通罗马法和德意志法②；再如，德国法学家温德沙伊德（Windscheid）提出有别于罗马法诉权的实体请求权概念③，这才使德国民法典与民事诉讼法典伫立于世界法治之林④；复如，德国诉讼法学家赫尔维格（Hellwig）的权利保护请求权论接力温德沙伊德的"请求权—诉权"二元论⑤，进一步形成"诉讼要件—程序性诉的前提条件—实体性诉的前提条件"三阶层的诉权体系，在夯实民事诉讼法学独立化和科学化的同时建立起有别又相互协同的两法关系⑥；另如，苏联诉讼法学家顾尔维奇（Гурвич）提出程序意义与实体意义的诉权以及基于《苏俄民事诉讼法典》第166条的诉讼资格特别制度⑦，凸显实体公正与实质真实的至高作用⑧；后如，受美国法和公平程序理念影响，德日等大陆法系国家于二战后将诉权地位提升至基本权利的同时使其局限于一审，且不对判决内容作实体要求⑨，以在二战后司法财政紧缩的背景下兼顾诉讼效率与程序公正。考察上述民事诉权简史，必然引发追问：民事诉权的中国意涵何在？

二、二元诉权论的模糊定位

"起诉难""执行难""立案乱""乱执行"等二元诉权论的实践困境并非权利保护请求权说所固有的问题，而是直接缘于"诉讼爆炸""案多人少"以及由此引发的对诉权理论的本土化改造。这尤其表现在以下方面：

---

① 有学者也将大陆法系的法律称为"诉权法"，参见江伟、邵明、陈刚：《民事诉权研究》，法律出版社2002年版，前言第2页。

② 参见顾培东：《论诉权》，西南政法学院1984年硕士学位论文，第7页。

③ Vgl. Arwed Blomeyer, Zivilprozessrecht: Erkenntnisverfahren, Springer-Verlag, 1963, S. 5.

④ 参见［苏］M. A. 顾尔维奇：《诉权》，康宝田、沈其昌译，中国人民大学出版社1958年版，第8页；［德］米夏埃尔·马丁内克：《德意志法学之光：巨匠与杰作》，田士永译，法律出版社2016年版，第42-44页。

⑤ Vgl. Rosenberg/Schwab/Gottwald, Zivilprozessrecht, 18. Aufl. 2018, §1 Rn. 5.

⑥ 参见［德］赫尔维格：《诉权与诉的可能性：当代民事诉讼基本问题研究》，任重译，法律出版社2018年版，第48-50页。

⑦ 《苏俄民事诉讼法典》第166条规定："法院于诉讼进行中发现诉讼系由对本案无请求权之人所提起或向对本案不应负责之人所提起时，得不予驳回而准许最初起诉的原告或被告脱离诉讼，易以该当的原告或被告。"中央人民政法制委员会编：《苏俄民事诉讼法典》，张文蕴译，人民出版社1951年版，第49页。

⑧ 参见［联］M. A. 顾尔维奇：《诉权》，康宝田、沈其昌译，中国人民大学出版社1958年版，第25页。

⑨ Vgl. Stein/Jonas/Brehm, Zivilprozessordnung, 22. Aufl. 2003, vor §1 Rn. 290；［日］伊藤真：《民事诉讼法》（第四版补订版），曹云吉译，北京大学出版社2019年版，第14页。

（1）不当抛弃了诉的可能性概念；（2）将诉讼要件置于受理之前所谓起诉条件，进而否定任何人都有向法院起诉的权利；（3）将程序开启作为法院职权的组成部分；（4）将胜诉权构成要件进一步前移至起诉条件；（5）借助原告适格概念而以实体权利的存在和受害作为起诉权的逻辑前提。经过上述改造，我国二元诉权论的公权属性逐渐弱化，私法诉权说的色彩却愈发显著。马克思对私法诉权说的批判部分成为我国民事司法实践的现实，这严重掣肘了民事诉权保障这一时代精神的贯彻落实，实质制约了立案登记制改革的最终实现。二元诉权论的模糊定位及实践异化可谓我国民事程序法治现代化及民事诉讼法再法典化头顶的一片乌云。

三、诉权配套制度的"南橘北枳"

退回私法诉权论的诉权改造固然有理论误读的原因，更是改革开放以来"诉讼爆炸""案多人少"之审判压力下的应激反应。① 不仅如此，对比较法上诉权配套制度的机械照搬亦是民事诉权边缘化的重要成因。

（一）德国民事起诉与诉讼费用预交制度

中德两国的起诉流程以及诉讼费用交纳规定均存在实质差异。以德国为例，起诉书递交给法院后，首先到达收信处并在此加盖"到达印章"。这一做法与立案登记制改革后《登记立案规定》第 2 条第 1 款"对起诉、自诉，人民法院应当一律接收诉状，出具书面凭证并注明收到日期"相一致。德国的上述规定和实务做法具有与其民法典协同实施的重要功能。《德国民法典》第 204 条第 1 款第 1 项规定，提起给付之诉或确认请求权之诉，或授予执行条款之诉或作成执行判决之诉，将导致时效停止。② 而根据《德国民事诉讼法》第 253 条第 1 款，起诉以诉状送达被告时完成。③ 据此，仅仅是向法院递交诉状原则上并不满足《德国民法典》第 204 条之送达要求，无法导出诉讼时效停止的法律效果。然而，根据《德国民事诉讼法》第 167 条规定，如果送达于随后实施，能够保障在合理期间内完成，那么送达的效力将回溯至向法院递交诉状的时刻。④ 正因为《德国民法典》第 204 条与《德国民事诉讼法》第 253 条及其第 167 条的协同配

---

① 对"诉讼爆炸""案多人少"的历史梳理及其冷思考，参见任重：《中国式民事程序简化：逻辑与省思》，《法治研究》2022 年第 3 期；任重：《"案多人少"的成因与出路——对本轮民事诉讼法修正之省思》，《法学评论》2022 年第 2 期。

② 参见陈卫佐译注：《德国民法典（第 4 版）》，法律出版社 2015 年版，第 71 页；台湾大学法律学院、台湾法学基金会编译：《德国民法典》，北京大学出版社 2017 年版，第 181 页。

③ 参见《德意志联邦共和国民事诉讼法》，谢怀栻译，中国法制出版社 2001 年版，第 61 页；《德国民事诉讼法》，丁启明译，厦门大学出版社 2016 年版，第 58 页。

④ 参见《德国民事诉讼法》，丁启明译，厦门大学出版社 2016 年版，第 43－44 页。

合，"到达印章"上记载的确切时间才具有了极其重要的理论价值和实践意义。

在当事人获得"到达印章"之后，法院根据《德国民事诉讼法》第166 条第 2 款和第 271 条第 1 款由书记官依职权送达。但是，在送达之前，《德国诉讼费用法》第 12 条第 1 款第 1 句规定，依职权送达原则上以预交必要的费用作为前提，除非原告根据《德国民事诉讼法》第 122 条第 1 款获得了诉讼费用救助；相反，如果原告在提交起诉状时没有交纳费用，那么收费官员（Kostenbeamte）将要求原告支付相关的法院预付费。① 通过将诉讼费用预交作为送达起诉状的前提条件，同时借助败诉方承担诉讼费用的一般原则（《德国民事诉讼法》第 91 条第 1 款），滥用诉的可能性或无理滥诉、缠诉的担忧可以被有效化解，起诉阶段的滥诉和缠诉也由此并未成为德国民事诉讼理论研究的关注点。② 由此可见，德国民事司法实践之所以原则上并无滥诉和缠诉问题，并非因为德国当事人素质高且自觉性强，而是因为在诉权理论这一起点问题上就已设置有效之规制程序。赫尔维格在其《诉权与诉的可能性——当代民事诉讼基本问题研究》一书中掷地有声地指出："当代法律认为，当事人面临的诉讼费用义务足以遏制对诉的可能性的滥用。如果原告无理由地提起民事诉讼，那么，他必须承担由此产生的诉讼费用。"③ 那么，我国民事司法实践中的虚假诉讼、恶意诉讼和无理缠诉缘何产生？这是否表明我国当事人的素质偏低且自觉性不足？其实不然。

（二）我国民事起诉与诉讼费用预交制度

我国《登记立案规定》第 11 条规定："登记立案后，当事人未在法定期限内交纳诉讼费的，按撤诉处理，但符合法律规定的缓、减、免交诉讼费条件的除外。"据此，当事人在递交诉状时无须预交诉讼费用，而是在法院认为起诉符合法定条件而登记立案后才有诉讼费用预交义务。上述规则的优势是有效缓解当事人的诉讼费用风险，转而由法院根据《民事诉讼法》第 122 条和第 127 条对起诉状进行有限的实质审查。④ 对于经查不符合起诉条件的，不予受理，并不会将起诉状副本等材料（《民事诉讼法》

---

① 参见［德］穆泽拉克：《德国民事诉讼法基础教程》，周翠译，中国政法大学出版社 2005 年版，第 44—45 页。中译本中引用的法律条文因为修法而有所变动，本书已根据德文版教科书加以修正。Vgl. Hans-Joachim Musielak, Grundkurs ZPO, 9. Aufl. 2007, S. 46.

② 参见任重：《论虚假诉讼：兼评我国第三人撤销诉讼实践》，《中国法学》2014 年第 6 期。

③ ［德］赫尔维格：《诉权与诉的可能性——当代民事诉讼基本问题研究》，任重译，法律出版社 2018 年版，第 66 页。

④ 参见段厚省：《论起诉条件的有限实质审查》，《法治研究》2023 年第 6 期。

第 128 条）送达被告，更不会确定审判人员（《民事诉讼法》第 131 条）和开庭审理（《民事诉讼法》第 139 条）。

上述举措之所以在造成"起诉难""立案乱"的同时引发滥诉、缠诉之诉权滥用问题，根本原因在于，诉讼费用对诉权的规制功能被彻底架空了。与德国法几乎一致的诉讼费用预交义务产生了"南橘北枳"的负面效果。由于当事人在案件被受理后才产生诉讼费用预交义务，所以滥诉、缠诉在我国几乎零成本。由于对诉权缺乏必要的制度规制，我国的起诉条件制度进退维谷：如果降低起诉门槛，无疑将进一步加剧滥诉、缠诉；如果抬高起诉门槛，又会面临"起诉难""立案乱"以及当事人诉权保障上的质疑。不仅如此，无论是降低抑或抬高起诉门槛，人民法院都将耗费大量成本用于审查起诉条件并甄别滥诉、缠诉，这无疑会进一步加剧"诉讼爆炸"和"案多人少"。

综上，"诉讼爆炸""案多人少"以及由此引发的"起诉难""执行难""申请难""立案乱"等一系列民事司法改革的历史遗留问题都有其诉权成因，尤其缘于诉权理论及其制度构建中的语境模糊甚至缺失。基于诉权的中心地位和枢纽作用，不能孤立看待其中国问题意识的重塑，而有必要将民事诉讼的中国问题意识融入其中，以期精确界定和完整表达。

第二节　民事诉讼的中国问题意识

一、我国民事程序法治现代化的初始时刻

我国民事程序法治现代化发端于向其他国家的学习与借鉴。尽管其初衷并非民事诉讼的现代化，而是收回领事裁判权，但上述初始时刻决定了我国民事诉讼法学的比较法基因。也是在比较研究的推动之下，民事诉讼法及其理论在中国从无到有，落地生根，开枝散叶。以 1978 年为起点，民事诉讼比较研究伴随着商品经济的发展迎来了井喷期。[①] 我国民事诉讼法律制度除了充分吸收传统司法经验，还在相当数量的法律条文上借鉴了比较法经验。[②] 随着研究者的知识背景逐渐丰富且多元，更多国家和地区

[①] 参见常怡等整理：《民事诉讼基础理论研究》，法律出版社 2020 年版，第 155 页；张卫平：《民事诉讼法比较研究方法论——对民事诉讼法比较研究中若干关联因素的思考与分析》，《国家检察官学院学报》2019 年第 6 期。

[②] 例如《民事诉讼法（试行）》第 35 条规定的人民陪审制度就以苏联法为比较法来源。参见陈刚：《法系意识在民事诉讼法学研究中的重要意义》，《法学研究》2012 年第 5 期。

的民事诉讼立法、实践和理论被介绍、比较甚至引入。从改革开放开始到 21 世纪初，比较民事诉讼研究在我国迎来了黄金发展期。

二、比较民事诉讼研究的波浪式前进

21 世纪伊始[①]，尤其是进入第二个 10 年之后，比较民事诉讼研究从激情澎湃变得冷静沉着。仅以专门性著作、译作[②]和论文的数量为衡量标准[③]，当下或许是波谷期：相关论文因中国问题意识不鲜明或不充分而很难获得认可并最终发表。为何会在 21 世纪初出现比较研究的波谷？这自然存在多方面的原因，例如学术评价机制的影响和晋升考核指标的引导，再如"学术 GDP"之风对实证研究的科学性产生的消极影响。[④] 其中，我国民事诉讼法学的发展阶段和迭代要求是不能忽视的决定性因素。无论是对于 1982 年《民事诉讼法（试行）》还是对于 1991 年《民事诉讼法》，立法者和研究者都存在摸着石头过河的基本认知，即我国民事诉讼立法技术、司法实践和理论研究的储备还较为薄弱，在诉讼制度无法正常运行并发挥积极作用时，应尽快通过法律修订予以调整。这也正是 1982 年《民

---

① 例如，在对 2000 年民事诉讼法学研究的述评中，比较方法被认为是采用较多的研究方法，在讨论如何健全我国民事诉讼制度时表现得尤为突出。参见潘剑锋等：《民事诉讼法学研究述评》，《法学研究》2001 年第 1 期。

② 译作中的主体是国外民事诉讼法教科书。日本民事诉讼法教科书译作如：［日］兼子一、［日］竹下守夫：《民事诉讼法》，白绿铉译，法律出版社 1995 年版；［日］高桥宏志：《民事诉讼法：制度与理论的深层分析》，林剑锋译，法律出版社 2003 年版；［日］高桥宏志：《重点讲义民事诉讼法》，张卫平、许可译，法律出版社 2007 年版；［日］新堂幸司：《新民事诉讼法》，林剑锋译，法律出版社 2008 年版；［日］伊藤真：《民事诉讼法》（第四版补订版），曹云吉译，北京大学出版社 2019 年版。德国民事诉讼教科书译作如：［德］克罗林庚：《德国民事诉讼法律与实务》，刘汉富译，法律出版社 2000 年版；［德］尧厄尼希：《民事诉讼法》，周翠译，法律出版社 2003 年版；［德］穆泽拉克：《德国民事诉讼法基础教程》，周翠译，中国政法大学出版社 2005 年版；［德］罗森贝克等：《德国民事诉讼法》，李大雪译，中国法制出版社 2007 年版；［德］穆托斯特：《德国强制执行法》（第二版），马强伟译，中国法制出版社 2019 年版；［日］高桥宏志：《民事诉讼法重点讲义（导读版）》，张卫平、许可译，张卫平导读，法律出版社 2021 年版；［日］高桥宏志：《民事诉讼法重点讲义（导读版·上）》，林剑锋译，张卫平导读，法律出版社 2023 年版。

③ 必须明确指出的是，以中国问题为主题的学术论文中也有比较法的运用。因此，对本书讨论的专门性比较著作或论文存在进一步界定的必要。专门性具体表现为以下三个方面：论文标题直接指向国外诉讼法律制度；论文主要内容为介绍国外诉讼法律制度；论文结论主要是立法论的而非解释论的。受到专门性研究成果锐减的影响，原本一年一卷的《比较民事诉讼法》不得不在第八卷集结 2009—2011 年的稿件。参见陈刚主编：《比较民事诉讼法》（2009—2011 年合卷），中国法制出版社 2012 年版。

④ 参见张卫平：《基础理论研究：民事诉讼理论发展的基石》，载［德］赫尔维格：《诉权与诉的可能性——当代民事诉讼基本问题研究》，任重译，法律出版社 2018 年版；梁根林：《对学术 GDP 崇拜说再见》，《中外法学》2013 年第 1 期；参见张卫平：《对民事诉讼法学贫困化的思索》，《清华法学》2014 年第 2 期。

事诉讼法》被冠以"试行"之名的原因之一。① 为了使相关法律条文的实施更加灵活,我国立法还存在"宜粗不宜细"的传统。是故,不妨将这一阶段称为民事诉讼法的立法论时代。立法论与比较法有天然的联系,因为比较法正是对另一种可能的想象。

三、民事诉讼法修订与比较民事诉讼研究

在《民事诉讼法》运行 16 年之后,2007 年修正案并非如学界所倡导的大修。② 2012 年、2017 年、2021 年、2023 年的修正同样如此。③ 甚至在可预见的未来,借助法律修订确立新民事诉讼法的学界呼吁难以真正落地。④ 这一方面是受到"重刑事,轻民事""重实体,轻程序"的思维惯性之影响,另一方面则是在形式上统一的《民事诉讼法》业已颁行后,不存在如《民法典》一样的法典化契机,也即无法实现从"法"到"典"的升华。在此背景之下,不妨将 2012 年看作民事诉讼法解释时代的开端。通过立法实现民事诉讼体制转型的目标短时期内难以实现,民事诉讼法学研究自然应更强调法解释学或法教义学⑤,也即在文义解释的最大范围内实现以当事人主义为导向的民事诉讼体制转型。虽然受此影响,这一时期专门介绍外国制度与理论的论著大幅减少,故而可能被看作是比较民事诉讼研究的波谷期,但当我们转换视角,不妨去拥抱这一"黄金年代"。从立法论向解释论的重心转移,对比较民事诉讼研究提出了更高要求,即在对国外民事诉讼理念和原则的研究基础上,进一步深入他国法律规定及其法教义学,探讨个别规定与其他规定之间的体系关系和逻辑脉络,明确其

---

① "试行"同时表明待民法典颁布后的实体程序协同实施。参见任重:《民事诉讼法"去试行化":以民法典为参照》,《法治社会》2024 年第 3 期。

② 参见张卫平:《"小改"的意义》,《民事程序法研究》(第四辑),厦门大学出版社 2008 年版,第 1 - 4 页。对于 1982 年《民事诉讼法(试行)》和 1991 年《民事诉讼法》是否已经大体上符合我国国情,并满足经济基础的要求,在当时出现了两种相对立的观点。参见杨荣新:《当前民事诉讼理论与实践的几个重要问题——中国法学会诉讼法学研究会 1995 年年会综述之二》,《政法论坛》1996 年第 1 期,第 93 - 94 页。

③ 尽管如此,2012 年修正案涉及 60 个条文,相较 2007 年修正案是一次更全面的修订。参见李浩:《民事诉讼法学》(第三版),法律出版社 2016 年版,第 15 页。

④ 参见张卫平:《民事诉讼法法典化的意义》,《东方法学》2022 年第 5 期;任重:《我国民事诉讼法典化:缘起、滞后与进步》,《河北法学》2022 年第 8 期。

⑤ 针对法解释学和法教义学是否可互相替代存在不同理论解读。参见谭婷、王冲:《向法理开放的法教义学——"法理与法教义学"学术研讨会暨"法理研究行动计划"第十二次例会述评》,《法制与社会发展》2020 年第 1 期。

规则背后的立法背景和实践反馈。① 这虽然使研究者面临更多困难与挑战，但也保证了研究成果在我国的可用性与兼容性。② 上述比较民事诉讼研究的迭代，可以被集中归结为对中国问题意识的强调和重视。而以此为标准观之，虽然专门性比较研究正在经历波谷，但以中国问题为导向的比较研究已走向波峰。中国问题意识是打开比较民事诉讼迭代大门的钥匙。

第三节　改革开放以来的比较民事诉讼简史

一、1.0 时代：以苏联民事诉讼法为样板

改革开放以来，我国民事诉讼立法、司法和理论研究蓬勃发展。对此，比较研究起到了重要的推动作用，并融贯在民事诉讼体制或模式转型的方方面面。虽然通过具体列举的方式描绘比较研究在我国民事诉讼现代化中的作用，必然无法避免挂一漏万，但以民事诉讼体制或模式转型为经纬是在最大限度上提供全景式认识的有益尝试。③ 商品经济的确立和发展亟须建立适应现代纠纷解决方式的诉讼制度，即以保障当事人行使诉讼权利为中心。④ 然而，我国民事诉讼立法存在长时间的停滞，民事司法经验也因此而匮乏。⑤ 在此背景下，立法者在我国有限的裁判经验基础上，主要参考苏联民事诉讼立法和理论制定了 1982 年《民事诉讼法（试行）》。曾参与立法工作的专家学者在其编写的教科书的前言中写道："结合我国民事审判工作的经验，借鉴国外民事诉讼立法和民事诉讼理论，划清社会主义和资本主义民事诉讼理论的原则界限，探求社会主义民事诉讼理论的新问题新结论。"⑥

由于苏联民事诉讼立法和理论主要体现计划经济的内在要求，并且在

---

① 参见李汉昌、张新宝：《民事诉讼法学研究述评》，《法学研究》2000 年第 1 期。关于对"比较研究"八股文的批判，可参见傅郁林：《追求价值、功能与技术逻辑自洽的比较民事诉讼法学》，《法学研究》2012 年第 5 期。

② 在民事诉讼法比较研究的效用方面，是以移植和借鉴的可能价值作为评判标准。参见张卫平：《民事诉讼法比较研究方法论——对民事诉讼法比较研究中若干关联因素的思考与分析》，《国家检察官学院学报》2019 年第 6 期。

③ 关于民事诉讼体制或模式转型论，参见张卫平：《转换的逻辑：民事诉讼体制转型分析》，法律出版社 2004 年版。

④ 参见汤维建：《市场经济与民事诉讼法学的展望》，《政法论坛》1997 年第 1 期。

⑤ 参见韩象乾、乔欣：《中国民事诉讼法学 50 年》，《政法论坛》1999 年第 6 期。

⑥ 柴发邦等：《民事诉讼法通论》，法律出版社 1982 年版。起草小组的具体人员构成参见沈宗汉：《参加民事诉讼法的起草工作等于进了一趟大学校》，《人民法院报》2007 年 10 月 15 日。

比较法谱系中处于强职权主义的一极①，我国民事诉讼法从颁布之初就存在制度目的与规范现状之间的错位，即以解决商品经济所产生的纠纷为立法目标，但囿于比较研究的局限，只能先参照苏联民事诉讼法构建我国民事诉讼法律及其理论。②

二、2.0 时代：以大陆法系民事诉讼法为参照

我国民事诉讼法在形成之初就存在体制转型的需求，即从反映计划经济的强职权主义转换为适应商品经济的当事人主义。正是在此背景之下，1991 年《民事诉讼法》相较于 1982 年《民事诉讼法（试行）》在当事人主义方面有实质进步。③ 以当事人主义诉讼体制/模式转型为语境，比较研究迎来了井喷期。其重点是对德日民事诉讼立法和理论体系的介绍、比较以及引入。为何是以德日为代表的大陆法系进入我国的视野？这可以回溯到清末民初的民事诉讼现代化发展。④ 当然，除了历史决定论，选择以德日为代表的大陆法系民事诉讼作为比较研究的重点还有其他原因，它们也是更为直接的推动力。

改革开放以后，我国亟须快速建立民事诉讼法制，为经济发展和对外开放保驾护航。⑤ 民事诉讼立法和司法的紧迫性和优先级甚至要高于民事财产法的确立和发展。是故，1982 年《民事诉讼法（试行）》颁布时，《民法通则》《合同法》《担保法》《物权法》《侵权责任法》均未出台。由于初步建立起来的民事诉讼制度需要实体裁判根据，一度出现了 2001 年《证据规定》替行侵权责任实体规范的现象。如 2001 年《证据规定》第 4 条规定："下列侵权诉讼，按照以下规定承担举证责任：（一）因新产品制造方法发明专利引起的专利侵权诉讼，由制造同样产品的单位或者个人对其产品制造方法不同于专利方法承担举证责任；（二）高度危险作业致人损害的侵权诉讼，由加害人就受害人故意造成损害的事实承担举证责任；（三）因环境污染引起的损害赔偿诉讼，由加害人就法律规定的免责事由

---

① 参见张卫平：《民事诉讼基本模式：转换与选择之根据》，《现代法学》1996 年第 6 期。

② 参见张卫平：《转制与应变——论我国传统民事诉讼体制的结构性变革》，《学习与探索》1994 年第 4 期。

③ 参见任重：《民法典的实施与民事诉讼目的之重塑》，《河北法学》2021 年第 10 期。

④ 对此，我国法制史学者和民事诉讼法学者都进行了翔实且富有成效的研究。参见吴泽勇：《清末修律中的民事诉讼制度变革》，《比较法研究》2003 年第 3 期；吴泽勇：《〈大清民事诉讼律〉修订考析》，《现代法学》2007 年第 4 期。

⑤ 这也体现在民事诉讼法的任务表述上。在 1982 年《民事诉讼法（试行）》第 3 条的基础上，1991 年《民事诉讼法》第 3 条增加了"维护社会秩序、经济秩序，保障社会主义建设事业顺利进行"的任务表述。

及其行为与损害结果之间不存在因果关系承担举证责任；（四）建筑物或者其他设施以及建筑物上的搁置物、悬挂物发生倒塌、脱落、坠落致人损害的侵权诉讼，由所有人或者管理人对其无过错承担举证责任；（五）饲养动物致人损害的侵权诉讼，由动物饲养人或者管理人就受害人有过错或者第三人有过错承担举证责任；（六）因缺陷产品致人损害的侵权诉讼，由产品的生产者就法律规定的免责事由承担举证责任；（七）因共同危险行为致人损害的侵权诉讼，由实施危险行为的人就其行为与损害结果之间不存在因果关系承担举证责任；（八）因医疗行为引起的侵权诉讼，由医疗机构就医疗行为与损害结果之间不存在因果关系及不存在医疗过错承担举证责任。有关法律对侵权诉讼的举证责任有特殊规定的，从其规定。"而起草者在巨大的立法压力之下，可供选择的比较法资源有限，以苏联民事诉讼法为镜鉴甚至是彼时唯一可行的选择。无独有偶，在《大清民事诉讼律》的筹备和起草过程中，也曾出现相关争论。[1]

上述现象同样出现在改革开放后的比较研究中。由于这一时期的核心命题是民事诉讼体制/模式转型，即在 1982 年《民事诉讼法（试行）》颁布之后，通过比较研究找出一条适合商品经济发展的现代纠纷解决之路，并将其确立在民事诉讼正式立法中。因此，这一阶段的中心词是立法论，即通过制定正式而非试行的民事诉讼法，最终实现民事诉讼与经济社会体制转型的同步。[2] 改革开放初期，以快速出台立法为目标，比较法文献主要有两个基本来源。其中一个不应被忽视的来源是新中国成立前留学日本的资深研究者的研究和他们所翻译的资料。在改革开放之初，上述研究者已经步入老年，但他们还是运用日文等外文资料开展奠基性研究。[3] 相比于直接撰写学术论文，资深研究者通过翻译学习资料和培养研究生的方式，深刻影响下一代研究者，并以此在我国形塑民事诉讼基础理论体系。另一个重要知识来源是我国台湾地区的比较研究。我国台湾地区深受德日民事诉讼法传统影响，一批留德、留日学者在高校、法院从事教学和审判工作。随着两岸交流正常化，台湾地区的法学文献能够更为顺畅地进入大陆学者视野，台湾地区的比较研究文献成为全面了解德日民事诉讼法的可靠路径。

1991 年《民事诉讼法》虽然存在当事人主义的努力，但依旧呈现浓重的职权主义色彩，这也使通过立法实现民事诉讼体制/模式转型成为中

---

① 详见陈新宇：《寻找法律史上的失踪者》，广西师范大学出版社 2015 年版，第 39-40 页。

② 关于 1982 年《民事诉讼法（试行）》的修改历程，参见潘剑锋：《民事诉讼法学》，《中外法学》1991 年第 5 期。

③ 如王锡三：《近代诉权理论的探讨》，《现代法学》1986 年第 6 期。

心议题。① 由于 1991 年《民事诉讼法》已经颁布，在短时期内再次迎来民事诉讼立法大修的可能性较小，比较研究也不再满足于内部翻译资料和我国台湾地区文献。有研究者选择留学日本，经过系统的学术训练掌握原汁原味的大陆法系民事诉讼学理。留日学者在日期间和回国之后的研究成果，更新了学界对以日本为代表的大陆法系民事诉讼基础理论的认知，带来了民事诉讼体制转型的总体蓝图和民事经济审判方式改革的新动向，并在民事诉权、民事诉讼目的、诚实信用原则、民事诉讼法与民法的关系等一系列基础理论问题上打开了新局面，进一步夯实我国民事诉讼基础理论体系。② 不仅如此，建立在比较法研究基础上的立法方案还深刻影响了司法解释的制定，最高潮正是 2001 年《证据规定》。《证据规定》确立的证据失权等制度在今天看来仍具有革命性。③

三、3.0 时代：多元化发展的比较民事诉讼

21 世纪初以来，比较研究在我国呈现出多元发展趋势。首先，以我国台湾地区文献作为参照的比较研究依旧在延续和深入；其次，日本民事诉讼比较研究朝着愈发精细化的方向发展；再次，之前被作为批判对象的苏联民事诉讼法以及其后的俄罗斯民事诉讼法被重新关注和重视，并被学者升华为法系意识④；复次，美国法及其理论因为其在全球化中的重要作用以及中美关系而越发受到重视，尤其在知识产权诉讼领域发挥重要影响⑤；最后，德国民事诉讼法学也逐渐成为比较研究的重要参照，例如：和谐诉讼模式的主要比较法根据是以德国瓦瑟曼（Wassermann）法官为代表人物的协同主义⑥；以罗森贝克（Rosenberg）作为代表人物的规范说成为在我国分配证明责任的核心标准⑦；以赫尔维格作为代表人物的诉讼标的旧实体法说（传统诉讼标的理论）成为我国民事诉讼法学界的有力

---

① 参见景汉朝、卢子娟：《经济审判方式改革若干问题研究》，《法学研究》1997 年第 5 期。

② 参见王亚新：《论民事、经济审判方式的改革》，《中国社会科学》1994 年第 1 期；张卫平：《转制与应变——论我国传统民事诉讼体制的结构性变革》，《学习与探索》1994 年第 4 期；刘荣军：《论民事诉讼的目的》，《政法论坛》1997 年第 5 期。

③ 参见李浩：《民事证据的若干问题——兼评最高人民法院〈关于民事诉讼证据的司法解释〉》，《法学研究》2002 年第 3 期。

④ 参见陈刚：《法系意识在民事诉讼法学研究中的重要意义》，《法学研究》2012 年第 5 期；陈刚：《苏联民事诉讼法上 возражение 制度研究》，《中外法学》2014 年第 5 期。

⑤ 参见毕潇潇、房绍坤：《美国法上临时禁令的适用及借鉴》，《苏州大学学报（哲学社会科学版）》2017 年第 2 期。

⑥ 参见王次宝：《反思"协动主义"》，《清华法学》2010 年第 1 期。

⑦ 参见最高人民法院修改后民事诉讼法贯彻实施工作领导小组编著：《最高人民法院民事诉讼法司法解释理解与适用》（上），人民法院出版社 2015 年版，第 315－316 页。

说，并得到了最高人民法院的明确选取。①

四、4.0 时代：比较研究的"选择困难症"及其克服

在上述多元化发展的同时，民事诉讼的比较研究也开始遭遇"选择困难症"：首先，国别选择的科学性是以对所有国别均有全面清晰认知为基础的，这无疑对比较研究形成巨大挑战；其次，将国别视为一元化的知识显然不合实际，每个国家和地区内部又存在不同学说，例如通说、有力说、多数说、少数说、新说、旧说；最后，在具体问题上的国别和理论选择，能否在整体上生成有机体，是否会在我国出现"宝马车配奔驰标"的错位。以上内部挑战对比较研究来说已为沉重，但外部挑战，亦即比较研究与中国问题意识之间的紧张关系，或许更具有决定性。

外部挑战中的一种代表性观点认为，比较研究带来了理论的复杂化和内卷化，这尤其体现在诉讼标的理论上。相比把简单的问题说复杂，在我国现阶段还是应该把复杂的问题讲简单说明白，主要借助司法实践中的一般做法来构建简洁明确的、操作手册式的民事诉讼法律和理论。相较上述倡导理论简化，甚至主张比较法无用的有力观点，以中国问题意识改造比较民事诉讼研究的观点或许更为均衡。其并不认为我国不再需要比较研究及其精细理论，而是认为比较的出发点和落脚点应为坚持中国问题意识，即要面向我国法律规定和司法实践中存在的真问题，并在结果上有效回应我国社会的真实诉求。相反，不能戴着比较法的眼镜在中国找问题，而应带着中国问题去比较法中寻找具有针对性和可操作性的解决思路和落地方案，并与其他制度组成有机整体。不能满足于介绍某个国家的某位学者说过什么，而应总结出不同模式并科学判断其在我国怎么说，其能否提出有效的解决方案。在中国问题意识的强烈指引之下，介绍性比较研究受到挤压并进入波谷。不过，比较民事诉讼研究并未因此偃旗息鼓。当我们着眼于细节时，比较民事诉讼研究实则以润物细无声的方式出现在以中国问题为导向的具体制度研究中。我们正处于并将在相当长时期内处于上述比较研究的 4.0 时代。

第四节　中国问题意识在民事诉讼中的表现形式

我国民事诉权以及以此为基础的民事诉讼现代化发端于向他国学习，

---

① 参见最高人民法院修改后民事诉讼法贯彻实施工作领导小组编著：《最高人民法院民事诉讼法司法解释理解与适用》（上），人民法院出版社 2015 年版，第 635 页。

因此在初始时刻就有比较法的基因。伴随着改革开放和商品经济之建立与繁荣，以德日为主要参照的比较研究对我国民事诉讼基础理论的建立和民事诉讼体制转型起到了关键的推动作用，其可以被看作是比较研究的 2.0时代。进入 21 世纪的 3.0 时代后，考虑到短时期内不可能出现民事诉讼法大修的立法预期，同时更是因为我国立法和司法实践经验逐渐丰满，特别是 2013 年以来裁判文书的公开化和法官说理的加强①，中国问题意识成为当下比较研究的重要导向和关键标准。随着中国问题意识从幕后走向台前，我国比较研究正式进入 4.0 时代。然而，中国问题意识是什么？中国问题意识不是什么？对此的回答不能停留在"只可意会不可言传"。是故，梳理中国问题意识在我国的提出背景和具体主张，以可感的方式展现其内涵与外延，将有助于比较民事诉讼研究与中国问题意识的有机融合。否则，千人千面的"中国问题意识"将瓦解甚至消融我国民事诉讼的知识积累和宝贵共识。②

中国问题意识并不局限在民事诉讼研究中，而是对法学研究乃至哲学社会科学研究的总体性要求。民事诉讼研究更有强调中国问题意识的必要。与商法、合同法的全球化不同，民事诉讼法中存在三方主体，除民商事主体之外还有代表国家行使审判权的法院（《民事诉讼法》第 3 条）。不仅如此，民事诉讼还需回应民众对纠纷解决的期待，其运行状况也要受到国民接受度的检验，这就使民事诉讼法被公认为极具本土性的法律部门。③ 值得注意的是，对民事诉讼法学本土性特点的认识，也正是比较研究的结果：虽然民事诉讼法及其理论具有本土性，但其中仍然存在各国的共性问题和共同认知，民事诉讼法学的本土性定位正是其中的重要内容。

一、诉讼模式/体制转型尚未完成

进入 21 世纪后，中国问题意识逐渐被强调和提倡。不过，本土意识本就是我国民事诉讼现代化幕后的主线。清末开启的民事诉讼现代化进程并不以保障人权和程序正义作为出发点，收回领事裁判权以维护国家尊严是其最根本的考量。由于建立现代民事诉讼制度的动机并不纯粹，民国初期的司法实践与清末的并无本质不同，进而出现立法和司法的"两层

---

① 近年来裁判文书公开的理论争议，参见李广德：《裁判文书上网制度的价值取向及其法理反思》，《法商研究》2022 年第 2 期。

② 参见任重：《论中国民事诉讼的理论共识》，《当代法学》2016 年第 3 期。

③ 参见［德］施蒂尔纳：《民事诉讼法中法教义学思维的角色》，霍旭阳译，载孙笑侠主编：《复旦大学法律评论》（第二辑），法律出版社 2015 年版，第 221－223 页。

皮"①。改革开放以来，民事诉讼法肩负起为商品经济和改革开放保驾护航的重要使命，民事诉讼本身蕴含的程序理念和价值逐渐彰显，但仍有改进空间。

总体而言，当事人主义在我国尚未被彻底实现，这就使具体制度的机械比较甚至引入失去了语境和前提。以诚实信用原则为例，其名称虽然具有极强的道德性，但诚实信用原则在民事诉讼法律体系中被定位为兜底条款，起到漏洞填补的功能和作用，即在当事人主义语境下科学规制诉讼权利。② 这一基本构想在日本、德国、法国等大陆法系国家能够得到实现③，是因为当事人主义的价值和理念已经得到了融贯，对当事人权利和行为的限制并不会带来贬损甚至否定当事人权利的极端后果。④ 相反，我国对当事人权利的保障并不充分，诚实信用原则的一般适用可能产生贬损当事人诉讼权利的问题，诚实信用原则甚至可能异化为职权主义的代称。这也促使我们反思，在真正确立当事人主义之前，当程序理念和价值还未充分内化之时，比较研究是要坚持同步性，即将重点放在对当事人权利行使和行为自由的限制这一后现代发展趋向上，还是应充分认识我国民事诉讼自身的发展阶段，特别是在当事人主义诉讼体制/模式转型上的发展错位。

二、民事诉讼发展阶段错位

中国问题意识在比较研究中的提出背景是我国民事诉讼与以德日为代表的大陆法系国家民事诉讼的不同发展阶段。我国民事诉讼现代化发展快但毕竟起步晚。从发展阶段维度观察，我国民事诉讼依旧处于并将长期处于初级和中级发展阶段。当事人主义尚未在我国全面确立，这是比较研究中最基本的国情。初级阶段决定了我国比较民事诉讼研究应在今后继续坚持以强化当事人主体地位和保障当事人程序权利作为根本出发点。在强调当事人主体地位的同时，固然应该确保当事人诚信诉讼，但相关制度的比

---

① 张建伟：《阿Q之死的标本意义》，法律出版社 2017 年版，第 16 - 28 页。

② 参见张卫平：《民事诉讼中的诚实信用原则》，《法律科学》2012 年第 2 期；任重：《论我国民事诉讼诚信原则的适用范围——兼论本土案例组的生成与反思》，《当代法学》2024 年第 6 期。

③ 参见王亚新：《我国新民事诉讼法与诚实信用原则——以日本民事诉讼立法经过及司法实务为参照》，《比较法研究》2012 年第 5 期；赵秀举：《德国民事诉讼中的诚实信用原则》，《华东政法大学学报》2013 年第 2 期；任重：《民事诉讼诚实信用原则的实施——德国的认知与实践》，《法学家》2014 年第 4 期；巢志雄：《我国民事诉讼诚实信用原则的适用现象、问题与完善——兼以法国民事诉讼的理论争论与实务判例为参照》，《比较法研究》2015 年第 3 期。

④ 诚实信用原则在美国的适用参见李曼：《诚实信用原则适用的美国经验——〈美国联邦民事诉讼规则〉第 11 条的透视与启示》，《华东政法大学学报》2016 年第 3 期。

较和引入都应充分照顾到我国的特殊国情，避免"瘦子跟着胖子减肥"①。

诉权同样如此。由于语境模糊和中国问题意识的缺位，民事诉权理论研究也出现发展阶段错位，例如将诉权的发展理解为从私法诉权说到公法诉权说，再到司法请求权说或本案请求权说的发展进程，进而倡导与实体权利完全脱钩，转而确立以宪法基本权利或者程序正义理念为内核的诉权理论及其制度体系。公法诉权论与司法请求权说并未在当事人主义诉讼体制/模式方面存在显著差异，亦即公法诉权论并不指向职权主义，司法请求权说也并不必须与职权主义相联系。尽管如此，二者在实体法与程序法的协同实施方面仍有显著区别。由于司法请求权说以公法诉权论为前序发展阶段，故民法与民事诉讼法已经实现有机衔接甚至全面融合。基于此，司法请求权说可撤除胜诉权要件，而专注于民事程序权利的保障及其与宪法基本权利的融汇。目光转回我国：二元诉权论虽然同样建基于公法诉权说中的权利保护请求权论，但"诉讼爆炸""案多人少"的审判压力已促使我国向私法诉权说靠近。不仅如此，我国民事诉讼研究长期存在实体与程序的分离甚至割裂的现象。② 可见，我国若从当前私法诉权说色彩浓厚的二元诉权论跨越式发展为司法请求权说或本案请求权说，这看似符合比较法最新发展趋势，但实为严重忽视我国民事诉权的发展阶段错位，甚至将进一步加剧民事诉讼法与民法的割裂，并在结果上增加贬损当事人诉权的风险，背离民众对胜诉权的朴素期待。

综上，诉权研究及其具体制度构建均不能机械适用比较法资源，而要充分顾及我国民事诉讼发展阶段之错位。比较法研究要破除"越新越好"的机械理解。相反，中国问题意识必然要求根据我国当前的发展需要锁定最适合的制度参照，即便其已经成为德国法中的历史性概念，如传统诉讼标的理论和权利保护请求权说。

三、科学应对"诉讼爆炸""案多人少"

我国民事诉讼除面临当事人主体地位和程序权利保障等历史遗留问题外，还面临着更加复杂的现实国情，尤其是"诉讼爆炸""案多人少"对民事程序法治现代化及法典化的现实制约。必须肯定的是，随着法学教育和法律职业资格考试的发展，越来越多高水平法律人才加入法官队伍，裁判水平已有显著提升。尽管如此，我国法官在民事裁判方法上的整体水平依旧有改进空间。据德国技术合作公司（GTZ）对某培训项目的调查发

---

① 张卫平：《对民事诉讼法学贫困化的思索》，《清华法学》2014 年第 2 期。
② 参见李浩：《走向与实体法紧密联系的民事诉讼法学研究》，《法学研究》2012 年第 5 期。

现，大部分受训法官并没有掌握法律适用方法，且通过两到三个星期的强化训练，很多人还是无法掌握。令人惊讶的是，这些法官都是各地选派的业务骨干。① 法官三段论和请求权基础分析方法难以通过后期培训被充分掌握，举证责任与证明责任之辩也能为此提供注脚。②

我国法官理论知识储备和思维模式受制于"诉讼爆炸""案多人少"的司法现实，而员额制改革也在结果上进一步加剧了"案多人少"。③ 法官审理压力骤增，必然致使当事人可分配的审理资源缩减。当事人诉讼权利缩水甚至实体权利贬损也成为可见的逻辑结果。不仅如此，司法负责制可能异化为法官退回职权主义的借口：由于民事诉讼不仅仅是当事人的事情，其裁判结果的社会接受度还可能关系到法官的职业发展，法官自然不能任由当事人决定诉讼的走向，而是要通过职权干预降低案件裁判结果可能对自身造成的职业风险。就此而言，"莫兆军事件"和"彭宇案"较为集中地反映出当事人主导和法官无限责任之间的逻辑悖论。④ 当事人主义在我国的最终确立也必然要以法官责任清单的合理清晰划定为前提。⑤ 毋庸讳言，如何科学理解应对"诉讼爆炸""案多人少"，如何有效克服"诉讼爆炸""案多人少"对当事人主义诉讼体制/模式转型的负面影响，是民事诉权研究必须直面的又一中国问题意识。

第五节　中国问题意识在民事诉讼中的现实挑战

以当事人主义为导向的诉讼体制/模式转型尚未完成、我国民事诉讼的发展阶段错位以及"诉讼爆炸""案多人少"的司法现实，这些可谓民事诉权研究必须直面的中国问题意识。然而，上述中国问题意识的凸显又面临着并不细微的现实挑战，这复使得民事诉权的中国问题意识扑朔迷离。

---

① 参见卜元石：《法教义学：建立司法、学术与法学教育良性互动的途径》，《中德私法研究》第 6 卷，第 18 页。

② 参见胡学军：《中国式举证责任制度的内在逻辑——以最高人民法院指导案例为中心的分析》，《法学家》2018 年第 5 期。

③ 参见任重：《"案多人少"的成因与出路——对本轮民事诉讼法修正之省思》，《法学评论》2022 年第 2 期。

④ 参见曹志勋：《论案件事实认定说理的不同维度——以彭宇案一审判决书为例》，《北方法学》2020 年第 3 期。

⑤ 参见任重：《完善法官责任制改革的民事诉讼配套制度》，《社会科学报》2020 年 6 月 5日第 6 版。

一、中国问题意识在民事诉讼中的规范制约

在我国社会主义市场经济繁荣发展的背景下，中国问题意识的规范制约是体现计划经济的法与基于商品经济的纠纷之间的撕裂。若以我国立法原意为基础构建本土民事诉讼理论，则无异于要求商品经济纷争回到计划经济解纷模式，即上层建筑决定经济基础。为构建适应商品经济的新民事诉讼法，迎接实质意义的民事诉讼法典，在理论构建时就不得不在一定程度上超越甚至背离立法原意。这可以被看作是中国问题意识的二律背反。① 据此，依旧传承 1982 年《民事诉讼法（试行）》的现行民事诉讼规范是凸显中国问题意识的关键制约因素。充分体现中国问题意识的民事诉讼研究不能忽略民事诉讼法典化。②

二、中国问题意识在民事诉讼中的多重面孔

正是由于上述两难境地，中国问题意识在比较研究中呈现多重面孔，相互对立的观点都可能坚称其具有中国问题意识，而批评对方观点是脱离实际的空谈。以共同诉讼为例，现行《民事诉讼法》第 55 条第 1 款明确以"诉讼标的共同"或"诉讼标的同种类"作为识别必要共同诉讼和普通共同诉讼的法定核心标准。然而，受制于诉讼标的识别标准在我国众说纷纭，且以请求权基础为中心的实体权利体系仍在完善过程中③，这就使传统诉讼标的论在我国存在实体法供给不足和诉讼法衔接不畅的问题。于是，不同请求权基础和不同诉讼标的之多数人诉讼均可能被归入"诉讼标的共同"，进而被纳入必要共同诉讼。

较为典型的例证是连带责任的共同诉讼类型。尽管根据实体法请求权构造，连带责任无法满足诉讼标的同一性要求，但还是在司法实务中被普遍作为共同诉讼，并经历了从固有必要共同诉讼向类似必要共同诉讼的认识转变。而在连带责任的共同诉讼类型中，究竟何种见解更具有中国问题意识？对此存在多重面孔。普通共同诉讼论可能提出，其与《民事诉讼法》第 55 条第 1 款之法定标准更为契合，因此是更具中国问题意识的解决方案。必要共同诉讼说也可能论证，司法实践中的做法并不是根据《民事诉讼法》第 55 条第 1 款规定的"诉讼标的共同"标准来划定共同诉讼类型的，而是按照纠纷一次性解决和案件事实查明的要求将其划定为必要

---

① 参见任重：《论我国民事诉讼法学的法理化——兼论法理学与法教义学的关系》，《南通大学学报（社会科学版）》2024 年第 4 期。

② 参见张卫平：《民事诉讼法法典化：基本要求与构建》，《河北法学》2022 年第 8 期；胡学军：《家族相似性：民事诉讼法法典化的逻辑与技术》，《当代法学》2023 年第 6 期。

③ 参见吴香香：《民法典编纂中请求权基础的体系化》，《云南社会科学》2019 年第 5 期。

共同诉讼，因此更契合中国问题意识。

三、中国问题意识在民事诉讼中的标准问题

在我国当法定标准和司法实践做法存在出入时，中国问题意识究竟是坚持法律规定，抑或是遵循司法实务的一般做法？中国问题意识以这样一种方式被实质搁置了。虽然不同论者均声称坚持中国问题意识，但本土意识的判定标准模糊不清，以至于可以兼容两种截然相反的理论主张。如何使中国问题意识在比较民事诉讼研究中去口号化，如何使中国问题意识的内涵与外延更加清晰，无疑构成了中国问题意识的现实挑战。

第六节　中国问题意识在民事诉讼中的标准厘清

当我们说起诉权的中国问题意识，我们究竟在说什么？当我国民事诉讼法依旧具有浓厚的职权主义色彩，尚难以充分适应商品经济要求时，我们是否应该以"中国问题意识"为借口实质退回职权主义诉讼体制/模式？当我国民事诉讼立法和司法实践存在龃龉甚至背离，中国问题意识究竟要求研究者坚持立法抑或是遵循实践做法？当民事诉权保障可能在案件数量上进一步推高"诉讼爆炸""案多人少"，我们应以后者为据提高起诉门槛，还是应该确保民事诉权保障的最高优先级？上述不同价值判断及其选择，自然又会深刻影响比较民事诉讼研究的方向和结论。其实，对上述问题的一般性和绝对性判定都难以圆满解决问题。相反，我们以史为鉴，则能更清晰地厘定中国问题意识之科学标准。

一、中国问题意识在民事诉讼中的立法论标准

（一）两大法系民事诉讼比较的中国问题意识

改革开放之初，当事人主义诉讼体制/模式转型本身就极具中国问题意识，亦即以改革开放和商品经济发展为目标，探寻更契合我国诉讼实际及其发展需求的民事诉讼立法和理论。彼时，进入研究者视野的是两大法系的宏大坐标：以德日为代表的大陆法系和以英美为代表的普通法系。上世纪 90 年代，我国学界就以德日为代表的大陆法系民事诉讼究竟是当事人主义抑或职权主义，曾出现过较为集中的讨论。[①] 大陆法系民事诉讼中的法官比普通法系的有更多职权色彩。然而，中国问题意识必然要求将比

---

① 参见张卫平：《大陆法系民事诉讼与英美法系民事诉讼——两种诉讼体制的比较分析（上）》，《法学评论》1996 年第 4 期；张卫平：《大陆法系民事诉讼与英美法系民事诉讼——两种诉讼体制的比较分析（下）》，《法学评论》1996 年第 5 期。

较的起始点和落脚点置于我国，而不应以德日或英美为视角。相比我国民事诉讼以及作为其重要参照的苏联民事诉讼，无论是以德日为代表的大陆法系还是以英美为代表的普通法系，显然都坚持和贯彻当事人主义诉讼体制/模式。上述理论争议的背后正是中国问题意识的错位：将以德日为代表的大陆法系民事诉讼归入职权主义，显然是以英美法作为潜在出发点；而将以德日为代表的大陆法系和以英美为代表的普通法系均归入当事人主义，则是坚持中国问题意识的比较研究结果。可见，忽略中国问题意识的比较研究虽然可能提供知识增量，但却难以科学回应我国立法和司法的实际需求，反而蕴含退回职权主义的重大风险：既然以德日为代表的大陆法系民事诉讼本就是职权主义的，我国现行民事诉讼立法和司法也有浓厚的职权主义色彩，那么还有何必要迈向当事人主义民事诉讼体制/模式？这较为集中地呈现于协动（同）主义诉讼模式论争中。[①] 值得注意的是，辩论原则在德日等大陆法系国家并未改弦更张。德国学界所谓协动（同）主义不过是修正辩论原则的代称，而从未指向职权主义诉讼模式或者法官与双方当事人密切协作的乌托邦诉讼模式。[②] 将协动（同）主义诉讼模式作为克服"诉讼爆炸""案多人少"以及回避当事人主义之必要改革成本的做法，实乃有意或无意地抛弃了中国问题意识。

（二）民事诉讼基础理论研究的中国问题意识

中国问题意识是 2.0 时代就已自觉贯彻的比较研究主线。其不仅体现在当事人主义与职权主义的谱系划定上，而且贯穿于民事诉讼基础理论研究中，如诉讼标的模式界定大讨论。经过全面的比较研究，从传统诉讼标的理论到诉讼法二分肢说等主要识别标准都已进入学界视野。我国立法、司法和理论对传统诉讼标的的模式的选定并非贸然之举，而是充分体现中国问题意识的谨慎选择，其充分体现出中国问题意识。

从诉讼标的理论的先后顺序和发展脉络观察，传统诉讼标的理论是德国的旧说，故也被称为旧实体法说。而上世纪末我国开启诉讼标的比较研究时，诉讼法二分肢说已经占据德国通说地位。不仅如此，诉讼法二分肢说的优势正在于有效克服传统诉讼标的理论的弊端，尤其是请求权竞合时产生的多诉讼标的和潜在的复数诉讼问题。面对"先进"标准和"落后"

---

① 参见唐力：《辩论主义的嬗变与协同主义的兴起》，《现代法学》2005 年第 4 期；王福华：《民事诉讼协同主义：在理想和现实之间》，《现代法学》2006 年第 6 期；肖建华：《构建协同主义的民事诉讼模式》，《政法论坛》2006 年第 5 期；杨严炎：《论民事诉讼中的协同主义》，《中国法学》2020 年第 5 期。

② 参见王次宝：《反思"协动主义"》，《清华法学》2010 年第 1 期。

做法，我国学界认为，新诉讼标的理论虽然是今后的努力方向，但鉴于我国国民法律意识有待提高，律师制度还有待健全，并且在相当长的时期内我国诉讼政策应侧重于对当事人权利的保护，因此仍应贯彻和坚持传统诉讼标的理论，避免原告的诉讼权利因诉讼标的范围过大而受到不当否定。① 待上述问题得到基本解决后，如果采纳新诉讼标的理论，虽然加重了法院的责任，但对当事人来说则较为有利。当事人只要把裁判要求交给法院，法院就有责任对其要求的合法性从多种法律角度进行审查、评价。这有助于尽快解决当事人之间的纠纷，有利于发挥诉讼的功能。②

　　无论是两大法系诉讼模式的谱系划定，还是诉讼标的识别标准在我国的模式选定，其实都呈现出中国问题意识。由于中国问题意识在比较研究的 1.0 和 2.0 时代是理论自觉，故而并未被专门提出并加以强调。由是观之，虽然改革开放以后到 21 世纪初的比较民事诉讼研究以宏大叙事和立法论作为主要内容，但并未因此而丢失中国问题意识。彼时，中国问题意识的核心是以当事人主义作为改革方向不动摇，并在具体理论工具的选择上考虑我国的特殊国情，即当事人权利保护的不完善，我国处于并将在相当长的时期内处于民事诉讼现代化改革的初级发展阶段等。值得注意的是，制约我国诉讼标的模式选择的基本国情（国民法治意识、律师制度、当事人权利保护的诉讼政策、法官裁判方法）并未根本改变，最高人民法院坚持传统诉讼标的理论不动摇实乃客观恰当之举。③

二、中国问题意识的解释论标准

　　本世纪伊始，我国民事诉讼法学研究方法从立法论逐渐转向解释论，也称民事诉讼法教义学。在此背景下，立法论阶段的中国问题意识本应被继续坚持和具体贯彻。遗憾的是，当事人主义诉讼体制/模式转型开始在比较民事诉讼的 3.0 阶段并以民事诉讼法教义学之名发生动摇甚至出现根本转向。分水岭正是 2001 年《证据规定》。2001 年《证据规定》的突破性以今天的标准而言仍令人惊叹，其不仅系统规定了证据裁判规则，而且创造性地引入了证明责任倒置、非法证据排除、举证期限和证据失权。尤其是举证期限和证据失权的组合，是对权利保护、事实查明和诉讼经济的科学平衡。

---

① 参见江伟、肖建国：《论既判力的客观范围》，《法学研究》1996 年第 4 期。
② 参见江伟、韩英波：《论诉讼标的》，《法学家》1997 年第 2 期。
③ 参见最高人民法院修改后民事诉讼法贯彻实施工作领导小组编著：《最高人民法院民事诉讼法司法解释理解与适用》，人民法院出版社 2015 年版，第 635 页。

（一）当事人主义诉讼体制/模式转型的徘徊与停滞

以当事人主义诉讼体制/模式转型的中国问题意识观察，举证时限和证据失权的规定是重大进步。然而，囿于配套制度和保障机制长期留白，法官以证据申请超过举证期限而决定不予质证的做法面临严重风险。举证期限和证据失权条款的规定逐渐成为装饰性条款，司法实践中的证据突袭屡见不鲜，甚至成为惯用诉讼策略。彼时，中国问题意识显然要求继续坚持当事人主义诉讼体制/模式，同时关注配套制度建构，进而使当事人主义真正落到实处，实现为商品经济发展保驾护航的总体目标。受多方面因素的综合影响，立法、司法和理论在如下问题的选择上开始出现反复甚至动摇：当事人主义是否应该继续被作为我国民事程序法治现代化的改革目标？我国国民是否能够接受甚至拥护当事人主义诉讼体制/模式，而这又是否能被我国法官熟练掌握和运用？当事人主义是否必然伴随诉权滥用，进而损害对方当事人利益并消耗宝贵的司法资源？诉权保障的当事人主义改革愿景与以"诉讼爆炸""案多人少"为代表的司法现实之间能否有效兼容？

与中国问题意识的现实挑战一脉相承，如同传统诉讼标的之选定背景，我国法官理论储备还有较大改进空间，这就使得当事人主义的技术性和精细化给法官提出更高要求，意味着更大的学习成本。不仅如此，由于我国本人诉讼的比例较高，这也对法官提出更高要求，即不仅要依法裁判，而且要以当事人可理解可感知的方式推进诉讼。在当事人主义的诉辩构造和实体审理结构（请求—抗辩—再抗辩—再再抗辩）之外，法官还需要承担大量的法律解释和说明工作。2001年《证据规定》第3条第1款（现行《证据规定》第2条第1款）规定："人民法院应当向当事人说明举证的要求及法律后果，促使当事人在合理期限内积极、全面、正确、诚实地完成举证。"其第35条第1款进一步规定："诉讼过程中，当事人主张的法律关系的性质或者民事行为的效力与人民法院根据案件事实作出的认定不一致的，不受本规定第三十四条规定的限制，人民法院应当告知当事人可以变更诉讼请求。"（与现行《证据规定》第53条第1款相对应①）可以说，2001年《证据规定》第3条第1款和第35条第1款开启了法官释明的新纪元。②

---

① 参见熊跃敏、陈海涛：《新〈证据规定〉第53条：实务考察、适用要件与逻辑转换》，《法律适用》2022年第4期。

② 参见熊跃敏：《民事诉讼中法院释明的实证分析——以释明范围为中心的考察》，《中国法学》2010年第5期。

显然，当事人主义在对法官提出更高要求的同时，也必然要求当事人自我决定、自我负责，并相应增加当事人的选择风险。当事人主义一方面要求确立当事人的程序主体地位，赋予其更多程序权利和行为自由；另一方面则意味着当事人须通过积极的权利主张和诉讼行为谋求和实现其诉讼目标。与2001年《证据规定》的颁布实施几乎同时出现的"莫兆军事件"，集中反映出当事人主义诉讼体制/模式转型过程中法官和当事人的困惑以及因为极端事件引发的社会舆论：当事人主义真的适应我国国情吗？它会不会只是法官推卸责任的借口？是否会导致"以事实为根据，以法律为准绳"被架空？

面对上述当事人主义转型的"深水期"，中国问题意识存在两种可能的阐述：其一是对1.0和2.0时代的盲点进行研究和澄清，即回答：为何当事人主义是科学的？如何在当事人之间、法官与当事人之间分配负担和风险才是合理的？这其实也是1.0和2.0时代的自然逻辑延伸。其二则是就此认为当事人主义不合我国国情，进而退回改革前的职权主义诉讼模式，这集中表现为以大调解、和谐诉讼模式为表征的传统诉讼模式主张以及协动（同）主义的新比较法主张。

（二）当事人主义诉讼体制/模式转型的反思与后退

随着当事人主义诉讼体制/模式转型的徘徊与停滞，1.0和2.0时代的中国问题意识开始出现松动，并突出表现为大调解、和谐诉讼模式以及协动（同）主义诉讼模式新动向。虽然上述新的发展趋向分别有其独特背景，但以是否继续坚持当事人主义这一中国问题意识为刻度进行观察，它们均存在不同程度的退步。大调解有较为悠久的历史，并且存在解放区时期的实践经验，上述特质自然可能被贴上"中国问题意识"的标签。然而，当我们以当事人主义和职权主义的坐标系对大调解进行定位就会发现，其更偏向于职权主义一端：法官须积极介入案件，甚至超出当事人的要求为其提供更妥善的解决方案。虽然法官的动机是为当事人服务，但其手段和方法是强职权式的。[①]

与大调解、和谐诉讼模式相比，协同主义在形式上追求当事人主义和职权主义之外的第三种选择，并被作为比较民事诉讼研究的最新动向：传统审判方式具有明显的职权主义色彩，故而无法满足我国市场经济的要求，而当事人主义在我国又存在着水土不服的新问题，于是应该找出一条

[①] 参见张卫平：《诉讼调解：时下态势的分析与思考》，《法学》2007年第5期；张卫平：《回归"马锡五"的思考》，《现代法学》2009年第5期；李浩：《调解归调解，审判归审判：民事审判中的调审分离》，《中国法学》2013年第3期。

新路，从而在当事人主义和职权主义之间进行折中与衡平。① 虽然协同主义被认为是以德国为代表的新模式和新方向，但协同主义的提出背景、核心主张以及谱系关系并未得到广泛的讨论，而是存在望文生义的重大风险，例如认定协同主义已经取代当事人主义成为新的发展趋势，法官不再是客观中立的裁判者，而是被要求更加积极主动地介入案件、补偿弱势当事人，以实现诉讼的实质平等。②

协动（同）主义的谱系定位是不能忽视的基础性问题。协动（同）主义是多义词，它在外文文献中多指修正辩论主义，也即主要借助诚信原则、法官释明和真实义务对当事人诉讼权利加以必要限制的当事人主义，而正是在此意义上，其被认为已经确立在德国民事诉讼中。③ 然而，我国语境下的协同主义更接近其代表人物瓦瑟曼法官的原教旨主张，即法官不受诉讼标的和事实主张、证据申请的制约，而作为社会工程师依职权发现真相并维护社会秩序。这种含义上的协同主义在德国民事诉讼中并无市场，因为其不过是职权主义的另一个称谓而已。④

三、从聚焦到散光的民事诉讼中国问题意识标准

经过对上述立法论和解释论标准进行梳理、总结后可以发现，中国问题意识在不同发展阶段呈现出不同的内涵与外延。在比较研究 1.0 和 2.0 时代（立法论标准），中国问题意识被坚决贯彻，即主要参考以德日为代表的大陆法系民事诉讼法律及理论，在我国建立适应商品经济的当事人主义诉讼体制/模式。本世纪伊始，随着当事人主义改革进入深水区，困境和挑战同时浮现，1.0 和 2.0 时代的清晰中国问题意识开始出现徘徊、停滞甚至倒退。以当事人主义为刻度，大调解、和谐诉讼模式以及作为新比较法研究动向的协同主义，都系职权主义的代称，并被冠以"中国问题意识"的帽子。凡是强调当事人主体地位和赋予当事人程序权利的倡导，都可能遭到丧失中国问题意识的批评。而在"诉讼爆炸""案多人少"背景下缩减当事人诉讼权利和程序供给等贬损当事人主义诉讼体制/模式转型成果的做法，反而可能举起"中国问题意识"的大旗。

随着进入 3.0 和 4.0 时代，特别是自本世纪的第二个十年伊始，中国

---

① 参见张珉：《试论辩论主义的新发展——协同主义》，《新疆社会科学》2004 年第 6 期。

② 参见刘明生：《对协同主义之检讨》，载中国法学会民事诉讼法学会主办：《民事程序法研究》（第十二辑），厦门大学出版社 2014 年版，第 91-116 页。

③ Vgl. Rosenberg/Schwab/Gottwald, Zivilprozessrecht, 18. Aufl. 2018, § 77 Rn. 5.

④ 参见任重：《民事诉讼协动主义的风险及批判——兼论当代德国民事诉讼基本走向》，《当代法学》2014 年第 4 期。

问题意识又进一步衍生出以司法实践为纲。面对《民事诉讼法》第 55 条第 1 款之"诉讼标的共同"标准逐渐借助实体规则被明确澄清，共同诉讼类型界定仍旧倚赖司法解释之具体规则，在诉讼标的实为复数时以纠纷一次性解决、案件事实查明和诉讼经济等诉讼政策为纲而判定该多数人纠纷为必要共同诉讼。①

我国民事诉讼立法仍存在浓重的职权主义色彩。然而，共同诉讼、第三人制度乃可借助实体导向以及传统诉讼标的理论为当事人提供稳定预期和充分的程序保障。部分实践做法以纠纷一次性解决为导向扩大适用必要共同诉讼和第三人制度，这不仅不符合当事人主义，甚至与我国现行立法相龃龉。值得警惕的是，上述做法仍可被冠以"中国问题意识"，进而获得形式上的正当性。其背后实则是"（司法实践）存在即合理"的机械适用和盲目跟从。中国问题意识可能丧失监督和导向功能，反而沦为退向职权主义的代称：凡是能支持部分司法实践做法的就具有"中国问题意识"，凡是与若干司法实践做法不符的就违背"中国问题意识"。若如此，中国问题意识将从 1.0 和 2.0 时代的聚焦灯变为散光器，成为"任人打扮的小姑娘"。

同样，我国民事诉权研究也面临中国问题意识的"散光"问题。如若以"诉讼爆炸""案多人少""虚假诉讼""恶意诉讼""无理缠诉"为中国问题意识，则必然导致我国民事诉权模式的进一步私法诉权化，其结果是进一步筑高起诉门槛和诉权制约，以解决我国长期存在的审判压力。相反，如果将上述问题作为现实挑战，转而将中国问题意识锁定为"有案必立、有诉必理，保障当事人诉权"，则显然会走向科学配置起诉要求和阶层化设定诉权要件的公法诉权说，尤其是权利保护请求权论。可见，探寻中国问题意识的共识同样构成我国民事诉权的希尔伯特之问。

第七节　探寻民事诉权的中国问题意识共识

改革开放以来，我国比较民事诉讼研究驶入快车道。1.0 和 2.0 时代的初心是通过吸收当事人主义诉讼体制/模式的先进做法为我国市场经济和对外开放保驾护航。随着市场经济的确立和繁荣，民事诉讼立法、司法

① 参见任重：《反思民事连带责任的共同诉讼类型——基于民事诉讼基础理论的分析框架》，《法制与社会发展》2018 年第 6 期。

和理论均朝着当事人主义这一改革目标奋力前行。本世纪伊始，比较研究的3.0和4.0时代更明确地强调了中国问题意识。受制于"诉讼爆炸""案多人少"等司法现实，更源于当事人主义的学习成本及当事人主义对配套制度的体系性要求，当事人主义与中国问题意识之间出现紧张关系，"莫兆军事件"和"彭宇案"可谓其导火索。

一、坚持当事人主义诉讼体制/模式

以当事人主义为刻度，无论是大调解之风、和谐诉讼模式的传统模式主张，还是协动（同）主义的比较法新动向主张，都是向职权主义的反复和倒退。这就不难理解，当事人主义何以愈发成为中国问题意识的反义词：我国现行立法呈现的职权主义和司法实践的法官扩权、当事人限权符合中国问题意识；符合当事人诉权保护和当事人主义的规范解释和对司法实践的反思则背离了中国问题意识。可见，中国问题意识在进入3.0和4.0时代后已经出现根本转向。

（一）1.0和2.0时代的中国问题意识

在从改革开放开始到本世纪初的1.0和2.0时代，中国问题意识可以被集中表述为我国正处于并将长期处于当事人主义诉讼体制/模式转型的初级发展阶段，当事人程序主体地位尚未确立，其诉权和程序权利保护上不充足。鉴于此，我国民事诉权应逐步转型为更体现诉权保障精神的权利保护请求权模式，相应将实体权利保障及其实现作为民事诉讼制度目的，诉讼标的则坚持传统诉讼标的理论，同时借助证明责任、要件事实、审理结构等核心概念和裁判技术确保当事人实体和程序权利的充分保护和切实实现，并在结果上确保民法的正确实施。

（二）3.0和4.0时代的中国问题意识

本世纪伊始，3.0和4.0时代的中国问题意识反思当事人主义诉讼体制/模式转型的基本方向和具体做法，并将"诉讼爆炸""案多人少"以及"莫兆军事件""彭宇案"等社会实践作为当事人主义的固有弊病，转而通过传统及比较法资源肯定法院扩权、当事人诉权限制和程序供给降级。据此，标准模糊多变的"纠纷一次性解决""诉讼经济"以及扩张适用的恶意诉讼、虚假诉讼规制，逐渐成为更新的"中国问题意识"。

（三）民事诉权的中国问题意识重塑

如何在新阶段重塑中国问题意识，使其从"散光"重新聚焦，无疑是迫切需要解决的问题。若要重新聚焦，必须首先考察散光何时以及如何产生，有必要回溯到2.0时代到3.0时代的交替阶段。彼时，当事人主义经历顺水行舟之后开始步入改革深水区，并在以下问题的理解和回应上出现反复甚至动摇：当事人主义是否应该继续被作为我国民事诉讼现代化的改革目标？我国国民是否能够接受甚至拥护当事人主义诉讼体制或模式？而这又是否能被我国法官熟练掌握和运用？当事人主义是否必然伴随权利滥用，进而损害对方当事人利益并浪费宝贵的司法资源？当事人主义与"诉讼爆炸""案多人少"的司法现实能否兼容？

在比较研究的迭代之际，上述问题虽然是转向职权主义的重要诱因，但并未被认真对待和科学解答。重塑中国问题意识的关键同样是对上述质疑的有效回应：如若上述质疑在我国无法被克服，则确有必要放弃当事人主义的改革计划；如果上述质疑是可以被化解的，便也没有了改弦更张的根据和理由。当事人主义是否能得到当事人的支持？法官能否熟练运用当事人主义下的各种制度工具判案？

二、科学认识当事人主义诉讼体制/模式与"诉讼爆炸""案多人少"的关系

当事人主义是否必然带来诉权滥用？当事人主义是否必然导致诉讼成本增加？对上述问题的回答不仅不会削弱当事人主义，反而更能巩固比较研究 3.0 和 4.0 时代的研究成果。虽然我国现行民事诉讼法并未迎来大修，故而在相当程度上仍是职权主义的，但当事人主义的理论体系经过数十年来的比较研究已被构建起来。有观点认为，虽然我国现行民事诉讼法条文相比 1991 年的文本并无本质改变，但其理念已发生根本变革。这与市场经济条件下当事人必须成为"自我决定、自我负责"的意思自治主体这一本质性的要求内在地紧密相关。[1] 尽管如此，当事人主义在我国的落地却遇到诸多瓶颈，主要表现为以下三个具体面向：首先，我国民事诉讼立法并未完成实质法典化，其本身就保有浓厚的职权主义色彩；其次，我国法官对当事人主义理论体系的理解和把握还有持续改进空间，其裁判不仅是职权主义的，而且时常是恣意性的[2]；最后，我国当事人本人诉讼比例较高，其对当事人主义的精密结构有理解困难。在上述因素的综合作用之下，立法、司法和理论之间产生了较大分歧。

（一）强化诉权保障意识

诉权的中国问题意识仍应坚持以当事人主义为导向。在此基础上，还应明确我国正处于并将长期处于民事程序法治现代化的初级阶段，当前的中心任务是加强当事人的主体地位和诉讼权利。面对诉权滥用和当事人不

---

①　参见王亚新：《民事诉讼法二十年》，《当代法学》2011 年第 1 期。

②　参见刘哲玮：《民事诉讼教学模式改革报告》，载中国法学会民事诉讼法学研究会主办：《民事程序法研究》（第十二辑），厦门大学出版社 2014 年版，第 291 页。

诚信问题，立法、司法和理论首先应强化诉权保障意识，避免动辄以诉权滥用和违反诚信给当事人行使诉权扣帽子，对诉权滥用宜坚持排除一切合理怀疑之标准。①

（二）完善诉权配套制度

对于当事人主义诉讼体制/模式转型和诉权保障过程中出现的诉权滥用问题，我们不应因噎废食，而应坚持以当事人主义作为中国问题意识，借助比较研究逐渐完善适合我国国情的当事人主义和诉权保障的配套制度，引导当事人合理和诚信地行使诉讼权利，让当事人不能滥用、不愿滥用和不敢滥用诉讼权利。在此基础上，当事人主义的建立和诉权保障的强化并不必然意味着更高的司法成本。司法成本的合理调整并不必须以压抑甚至牺牲诉权作为代价。当事人主义诉讼体制/模式转型已经蕴含合理控制司法成本的人类宝贵经验。② 反而是当事人主义诉讼体制/模式转型的不彻底和诉权保障的不全面，可能导致体系紊乱和成本激增。

以现行《民事诉讼法》第 2 条民事诉讼制度目的（任务）为例，其虽然相较于 1982 年《民事诉讼法（试行）》第 2 条更强化当事人诉讼权利之保障，并将"保证人民法院查明事实，分清是非"后置，以强化诉权保障和当事人主义的核心功能；然而，司法实践和理论研究仍存在将案件事实查明作为民事诉讼第一要务的思维惯性。无论是将连带责任界定为必要共同诉讼，抑或是被告型无独立请求权第三人的制度构造，其背后都有案件事实查明和纠纷一次性解决的考量。相较而言，当事人主义诉讼模式及其诉权保障思维是更集约且符合诉讼经济的权利实现机制。以请求权主张的诉讼实现为例，其作为给付之诉的诉讼标的，在此基础上形成"请求→抗辩→再抗辩→再再抗辩"的构成要件群和要件事实群，进而以民事实体法作为标准最大限度裁剪简化纷繁复杂的社会生活。

由于案件生活纷繁复杂且无限牵连，全面彻底查明生活事实无异于不可能完成的任务。《民法典》之权利基础及反对规范将法官案件事实查明之负担最简化，复通过自认制度将当事人证明要求及法院调查证据职责最小化，亦即当事人仅须对本案有争议之法律事实负举证责任，法官仅须对本案有争议之法律事实加以认定即可满足"查明事实，分清是非"之法定要求。2001 年《证据规定》早已确立的举证时限和证据失权制度能有效规制当事人的诉权滥用和证据突袭，敦促当事人诚信且迅速地穷尽证据，

---

① 参见任重：《论我国民事诉讼诚信原则的适用范围——兼论本土案例组的生成与反思》，《当代法学》2024 年第 6 期。

② 参见任重：《民事纠纷一次性解决的限度》，《政法论坛》2021 年第 3 期。

保障法官尽可能通过一次庭审解决纠纷。在此基础上，案件事实认定不生预决效力以及既判力相对性原则，则旨在于实现诉讼经济的同时合理规制错判风险，并在结果上斩断错判可能引发的连锁反应。

（三）认识当事人主义的制度优势

通过强化诉权保障意识，同时完善诉权配套制度，当事人主义诉讼体制/模式转型宜被继续作为 4.0 时代的中国问题意识。除经济基础决定上层建筑、"有案必立、有诉必理，保障当事人诉权"等规律性认识和顶层设计外，当事人主义还将有效化解"诉讼爆炸""案多人少"，达成当事人诉权保障、法官审理负担以及司法社会效果的和谐共舞。当事人通过诉权及诉讼权利的主张及其实现成为程序的主人翁，增强其诉讼获得感和满足感，并充分吸收其不满；法官则通过实体审理构造、自认制度以及举证时限和证据失权等配套制度将有限的司法资源用在刀刃上，多快好省地解决民事纠纷，正确且快速实现民事权利并维护私法秩序。而当事人主义所保障的"同案同判"又能在最大限度上为民事主体提供预见可能性，并据此消解民事纠纷，系在源头上减少诉讼案件的发生，从根本上解决"诉讼爆炸""案多人少"。同时，由于在原则上否定案件事实预决效力并承认既判力相对性原则，复杂权利结构中的其他权利人和利害关系人可借助另诉权保障自身合法权益，而无须一般性借助审判监督程序和第三人撤销之诉等特殊制度，系在结果上确保生效裁判稳定性并有效维护了司法权威。

（四）跳出职权主义的制度陷阱

综上所述，诉权保障和当事人主义诉讼体制/模式是在我国推进民事程序法治现代化的关键。囿于对当事人主义诉讼体制/模式的机械理解和盲目适用，同时受到"诉讼爆炸""案多人少"的应激反应影响，我国民事诉讼立法、司法和理论在一定程度上存在如下恶性循环：为节约司法成本而退回职权主义，因退回职权主义而进一步加剧"诉讼爆炸""案多人少"。

当事人主义并不意味着权利滥用的高风险和司法成本的高投入。必须承认的是，当事人主义一定会对法官提出更高要求。在职权主义语境下，法官可以为了实现正义而全面介入诉讼。而在当事人主义语境下，法官必须保持中立，并以此为标准衡量和反省其诉讼行为，亦即借助当事人主义作茧自缚。不仅如此，为了保障当事人不因法律知识的不足而承受诉讼不利益，使应该胜诉的当事人胜诉，且有效规制当事人虚假诉讼和恶意诉讼，法官在当事人主义语境下还须依法履行诉讼指挥权，特别是法官释明权。这既是民事诉讼的大宪章，又可谓刀尖上的舞蹈。①

三、当事人主义的本土改造

当事人主义诉讼体制/模式转型必须充分体现我国特殊国情。在现阶段，法官的理论储备和法律思维仍与当事人主义的固有要求仍存在较大距离。就此而言，当事人主义的制度构建和诉权保障的实现路径不能是照搬照抄，而应充分契合我国当前和未来的发展需要，尤其是要破除相关理论学说演进发展的机械认识。这一要求已被贯彻于比较研究的 2.0 时代。诉讼标的识别标准的旧实体法说是诉讼标的学说演进的起点，在 20 世纪 90 年代末的诉讼标的大讨论时业已形成"传统诉讼标的理论（旧实体法说）→新实体法说→诉讼法说（一分肢说、二分肢说、三分肢说）"的基本认识。诉讼法学界和最高人民法院之所以"从旧不从新"，正是缘于我国法官裁判技术有待加强以及实体法与程序法相互分离的特殊国情。

与新实体法说和诉讼法说相比，传统诉讼标的理论对我国法官的要求更合理，其并不要求法官为当事人选择最适合的请求权基础，而是将此工作交予当事人及其代理律师。虽然传统诉讼标的理论出现时间更早且已被德国法及其实践所迭代更替，且存在如请求权竞合之多诉讼标的的问题，但考虑到我国对当事人诉权保障仍旧薄弱，且法官掌握请求权基础思维还有待时日，旧实体法说可谓当事人主义诉讼体制/模式的本土改造。不仅如此，传统诉讼标的理论也更有助于在民法典时代建立实体法与程序法的紧密联系，是两法协同实施的最佳选择。最高人民法院曾正确地指出："依实体法诉讼标的理论来理解，比较符合我国民事诉讼的实际情况。实体法诉讼标的理论（旧实体法说）从实体法上的请求权出发来界定诉讼标的，认为诉讼标的乃是原告在诉讼上所为一定具体实体法之权利主张……与我国民事诉讼实践中长期以来对审判对象的理解是一致的。将诉讼标的理解为当事人在实体法上权利义务或法律关系，简便易行，法院审理范围十分明确，诉讼程序秩序稳定，当事人攻击防御目标集中。至于旧实体法说中遭到批判的请求权竞合情况下出现复数诉讼标的的问题，可以结合实体法的规定，通过诉讼法上的特别处理加以解决。至于当事人一次纠纷不能一次解决的问题，则可以通过扩展法官释明义务，在一定程度上予以缓解。旧实体法说所具有的这种优势及其与我国民事司法实践需求的契合度，是其他诉讼标的理论所无法比拟的。"②

---

① 参见任重：《我国民事诉讼释明边界问题研究》，《中国法学》2018 年第 6 期。

② 最高人民法院修改后民事诉讼法贯彻实施工作领导小组编著：《最高人民法院民事诉讼法司法解释理解与适用》（上），人民法院出版社 2015 年版，第 635 页。

上述分析和选择过程正是中国问题意识的具体体现。无论是法官的学习成本，抑或是诉权滥用和诉讼成本激增的转型风险，都不是在中国问题意识上改弦更张的有力论据。包括民事诉权研究在内的比较民事诉讼研究正处于以法解释论为中心的 4.0 时代。即便如此，民事诉权研究依旧应传承和贯彻 1.0 和 2.0 时代的中国问题意识，亦即坚持以当事人主义诉讼体制/模式为改革目标，明确我国正处于并将在相当长时期内处于当事人主体地位不稳固和诉权保障不充分的初级发展阶段。

第三章 民事诉权的中国意涵

第一节 民事诉权中国意涵的问题展开

民事诉权被我国学界公认为民事诉讼法律和理论体系的基点，但其在立法、司法和理论中存在边缘化现象。民事诉权的中国意涵是民事诉权的希尔伯特之问。在澄清民事诉权及民事诉讼的中国问题意识之后，一系列外部制约已经得到消解，这也为民事诉权之中国意涵的厘清提供了必要条件。

一、从比较民事诉讼研究到民事诉讼法的比较

民事诉权是舶来品，是基于比较法研究的本土化概念及制度。这也使其内涵多元化和存在模糊性。就比较法这一概念表述而言，德国法上的对应表达是 Rechtsvergleichung，可译为"法的比较"。从概念的精确性角度观察，德文更能揭示事物本质。法是一个国家之立法机关经过法定程序制定和颁布的规范体系。比较法所要做的是将不同国家和地区的规范集合与具体制度进行比较并得出相应结论，据此为本国规范体系和具体制度提出若干解释和修订方案，其目标是达成部门法的自主知识体系。① 可见，比较法的重心并不在"法"，而在于中心词"比较"。同理，对比较民事诉讼法或称民事诉讼比较法也应作上述分析与理解。包括民事诉权在内的比较民事诉讼研究，其重心并非将不同国家的诉权规范及其意涵作为终极研究对象，而是"以我为主"，将我国民事诉权的意涵及其制度与其他国家、地区的进行比较，比较的目的是回应中国之问，为构建以民事诉权为基石的自主民事诉讼法学知识体系添砖加瓦。②

---

① 参见张明楷：《构建自主刑法学知识体系应妥当处理的四个关系》，《法学家》2024 年第 6 期。

② 参见汤维建：《形成独树一帜民事诉讼法中国学派》，《检察日报》2024 年 10 月 17 日。

二、我国民事诉权意涵的多源性

在将民事诉权的中国问题意识界定为继续坚持当事人主义民事诉讼体制/模式,继续夯实当事人的程序主人翁地位并加强诉讼权利保障之后,民事诉权的中国意涵是迫切需要厘清的希尔伯特之问。民事诉权的比较研究包含三个重要组成部分:我国诉权模式、他国诉权模式、两种模式的比较。本章主要着眼于第一部分,即民事诉权的中国意涵及其模式,这也理应被作为民事诉权比较研究的出发点和落脚点。当然,不同诉权模式之间并不完全孤立,而常常表现为"你中有我,我中有你"。例如,我国诉权意涵受到苏联诉权的实质影响,而苏联诉权又是在扬弃法国和德国诉权的基础上提出的。① 这也使民事诉权之中国意涵的厘清更为复杂、艰巨。

三、我国民事诉权意涵的通用表述

诉权具有多义性,但学界比较认同的说法是:"诉权是指当事人为维护自己的合法权益,要求法院对民事争议进行裁判的权利。诉权是一项基本权利,没有这项权利,公民、法人和其他组织便不能启动民事诉讼程序获得司法裁判,实现实体权利。"② 上述通用表述有丰富内涵,值得认真解读。

(一)我国民事诉权意涵中的公法诉权色彩

"当事人为维护自己的合法权益,要求法院对民事争议进行裁判",此乃将诉权与民事实体权利有序界分。要求法院对民事争议进行裁判的诉权并非当事人要维护的合法权益本身。不仅如此,"要求法院"乃将诉权的义务主体指向法院,而非如民事权利一般将民事主体作为义务人(《民法典》第 118 条第 2 款)。上述诉权意涵据此已经排除实体程序不分的诉权阶段以及私法诉权理论,亦即诉权研究的 actio 时代。③ 当然,"当事人为维护自己的合法权益"可能有两种不同解释路径:一是当事人仅在自己客观存在的合法权益受到侵害时才能"要求法院对民事争议进行裁判",然而这再次落入私法诉权说的窠臼;二是将"当事人为维护自己的合法权益"主观化和形式化,即形式上的原告只要主张民事权益为自己所有,即满足起诉条件(原告适格),法律例外认可当事人为维护他人合法权益而提起诉讼(诉讼担当)。

---

① 参见陈刚:《民事诉讼法的实质规范和程序规范》,《法学杂志》2021 年第 2 期。

② 江伟主编:《民事诉讼法》(第五版),高等教育出版社 2016 年版,第 61 页。

③ 参见〔德〕米夏埃尔·施蒂纳:《德国民事诉讼法学文萃》,赵秀举译,中国政法大学出版社 2005 年版,第 101 - 102 页。

（二）我国民事诉权意涵中的私法诉权色彩

上述我国民事诉权通用表述的第一句话彰显出公法诉权说的意涵。虽然对"当事人为维护自己的合法权益"存在不同解释路径，但结合第一句话仍可锁定公法诉权模式。然而，旨在回应"诉讼爆炸""案多人少"的第二句话则将上述清晰界定拉回到模糊状态。

1. 民事诉权之宪法准据的解释困境

"诉权是一项基本权利"表明诉权的本原性和基础性，且暗含将诉权纳入宪法基本权利的趣旨。然而，我国《宪法》文本中并不存在直接兼容民事诉权的规范根据。其中，《宪法》第 41 条可作为行政诉权和国家赔偿诉权的宪法准据："对于任何国家机关和国家工作人员的违法失职行为，有向有关国家机关提出申诉、控告或者检举的权利"。其指向"民告官"，而难以直接包容公民之间、法人之间、其他组织之间以及他们相互之间因财产关系和人身关系提起的民事诉讼（《民事诉讼法》第 3 条）。简言之，《宪法》第 41 条可作为诉权的规范根据，但将其作为民事诉权的准据尚需宪法教义学与民事诉讼法教义学的协同支撑。[①] 此外，民事诉讼法学界借助《宪法》第 33 条第 3 款，将诉权作为人权的有机组成部分而建立宪法根据。[②] 当然，《宪法》第 38 条第 1 句之"中华人民共和国公民的人格尊严不受侵犯"同样可能被作为民事诉权的宪法基本权利准据。[③] 亦有观点自《宪法》第 13 条第 1 款"公民的合法的私有财产不受侵犯"以及第 2 款"国家依照法律规定保护公民的私有财产权和继承权"导出诉权的宪法根据。[④] 结合《依法治国决定》的实质诉权论述，《宪法》第 41 条可能被扩大解释为包含回避申请权、上诉权、再审诉权（审判监督程序）以及第三人撤销诉权的广义民事诉权准据。对此将于本章第二节详述。

总体而言，民事诉权之宪法准据系亟待宪法学与民事诉讼法学协同研究的重要论题。值得注意的是，将民事诉权纳入基本程序权利范畴在我国无法导出特殊救济渠道，我国宪法和民事诉讼法中并无类似于《德国民事诉讼法》第 321 条之一的特殊救济程序。在 2001 年《德国民事诉讼法改革法》颁布前，主张诉权受到侵犯的当事人只能向德国联邦宪法法院提起

① 参见李忠夏：《基本权利的社会调控属性探析——以宪法与民事诉讼法的关系为切入点》，载微信公众号"实体法与程序法"，最后浏览时间：2024 年 12 月 3 日。

② 参见吴英姿：《论诉权的人权属性——以历史演进为视角》，《中国社会科学》2015 年第 6 期。

③ 参见李燕、胡月：《我国民事诉权司法保障的实证考察与完善路径》，《人权》2021 年第 5 期。

④ 参见常怡等整理：《民事诉讼基础理论研究》，法律出版社 2020 年版，第 157 页。

宪法抗告。① 德国立法者认为，当事人提出诉权异议时，法院应在同一审级内部加以纠正。随后，德国联邦宪法法院于 2003 年 4 月 30 日根据法治国家原则和法定庭审原则要求法院在侵犯当事人诉权时启动审级内法律救济程序。立法机关再次通过 2004 年 12 月颁布的《关于侵犯法定听审请求权之法律救济的法律》修正第 321 条之一，将"判决"修改为"裁判"并取消一审的限制，当事人在任何审级都可提出诉权异议，并要求法院在该审级继续审理。②

比较而言，"诉权是一项基本权利"这一共识性认识在我国仅表明诉权相较于回避申请权、辩论权等具体诉讼权利的本原性和奠基性。③ 尽管如此，在"诉讼爆炸""案多人少"之现实背景下，法院或更倾向于认可不起诉契约的诉讼法效力，进而对诉权保障产生了不可忽视的消解作用。④ 就此而言，尽快厘清民事诉权的宪法准据并强调其程序基本权利属性和不可处分性仍具有重要现实意义。⑤

2. "诉讼爆炸""案多人少"对诉权意涵的实质影响

"诉讼爆炸""案多人少"虽然是司法现实，但不宜被强化为中国问题意识。⑥ 不应忽视的是，"诉讼爆炸""案多人少"对我国诉权意涵发挥了不成比例的限定作用。⑦ 在第一句话的基础上，我国民事诉权通用表述的第二句话可谓对私法诉权模式的回归以及对起诉权和胜诉权关系的重调。

"没有这项权利，公民、法人和其他组织便不能启动民事诉讼程序获得司法裁判，实现实体权利"的表述必然引发追问：起诉权要件与胜诉权之要件如何界分？起诉权之法律效果与胜诉权之法律效果何以有别？"当事人为维护自己的合法权益，要求法院对民事争议进行裁判"中的"合法权益"应属于起诉权构成要件还是胜诉权构成要件？若将"为维护自己的合法权益"作为起诉权构成要件，其如何与作为胜诉权的请求权成立要件

---

① 德国原文为 Anspruchs auf rechtliches Gehör，直译为法定听审请求权。上述概念对我国读者而言较为陌生，其功能在于通过宪法基本权利保障当事人诉权，故本章将其转译为诉权。特此说明。

② 参见《德国民事诉讼法》，丁启明译，厦门大学出版社 2016 年版，第 78 页脚注 1。

③ 参见张卫平：《民事诉讼法》（第六版），法律出版社 2023 年版，第 197 页脚注 1。

④ 参见李卫国、谌锦华：《诉源治理视阈下民事不起诉契约研究》，《广西政法管理干部学院学报》2024 年第 1 期。

⑤ 参见吴英姿：《不起诉契约不具有诉讼法上效力——诉权契约原理》，《烟台大学学报（哲学社会科学版）》2015 年第 4 期。

⑥ 参见任重：《"案多人少"的成因与出路——对本轮民事诉讼法修正之省思》，《法学评论》2022 年第 2 期。

⑦ 参见任重：《民事迟延裁判治理转型》，《国家检察官学院学报》2016 年第 3 期。

相互区别？

不无遗憾的是，受"诉讼爆炸""案多人少"的现实制约，无论是我国民事诉权意涵的公法定位，还是起诉权与胜诉权之二元构造，都被修正解读为"没有这项权利，公民、法人和其他组织便不能启动民事诉讼程序获得司法裁判，实现实体权利"。上述结论的得出有三个重要前提：（1）诉权的去基本权利化：如果将诉权作为人权、人格尊严等与生俱来的基本权利，显然就无法满足"没有这项权利"的假定。① （2）诉权的起诉权化："没有这项权利"中的权利显然指向诉权，然而"没有这项权利"显然有多种可能的组合，即有起诉权而无胜诉权，无起诉权而有胜诉权，以及无起诉权也无胜诉权，"没有这项权利，公民、法人和其他组织便不能启动民事诉讼程序获得司法裁判"的表述显然忽略了有起诉权而无胜诉权的情形，并导致胜诉权构成要件堆叠至起诉权范畴，即胜诉权要件的起诉权化。② （3）起诉权的非案化："不能启动民事诉讼程序"则说明，对诉权的判定将以非诉的形式进行③，即首先通过非诉方式判定公民、法人和其他组织"有这项权利"，而后才能启动民事诉讼程序获得司法裁判，起诉权构成要件的判定前移为案例受理前的独立程序，或称"诉讼前程序"④。

可见，我国民事诉权通用表述的第二句话蕴含退回私法诉权模式的重大风险，这种风险随着"诉讼爆炸""案多人少"的社会背景而逐渐变为现实。

（三）退回私法理论的诉权意涵

改革开放后，民事诉权是民事诉讼现代化的重要抓手，且在初始时刻就带有公法基因。我国诉权理论弯道超车，跨越了实体、程序不分的罗马诉权（actio）、法国诉权以及德国私法诉权阶段，直接迈向了请求权（Anspruch）与诉权（Klagerecht）二元界分的公法诉权时代。无论是将诉权的义务主体界定为"法院"，使诉权的内容直指"对民事争议进行裁判"，抑或"诉权是一项基本权利"的基本定位，均将我国民事诉权意涵指向公法权利甚至宪法基本权利。就此而言，"为维护自己的合法权益"只是公法诉权的动机，而并非诉权的法律效果；是判决的实体根据，而非对实体权利的直接变动。我国《民法典》第229条及《物权

---

① 参见常怡等整理：《民事诉讼基础理论研究》，法律出版社2020年版，第156页。
② 参见任重：《中国式现代化视域下民事诉权的反思与重塑》，《中国法学》2024年第4期。
③ 此处使用"非诉"乃强调诉讼前程序，同时与"非讼"相区别。非讼程序一般指向《民事诉讼法》第十五章之"特别程序"，具体包括选民资格案件、宣告失踪或者宣告死亡案件、指定遗产管理人案件、认定公民无民事行为能力或者限制民事行为能力案件、认定财产无主案件、确认调解协议案件和实现担保物权案件（《民事诉讼法》第184条）。
④ 张卫平：《起诉条件与实体判决要件》，《法学研究》2004年第6期。

编解释（一）》第 7 条正是对我国民事诉权通用表述第一句话的具体落实与再次重申。①

上述通用表述的公法诉权共识，在改革开放后愈发受到"诉讼爆炸""案多人少"的实质影响，即：在实体法和诉讼理论上坚持诉权之公法定位，但在诉讼制度安排上则滑向私法诉权的窠臼；在诉权保障顶层设计上坚持程序基本权利定位，但在受理问题上倾向于起诉权中心主义，甚至将胜诉权构成要件纳入起诉条件。② 我国现行《民事诉讼法》第 122 条至第 127 条所表现出的 3 类近 20 种起诉条件带有浓厚的私法诉权色彩。根据《民事诉讼法》第 122 条第 1 项，与本案有直接利害关系的公民、法人和其他组织才能作为民事诉讼的适格原告，这就为私法诉权说中的"客观权利既存＋权利受害"的诉权构成要件提供了准据③；而第 3 项之"有具体的诉讼请求和事实、理由"也为诉权与既存实体权利之间的因果关系提供了解释空间。④ 不仅如此，《民事诉讼法》第 124 条第 4 项之"证据和证据来源，证人姓名和住所"则可能被进一步理解为原告须向法院初步证明其享有实体权利且实体权利受到侵害。⑤

就此而言，我国民事诉权实践表现出"公法诉权为表，私法诉权为里"的民事诉权意涵。上述矛盾的诉权认识实质影响民事诉权立法、司法及理论对《依法治国决定》中民事诉权体系的有效回应和科学落实。

第二节　《依法治国决定》中的民事诉权体系

《依法治国决定》中的民事诉权体系为立案登记制改革提供了顶层设计和强劲动力。然而，囿于我国民事诉权内涵的模糊性，特别是在"诉讼爆炸""案多人少"实质影响下出现的"公法诉权为表，私法诉权为里"，立案登记制改革的目标及路径引发了无法忽视的歧义。毋庸讳言，实务界与理论界对立案登记制改革是否已经完成存在显著的认识分歧。在理论界看来，立案登记制必然要求降低甚至取消起诉门槛，亟待

---

① 参见房绍坤：《导致物权变动之法院判决类型》，《法学研究》2015 年第 1 期；任重：《形成判决的效力——兼论我国物权法第 28 条》，《政法论坛》2014 年第 1 期；任重：《〈民法典〉第 229 条（法律文书导致物权变动）诉讼评注》，《云南社会科学》2023 年第 1 期。

② 参见张卫平：《民事案件受理制度的反思与重构》，《法商研究》2015 年第 3 期。

③ 参见任重：《论我国民事诉讼标的与诉讼请求的关系》，《中国法学》2021 年第 2 期。

④ 参见王学棉：《"具体"的诉讼请求》，《国家检察官学院学报》2016 年第 2 期。

⑤ 参见曹志勋：《反思民事诉讼中对立案证据的要求》，《法学》2024 年第 1 期。

借助民事诉讼法修正案最终将起诉条件中的实体判决要件后移至开庭审理阶段。① 不无遗憾的是,《依法治国决定》后的三次民事诉讼法修订均未回应上述核心论题。② 实务界则倾向于认为,案件受理制度的改革路径是依法受理起诉,杜绝"三不"行为。"三不"行为具体是指对当事人符合诉讼法规定条件的起诉"不收取材料""不予答复""不作书面裁定"③。"必立"和"必理"仅针对"人民法院依法应该受理的案件"。立案登记制改革的路径和目标是在三类起诉条件的基础上落实法定原则,这也正是《登记立案规定》的基本思路。据此,立案登记制改革在我国已经顺利完成,这也是实务界人士于司法调研中表达出的基本认识。④

鉴于此,借助《依法治国决定》中的民事诉权体系科学界定民事诉权之中国意涵,是克服"公法诉权为表,私法诉权为里"之矛盾理解以及化解立案登记制改革分歧的必由之路。《依法治国决定》是民事诉权意涵研究的里程碑,也是"诉权"首次出现在党和国家的重要文件中。其中,《依法治国决定》包含"诉权"表述 2 处、实质诉权内容 2 处。

一、有案必立、有诉必理,保障当事人诉权

《依法治国决定》中的第一处"诉权"表述直面"起诉难"⑤,要求"改革法院案件受理制度,变立案审查制为立案登记制,对人民法院依法应该受理的案件,做到有案必立、有诉必理,保障当事人诉权。加大对虚假诉讼、恶意诉讼、无理缠诉行为的惩治力度"。其将立案审查制视为对当事人诉权的贬损,并明确提出"变立案审查制为立案登记制"的改革要求⑥,目的是"有案必立、有诉必理,保障当事人诉权"。与此同时,第

---

① 参见张卫平:《起诉条件与实体判决要件》,《法学研究》2004 年第 6 期。

② 参见任重:《民事诉讼法"去试行化":以民法典为参照》,《法治社会》2024 年第 3 期。

③ 最高人民法院修改后民事诉讼法贯彻实施工作领导小组编著:《最高人民法院民事诉讼法司法解释理解与适用》(上),人民法院出版社 2015 年版,第 555 页。

④ 参见段厚省:《论起诉条件的有限实质审查》,《法治研究》2023 年第 6 期。

⑤ 关于"起诉难",参见张卫平:《起诉难:一个中国问题的思索》,《法学研究》2009 年第 6 期。

⑥ 关于立案登记制改革,参见最高人民法院立案登记制改革课题组:《立案登记制改革问题研究》,《人民司法》2015 年第 9 期。学界对立案登记制改革的探讨,参见张卫平:《民事案件受理制度的反思与重构》,《法商研究》2015 年第 3 期;陆永棣:《从立案审查到立案登记:法院在社会转型中的司法角色》,《中国法学》2016 年第 2 期;蔡虹、李棠洁:《民事立案登记制度的法理省思》,《法学论坛》2016 年第 4 期;唐力:《民事诉讼立审程序结构再认识——基于立案登记制改革下的思考》,《法学评论》2017 年第 3 期;曹云吉:《立案登记制下"当事人"的程序构造》,《法制与社会发展》2017 年第 5 期;张嘉军:《立案登记背景下立案庭的定位及其未来走向》,《中国法学》2018 年第 4 期;王亚新:《立案登记制改革:成效、问题及对策——基于对三地法院调研的思考》,《法治研究》2017 年第 5 期;冯珂:《民事诉讼驳回起诉的理论困境与功能转型》,《法治研究》2022 年第 3 期。

一处"诉权"表述直面"虚假诉讼、恶意诉讼、无理缠诉",要求有效规制当事人滥用诉权。① 是故,《依法治国决定》的第一处"诉权"表述不仅将诉权提高到了前所未有的高度,而且指出了民事立案登记制改革必须兼顾两个面向,即加强诉权保障的同时有效规制诉权滥用。

二、保障庭审在保护诉权方面发挥决定性作用

第二处"诉权"表述旨在推进"以审判为中心的诉讼制度改革"。虽然这项要求的主要语境是刑事诉讼②,但"案件事实证据经得起法律的检验""全面贯彻证据裁判规则""保障庭审在查明事实、认定证据、保护诉权、公正裁判中发挥决定性作用"同样是我国民事司法的应有之义。③ 在民事诉讼的语境下,第二处"诉权"表述强调庭审对于诉权保护的决定性作用。相比第一处"诉权"表述,该处表述进一步拓宽了民事诉权的范畴,将民事诉权的重心从起诉和受理转移到开庭审理,强调对当事人民事诉权的全过程保护。④

三、强化诉讼过程中的诉权保障

与前两处"诉权"表述的要求不同,后两处实质诉权内容以"申诉权"为表现形式。申诉权的语义是,公民对因行政机关或司法机关的错误或违法的决定、判决,或者因国家工作人员的违法失职行为,致使他或他的亲属的合法权益受到损害时,有权向有关国家机关申述理由,提出改正或撤销决定、判决或赔偿损失的请求。"申诉"一词是《宪法》第 41 条的法律术语,其同样规定:"对于任何国家机关和国家工作人员的违法失职行为,有向有关国家机关提出申诉、控告或者检举的权利";

---

① 参见魏新璋、张军斌、李燕山:《对"虚假诉讼"有关问题的调查与思考——以浙江法院防范和查处虚假诉讼的实践为例》,《法律适用》2009 年第 1 期;李浩:《虚假诉讼中恶意调解问题研究》,《江海学刊》2012 年第 1 期;肖建华:《论恶意诉讼及其法律规制》,《中国人民大学学报》2012 年第 4 期;李文革:《虚假诉讼的裁判方式:新修订的〈民事诉讼法〉第 112 条评析——以域外经验为借鉴》,《政治与法律》2013 年第 10 期;任重:《论虚假诉讼:兼评我国第三人撤销诉讼实践》,《中国法学》2014 年第 6 期;洪冬英:《论虚假诉讼的厘定与规制——兼谈规制虚假诉讼的刑民事程序协调》,《法学》2016 年第 11 期;吴泽勇:《民事诉讼法理背景下的虚假诉讼规制——以〈民事诉讼法〉第 112 条的适用为中心》2017 年第 2 期;李晓倩:《虚假诉讼的本质与边界》,《中外法学》2022 年第 4 期。

② 参见顾永忠:《试论庭审中心主义》,《法律适用》2014 年第 12 期;汪海燕:《论刑事庭审实质化》,《中国社会科学》2015 年第 2 期;龙宗智:《庭审实质化的路径和方法》,《法学研究》2015 年第 5 期;熊秋红:《刑事庭审实质化与审判方式改革》,《比较法研究》2016 年第 5 期。

③ 例如证据裁判规则在民事诉讼中的运用与完善。参见张卫平:《"民事证据裁判原则"辨识》,《比较法研究》2021 年第 2 期。

④ 关于全过程诉权保障的学术倡导,参见刘家兴:《有关诉和诉权的几个问题》,《政治与法律》1985 年第 6 期。

"对于公民的申诉、控告或者检举，有关国家机关必须查清事实，负责处理。任何人不得压制和打击报复"。如上所述，《宪法》文本中并未出现"诉权"概念。与诉权较直接相关的《宪法》条文是第 139 条："各民族公民都有用本民族语言文字进行诉讼的权利"；"人民法院和人民检察院对于不通晓当地通用的语言文字的诉讼参与人，应当为他们翻译"；"起诉书、判决书、布告和其他文书应当根据实际需要使用当地通用的一种或者几种文字"。

不能忽视的是，人民法院是国家审判机关（《宪法》第 128 条），法官是依法行使国家审判权的审判人员（《法官法》第 2 条）。以作为国家机关及其工作人员的法院及法官为切入点，民事诉权中的重要内容可被看作是广义"申诉权"的部分子集。在民事诉权中，起诉权是当事人向法院提起诉讼，要求法院依法受理民事案件的公法权利。胜诉权是当事人要求法院满足其实体主张或者驳回对方实体主张的公法权利。鉴于此，作为民事诉权核心内容的起诉权和胜诉权的确难以在"申诉权"的语义内找到归宿，盖因其对象是依法受理和依法判决，而并非"对于任何国家机关和国家工作人员的违法失职行为"的申诉。尽管如此，同样作为民事诉权重要内容的回避申请权、上诉权、再审诉权（审判监督程序）以及第三人撤销诉权，却可能被有机包容于针对法官行为的广义申诉权，并未超出申诉权的最大文义范围。

是故，"强化诉讼过程中当事人和其他诉讼参与人的知情权、陈述权、辩护辩论权、申请权、申诉权的制度保障"同样能导出实质诉权要求。其中，"知情权"在《民法典》时代同样具有极其重要的理论价值和现实意义，并相应转化为"法官释明""突袭裁判"等论题。[①] 而"陈述权""辩论权"在我国"诉讼爆炸""案多人少"的社会背景下也可谓诉权保障面临

---

① 关于法官释明，参见张卫平：《民事诉讼"释明"概念的展开》，《中外法学》2006 年第 2 期；蔡虹：《释明权：基础透视与制度构建》，《法学评论》2005 年第 1 期；肖建华、陈琳：《法官释明权之理论阐释与立法完善》，《北方法学》2007 年第 2 期；熊跃敏：《民事诉讼中法院释明的实证分析——以释明范围为中心的考察》，《中国法学》2010 年第 5 期；严仁群：《释明的理论逻辑》，《法学研究》2012 年第 4 期；王杏飞：《论释明的具体化：兼评〈买卖合同解释〉第 27 条》，《中国法学》2014 年第 3 期；任重：《我国民事诉讼释明边界问题研究》，《中国法学》2018 年第 6 期。关于突袭裁判参见杨严炎：《论民事诉讼突袭性裁判的防止：以现代庭审理论的应用为中心》，《中国法学》2016 年第 4 期；许可：《职权干涉与裁判突袭——从南京彭宇案一审判决看当下之民事审判》，《清华法学》2008 年第 6 期。

的现代挑战。① "申请权""申诉权"则在第二处"诉权"表述将诉权重心从起诉和受理转移到开庭审理之后,进一步实在化庭审中以及诉讼过程中当事人的诉权保障,拓宽了民事诉权的外延,将诉权保障延伸至二审程序、保全程序、执行程序和特别程序("申请权")以及审判监督程序("申诉权")。

四、优化诉讼终结后的诉权保障

第四处实质诉权要求同样出现在"加强人权司法保障"部分,亦即:"落实终审和诉讼终结制度,实行诉访分离,保障当事人依法行使申诉权利。对不服司法机关生效裁判、决定的申诉,逐步实行由律师代理制度。对聘不起律师的申诉人,纳入法律援助范围。"此处的"申诉权"主要指向刑事诉讼法,但同样对民事诉权的理解有重要价值。② 一方面,"申诉"同样是《民事诉讼法》中的法定概念(《民事诉讼法》第188条);另一方面,刑事诉讼审判监督程序中的申诉(《刑事诉讼法》第252条、第253条)可基本对应民事诉讼之审判监督程序。据此,第四处实质诉权要求则在第三处实质诉权要求的基础上,强调诉权之于审判监督程序的重要作用,特别是科学处理生效判决作出后的诉权保障。

第三节　立案登记制改革中的民事诉权

《依法治国决定》中的两处"诉权"表述和两处实质诉权要求,为厘清"公法诉权为表,私法诉权为里"的通用诉权表达提供了宝贵契机。逻辑一贯和体系统一的民事诉权意涵也正是立案登记制改革的理论基础。在明确《依法治国决定》对全过程诉权保障的顶层设计后,结合党的十八届四中全会以来的立案登记制改革进一步厘清民事诉权的中国意涵,显然具有重要的理论价值和实践意义。为贯彻落实《依法治国决定》对诉权保障

---

① 参见左卫民:《"诉讼爆炸"的中国应对:基于W区法院近三十年审判实践的实证分析》,《中国法学》2018年第4期;苏力:《审判管理与社会管理——法院如何有效回应"案多人少"?》,《中国法学》2010年第6期;张海燕:《法院"案多人少"的应对困境及其出路——以民事案件为中心的分析》,《山东大学学报(哲学社会科学版)》2018年第2期;张卫平:《"案多人少"问题的非讼应对》,《江西社会科学》2022年第1期;江苏省高级人民法院民三庭课题组等:《怎样解决案多人少的矛盾?——以A中院民三庭K法官为调研样本》,《法律适用》2015年第6期;任重:《"案多人少"的成因与出路——对本轮民事诉讼法修正之省思》,《法学评论》2022年第2期;程金华:《中国法院"案多人少"的实证评估与应对策略》,《中国法学》2022年第6期。

② 参见潘庆林:《再审程序诉访分离实证研究——以一个高院和两个中院为对象》,《法学杂志》2011年第6期。

的全过程要求，特别是回应前述第一处"诉权"表述的明确规定，立案登记制改革被分为三个步骤。

一、第一步：《民诉法解释》第 208 条与起诉条件法定化

最高人民法院于 2015 年 1 月 30 日颁布《民诉法解释》，其第 208 条参照 2014 年修正的《行政诉讼法》第 51 条规定："人民法院接到当事人提交的民事起诉状时，对符合民事诉讼法第一百一十九条的规定，且不属于第一百二十四条规定情形的，应当登记立案；对当场不能判定是否符合起诉条件的，应当接收起诉材料，并出具注明收到日期的书面凭证。"（第 1 款）"需要补充必要相关材料的，人民法院应当及时告知当事人。在补齐相关材料后，应当在七日内决定是否立案。"（第 2 款）"立案后发现不符合起诉条件或者属于民事诉讼法第一百二十四条规定情形的，裁定驳回起诉。"[1]（第 3 款）

《民诉法解释》第 208 条虽然不存在"立案登记制""立案审查制"的直接表述，但被司法解释的起草者认为旨在回应党的十八届四中全会《依法治国决定》中的第一处"诉权"表述："《中共中央关于全面推进依法治国若干重大问题的决定》将立案审查制改为立案登记制，意义重大，体现了党充分运用法治思维和法治方法解决社会矛盾纠纷、畅通矛盾纠纷化解渠道、发挥人民法院在国家治理体系中的职能作用的理念和决心。"[2] 在以《依法治国决定》第一处"诉权"表述作为顶层设计，以最高人民法院司法解释作为主要抓手的"立案登记制"改革中，诉权是核心词和关键词，如司法解释的起草者认为："变立案登记制为立案审查制，依法保护当事人诉权，充分发挥人民法院化解社会矛盾作用，切实解决人民群众反映的'立案难'问题。"[3] 不仅如此，依法保障当事人诉讼权利还被认为是实施立案登记制度必须坚持的首要原则。[4] 对于诉讼权利和诉权的关系，我国司法性文件、诉权实践呈现出一体化趋势。[5]

二、第二步：《立案登记改革意见》与全过程诉权保障

在《民诉法解释》第 208 条的基础上，最高人民法院于 2015 年 4 月

---

① 《民诉法解释》于 2022 年修订时并未实质变动第 208 条，仅对《民事诉讼法》之条文序号作相应调整。

② 最高人民法院修改后民事诉讼法贯彻实施工作领导小组：《最高人民法院民事诉讼法司法解释理解与适用》（上），人民法院出版社 2015 年版，第 554－555 页。

③ 参见最高人民法院修改后民事诉讼法贯彻实施工作领导小组：《最高人民法院民事诉讼法司法解释理解与适用》（上），人民法院出版社 2015 年版，第 555 页。

④ 参见最高人民法院修改后民事诉讼法贯彻实施工作领导小组：《最高人民法院民事诉讼法司法解释理解与适用》（上），人民法院出版社 2015 年版，第 555 页。

⑤ 参见任重：《中国式现代化视域下民事诉权的反思与重塑》，《中国法学》2024 年第 4 期。

15 日印发《立案登记改革意见》。《立案登记改革意见》于 2015 年 4 月 1 日经中央全面深化改革领导小组第十一次会议审议通过，自 2015 年 1 月 1 日起施行。如果说《民诉法解释》第 208 条是对《民事诉讼法》第 122 条和第 127 条之积极和消极起诉条件的重申，那么《立案登记改革意见》是立案登记制的改革蓝图，其全面规定了立案登记制改革的指导思想、应当登记立案的情形、登记立案程序、配套机制、制裁违法滥诉和加强立案监督等六个方面。

《立案登记改革意见》开宗明义地规定："为充分保障当事人诉权，切实解决人民群众反映的'立案难'问题，改革法院案件受理制度，变立案审查制为立案登记制"。随后将"保障当事人行使诉讼权利"纳入第二项指导思想。第三项申明"有案必立、有诉必理"的限定条件，即："对符合法律规定条件的案件，法院必须依法受理，任何单位和个人不得以任何借口阻挠法院受理案件。"这也体现在应当登记立案的情形规定："（一）与本案有直接利害关系的公民、法人和其他组织提起的民事诉讼，有明确的被告、具体的诉讼请求和事实依据，属于人民法院主管和受诉人民法院管辖的"，这本就是《民事诉讼法》第 122 条规定的积极起诉条件。

在应当登记立案的情形中，最高人民法院在第一处"诉权"表述基础上进一步夯实第四处实质诉权要求，扩展诉讼终结后的诉权保障，亦即："（四）生效法律文书有给付内容且执行标的和被执行人明确，权利人或其继承人、权利承受人在法定期限内提出申请，属于受申请人民法院管辖的"。据此，最高人民法院明确将强制执行申请权提升到与审判程序诉权（狭义诉权）平行的位置，这有助于从当事人诉权保障的高度审视和解决"执行难"问题，进一步扩展我国民事诉权的内涵与外延，至少涵盖审判程序诉权和执行程序诉权。

诉权附条件的认识也继续体现于登记立案程序中。首先，《立案登记改革意见》第 3 条强调对符合法律规定的起诉，一律接收诉状且当场登记立案。其次，《立案登记改革意见》明确"对不符合法律规定的起诉、自诉和申请，应当依法裁决不予受理或者不予立案，并载明理由。当事人不服，可以提起上诉或者申请复议。禁止不收材料、不予答复、不出具法律文书"。最后，强调执行条件法定原则①，重申执行程序中诉权保障的重要意义，亦即："（四）严格执行立案标准。禁止在法律规定之外设定受

---

① 关于执行条件法定原则在我国执行法草案中的发展和变迁，参见任重：《我国民事执行基本原则：功能重塑与系统整合》，《中国应用法学》2022 年第 5 期。

理条件，全面清理和废止不符合法律规定的立案'土政策'"。

基于立案登记制改革可能进一步加剧"诉讼爆炸""案多人少"，《立案登记改革意见》同步提出"健全配套机制"，在"健全多元化纠纷解决机制"的同时"建立完善庭前准备程序"，即："完善繁简分流、先行调解工作机制。探索建立庭前准备程序，召集庭前会议，明确诉辩意见，归纳争议焦点，固定相关证据，促进纠纷通过调解、和解、速裁和判决等方式高效解决。"除了应对"案多人少"，上述配套机制还包括立案便民举措并强化诉讼费用救助制度，即："加强人民法院诉讼服务中心和信息化建设，实现公开、便捷立案。推行网上立案、预约立案、巡回立案，为当事人行使诉权提供便利。加大法律援助、司法救助力度，让经济确有困难的当事人打得起官司。"

对于立案登记制改革可能诱发的诉权滥用问题，《立案登记改革意见》第5条明确"制裁违法滥诉"，主要涉及虚假诉讼、违法行为、立案秩序；并指出要健全相关法律制度。《立案登记改革意见》第6条还强化同级法院和上级法院提级管辖或指定立案等立案监督机制，分别从内部监督、外部监督（人民代表大会、检察机关、新闻媒体和群众监督）以及责任追究（纪律责任、刑事责任等）三个方面进行全面规定。

三、第三步：《登记立案规定》和附条件诉权

《登记立案规定》与《立案登记改革意见》同步颁布和实施。《登记立案规定》可以被看作是《立案登记改革意见》的具体条文化。《登记立案规定》同样开宗明义地规定："为保护公民、法人和其他组织依法行使诉权，实现人民法院依法、及时受理案件"。其承继《立案登记改革意见》对诉权附条件的见解，将诉权保障的主要内容限定在"依法、及时受理案件"，即对起诉权的依法保障，同时将诉权保障区分为民事诉权、行政诉权、刑事诉权三大类别。这亦在《登记立案规定》第1条中被重申："人民法院对依法应该受理的一审民事起诉、行政起诉和刑事自诉，实行立案登记制"。第2条则旨在回应理论界对立案登记制改革的若干认识，亦即立案登记制改革的实效只是在登记之前出具书面凭证。① 对此，《登记立案规定》第2条第1款在规定"对起诉、自诉，人民法院应当一律接收诉状，出具书面凭证并注明收到日期"之后，在第2款进一步明确了立案登记制改革的内涵："对符合法律规定的起诉、自诉，人民法院应当当场予以登记立案"。

---

① 参见潘宇航：《诉权视角下诉审衔接规范的反思与修正》，《荆楚学刊》2022年第6期。

立案登记制改革的核心是诉权保障，而并非仅在接收诉状时出具书面凭证。换句话说，立案登记制改革的重心是"立案"，而不是"登记"。不仅如此，《登记立案规定》第2条第3款规定法官释明义务，即："对不符合法律规定的起诉、自诉，人民法院应当予以释明。"[①] 而《登记立案规定》第7条以下对起诉状不符合要求时的补正处理则基本沿用《民诉法解释》第208条，并对补正情形的立案期限作细化规定。

《登记立案规定》第8条则分别针对三类（起）诉权配置了不同的登记立案期限，其中民事诉权的立案期限为7日，第三人撤销诉权的为30日，执行异议诉权的为15日。除了对立案期限的多元化处理，《登记立案规定》第8条对普通民事诉权和第三人撤销诉权以及执行诉权的区分也非常值得关注。多元诉权审查期间表明诉权保障之附条件。普通民事诉权和特殊民事诉权的具体审查事项不同，并呈现出特殊民事诉权审查事项多于一般民事诉权的一般规律。当然，即便将立案期限延长至30日，也不可避免地会出现第三人撤销诉权难以判定的现象，《登记立案规定》第8条第2款采取民事诉权推定的处理方案，即在法院不能判定起诉是否符合法律规定时，应先行立案。

当法院在法定期限内判定起诉条件不具备时，《登记立案规定》第9条要求法院出具不予受理民事起诉的书面裁定并载明理由。作出书面裁定虽然本就是《民事诉讼法》第126条的明确要求，但其对司法实践中的"三不"行为有震慑作用。说明理由可自《民事诉讼法》第157条第1款第1项和第3款的体系解释得出，据此实质保障当事人对不予受理裁定行使上诉权。

在正面规定人民法院必须立案登记的总体要求之后，《登记立案规定》第10条以全列举方式夯实起诉条件法定原则。尽管如此，《登记立案规定》第10条第2、3、4、5项相较于第1项和第6项存在界定困难，其抽象性和宏观性可能对起诉条件法定原则产生消解作用。对此，宜借助以《民事诉讼法》第2条为代表的民事诉讼制度目的理论以及《民事诉讼法》第3条之民事纠纷概念对《登记立案规定》第10条作限缩解释。《登记立案规定》第10条之"人民法院对下列起诉、自诉不予登记立案"表明，其负面清单系针对三类诉权的一般性规定，这也能得到第1条以下之体系

---

① 关于立案释明的司法实践做法，参见《北京市第四中级人民法院登记立案释明规则》。对立案释明的理论研究，参见卯俊民：《我国民事起诉要件之重构——兼论立案法官的释明》，《人民司法》2005年第5期；石东弘、杨宗腾：《立案登记中释明规则的构建》，《人民法治》2016年第5期；任重：《我国民事诉讼释明边界问题研究》，《中国法学》2018年第6期。

解释的支持。鉴于此，民事诉权之负面清单亦根据民法典时代之民事权利保护的诉讼制度目的予以确定。①

结合民事诉讼制度目的以及民事纠纷的内涵、外延，《登记立案规定》第 10 条第 1 项"违法起诉或者不符合法律规定"主要指向《民事诉讼法》第 122 条和第 127 条之积极、消极起诉条件，第 6 项之"所诉事项不属于人民法院主管"同样可被上述起诉条件吸收，而无须另行检验。第 2 项到第 5 项之"涉及危害国家主权和领土完整""危害国家安全""破坏国家统一和民族团结的""破坏国家宗教政策的"宜被认为原则上不适用于民事诉权，即便《民事诉讼法》第 58 条之公益诉讼也鲜有上述负面清单的适用空间。

围于篇幅，为避免赘文，笔者将《登记立案规定》中的民事诉权规则及其规范和政策依据整理成表 3-1。

表 3-1　《登记立案规定》中的民事诉权规则及其规范和政策依据

《立案登记规定》条文	民事诉权规则	规范依据	《依法治国决定》中的诉权表述与实质诉权要求
第 1 条	一审民事案件	《民诉法解释》第 208 条	第 1 处
第 2 条	诉状接收及凭证；符合规定登记立案；不合规定应予释明	《民事诉讼法》第 122 条；《民事诉讼法》第 127 条	第 1 处；第 3 处
第 3 条	诉状样本；口头起诉	《民事诉讼法》第 123 条第 2 款	第 1 处；第 3 处
第 4 条	诉状应记明事项	《民事诉讼法》第 124 条	第 1 处
第 6 条	起诉应提交的材料	《民事诉讼法》第 124 条第 4 项	第 1 处
第 7 条	补正后的期间计算	《民诉法解释》第 208 条第 2 款	第 1 处；第 3 处
第 8 条	立案期限	《民事诉讼法》第 126 条	第 1 处；第 4 处
第 9 条	书面裁定及理由	《民事诉讼法》第 126 条第 2 句结合《民事诉讼法》第 157 条第 1 款第 1 项和第 2 款	第 1 处；第 3 处
第 10 条	不立案之具体情形	无直接法律根据	第 1 处

---

① 参见任重：《民法典的实施与民事诉讼目的之重塑》，《河北法学》2021 年第 10 期。

续表

《立案登记规定》条文	民事诉权规则	规范依据	《依法治国决定》中的诉权表述与实质诉权要求
第11条	按撤诉处理	《诉讼费用交纳办法》第22条第4款,但《民事诉讼法》未规定处理程序	第1处
第12条	及时移送审判庭	—	第1处;第2处
第13条	投诉及其处理	—	第1处;第3处;第4处
第14条	方便诉权行使	—	第1处;第3处
第15条	多元化纠纷解决	《民事诉讼法》第9条和第八章	第1处;第3处
第16条	维护登记立案秩序	《民事诉讼法》第59条第3款、第114条到第116条,《刑法》第307条之一	第1处
第17条	起诉的定义	《民事诉讼法》第122条以下	第1处
第18条	立案登记适用范围	《民事诉讼法》第231条《国家赔偿法》第38条	第1处;第3处;第4处
第19条	人民法庭立案工作	《法院组织法》第26条	第1处
第20条	时间效力	无直接法律根据	第1处

第四节　民事诉权意涵的基本共识及模式转型

如前所述,《依法治国决定》中的第一处诉权表述对民事诉权的中国式现代化起到了关键推动作用,最高人民法院通过立案登记制改革的"三步走"逐渐明确了我国民事诉权的范畴、条件、体系,这对民事诉权之中国意涵的厘清起到了重要推动作用。据此,立案登记制改革背景下的民事诉权意涵逐步呈现。

一、民事诉权意涵的基本共识

（一）起诉条件法定

以 2015 年《民诉法解释》第 208 条为起点的三步走战略旨在推进起

诉条件法定原则的确立，这可谓立案登记制改革于现阶段的中心议题。立案登记制改革应在法治轨道上和法治体系内逐步推进。值得强调的是，导致起诉条件高阶化的现行《民事诉讼法》第 122 条和第 127 条并未发生根本改变。略有遗憾的是，2014 年以来十余年内推动的三次民事诉讼法修订工作（2017 年、2021 年和 2023 年）并未变动起诉条件。虽然经历 2021 年和 2023 年两次密集修订后，民事诉讼法的再次大修甚至修订不具备现实条件，但高阶化的起诉条件亟须借助民事诉讼法法典化予以根本解决，这不仅是民事诉讼理论界的集体呼吁①，而且已经正式成为立法提案。②民法典的内容和精神被认为同样应当反映到民事诉讼法之中，法典化的立法模式则是这种精神和内容得以传递的必要形式。

鉴于此，以三步走为核心的立案登记制改革初级阶段旨在克服民事司法实践中的"三不"行为，遏制对当事人符合诉讼法规定条件的起诉"不收取材料""不予答复""不作书面裁定"的不法现象。可见，附条件民事诉权是过去十余年来立案登记制改革的底层逻辑，即只有在满足《民事诉讼法》第 122 条要求同时不存在第 127 条规定情形的法定条件下，当事人才享有诉权，其才应被依法保障。客观而言，上述立案登记制改革与我国民事诉讼法学界长期以来的倡导存在显著差异。不过，在"诉讼爆炸""案多人少"的背景下落实起诉条件法定原则仍具有重要意义，这也为理论界倡导的立案登记制改革 2.0 阶段提供了实践基础。

（二）附条件的民事诉权意涵

在我国民事诉权意涵的通用表述中，民事诉权的条件性存在前后矛盾的表述。其中，"诉权是一项基本权利"指向民事诉权的无条件享有，其更接近诉的可能性，亦即原则上任何人都有进入程序获得法院听审的基本权利。然而，"没有这项权利，公民、法人和其他组织便不能启动民事诉讼程序获得司法裁判，实现实体权利"之通用表述则指向附条件的民事诉权，即诉权有具体的构成要件，并非任何人都能满足诉权要件。获得法院审理和裁判的前提是诉权要件的满足。无论是上述三步走的立案登记制改革初级阶段，抑或是现行《民事诉讼法》第 122 条至第 127 条之"起诉和

---

① 参见张卫平：《民事诉讼法法典化：基本要求与构建》，《河北法学》2022 年第 8 期；张卫平：《民事诉讼法法典化的意义》，《东方法学》2022 年第 5 期；郭小冬：《禁令程序在民事诉讼法典中的体系定位》，《河北法学》2022 年第 8 期；任重：《我国民事诉讼法典化：缘起、滞后与进步》，《河北法学》2022 年第 8 期。

② 参见《专访全国人大代表汤维建：建议编纂〈民事诉讼法典〉，给民法典装上"车轮"》，载搜狐网，最后访问时间：2024 年 12 月 8 日。

受理"规则，均指向附条件的民事诉权。

沿着这一思路，既然普通民事审判程序以《民事诉讼法》第122条和第127条作为起诉条件，那么，包含在民事诉讼（广义）这一概念之下的其他民事程序也自然存在程序前提，例如强制执行程序（《登记立案规定》第18条第1款）、上诉程序、再审申请程序、执行异议程序（《登记立案规定》第18条第2款）、第三人撤销之诉、执行异议之诉（《登记立案规定》第8条第1款第3项和第4项）。任何人都可以提起民事诉讼（《登记立案规定》第17条前段），但并非任何民事起诉都能被受理（《登记立案规定》第2条第1款），受理的前提是当事人的起诉符合法定条件（《登记立案规定》第2条第2款）。

综上，我国民事诉权有不同语义，作为人权意义之诉权乃以"出具书面凭证并注明收到日期"加以回应；作为诉权中心的起诉权，则以"对符合法律规定的起诉、自诉，人民法院应当当场予以登记立案"加以回应，并进一步触发"登记立案后，人民法院立案庭应当及时将案件移送审判庭审理"的程序效果。相反，由于立案登记制改革的主要内容是起诉权，同样作为诉权重要内容的胜诉权并未得到立案登记制改革的直接回应。

（三）全过程民事诉权之转型目标

上述附条件民事诉权的实践解读并不能涵盖我国民事诉权的丰富意涵，其仅是对《依法治国决定》中第一处诉权表述的阶段性贯彻，即："改革法院案件受理制度，变立案审查制为立案登记制，对人民法院依法应该受理的案件，做到有案必立、有诉必理，保障当事人诉权"。其中，"有案必立、有诉必理，保障当事人诉权"不仅包含解释论内容，而且蕴含丰富的立法论要求，即借助与《民法典》协同推进的《民事诉讼法》再法典化，逐步降低起诉条件并建立起阶层化的诉权要件，逐步扩大"依法应该受理的案件"范畴，最终迈向立案登记制改革的高级阶段。

这同样得到《依法治国决定》中的第二处诉权表述的印证和加强。起诉权同样应继续得到庭审的充分保障。不仅如此，其提出的保障庭审在保护诉权中发挥决定作用的要求，显然系对诉权的一体性要求，由此可衍生出民事诉权中的胜诉权。而第三处和第四处诉权的实质内容则将诉权意涵延伸至从递交诉状到生效判决，直到通过执行程序实现实体权利的全过程。

二、民事诉权意涵的模式转型

尽管起诉条件、起诉权中心主义等民事诉权保障的立法和理论难题并未得到民事诉讼法修正案的直接回应，但《依法治国决定》中的第一处诉权表述以及以此为导向的立案登记制改革三步走业已导致在我国形成民事诉权的基本共识，即立案登记制改革于初级阶段指向起诉条件法定原则的贯彻和坚守，以切实克服司法实践中的"三不"行为。上述做法蕴含的诉权意涵乃附条件的民事诉权，即并非所有人都有要求法院受理起诉的权利，仅在满足法定起诉条件后才有要求法院依法受理的诉权。也因此，诉权在我国呈现出起诉权中心模式，即以起诉权之有无作为诉权的核心议题。这种做法虽然能切实回应"诉讼爆炸""案多人少"的司法现实，但却无法体现《依法治国决定》中另一处诉权表述以及其他实质诉权要求，无法充分建立全过程的民事诉权意涵。为此，民事诉权意涵在我国亟待转型升级，即由当前起诉权中心模式转型为全过程民事诉权模式。

（一）起诉权中心模式并非我国民事诉权的固有意涵

起诉权中心模式源于 1982 年《民事诉讼法（试行）》，其历史背景是改革开放以来市场经济发展引发的案件数量快速增长①以及"先程序，后实体"的民事立法进程。为有效筛选民事起诉，积极起诉条件、消极起诉条件等三类近 20 种起诉要求被提出来；为证成民事起诉存在实体正当性，原告适格、被告适格、诉讼请求具体化以及起诉证据要求均存在实体化倾向，即将胜诉权要件部分融入起诉条件，导致起诉条件的进一步高阶化。不过，要件堆叠和实体色彩浓厚的民事诉权并非其固有意涵。严格的立案审查制正是建基于以萨维尼为代表的私法诉权说，并与普鲁士时期的司法实践存在密切互动。② 其恰恰是马克思《福格特先生》一文的批评对象："不承认私人在他们的私人方面有起诉权的法律，也就破坏了市民社会的最起码的根本法。起诉权由独立的私人的理所当然的权利变成了国家通过它的司法官员所赋予的特权。"③《普鲁士诉讼条例》正是以私法诉权说为基础。④

可见，在有效应对"诉讼爆炸""案多人少"以及诉权滥用行为的同时降低起诉门槛，有效保障当事人诉权是我国民事诉权意涵的应有之义。"有案必立、有诉必理，保障当事人诉权"虽有"对人民法院依法应该受理的案件"的限定，但当前的起诉受理制度乃针对改革开放以来"诉讼爆

---

① 参见常怡等整理：《民事诉讼基础理论研究》，法律出版社 2020 年版，第 155 页。

② 值得注意的是，私法诉权说同时代的司法实践并未完全贯彻立案审查制，而是赋予了法官较大的自由裁量空间。参见任重：《论我国民事诉讼标的与诉讼请求的关系》，《中国法学》2021 年第 2 期。

③ 柴发邦等：《民事诉讼法通论》，法律出版社 1982 年版，第 197 页。

④ 参见陈刚：《试述马克思对普鲁士刑事自诉程序的批判》，《当代法学》2019 年第 6 期。

炸"以及因员额制改革而越发凸显的"案多人少"的应激反应，不应将其作为我国民事诉权的固有意涵。无论是考察马克思对民事诉权的重要论述，抑或是考察新中国成立后到改革开放之前的民事诉权模式，均指向全过程的民事诉权认识，特别是诉权要件的不具备有多元化的诉讼后果，分别为释明补正（起诉行为成立要件）、裁定不予受理（起诉权构成要件）、裁定驳回起诉（判决请求权构成要件）以及判决支持/驳回诉讼请求（胜诉权构成要件），据此才能全面实现庭审对诉权保障的决定性作用，以及借助回避申请权、上诉权、再审诉权（审判监督程序）、第三人撤销诉权等落实后两处实质诉权要求。

（二）起诉权与胜诉权的关系重塑

长期以来，二元诉权论是我国民事诉权的通说，也对民事诉权意涵的通用表述产生了实质影响。其中，"诉权是指当事人为维护自己的合法权益，要求法院对民事争议进行裁判的权利"显然不局限于起诉权，而是将重心落在胜诉权上。如果说"为了维护自身的合法权益"指向起诉权中的原告适格（只要主张权利为自己所有即已满足），那么"要求法院对民事争议进行裁判的权利"显然指向实体判决，且能导出胜诉权要求，即要求法院认可其民事权利主张。"诉权是一项基本权利"则指向进入诉讼的可能性，而非以满足构成要件作为受理前提的起诉权。"没有这项权利，公民、法人和其他组织便不能启动民事诉讼程序获得司法裁判，实现实体权利"虽然有实现实体权利之胜诉权内容，但旨在强调起诉权是开启民事诉讼程序的前提。

以《依法治国决定》中的四处诉权内容为导向，体现二元诉权论的上述通用表述可被重塑为如下民事诉权意涵：（1）进入诉讼程序乃当事人的基本权利，只要当事人作出起诉行为，法院原则上就应当开启诉讼程序，此乃立案登记制改革的更高要求；（2）起诉行为以外的起诉条件要求，原则上应以庭审方式加以解决，据此贯彻第二处诉权表述；（3）实体权利是否具备以及是否受害是胜诉权范畴，起诉条件中的实体内容宜回归胜诉权要件。

综上，我国民事诉权意涵的通用表述可改写为："胜诉权是指当事人为维护自己的合法权益，要求法院对民事争议进行裁判的权利。诉的可能性是一项基本权利。没有起诉权，公民、法人和其他组织便不能获得实体判决，实现实体权利。"

（三）广义诉权的四重意涵

《依法治国决定》中的前两处诉权要求以审判程序为主要语境，这也是我国民事诉权意涵通用表述的基本范畴。而旨在落实《依法治国决定》第一处诉权表述的《登记立案规定》第 18 条将立案登记制进一步拓展到强制执行、国家赔偿申请等程序。在此基础上，保全程序是否同样存在诉权保障问题？① 民事特别程序是否同样应贯彻当事人诉权保障？② 这无疑打开了民事诉权的模式转型之门，特别是从起诉权中心模式转型为全过程诉权保障体系。据此，我国广义的民事诉权将有四重意涵：（1）狭义诉权针对民事审判程序（包括执行关系诉讼），享有起诉权的当事人有权要求法院作出实体判决，以支持其权利主张或驳回对方的权利主张；（2）执行程序诉权乃要求法院开启执行程序，以实现其民事实体权利；（3）保全程序诉权乃要求法院启动临时权利保护程序，以在生效判决作出前对申请人提供权利保护；（4）特别程序诉权乃申请人要求法院作出非讼裁决，以支持其权利主张或驳回对方的权利主张。

第五节　重塑民事诉权的中国意涵

《依法治国决定》中的诉权表述及其要求对构建我国特色的民事诉讼法学自主知识体系具有划时代意义。民事诉权是民事诉讼立法、实践和理论的起点问题和原点问题。新中国成立以来，民事诉权是民事诉讼社会主义转型及现代化的关键核心技术，即以苏联诉权理论为参照实现从无到有并直接跨越至公法诉权意涵的快速发展。以立案审查制为特征的私法诉权说不仅受到马克思经典论述的无情批判，而且为我国民事诉讼法学界所重视和认同。受改革开放以来"诉讼爆炸""案多人少"的长期实质影响，民事诉权意涵悄然发生改变，逐渐形成"公法诉权为表，私法诉权为里"的矛盾意涵。在以起诉权和胜诉权为特征的二元诉权论框架下，我国民事诉权混杂公法诉权与私法诉权的基本主张，且受"诉讼爆炸""案多人少"的实质影响而出现起诉权中心主义以及胜诉权要件的起诉权化，其后果是诉权实践中浓重的私法诉权色彩以及在结果上引发的"起诉难""立案乱"。

"公法诉权为表，私法诉权为里"不仅造成民事诉权理论的边缘化，而且使《依法治国决定》中民事诉权的顶层设计面临空转的风险。囿于

---

① 参见任重：《我国诉前行为保全申请的实践难题：成因与出路》，《环球法律评论》2016年第 4 期。

② 参见任重：《担保物权实现的程序标的：实践、识别与制度化》，《法学研究》2016 年第 2 期。

"诉讼爆炸""案多人少"并未得到根本缓解，且在严禁"三不"行为后还出现案件数量进一步攀升的现象，民事诉权意涵仍旧在相当程度上维系着"公法诉权为表，私法诉权为里"的现状。不过，《依法治国决定》的颁布实施以及分三步走的立案登记制改革初级阶段仍旧使民事诉权意涵形成了若干宝贵共识，具体为起诉条件法定原则的坚持和贯彻、附条件的民事诉权意涵以及全过程民事诉权的发展目标。

《依法治国决定》同样对重塑民事诉权意涵以及立案登记制改革的转型升级提出了更高要求。我国当前"公法诉权为表，私法诉权为里"的矛盾诉权意涵是在改革开放后"诉讼爆炸""案多人少"的实质影响下滑向私法诉权模式的结果，而私法诉权正是立案审查制的理论根据。《依法治国决定》对"改革法院案件受理制度，变立案审查制为立案登记制"的改革要求，显然不能满足于起诉条件法定原则和现阶段的立案登记制三步走，而是要从根本上实现立案审查制背后的私法诉权模式向公法诉权模式的转型升级，最终实现更高阶段的立案登记制，以在结果上实现"有案必立、有诉必理，保障当事人诉权"。不仅如此，要发挥庭审在诉权保障中的决定作用，也亟待重塑起诉权和胜诉权的关系，特别是克服起诉权中心主义和胜诉权要件的起诉权化，通过建立阶层化的民事诉权要件体系实现起诉权和胜诉权的关系重塑，据此将民事诉权意涵通用表述改写为"胜诉权是指当事人为维护自己的合法权益，要求法院对民事争议进行裁判的权利。诉的可能性是一项基本权利。没有起诉权，公民、法人和其他组织便不能获得实体判决，实现实体权利"。最后，《登记立案规定》第18条已经打开民事诉权意涵的拓展之路，即将当前狭义诉权意涵进一步拓展为四重意涵的广义民事诉权。这不仅能充分全面贯彻《依法治国决定》中的民事诉权顶层设计，而且必将为构建民事诉讼法学自主知识体系奠定坚实基础。

第四章 民事诉权理论重思

作为舶来品的民事诉权，分别指代罗马法上的 actio 以及实体与程序不分的 actio 发展阶段，同时对应在 actio 基础上分离出来的 Klagerecht。这使作为我国民事诉讼现代化起点的诉权问题在初始时刻就存在"散光"现象，即作为我国民事诉权之比较法来源及其西文概念，其指代可能覆盖从罗马法诉权到法国法诉权，再到现代意义之诉权甚至宪法上的诉权等对应概念，而在我国民事诉权的概念界定上，不同立场的论者也均可在诉权丰富的比较法内涵中找到"舒适区"。

上述特性使民事诉权的中国问题意识存在模糊性，其概念厘定具有艰巨性。民事诉权虽然历经 1.0 时代向 4.0 时代的变迁，面临超大规模纠纷的中国式现代挑战，但仍应坚持将当事人主义诉讼体制/模式作为改革目标，明确我国正处于并将在相当时期内处于当事人主体地位不稳固和诉权保障不充分的初级发展阶段。上述中国问题意识要求我国民事诉权的概念界定一改"公法诉权为表，私法诉权为里"的矛盾诉权意涵，以《依法治国决定》的民事诉权体系为导向，充分发挥庭审在诉权保障方面的决定作用，重塑起诉权和胜诉权的关系，将民事诉权意涵通用表述改写为"胜诉权是指当事人为维护自己的合法权益，要求法院对民事争议进行裁判的权利。诉的可能性是一项基本权利。没有起诉权，公民、法人和其他组织便不能获得实体判决，实现实体权利"。同时，民事诉权的概念亟待从局限于审判程序的狭义理解扩张为四重意涵，即审判程序诉权（狭义诉权）、执行程序诉权、保全程序诉权和非讼程序诉权。本章所谓民事诉权理论，其语境指我国，而作为比较法的民事诉权基本理论，在"以我为主"的诉权讨论语境下被相应表述为民事诉权学说。这将构成下一章的核心内容。据此，本章以我国民事诉权概念背后的诉权理论为中心展开。

第一节　我国民事诉权理论的生成

一、清末与民国：诉权意识的酝酿

一般认为，我国古代没有出现过完备的、对后世有重要影响的民事诉讼制度，但西周时已有诉讼制度的雏形。① 是故，我国古代并无所谓民事诉讼起点问题或原点问题的诉权概念及理论。当然，无论是权利意识还是申冤、申诉的观念同样存在于我国古代的司法文化中。② 尽管在概念和制度层面，民事诉权并未出现，但"享有权益→权益受害→解决冤屈"的原始权利意识和诉权观念依旧在孕育之中。清末受西方列强入侵、社会经济发展和思想启蒙等因素综合影响，权利意识进一步得到了实质发展。③

随着清末民事诉讼法典编纂工作的启动，现代民事诉讼法律制度被引入。④ 民国时期的司法文件、公报中开始使用"诉权"表述。尽管如此，诉权概念主要出现在刑事司法领域，且并非单独使用"诉权"。与我国现行立法和司法解释类似，其更常见的概念表述是起诉权、上诉权、告诉权、公诉权等。⑤ 相对而言，民事司法实践中的"诉权"出现频次较低。⑥

---

① 参见张卫平：《民事诉讼法》（第六版），法律出版社 2023 年版，第 33 页。

② 参见徐忠明：《案例、故事与明清时期的司法文化》，法律出版社 2006 年版，第 249 页和第 257 页。

③ 参见李青：《清代档案与民事诉讼制度研究》，中国政法大学出版社 2012 年版，第 53 页；刘玉华：《民国民事诉讼制度述论》，中国政法大学出版社 2015 年版，第 54—90 页。

④ 参见吴泽勇：《清末修订〈刑事民事诉讼法〉论考——兼论法典编纂的时机、策略和技术》，《现代法学》2006 年第 2 期；吴泽勇：《〈大清民事诉讼律〉修订考析》，《现代法学》2007 年第 4 期。

⑤ 《例规：刑事：解释公诉权时效与略诱和诱关系函》，载《司法公报》1915 年总第 36 期；《解释法令文件：最高法院解释法令文：刑事：解释提起公诉权时效及反革命治罪适用刑律问题由》，载《江西高等法院公报》1928 年第 3 期；《判决例：大理院复广东高等审判厅准贵厅函称转据南海第二初级检察厅请解释关于起诉权时效中断一节查此项问题应请总检察厅示遵本院未便遽予答覆希查照函》，载《司法公报》1914 年第 7 期；《刑事：解释刑律刑法关于起诉权时效适用之疑义函》，载《最高法院公报》1929 年第 3 期；《例规：审判：解释上诉权及管辖机关函》，载《司法公报》1916 年总第 69 期；《解释：复江西高等法院首席检察官原告诉人非刑事当事人无上诉权》，载《司法杂志》1929 年第 1 期；《刑事：和诱罪告诉权如无人主张可由检察官依声请指定代行告诉人函》，载《司法公报》1915 年总第 36 期；《解释：解释奸非罪告诉权疑议代电》，载《河南司法公报》1931 年第 12 期。

⑥ 参见《关于民事诉讼：（四十七）上诉之撤回（十七年九月十四日民事一庭判决上字第八七七号）：要旨：第二审撤回上诉。上诉权因而丧失……》，载《最高法院民事判例汇刊》1934 年第 2 期。

同样，法学理论界也鲜有对诉权的专门探讨，对民事诉权的关注则更为欠缺。① 关于民事诉权的少量探讨集中在起诉权、上诉权等具体问题。②

二、新中国成立以来：二元诉权论的确立

在新中国成立前夕，中共中央于 1949 年 2 月颁布了《关于废除国民党的六法全书与确定解放区司法原则的指示》。民事诉讼法律制度及其理论也亟待完成社会主义转型。上述历史背景和研究导向使民事诉权论受到了前所未有的强调和重视。苏联法学家 M. A. 顾尔维奇的诉权专著于1958 年的翻译出版便是集中体现。顾尔维奇谈道："资产阶级的学者们虽然对这个概念研究多年，将近一百年（从萨维尼算起直到现代的这方面的最新著述），但现在却越来越多听见他们叫嚷说：这种研究徒劳无功。"③顾尔维奇认为，苏联接受了源于德国的诉权论，故而有必要对诉权学说史进行社会主义标准的评判，并在此基础上提出和建立符合社会主义要求的诉权概念及理论体系，这对于诉讼体制转型和社会主义诉讼制度是关键之问和根本之问。④

从比较法视角观察，顾尔维奇对诉权学说史的观察带有明显的目的性，苏联诉权学说是否可以被看作是对德国现代诉权论的承继也存在理论上探讨的空间⑤，但其总体上仍不失客观性和科学性。虽然赫尔维格（Hellwig）诉权论被顾尔维奇认为是最严整的，这也是苏联诉讼法学家的普遍认识⑥，但顾尔维奇对赫尔维格诉权论的扬弃并未将后者出版的《诉权与诉的可能性》考虑进去，该书正是对包括彪罗在内的主要反对观点所进行的全面和实质回应。⑦ 瑕不掩瑜，顾尔维奇对现代诉权学说史的梳理客观上为我国民事诉权研究提供了较为全面和科学的比较法资料，这同样成为

---

① 参见王自新：《民法上"直接诉权"与"问题诉权"两名词引用之商榷》，《大学生（上海）》1939 年第 2 期，第 1 - 3 页。

② 参见陈允、康焕栋：《民事诉讼法论》（下册），会文堂新记书局 1933 年版，第 98 页。

③ 参见［苏］M. A. 顾尔维奇：《诉权》，康宝田、沈其昌译，中国人民大学出版社 1958 年版，第 3 页。

④ 参见［苏］M. A. 顾尔维奇：《诉权》，康宝田、沈其昌译，中国人民大学出版社 1958 年版，第 5 - 45 页。

⑤ 参见陈刚：《民事诉讼法的实质规范和程序规范》，《法学杂志》2021 年第 2 期。

⑥ 参见［苏］M. A. 顾尔维奇：《诉权》，康宝田、沈其昌译，中国人民大学出版社 1958 年版，第 16 - 18 页。

⑦ 参见［德］赫尔维格：《诉权与诉的可能性：当代民事诉讼基本问题研究》，任重译，法律出版社 2018 年版。

我国民事诉讼法学者在诉权学说基础上归纳和深化诉权理论的重要参照。①

在将现代诉权学说与资本主义的不同发展阶段相互挂钩后，私法诉权说被认为是自由资本主义的产物，而公法诉权论则体现出垄断资本主义的内在要求②，我国诉讼法学家据此认为其均不足取："在我们社会主义国家中，公民和法人所享有的民法和其他实体法所规定的权利，都具有强制实现的属性，受到司法上的保护，因而不存在'公法'上和'私法'上请求权的区分。我们社会主义法学中的诉权理论，继承了历史上各种诉权学说的合理因素，全面阐明了诉权的两种含义及其互相关系，它同资产阶级的各种诉权学说，在理论的科学性、完整性以及阶级本质上，都有着根本区别。"③ 上述认识虽然出现于改革开放之初，但其理论基础可回溯至新中国成立之时。

三、改革开放到 20 世纪 80 年代：二元诉权论的反思及其论辩

伴随改革开放和法治建设进程，诉权这一与诉讼体制转型密切相关的理论工具被重拾。当然，囿于改革开放初期比较法资料的局限以及社会性质的基本认识，我国诉讼法学界对诉权的讨论依旧主要以新中国成立初期翻译出版的苏联诉权译著和教科书为根据。当然，上世纪 90 年代初期编著出版的比较民事诉讼法论著一定程度上拓展了国内学界对诉权的理解和认识，部分改变了苏联诉权论著对英美法系的无视的情况④，例如有论著初涉对英国起诉令状中的诉权问题。⑤

值得注意的是，我国诉讼法学界对上述文献的使用和理解存在若干偏差。例如，顾尔维奇在使用起诉权概念时特别强调，起诉权并非提起诉讼的权利，而是指程序意义上的诉权，只是为了避免与实体诉权说发生联系而倾向使用起诉权这一概念。⑥ 是故，对起诉权的科学认识要避免望文生

---

① 参见常怡等整理：《民事诉讼基础理论研究》，法律出版社 2020 年版，第 156 - 158 页；参见柴发邦等：《民事诉讼法通论》，法律出版社 1982 年版，第 196 - 199 页；刘家兴主编：《民事诉讼法学教程》，北京大学出版社 1994 年版，第 32 - 34 页。

② 参见［苏］M. A. 顾尔维奇：《诉权》，康宝田、沈其昌译，中国人民大学出版社 1958 年版，第 37 - 38 页。对上述机械认识论的反思，参见任重：《民法典的实施与民事诉讼目的之重塑》，《河北法学》2021 年第 10 期。

③ 柴发邦等：《民事诉讼法通论》，法律出版社 1982 年版，第 199 页。

④ 顾尔维奇认为，英美诉讼法诉权研究不应被包含在研究范围，因为其诉讼法独具特点，而且并未对俄国革命前的诉讼理论产生影响。参见［苏］M. A. 顾尔维奇：《诉权》，康宝田、沈其昌译，中国人民大学出版社 1958 年版，第 35 页脚注 1。

⑤ 参见沈达明编著：《比较民事诉讼法初论》（上册），中信出版社 1990 年版，第 214 页。

⑥ 参见［苏］M. A. 顾尔维奇：《诉权》，康宝田、沈其昌译，中国人民大学出版社 1958 年版，第 46 页脚注 1。

义。正如顾尔维奇特别强调的，起诉权并不是程序意义诉权的唯一表现，除了起诉权，还有应诉权、参加已经发生的诉讼的权利、保全诉讼的权利、上诉权、要求采取强制执行措施的权利，它们都是起诉权的表现形式。① 当然，受篇幅所限，顾尔维奇将起诉权作为研究重点。②

上述理解偏差同样部分受到苏联民事诉讼文献的影响。对于起诉权的内涵与外延，苏联民事诉讼法教科书并未给予足够的强调和重视，进而呈现出将程序意义上的诉权直接和起诉权挂钩的现象和问题。③ 这一认识也实质影响了我国改革开放初期的民事诉权论，即将其定义为："程序意义上的诉权，又称起诉权，指当事人的合法权益受到侵犯或发生争执，请求法院给予司法保护的权利。"④

正因为将程序意义上的诉权和起诉权挂钩，诉权与诉的关系问题成为自然的逻辑延伸，即认为诉权的"二分说"建立于诉之"二分说"基础上。⑤ 上述根据苏联民事诉权理论所进行的本土理论构建也因此在初始时刻就存在逻辑矛盾，并先后引发顾培东教授和王锡三教授等诉讼法学研究者的质疑和批判。顾培东教授驳斥诉的双重含义，进而撼动诉权的双重含义，主张建立不包含实体意义的纯粹程序性诉权理论。⑥ 王锡三教授从诉权的本质（要求有利于己的胜诉判决）出发，批判苏联诉讼法学者克列曼、顾尔维奇、多勃罗沃里斯基等人的二元诉权论，反思我国诉讼法学者对诉和诉权二重性的倡导，强调诉权的决定性，并将诉权的重心从起诉权转换为胜诉权，将起诉权或程序意义上的诉权作为诉权行使的条件，而非诉权的本质属性。⑦ 关于对诉与诉权的上述批评，同样有研究者提出反对意见，亦即坚持捍卫诉权是诉所赋予的诉讼权利。⑧ 与诉权与诉的关系一脉相承，我国民事诉权理论还出现了诉权是单方享有抑或是双方享有的诉权论战。⑨

---

① 参见［苏］M. A. 顾尔维奇：《诉权》，康宝田、沈其昌译，中国人民大学出版社 1958 年版，第 47 页。

② 参见［苏］M. A. 顾尔维奇：《诉权》，康宝田、沈其昌译，中国人民大学出版社 1958 年版，第 48 页。

③ 参见［苏］克列曼：《苏维埃民事诉讼》，刘家辉译，法律出版社 1957 年版，第 206 页。

④ 柴发邦等：《民事诉讼法通论》，法律出版社 1982 年版，第 195 页。

⑤ 参见顾培东：《诉权辨析》，《西北政法学院学报》1983 年第 1 期。

⑥ 参见顾培东：《诉权辨析》，《西北政法学院学报》1983 年第 1 期。

⑦ 参见王锡三：《近代诉权理论的探讨》，《现代法学》1989 年第 6 期。

⑧ 参见刘家兴：《有关诉和诉权的几个问题》，《政治与法律》1985 年第 6 期。

⑨ 参见杨富静：《析民事诉讼中的诉权为当事人双方享有》，《现代法学》1988 年第 2 期；李国忠：《民事法律关系中义务人之诉权刍议》，《人民司法》1989 年第 12 期。

第二节　民事诉权理论变迁

清末民初的民事诉讼立法活动确立了我国民事诉讼法的大陆法系传统，并初步形成了现代意义的民事诉讼法律制度。囿于立法的迫切性以及风云变幻的社会变迁，诉权、诉讼标的等基础理论并未随之发展。① 新中国成立以来，诉权肩负社会主义民事诉讼转型的历史使命，在苏联诉权理论基础上，自罗马法以降的民事诉权学说史进入我国视野并为二元诉权理论奠基。受比较法资料局限，我国民事诉权理论出现"重起诉权，轻程序诉权"和"重起诉权，轻胜诉权"的理解偏差，在此基础上进一步将诉与诉权的关系理解为决定与被决定的关系。这在改革开放之初引发了诉权论争。如果说上述论辩仍在民事诉权的生成范畴内进行，那么进入 20 世纪 90 年代后的诉权论战则旨在颠覆传统诉权理论的通说地位，探寻诉权新理论。

一、20 世纪 90 年代：探寻诉权新理论

上世纪 90 年代的民事诉权讨论呈现"百家争鸣"的基本格局。诉讼法学界进一步围绕诉权的概念界定展开论辩。② 学者对诉权的内涵与外延相应持不同见解③，诉权主体问题乃具体表征。④ 我国民事诉权论长期拒

---

① 参见陈荣宗：《民事程序法与诉讼标的理论》，台湾大学法律系法学丛书编辑委员会 1997 年版，第 330 页。

② 参见杨荣新主编：《民事诉讼法教程》，中国政法大学出版社 1991 年版，第 152－153 页；章武生主编：《民事诉讼法学》，河南大学出版社 1991 年版，第 162 页；周道鸾主编：《民事诉讼法教程》（第二版），法律出版社 1992 年版，第 41－45 页；柴发邦主编：《民事诉讼法学新编》，法律出版社 1995 年版，第 62 页；陈光中主编：《中华法学大辞典——诉讼法卷》，中国检察出版社 1995 年版，第 545 页；杨荣新主编：《民事诉讼法学》，中国政法大学出版社 1997 年版，第 70 页；张晋红主编：《中国民事诉讼法》，中国政法大学出版社 1997 年版，第 123 页；常怡主编：《民事诉讼法学》（修订版），中国政法大学出版社 1998 年版，第 125 页；张卫平主编：《民事诉讼法教程》，法律出版社 1998 年版，第 166 页。

③ 参见柴发邦主编：《中国民事诉讼法学》，中国人民公安大学出版社 1992 年版，第 282 页；王洪俊主编：《中国审判理论研究》，重庆出版社 1993 年版，第 270－273 页；顾培东：《法学与经济学的探索》，中国人民公安大学出版社 1994 年版，第 227－228 页；刘家兴主编：《民事诉讼法学教程》，北京大学出版社 1994 年版，第 30－31 页；江伟：《市场经济与民事诉讼法学的使命》，《现代法学》1996 年第 3 期；王锡三：《民事诉讼法研究》，重庆大学出版社 1996 年版，第 149 页；张卫平主编：《民事诉讼法教程》，法律出版社 1998 年版，第 166－167 页；刘荣军：《程序保障的理论视角》，法律出版社 1999 年版，第 256－258 页；田平安主编：《民事诉讼法学》，中国政法大学出版社 1999 年版，第 133－134 页。

④ 参见洪俊主编：《中国审判理论研究》，重庆出版社 1993 年版，第 275－280 页；王锡三：《民事诉讼法研究》，重庆大学出版社 1996 年版，第 152 页；张晋红主编：《中国民事诉讼法》，中国政法大学出版社 1997 年版，第 124－125 页；江伟、单国军：《关于诉权的若干问题的研究》，载陈光中、江伟主编：《诉讼法论丛》（第一卷），法律出版社 1998 年版，第 240－242 页。

斥公法和私法、公权和私权的类型划分。① 随着民事诉讼法典的颁布②，诉权的性质也成为学界的关注重点。③ 与此相适应，诉权与实体权利的相互关系也成为这一时期的重要论题。④ 诉权与诉、诉权与诉讼权利的关系讨论也持续到上世纪 90 年代。⑤ 根据刘家兴教授总结，截至上世纪 90 年代中期，民事诉权已经在我国产生至少六种主要理解。⑥ 虽然研究者均将二元诉权论作为通说⑦，但其对民事诉权的概念界定及其背后反映出的诉权理论已经超出二元诉权论，进入诉权新理论的范畴。

（一）起诉条件理论

起诉条件理论认为，诉权是允许起诉的条件，当事人如果要提起诉讼，就得具备诉权，并借助诉讼过程予以实现。起诉条件理论显然最能体现 1982 年《民事诉讼法（试行）》以来三类共 19 种起诉条件的立法现状和司法实践。为了有效应对社会主义市场经济改革引发的案件数量激增，1982 年《民事诉讼法（试行）》第 81 条到第 85 条（现行《民事诉讼法》第 122 条到第 124 条和第 126 条到第 127 条）筑高起诉门槛，通过起诉条件实质发挥案件筛选和分流功能。为了避免对任何起诉都调用审判程序加以解决，最大限度节省司法资源，有效应对"诉讼爆炸""案多人少"的问题，诉权将当事人的基本权利转换为开启审理程序的必要前提。由于诉权的享有是当事人获得法院审理的前提，故法院在对案件进行审理之前即有必要对诉权存否加以判定，这不仅在程序构造上引发诉权判定的非案

---

① 参见柴发邦等：《民事诉讼法通论》，法律出版社 1982 年版，第 199 页；常怡等整理：《民事诉讼基础理论研究》，法律出版社 2020 年版，第 158 页。

② 参见任斌：《我国民事诉讼法典化：缘起、滞后与进步》，《河北法学》2022 年第 8 期。

③ 参见王锡三：《民事诉讼法研究》，重庆大学出版社 1996 年版，第 150 - 151 页；江伟：《市场经济与民事诉讼法学的使命》，载《现代法学》1996 年第 3 期，第 9 - 11 页；张卫平、陈刚：《法国民事诉讼法导论》，中国政法大学出版社 1997 年版，第 59 - 60 页；江伟、单国军：《关于诉权的若干问题的研究》，载陈光中、江伟主编：《诉讼法论丛》（第一卷），法律出版社 1998 年版，第 251 页。

④ 参见顾培东：《法学与经济学的探索》，中国人民公安大学出版社 1994 年版，第 217 - 219 页；张卫平、陈刚：《法国民事诉讼法导论》，中国政法大学出版社 1997 年版，第 57 - 58 页；江伟、单国军：《关于诉权的若干问题的研究》，载陈光中、江伟主编：《诉讼法论丛》（第一卷），法律出版社 1998 年版，第 245 - 246 页；刘荣军：《程序保障的理论视角》，法律出版社 1999 年版，第 260 - 261 页。

⑤ 参见王国征：《诉权和诉讼权利的区别》，《法学杂志》1992 年第 2 期；谭兵主编：《民事诉讼法学》，法律出版社 1997 年版，第 72 - 73 页；江伟、单国军：《关于诉权的若干问题的研究》，载陈光中、江伟主编：《诉讼法论丛》（第一卷），法律出版社 1998 年版，第 243 - 245 页；毛玮：《论诉和诉权》，《中央政法管理干部学院学报》1998 年第 1 期；范明辛：《诉与诉权刍议》，《法学家》1998 年第 4 期；尹西明：《诉和诉权若干理论的批判》，《河北法学》1996 年第 6 期。

⑥ 参见刘家兴主编：《民事诉讼法学教程》，北京大学出版社 1994 年版，第 34 页。

⑦ 参见常怡等整理：《民事诉讼基础理论研究》，法律出版社 2020 年版，第 157 页。

化①，而且在结果上导致"立案难"和"立案乱"。② 在民事诉权的多元理解中，起诉条件理论更贴合我国民事起诉实践，可谓民事诉权的通说。以现代民事诉权学说谱系定位观之，该理论更类似实体程序部分的 actio 阶段，并带有萨维尼私法诉权学说以及普鲁士起诉审查制度的浓重色彩，后者正是马克思在《福格特先生》一文中的批判对象。③

（二）起诉权利和满足实体要求理论

该理论认为，诉权是原告享有的提起诉讼的权利和满足原告对被告实体要求的权利。上述诉权理论乃二元诉权论的直接呈现。虽然司法实践中存在起诉权中心主义，起诉条件是民事诉权的核心，但二元诉权论仍被认为是在苏联诉权学说影响下无可争议的定论。④ 鉴于此，诉权理论有必要在充分强调起诉权的同时兼顾胜诉权。不仅如此，该理论并不认为胜诉权是实体请求权，而是要求法院满足实体请求权的公法权利。据此，胜诉权虽然较起诉权而言与实体权利更为相关，但其本身并非实体权利。诉权的两翼均体现出公法诉权的特点，即当事人要求法院为或不为一定行为的权利和法院对当事人负担的公法义务（职责）。由于该理论将起诉权和胜诉权均界定为公法性质，且强调胜诉对诉权理解的重要作用，故而与具体公法诉权论较为近似。

（三）获得司法保护理论

该理论认为诉权是指程序上的起诉权和实体上的请求权。值得注意的是，虽然该理论同样强调诉权的重心是起诉权，这与前述两种理论保持一致，但其对胜诉权的理解具有独特性。胜诉权被该理论界定为实体上的请求权，即胜诉权的"脱公入私"。将实体上的请求权作为民事诉权的组成部分呈现出我国独特的立法背景，特别是改革开放初期民事立法的"先程序，后实体"以及民法典编纂工作的长期停滞。⑤ 上世纪90年代的民事诉权论战时代，已颁布实施的民法部门法仅有《婚姻法》，而受苏联民法影响，关于婚姻法究竟是否民法典的组成部分仍存在不同认识，至今仍影响着对婚姻法与民法关系的理解。⑥《担保法》与《合同法》则先后于1995年和1999年颁布实施。在此背景下，民事诉权也代偿了请求权甚至实体法的固有功能，典型例证是2001年《证据规定》第4条对《侵权责任法》的替代作用。而上

---

① 参见张卫平：《起诉条件与实体判决要件》，《法学研究》2004年第6期。

② 参见张卫平：《起诉难：一个中国问题的思索》，《法学研究》2009年第6期。

③ 参见柴发邦等：《民事诉讼法通论》，法律出版社1982年版，第197页。

④ 参见顾培东：《诉权辨析》，《西北政法学院学报》1983年第1期。

⑤ 参见任重：《民事诉讼法"去试行化"：以民法典为参照》，《法治社会》2024年第3期。

⑥ 参见贺剑：《论婚姻法回归民法的基本思路：以法定夫妻财产制为重点》，《中外法学》2014年第6期。

述特殊时代背景也促使民事诉权向实体程序不分的 actio 模式偏移。

（四）起诉权、胜诉权与反诉权、应诉权和答辩权对应理论

该理论认为，原告享有的诉权为起诉权和胜诉权，被告则有反诉权、应诉权和答辩权。虽然对于在诉讼程序中原、被告所享有的具体诉权是否仅包含上述诉讼权利，以及胜诉权能否与答辩权对应，均有一定讨论余地，但该理论不满足于起诉权中心主义，而是倡导诉权的双方享有。不仅如此，该理论还体现出浓厚的当事人主义诉讼模式转型色彩。根据传统诉权理解，诉权与审判权是民事诉讼的成立前提。当事人享有的诉讼权利都是诉权的派生物。诉权除了在起诉阶段居于主导地位，在其他阶段都相较审判权居于次要地位。[①] 而该理论则进一步拓展了诉权相较于审判权的主导性，即在强调起诉权的同时，将诉权的主导作用延伸于受理后的程序阶段。总体而言，该理论更接近具体公法诉权学说。

（五）程序权利理论

该理论认为诉权是双方当事人就其民事法律关系的争议而进行诉讼、实施诉讼行为，维护其正当民事权利的基本程序权利。就民事诉权的权利性质而言，程序权利理论侧重其公法属性，具有排斥"脱公入私"以及"公私融合"的鲜明观点。与此同时，程序权利理论剥离胜诉权等实体准据，即诉权实现的标准并非原告或被告获得法院的胜诉判决，而是由法院就争议进行审理并给予当事人实施诉讼行为的充分保障即为已足。而上述内容与德国的司法请求权说以及日本的本案判决请求权说均有近似性。

（六）全过程诉权理论

此理论则认为，诉权是当事人进行诉讼的基本权能，程序和实体意义的诉权均为原告和被告双方享有，并贯穿于整个诉讼过程中，在诉讼各阶段表现为不同的诉讼权利，主要包括提出诉讼主张的权利、陈述案件、证明事实、获得司法保护的权利以及要求法院作出公正裁判的权利。从上述理论论述看，该理论既包含私法诉权说的色彩（"法律关系之权利义务发生争议或某种权利受到侵犯时，可以获得司法保护"），又包含司法请求权说的要素（"诉权是法律赋予当事人进行诉讼的基本权能，是当事人进行诉讼活动的基础"）。[②] 尽管如此，该理论强调全过程诉权，对于解决起诉权中心主义以及由此带来的"起诉难"，使民事诉讼切实发挥诉权保障作用具有积极意义。

---

① 参见王锡三：《近代诉权理论的探讨》，《现代法学》1989 年第 6 期。

② 参见刘家兴主编：《民事诉讼法学教程》，北京大学出版社 1994 年版，第 30－31 页。

二、21 世纪第一个十年：搁置诉权争议

20 世纪 90 年代，二元诉权论的松动引发诉权讨论的进一步延伸。"百家争鸣"的格局源于论者在二元诉权论的形式共识下采取不同诉权观。无论是诉权性质、诉权主体、诉权与相关概念的界分，其不同见解背后均蕴含着新的诉权理论。然而，囿于苏联理论影响下诉权学说迭代的机械认识，我国民事诉权新论并未借助诉权学说谱系展开讨论。"二元诉权为表，诉权新论为里"的诉权理论存在共识缺失的严重风险。

世纪之交和进入本世纪的第一个十年，我国民事诉权理论更关注诉权的功能和意义问题。① 诉权论者敏锐地发现诉权对审判权的制约关系这一新视角，这也呼应了党的十五大报告中"推进司法改革，从制度上保证司法机关依法独立公正地行使审判权"等相关论述。② 除了以诉权与审判权的关系为代表的诉权功能讨论，随着民事立法和司法解释的丰富和完善，民事诉权理论的体系化探讨和结合我国立法和实践的诉权理论反思亦是代表性的研究方向。③

---

① 参见王福华：《论诉权对审判权的制衡功能》，《烟台大学学报（哲学社会科学版）》1999 年第 4 期；张家慧：《诉权意义的回复——诉讼法与实体法关系的理论基点》，《法学评论》2000 年第 2 期；彭世忠：《新二元诉权说论纲》，载陈光中、江伟主编：《诉讼法论丛》（第五卷），法律出版社 2000 年版，第 314－333 页。

② 参见江伟主编：《民事诉讼法》，高等教育出版社 2000 年版，第 38－39 页；吴英姿：《诉权理论重构》，载《南京大学法学评论》，南京大学出版社 2001 年版，第 148－154 页。

③ 参见江伟、邵明、陈刚：《民事诉权研究》，法律出版社 2002 年版；王福华：《民事诉讼基本结构——诉权与审判权的对峙与调和》，中国检察出版社 2002 年版；廖永安等：《诉讼费用研究——以当事人诉权保护为分析视角》，中国政法大学出版社 2006 年版；丁兆增：《形成中的民事诉权研究》，吉林人民出版社 2008 年版；相庆梅：《从逻辑到经验——民事诉权的一种分析框架》，法律出版社 2008 年版；任瑞兴：《在价值与技术之间——一种诉权的法理学分析》，法律出版社 2010 年版；肖建华：《诉权与实体权利主体相分离的类型化分析》，《法学评论》2002 年第 1 期；李龙：《民事诉权论纲》，《现代法学》2003 年第 2 期；陈海嵩：《经济诉权初探》，《中南民族学院学报（人文社会科学版）》2003 年第 2 期；关涛：《诉权私权说刍议》，《烟台大学学报（哲学社会科学版）》2003 年第 3 期；江伟、王铁玲：《论救济权的救济——诉权的宪法保障研究》，《甘肃政法学院学报》2006 年第 4 期；齐树洁：《诉权保障与当事人适格之扩张》，《西南民族大学学报（人文社科版）》2006 年第 12 期；冉思东：《民事诉权制度：一种私权的公力救济》，《现代法学》2007 年第 12 期；杨玉荣：《诉权宪法保护的价值理性分析》，《学习与探索》2007 年第 3 期；汪汉斌：《论诉权的人性基础及其宪法化》，《江苏社会科学》2007 年第 6 期；戴锐：《民事诉权学说探析》，《国家检察官学院学报》2008 年第 2 期；辜恩臻：《论诉权的性质及其适用》，《法学杂志》2008 年第 3 期；丰霏：《诉权理论的发展路向》，《中外法学》2008 年第 5 期；相庆梅：《诉权来源的追问和证成》，《求索》2009 年第 2 期；赵旭东：《论诉权、审判权、检察权在民事诉讼中的制衡关系》，《政治与法律》2009 年第 6 期；段厚省、郭宗才：《民法请求权与民事诉权之关系考察》，《河北法学》2009 年第 10 期；张睿：《论民事诉权对审判权的制约——以程序主体性原则为理念》，《东南学术》2009 年第 6 期；任瑞兴：《价值诉求与制度考量：当前我国诉权研究之省思》，《当代法学》2010 年第 4 期。

世纪之交和本世纪第一个十年的诉权研究成果进一步拓展了学界对民事诉权的认识。与此同时，诉权保障与诉讼费用①、诉权与人权②的研究和以经济诉权③为代表的具体研究方向也不断推开。然而，这一时期的诉权研究也埋下了"边缘化"和"失能化"的隐忧。学者反思，诉权的概念辨析、诉权的属性分析与诉讼程序上的具体保障的衔接和互动单薄、凌乱、乏力。④ 我国民事诉权理论因为碎片化而出现理论空转。⑤ 诉权论者虽然会表明其诉权观，但对于为何采取该种见解则缺乏系统论证，特别是结合我国日益丰富的立法和司法实践展开的理论论证成严重不足。由于不同诉权观之间无法展开有效的对话，更无法形成共识，诉权理论对具体诉讼制度的决定作用式微，寻找诉权新通说的努力被搁置。

三、21 世纪第二个十年至今：民事诉权论的三条展开路径

上述问题在本世纪的第二个十年仍然未得到根本解决。总体而言，民事诉权论自本世纪的第二个十年以来沿着三个具体面向展开。

（一）滥用诉权规制

这一研究方向的重要性源于司法实务的集中反馈以及"诉讼爆炸""案多人少"的社会背景。⑥ 鉴于此，《依法治国决定》第一处诉权表述后段"加大对虚假诉讼、恶意诉讼、无理缠诉行为的惩治力度"，也对滥用诉权规制提出了明确要求。不过，该后段的明确要求理应结合前段作全面理解，亦即在"有案必立、有诉必理，保障当事人诉权"的前提下科学处理滥用诉权规制问题。然而，司法实践中存在若干"重诉权规制，轻诉权

---

① 参见廖永安、刘方勇：《潜在的冲突与对立：诉讼费用制度与周边制度关系考》，《中国法学》2006 年第 2 期。

② 参见莫纪宏：《论人权的司法救济》，《法商研究》2000 年第 5 期；周永坤：《诉权法理研究论纲》，《中国法学》2004 年第 5 期。

③ 参见陈海嵩：《经济诉权初探》，《中南民族学院学报（人文社会科学版）》2003 年第 2 期；颜运秋、王力：《论公益经济诉权的宪法权利属性》，《湖北省社会主义学院学报》2004 年第 4 期。

④ 参见任瑞兴：《价值诉求与制度考量：当前我国诉权研究之省思》，《当代法学》2010 年第 4 期。

⑤ 参见吴沨桦：《民事诉权体系化论纲》，《法治现代化研究》2024 年第 6 期。

⑥ 参见潘牧天：《滥用民事诉权的侵权责任研究》，上海社会科学院出版社 2011 年版；张晓薇：《民事诉权正当性与诉权滥用规制研究》，法律出版社 2014 年版；王晓：《民事诉权的保护与滥用规制研究——兼以社会控制论为基础展开分析》，中国政法大学出版社 2015 年版；张培：《民事诉权滥用及其规制研究》，陕西师范大学出版总社 2018 年版；刘静、沈磊：《规制民事诉权滥用的程序法视角》，《湖南大学学报（社会科学版）》2011 年第 3 期；刘敏：《论诉权滥用的民事诉讼法规制》，《河南社会科学》2011 年第 5 期；侯娅、沈磊：《民事诉权滥用法律规制论析》，《社会科学家》2011 年第 11 期；张培：《民事诉权滥用界说》，《湖北社会科学》2012 年第 1 期；王晓、任文松：《民事诉权滥用的法律规制》，《现代法学》2015 年第 5 期。

保障"的不当理解和做法，有学者一针见血地指出诉权滥用规制可能对诉权保障造成的负面影响，并强调加强诉权保障和扩宽诉权保护范围。①

（二）具体诉权研究

由于诉权基础理论存在严重分歧和研究停滞，这一时期的民事诉权研究侧重于具体诉权问题②，例如以起诉权研究回应"起诉难"，落实立案登记制改革要求③；借助公益诉权研究为 2012 年《民事诉讼法》修正案引入的公益诉讼制度提供理论基础和制度保障④；通过再审诉权对审判监督程序的结构进行重塑。⑤

（三）诉权的人权化

《依法治国决定》的第三处和第四处诉权实质要求均指向"加强人权司法保障"，进而在顶层设计中将诉权保护与人权保障紧密联系在一起。

---

①　参见刘敏：《诉权保障研究——宪法与民事诉讼法视角的考察》，中国人民公安大学出版社 2014 年版；叶楫平：《传统使命的现代转型：诉权保障理念制度与程序》，法律出版社 2016 年版；王岩云：《多维视角下的诉权保障研究》，中国社会科学出版社 2017 年版；刘敏：《论诉权保障范围的扩展》，《法律适用》2011 年第 10 期；沈亚萍：《民事诉讼受案范围与基本人权保护——以诉权保障为中心》，《武汉大学学报（哲学社会科学版）》2014 年第 2 期；王晓：《民事诉权保障论纲》，《法学论坛》2016 年第 6 期。

②　参见蔡维力编著：《环境诉权初探》，中国政法大学出版社 2010 年版；柯阳友：《起诉权研究——以解决"起诉难"为中心》，北京大学出版社 2012 年版；胡亚球：《起诉权论》，厦门大学出版社 2012 年版；谢伟：《环境公益诉权研究》，中国政法大学出版社 2016 年版；熊洋：《论缺席判决上诉审中的诉权保护》，《甘肃政法学院学报》2011 年第 2 期；庞小菊：《论劳动争议诉讼中被告的反诉权》，《中国劳动关系学院学报》2011 年第 2 期；张海燕：《论环境公益诉讼的原告范围及其诉权顺位》，《理论学刊》2012 年第 5 期；程雪梅：《当事人再审诉权的实定化路径——以检察抗诉权的正当性配置为视角》，《河北法学》2012 年第 12 期；谭泽林、刘益灯：《检察机关环境公益诉权研究》，《湖南社会科学》2013 年第 6 期；徐德臣、朱伯玉：《再论环境诉权——以生态中心主义为背景》，《兰州学刊》2015 年第 5 期；宁立志、宋攀峰：《专利诉权滥用的防范》，《知识产权》2017 年第 10 期；李亚菲：《环境公益诉讼中的诉权分析》，《西南民族大学学报（人文社科版）》2019 年第 3 期；蔡虹：《检察机关的公益诉讼及其行使》，《山东社会科学》2019 年第 7 期；韩波：《论民事检察公益诉权的本质》，《国家检察官学院学报》2020 年第 2 期；张卫平：《再审诉权与再审监督权：性质、目的与行使逻辑》，《法律科学（西北政法大学学报）》2022 年第 5 期。

③　参见柯阳友：《起诉权研究——以解决"起诉难"为中心》，北京大学出版社 2012 年版；邓辉、张满洋：《中国环境民事公益诉讼起诉权的冲突与重置》，《江西财经大学学报》2018 年第 3 期；

④　参见蔡虹：《检察机关的公益诉讼及其行使》，《山东社会科学》2019 年第 7 期；韩波：《论民事检察公益诉权的本质》，《国家检察官学院学报》2020 年第 2 期。

⑤　参见程雪梅：《当事人再审诉权的实定化路径——以检察抗诉权的正当性配置为视角》，《河北法学》2012 年第 12 期；张卫平：《再审诉权与再审监督权：性质、目的与行使逻辑》，《法律科学》2022 年第 5 期。

这也推动了诉权的人权化研究。① 值得注意的是，诉权的基本权利属性与人权化并非本世纪第二个十年的新视角。改革开放后的第一个十年就有观点指出诉权是宪法赋予公民的基本权利②，本世纪初也有观点将诉权作为宪法上的基本人权展开论述。③ 尽管如此，强调诉权的人权属性依旧具有重要的理论价值和实践意义，尤其是能够以基本权利属性有效避免司法实践对诉权规制的扩大理解和对诉权失权的恣意判定。④

第三节　民事诉权理论研究述评

一、民事诉权理论研究起步早

即便不考虑新中国成立初期的诉权比较法研究，而仅以改革开放后作为述评起点，也能发现民事诉权论在民事诉讼基础理论研究中起步最早。同一时期，民事诉讼标的研究还处在概念辨析阶段⑤，而既判力首次出现在学术期刊则要到 1995 年。⑥ 作为民事诉讼基础理论中的起点问题和本原问题，民事诉权研究是改革开放后民事诉讼法学研究的首要问题。当然，研究初期的起步早和发展快主要受益于顾尔维奇的诉权专论以及相关教科书中较为全面系统的诉权学说梳理。⑦

因为种种原因，出版于 1958 年的译著《诉权》未产生立竿见影的影响，但随着改革开放后的法制建设和法学研究的发展而迅速使二元诉权论

① 参见吴英姿：《作为人权的诉权理论》，法律出版社 2017 年版；沈亚萍：《民事诉讼受案范围与基本人权保护——以诉权保障为中心》，《武汉大学学报（哲学社会科学版）》2014 年第 2 期；吴英姿：《论诉权的人权属性——以历史演进为视角》，《中国社会科学》2015 年第 6 期；孙安洛：《诉权的人权化与人权的司法保护》，《人民论坛》2016 年总第 25 期。

② 参见王锡三：《近代诉权理论的探讨》，《现代法学》1989 年第 6 期。

③ 参见姜建明：《论作为基本人权的公民诉权》，《学海》2004 年第 2 期。

④ 参见李晓倩：《虚假诉讼的本质与边界》，《中外法学》2022 年第 4 期；林剑锋：《论单方虚假诉讼的民事程序规制》，《现代法学》2023 年第 3 期；任重：《论我国民事诉讼诚信原则的适用范围——兼论本土案例组的生成与反思》，《当代法学》2024 年第 6 期。

⑤ 参见姚飞：《诉讼请求与诉讼标的不是一回事》，《法学》1982 年第 12 期；梁彬：《要注意"诉讼标的"和"标的物"的使用区别》，《人民司法》1984 年第 5 期；肖宝根：《标的、诉讼标的、诉讼标的物三词不能混用》，《人民司法》1986 年第 11 期。

⑥ 参见叶自强：《论既判力的本质》，《法学研究》1995 年第 5 期。

⑦ 参见［苏］M. A. 顾尔维奇：《诉权》，康宝田、沈其昌译，中国人民大学出版社 1958 年版；中央人民政府法制委员会编：《苏俄民事诉讼法典》，张文蕴译，人民出版社 1951 年版。

成为我国诉权定论。① 受此影响，统编教科书将诉权视为当事人向法院提出获得司法保护请求的权利。在民事诉讼中，当事人享有广泛的诉讼权利，而当事人的一切诉讼权利都以诉权为核心。诉权分为两种，即程序意义上的诉权和实体意义上的诉权。② 上述诉权理论均直接受到顾尔维奇诉权专论的影响。其中，程序意义上的诉权被称为起诉权，这一限缩理解也深刻塑造了我国诉权立法和司法实践。本书第三章对此已有详细梳理和总结，此处不再赘言。

二、民事诉权理论研究水平高

改革开放之初，民事诉权理论实现了跨越式发展，不仅超越实体程序不分的罗马法阶段，而且跨过了作为民法附庸的私法诉权说阶段。不仅如此，民事诉权的研究内容也反映出更高水平。例如，同时期的诉讼标的论的研究集中于概念辨析③，即区分司法实践中法官和当事人对诉讼标的、诉讼标的物、标的、诉讼请求等不同概念表达的联系与区别。④ 相反，以顾培东教授的《诉权辨析》为例，该文在广度上涉及罗马法、德国法、奥地利法、苏联法，在纵向上囊括私法诉权说、抽象公法诉权说、具体公法诉权说以及二元诉权说。在上述模式对比的基础上，该文结合我国自身情况批判诉权的二分之误，认为程序意义上的诉权和实体意义上的诉权都缺乏科学性。我国据此应将诉权界定为程序权利。上述对二元诉权论的批评和改造并非为理论而理论，其最终目标是避免直接或变相剥夺、限制当事人诉权的不当做法，以保证当事人诉权得到充分行使。⑤

王锡三教授发表于 1989 年的《近代诉权理论的探讨》则进一步加深和夯实了国内学界对诉权学说史的全面认识。该文指出：诉权是宪法赋予公民的一项基本权利，属于上层建筑范畴。没有诉权与没有审判权一样，民事诉讼就不能成立。而各种诉讼权利都是诉权的派生物。不仅如此，在起诉阶段，诉权的地位高于审判权，而在其他诉讼阶段则处于次要地位，而审判权居于主导地位。⑥

总体而言，王锡三教授对于改革开放后我国的民事诉权认识有如下补充：第一，罗马法上的 actio 不能对应现代意义的诉权概念，相反，现代意

①　参见顾培东：《诉权辨析》，《西北政法学院学报》1983 年第 1 期。
②　参见柴发邦等：《民事诉讼法通论》，法律出版社 1982 年版，第 195 页。
③　这一时期的诉讼标的学说史研究，参见王锡三：《诉讼标的理论概述》，《现代法学》1987 年第 3 期。
④　如肖宝根：《标的、诉讼标的、诉讼标的物三词不能混用》，《人民司法》1986 年第 11 期。
⑤　参见顾培东：《诉权辨析》，《西北政法学院学报》1983 年第 1 期。
⑥　参见王锡三：《近代诉权理论的探讨》，《现代法学》1989 年第 6 期。

义的诉权在历史上是被包含在 actio 中的，正是没有将现代意义的诉权从罗马法中的 actio 这一历史概念中提取出来，这才阻碍了我国现代诉权理论的产生和发展；第二，诉权学说产生于 19 世纪前半叶德国普通法的末期，其产生原因是程序法与实体法的分离；第三，诉权不同学说之间的关系并非平面化的，而是基于法治思想的发展和国家观念的产生而出现公法诉权说对私法诉权说的迭代；第四，更新了二元诉权论的内涵，亦即将"起诉权＋胜诉权"实质发展为"主观诉权＋客观诉权"的诉权理论构造。其中，主观诉权是与人身相联系的诉权，客观诉权是与诉讼标的相联系的诉权。在此基础上，王锡三教授认为我国通常所说的诉权是与诉讼标的相联系的客观诉权。

不无遗憾的是，上述改革开放初期对民事诉权的理论研究成果，即便从当前的诉权理论进展来看依旧有先进性。这也从侧面折射出我国民事诉权理论的停滞化和边缘化。

三、民事诉权理论研究停滞长

有长期关注民事诉权的学者认为，在民事诉讼基础理论研究和民事诉讼法教义学中，民事诉权论不仅"贫瘠"而且"失能"。① 虽然以改革开放初期的诉讼标的论和既判力理论作为横向对比，我国民事诉权理论不仅起步早而且水平高，但以上世纪 80 年代以来的发展迭代观察，民事诉权理论研究的确存在一定程度的放缓，甚至是较长时期的停滞。

客观而言，我国民事诉权研究在改革开放之初的十年就达到了较高水准，无论是对学说史的梳理，抑或是对诉权与诉讼权利、诉权与诉的关系厘清，其广度和深度是彼时的诉讼标的论和既判力理论所不能企及的。迄今为止，传统诉讼标的理论的产生背景以及不同学说之间的迭代关系②，既判力的规范根据及其思想根基③，在当下依旧能产生知识增量。然而，囿于民事诉权论在我国上世纪 80 年代业已"达峰"，诉权理论的知识增量与理论创新的难度加大。这也促使民事诉权研究朝向具体化、人权化等方向，而对诉权的概念、性质、体系及其与具体诉讼制度之间的决定关系等基础理论问题的研究则呈现出停滞化和边缘化。诉权理论似乎成为"屠龙术"，面对审判方式改革和民事程序法治现代化存在严重失语。民事诉讼

---

① 参见巢志雄：《诉权概念史》，厦门大学出版社 2021 年版，前言第 1 页。

② 参见曹志勋：《德国诉讼标的实体法说的发展——关注对请求权竞合的程序处理》，《交大法学》2018 年第 1 期；曹志勋：《德国诉讼标的的诉讼法说的传承与发展》，《交大法学》2022 年第 3 期；曹志勋：《民事诉讼诉讼标的的基础论》，《苏州大学学报（法学版）》2023 年第 1 期。

③ 参见金印：《既判力相对性法源地位之证成》，《法学》2022 年第 10 期；任重：《民事判决既判力与执行力的关系——反思穿透式审判思维》，《国家检察官学院学报》2022 年第 5 期；汪蓓：《已决关键争点既判力之理论证成与适用》，《法律科学》2024 年第 4 期。

的中国式现代化似乎可完全脱离民事诉权理论而顺畅进行。鉴于此，民事诉权理论若要真正摆脱停滞化和边缘化，除了坚持民事诉权的中国问题意识，并以此为导向厘定民事诉权的中国意涵，还有必要充分实现民事诉权理论的本土化。这也正是民事诉权理论在我国出现长期停滞化和边缘化的病灶。

第四节　民事诉权理论的"本土化"

一、我国民事诉权理论的比较法依赖

通过梳理清末民初以来的民事诉权研究可知，民事诉权论一直有浓厚的比较法色彩，是西方民事诉讼法律制度和基础理论的舶来品。正因为诉权论之于民事诉讼制度的根本性和本原性，加之新中国成立之初社会主义民事诉讼制度转型的迫切需要，诉权论从幕后走向台前，成为新中国民事诉讼基础理论研究的起点和重点。

民事诉权论在我国原本有着明确的问题意识，即以诉权论确立社会主义民事诉讼体制，借助民事诉权论的原点作用构建体系完整、逻辑一贯且能充分体现社会主义要求的民事诉讼立法、司法和基础理论大厦。然而，我国民事诉权论的发展存在过度依赖比较法资料的问题。当然，这是在改革开放初期民事诉讼立法资料和民事司法经验都极度匮乏时的无奈之举，并曾经因为比较法资料的丰富而使诉权论相较于诉讼标的论和既判力理论呈现出起步早、水平高、发展快的先发优势。不过，过分依赖学说史和比较法研究推进我国民事诉权研究的路径依赖问题必须引起足够的重视，亟待得到实质性解决。否则，民事诉权论的停滞化、边缘化和碎片化将难以得到根本改观。

二、民事诉权学说背后的"本土性"

从比较民事诉讼法的维度观察，苏联诉权学说同样高度依赖其法律规范和司法实践。在诉权专著中，顾尔维奇首先从马克思的论述"诉讼只是法律的生活形式"出发，认为诉权问题是民事诉讼中极其重要的问题，事关民法和民事诉讼法的相互关系，事关用审判方法实现民事权利的法律性质和本质问题。随后，顾尔维奇开始全面检索民事诉讼法典与民法典及其他法律规范中的诉权概念，并着重对《苏俄民事诉讼法典》第166条展开规范研究。[①] 苏联立法中也存在类似我国的法律现象，即有关诉权的直接

---

① 参见［苏］M. A. 顾尔维奇：《诉权》，康宝田、沈其昌译，中国人民大学出版社1958年版，第1-2页；中央人民政府法制委员会编：《苏俄民事诉讼法典》，张文蕴译，人民出版社1951年版，第49页。

规定阙如。是故，顾尔维奇继续以"向法院的请求权"在法典中进行规范分析，结合《苏俄民法典》第2条与《苏俄民事诉讼法典》第2条展开体系解释。随后，顾尔维奇进一步围绕"起诉权"（民法典第44条、民事诉讼法典第100条附则）、"取得审判保护的权利"（1922年11月11日全俄中央执行委员会颁布的《苏俄民法典施行法》第8条附则2、《民法典》第170条、《民事诉讼法典》第2条）以及"起诉和应诉的权利"（《民事诉讼法典》第113条）探寻苏联的民事诉权论。①

不仅如此，顾尔维奇还对若干加盟共和国的民事诉讼法典进行分析，认为《乌克兰共和国民事诉讼法典》第4条规定"法院可以在任何情况下终止程序"，这既不恰当又不合法，因为这意味着拒绝保护权利，即便在权利客观不存在时也违背了《法院组织法》第2条之规定，即便这种拒绝是暂时性的也会与实体法相违背，因为《民法典》第1条要求只有在极其特殊的情况下才能拒绝保护实体权利。虽然一些意义不大的诉讼看似不是审判保护的恰当对象，但它们反映出管理不善、企业工作中的推卸责任和其他坏现象。用拒绝审理来和这种现象作斗争，未必是正确的办法。不仅如此，根据《苏联宪法》第10条，一切民事权利都受法律保护，拒绝对权利进行保护是不合法的。所幸的是其他加盟共和国立法中并无上述规定。②

上述苏联民事诉权学说的"本土性"不是孤例，而是民事诉权理论的一般规律。德国诉讼法学之父赫尔维格在捍卫权利保护请求权说时，同样是从《帝国民事诉讼法》（CPO）第256条至第259条，《德国民法典》第12条、第862条、第1004条、第1227条、第1053条、第1134条、第550条入手，并进一步扩展到《德国竞争法》第1条第1款和第8条等规范依据，进而证成权利保护请求权说在德国的通说地位。③ 同样，德国诉讼法学界认为其立法和司法已经偏离权利保护请求权说，并确立了司法请求权说的认识根据也是立法和司法的实质变动，亦即《欧洲人权和基本自由保护公约》第6条第1款规定以及联邦宪法法院的相关判例。④ 受此影

① 参见［苏］М.А.顾尔维奇：《诉权》，康宝田、沈其昌译，中国人民大学出版社1958年版，第2-3页。
② 参见［苏］М.А.顾尔维奇：《诉权》，康宝田、沈其昌译，中国人民大学出版社1958年版，第78页。
③ 参见［德］赫尔维格：《诉权与诉的可能性：当代民事诉讼基本问题研究》，任重译，法律出版社2018年版，第71-76页。
④ 参见［德］罗森贝克等：《德国民事诉讼法（上）》，李大雪译，中国法制出版社2007年版，第15-16页。

响,《德国基本法》第 19 条第 4 款不再被视为对民事诉权的规定。能够导出民事诉权的宪法根据是《德国基本法》第 1 款第 1 项结合第 20 条之法治国家原则。[①] 也有论者提出《德国基本法》第 101 条第 1 款第 2 项之法定法官原则和第 103 条第 1 款之法定听审请求权是民事诉权的基本根据。[②] 同样,即便是支持权利保护请求权说依旧是二战后德国民事诉权通说的见解,也将论证的焦点集中于上述规范[③],从而得以在最大限度上实现民事诉权的共识并形成通说。

三、民事诉权理论与民事诉讼法学自主知识体系

相较而言,我国民事诉权理论过分依赖比较法资料。对于逐步确立起来的实体程序法律规范及其司法实践,我国民事诉权论并未给予足够重视和持续关注。这也使我国民事诉权论在初始时刻就欠缺本土性,并在本世纪特别是进入第二个十年后呈现出停滞化、碎片化,并给人以边缘化的直观印象。然而,民事诉讼法学自主知识体系的构建无法忽视本土化的民事诉权论。如果民事诉权理论无法克服其当前依旧存在的停滞化、边缘化和碎片化,则民事诉讼法学自主知识体系也无法被科学和融贯地建立起来,这也是我国民事诉讼法学自主知识体系当前所遭遇的痛点问题和难点问题。

第五节　以诉权为基点的中国民事诉讼法学自主知识体系

一、民事诉讼法学自主知识体系的构建现状

何谓自主的民事诉讼法学知识体系?如何实现民事诉讼法学知识体系的自主性?上述追问在加快构建中国特色社会科学的时代背景下尤具重要性和迫切性。当前,法理学的探讨[④],民法、经济法、知识产权法、刑事诉讼法等部门法学以及数据法、环境法等领域法学的自主知识体系探讨正

---

① Vgl. Stein/Jonas/Brehm, Zivilprozessordnung, 22. Aufl. 2003, Vor § 1 Rdnr. 286 - 288.

② Vgl. Rosenberg/Schwab/Gottwald, Zivilprozessrecht, 18. Aufl. 2018, § 3 Rdnr. 4.

③ Vgl. Blomeyer, Zivilprozessrecht: Erkenntnisverfahren, 1963, S. 7.

④ 参见张文显:《论建构中国自主法学知识体系》,《法学家》2023 年第 2 期;林华、夏江皓:《建构中国法学自主知识体系的原则与方法》,《社会科学》2023 年第 4 期;雷磊:《新时代法学基本范畴的重构——构建中国自主法学知识体系要论》,《法治研究》2024 年第 2 期。

在如火如荼地进行。① 以"负面清单""四个关系"为关键词的自主知识体系构建省思也被及时提出。② 与方法论和一般分析框架同时推进的还有教科书、学术期刊对法学自主知识体系构建的功能等重要议题。③ 相较而言，民事诉讼自主知识体系的讨论并未同步推进。中国知网数据库中，以"民事诉讼"和"自主知识体系"为题名、主题词和关键词的学术论文篇数均为 0 篇。④ 而全文出现"民事诉讼"和"自主知识体系"等相关表述的学术论文则主要是行政法、民法、刑事诉讼法、司法制度等自主知识体系研究的附带性论述。⑤ 民事诉讼研究者主要以枫桥式调解、调解立法、"诉非融合"、元宇宙和区块链等回应构建民事诉讼法学自主知识体系。⑥

二、诉权论在民事诉讼法学自主知识体系中的缺位

上述现象的原因有多个维度：（1）从民事诉讼法学自身特点观察，其相较法理学、实体部门法而言更呈现出技术性和实践性，上述潜意识更易使调解、多元化纠纷解决、元宇宙和区块链等解纷技术和数字技术与民事

---

① 参见王利明：《试论中国民法学自主知识体系的构建》，《重庆邮电大学学报（社会科学版）》2023 年第 2 期；许中缘：《建构中国民法学自主知识体系的本体论》，《法学论坛》2024 年第 3 期；于飞：《一个立场和三个来源：构建中国自主民法学知识体系》，《郑州大学学报（哲学社会科学版）》2024 年第 6 期；张守文：《经济法学自主知识体系的建构》，《中国高等社会科学》2023 年第 4 期；吴汉东：《试论中国自主的知识产权知识体系》，《知识产权》2023 年第 1 期；左卫民：《何处寻觅刑事诉讼的中国知识：打造自主知识体系的若干思考》，《清华法学》2023 年第 3 期；胡铭：《中国自主数字法学知识体系的研究进路》，《华东政法大学学报》2024 年第 3 期；吕忠梅：《中国自主的环境法知识体系建构初论》，《中共中央党校（国家行政学院）学报》2023 年第 3 期。

② 参见王锡锌：《构建自主法学知识体系需要内外兼修》，《清华法学》2023 年第 6 期；张明楷：《构建自主刑法学知识体系应妥当处理的四个关系》，《法学家》2024 年第 6 期。

③ 参见韩世远：《民法教材与中国民法自主知识体系建构》，《吉林大学社会科学学报》2023 年第 4 期；陈甦：《法学期刊要当好中国法学知识体系建设的学术信守者》，《清华法学》2023 年第 6 期。

④ 参见中国知网，https://kns.cnki.net/kns/advsearch? classid=7NS01R8M，最后检索时间 2024 年 12 月 10 日。

⑤ 如李瑰华：《论预防性行政公益诉讼》，《法律科学》2025 年第 1 期；许中缘、潘笛：《"实践"与"历史"中我国民法自主知识体系建构》，《湖南大学学报（社会科学版）》2024 年第 6 期；陈卫东：《中国刑事诉讼法法典化的理论基础与现实期待》，《法律科学》2024 年第 6 期；崔永东：《自主知识体系下的司法学建构及其基本理论阐释》，《政法论丛》2024 年第 5 期。

⑥ 参见晁晓军：《枫桥式调解机制的形成过程、创新发展及完善思考》，《中国法治》2024 年第 9 期；周建华：《中国调解立法整合的范畴与体系》，《商事仲裁与调解》2024 年第 1 期；杨凯：《中国式现代化民事"诉非融合"公共法律服务体系建构》，《法学》2023 年第 10 期；杨东：《"以链治链"：面向元宇宙的区块链司法科技范式革命》，《中国应用法学》2022 年第 6 期。

诉讼自主知识体系相勾连①；（2）从民事诉讼法学与民法学的分离观之，民法学自主知识体系构建所强调的民事权利中心主义（权利本位）难以及时传导到本应以权利保障为导向的民事诉讼法学知识体系中②；（3）就理论研究与司法政策的关系而言，民事诉讼法学研究存在主体性缺失的痼疾，司法实践诚然是民事诉讼自主知识体系构建的重要素材和调试准据，但将民事诉讼自主知识体系与多元化纠纷解决、"诉非融合"等挂钩，一定程度上是理论研究自主性缺位的具体例证③；（4）就民事诉讼基础理论体系构建而论，我国民事诉讼自主知识体系的逻辑起点仍不清晰且面临边缘化风险，这在结果上导致自主知识体系构建的内驱力不足，基础理论共识匮乏，民事诉权意涵可谓突出例证。

在上诉多个维度的成因中，民事基础理论具有原发性和根本性。④ 以诉权为例，《依法治国决定》系党和国家重要文件首次就民事诉权作系统规定。然而，诉权仍未摆脱边缘化，亦即民事诉讼立法修订、裁判说理和理论构建可以脱离诉权而为之，诉权保障在一定程度上成为宣示性表述，而逐渐缺失其规定性。《依法治国决定》通过以来的十余年间，民事诉权意涵仍具有模糊性，甚至口号化，这也使得以诉权保障为导向的立案登记制改革面临理论与实务之间的严重分歧，亦即：《依法治国决定》对立案登记制改革的重要部署在过去十年是否彻底完成，其改革的再深化又该走向何方？⑤ 而在"切实实施民法典"的视域下，作为民法学自主知识体系重要组成部分的民事权利体系如何有机融贯于民事诉讼自主知识体系构建中，诉权意涵的厘清及重塑如何充分保障《民法典》与《民事诉讼法》的

① 关于民事诉讼的技术性及其反思，参见陈刚：《民事实质诉讼法论》，《法学研究》2018年第6期；任重：《论我国民事诉讼诚信原则的适用范围——兼论本土案例组的生成与反思》，《当代法学》2024年第6期。

② 关于民法自主知识体系构建中的权利本位及其法理学讨论，参见王利明：《建构民法典时代的民法学自主知识体系》，《社会科学》2024年第10期；何勤华、张陶然：《建构中国自主法学知识体系之法理学创新——以"权利本位说"的完善为中心》，《东南学术》2024年第2期。

③ 参见张卫平：《民事诉讼法学：滞后与进步》，《法学研究》2011年第6期；张卫平：《对民事诉讼法学贫困化的思索》，《清华法学》2014年第2期。

④ 关于基础理论对构建法学自主知识体系的决定作用，参见张明楷：《构建自主刑法学知识体系应妥当处理的四个关系》，《法学家》2024年第6期。

⑤ 参见张卫平：《民事案件受理制度的反思与重构》，《法商研究》2015年第3期；段厚省：《论起诉条件的有限实质审查》，《法治研究》2023年第6期；曹志勋：《反思民事诉讼中对立案证据的要求》，《法学》2024年第1期。

协同实施。① 面对上述其他国家和地区也曾面对的难点问题和痛点问题②，本土化的民事诉权论乃实质推进民事诉讼自主知识体系建设的重要抓手。

三、民事诉权理论本土化的两个向度

（一）以中国素材厘定我国民事诉权的内涵与外延

《依法治国决定》为我国民事本土化的民事诉权理论提供了改革方向及其方法论。面对超大规模纠纷的挑战，我国民事诉权论仍应坚持将当事人主义诉讼体制/模式作为改革目标，明确我国正处于并将在相当时期内处于当事人主体地位不稳固和诉权保障不充分的初级发展阶段。立案登记制改革的初级阶段是起诉条件法定原则的贯彻落实，高级阶段则要求改变"公法诉权为表，私法诉权为里"的矛盾诉权意涵，以《依法治国决定》的民事诉权体系为导向，充分发挥庭审在诉权保障中的决定作用，重塑起诉权和胜诉权的关系，据此改写民事诉权的通用意涵。

在此基础上，我国民事诉权论也亟须完成反思与重塑。既有的民事诉讼理论严重依赖比较法，而并未突出本土性，尤其是未能体现《依法治国决定》中的诉权改革蓝图。我国民事诉权论之所以陷入停滞化、边缘化和碎片化，也是因为对中国素材的忽视和本土化改造的缺失。进入本世纪的第二个十年，我国民众对诉权保障的需求与日俱增，与此同时呈现出滥用诉权问题。民事诉权理论进入了新的发展阶段，即暂时搁置对民事诉权基础理论的探讨和推进，而是以实践为导向，将诉权理论推进到滥用诉权规制研究和具体诉权问题研究。受《依法治国决定》后两处诉权实质要求位于"加强人权司法保障"下的体系位置启发，诉权人权化是我国民事诉权基础理论的关注重点。

（二）回归我国民事诉权论的起点

然而，将民事诉权理论推进到滥用诉权规制和具体诉权问题，同时将人权作为民事诉权基础理论的重点方向，仍无法解决我国民事诉权基础理论的痼疾。"解铃还须系铃人"，停滞化、边缘化和碎片化的克服，须直面民事诉权基础理论的难点问题和痛点问题。我国民事诉权论的本土化和自主性须回归新中国成立以来的研究起点，特别是我国民事诉权论在民事诉

---

① 参见张卫平：《民事诉讼法与民法关系的再认识——基于"权—诉架构"的考察和分析》，《江西社会科学》2024年第7期；任重：《民法典与民事诉讼法的协同实施：回眸与展望》，《当代法学》2023年第1期。

② 参见［德］赫尔维格：《诉权与诉的可能性：当代民事诉讼基本问题研究》，任重译，法律出版社2018年版，第42—47页；［苏］M. A. 顾尔维奇：《诉权》，康宝田、沈其昌译，中国人民大学出版社1958年版，第227页。

权学说体系中的现有位置和应有位置，进而明确我国民事诉权论从哪里来，将要向何处去。这可谓我国民事诉权理论本土化的另一重要向度，其亦构成本书第五章的问题意识。

第五章　民事诉权学说重述

民事诉权论在我国的开端是比较法研究，着重于民事诉权学说史的梳理和各主要诉权学说的引介。然而，过度依赖比较法也使我国民事诉权论在起点上就存在本土性的欠缺，且因民事诉权学说的杂糅而出现我国民事诉权通用表述的"公法诉权为表，私法诉权为里"。同样，我国民事诉权论虽然相较诉讼标的论和既判力理论起步早、水平高，但也因其本土性缺失而历经了长时间停滞。为了构建以民事诉权论为原点的民事诉讼法学自主知识体系，我国民事诉权论除坚持鲜明的中国问题意识，据此改写民事诉权概念和充实民事诉权理论之外，还须在既有比较研究基础上，将我国民事诉权论有机融入诉权学说体系，尤其是明确我国民事诉权理论和实践的现有位置和改革方向。鉴于此，本章将首先补充我国学界对主要民事诉权学说的既有认识，尤其是澄清不同学说的时代背景和问题意识；随后试图客观指出学界对主要民事诉权学说的认识偏差并探究其成因；最后，在补遗民事诉权学说的比较法新动向后回应我国民事诉权的谱系追问以及《依法治国决定》之民事诉权体系的转型方向。

第一节　既有主要民事诉权学说的再认识

我国民事诉权论存在本土性偏弱的问题，部分呈现出中国问题意识之缺失。尽管如此，民事诉权的学说史梳理以及各主要流派的理解和认识还是构成了我国民事诉权研究的背景和底色。重新认识我国民事诉权论视角下的诉权学说，将可能发现我国民事诉权理论分歧背后的比较法成因。通过回归我国民事诉权论的起点和原点，有望从根本上解决民事诉权长久以来的分歧与争议。

当前，虽然篇幅比重有所下降，但我国民事诉讼法教科书通常会较为全面地叙述世界范围内的主要诉权学说及其发展迭代，并将其置于"当事人"之后和"证据证明"之前。① 当然，也有教科书将诉权置于当事人之前。② 上世纪 90 年代还有教科书将诉权置于总论或绪论部分，将诉权提升至民事诉讼法学最本原的问题予以探讨。③ 新中国成立后，我国诉权学说主要受苏联影响。改革开放后，为了使民事诉讼体制适应商品经济和市场经济发展需要，大陆法系的诉权学说复得到我国学界的重视。这背后的中国问题意识在于，在诉权学说的不同模式中选择适合我国改革开放时代精神的诉权模式，并在此基础上整体性和系统化地完成民事诉讼体制之现代化转型。根据民事诉权学说的提出时间以及迭代顺序，我国学界对诉权学说的基本认识如下。

一、现代诉权学说的起点：私法诉权说

（一）萨维尼的纯粹私法诉权说

该说产生于 19 世纪中叶，由历史法学派的旗手萨维尼最先提出并倡导。④ 关于该说，上述借助顾尔维奇诉权专著等比较法资料所获得的认识基本可靠。⑤ 有必要说明的是，萨维尼论述的诉权与罗马法上的诉权（actio）已有区别，是以 actio 为原型的进一步发展。其时代背景是欧陆的法典化运动。⑥ 萨维尼将实体法上的诉权（materiellrechtliches Aktionenrecht）表述为实体法意义上的诉（materiellrechtliche Klage）或者诉权（Klagerecht），同时将此种意义的诉/诉权称为 actio（诉权），而这一概念表述与罗马法上的 actio 概念表述一致。虽然罗马法上的 actio 概念有重要的理论价值和现代意义，但德国学者对诉权学说史的梳理通常以萨维尼为起点。⑦

当然，罗马法上已有实体法与程序法的分离意识⑧，甚至在十二铜表法中就体现出了实体法与程序法的区别。尽管如此，罗马法还是被认为并未在法秩序的分类与司法实践中自觉区分实体法与程序法，他们的法律思

---

① 参见常怡等整理：《民事诉讼基础理论研究》，法律出版社 2020 年版，第 156 - 157 页；王锡三：《民事诉讼法研究》，重庆大学出版社 1996 年版，第 145 - 156 页；张卫平：《民事诉讼法》（第六版），法律出版社 2023 年版，第 197 - 202 页；李浩：《民事诉讼法》（第三版），法律出版社 2016 年版，第 128 - 136 页。

② 参见江伟主编：《民事诉讼法》（第五版），高等教育出版社 2016 年版，第 61 - 62 页；邵明：《民事诉讼法学》（第二版），中国人民大学出版社 2016 年版，第 58 - 62 页。

③ 参见刘家兴主编：《民事诉讼法学教程》，北京大学出版社 1994 年版，第 30 - 36 页。

④ 参见张卫平：《民事诉讼法》（第六版），法律出版社 2023 年版，第 199 页。

⑤ 借助日文文献的重述和探讨，参见王锡三：《近代诉权理论的探讨》，《现代法学》1989 年第 6 期。

⑥ 参见陈刚：《实质诉讼法的法源论及其现实意义》，《现代法学》2022 年第 6 期。

⑦ Vgl. Kaufmann, Zur Geschichte des aktionenrechtlichen Denkens, JZ 1964, S. 488.

⑧ 参见巢志雄：《诉权概念史》，厦门大学出版社 2021 年版，前言第 3 页。

维主要集中在裁判官是否给予受害人诉权（actio）。① 民事诉讼法与民法的最终界分完成于 18 世纪到 19 世纪的法典化运动。② 针对罗马法上的 actio，萨维尼力图将其进行实体权利提纯，并在 1841 年出版的《当代罗马法体系》（System des heutigen römischen Rechts）第五卷中严格区分实体权利与为了保护实体权利的具体诉讼规范。③ 据此，当实体权利受到侵害时，权利人就具有了要求加害人消除损害的实体法权能，这种权能被萨维尼理解为实体法上的诉或者诉权，也被萨维尼称为诉权（actio）。在萨维尼看来，实体权利和其受到侵害时产生的实体法之诉权是同一的，只是因为实体权利的不同发展阶段被赋予了不同名称。萨维尼认为，诉权是请求权的变形物或派生物（Entwicklungsprozess oder Metamorphose）。④ 是故，萨维尼坚持将诉权限定在实体权利的范畴。⑤ 鉴于此，萨维尼倡导的诉权论被称为私法诉权说或实体诉权说。

（二）温德沙伊德的混合私法诉权说

萨维尼的私法诉权论之所以被学说史铭记，是因为该学说构成了 19 世纪中叶德国法典化之前的通说。与德国理论上的论争类似⑥，或受德日学界对诉权学说认识的影响，我国既有文献对私法诉权说的倡导者及其核心主张也有不同认识。在上世纪 80 年代的诉权学说梳理中，王锡三教授将诉权理论的产生追溯到 19 世纪前半叶的德国普通法或称共同法时期，以 1856 年德国诉讼法学者乌印特侠伊德（此处的乌印特侠伊德是德文 Windscheid 的不同译法，更常见的中译是温德沙伊德⑦，也有文献翻译为温特沙伊德）⑧ 对"罗马私法诉讼"的研究为开端。⑨ 温德沙伊德的主张

① Vgl. Kaufmann, Zur Geschichte des aktionenrechtlichen Denkens，JZ 1964，S. 483.

② 参见陈刚：《民事诉讼法的实质规范和程序规范》，《法学杂志》2021 年第 2 期。

③ 参见陈刚：《民事实质诉讼法论》，《法学研究》2018 年第 6 期。

④ Vgl. Savigny, System des heutigen römischen Rechts V, 1841, S. 3；Blomeyer, Zivilprozessrecht: Erkenntnisverfahren, 1963, S. 5；[日] 新堂幸司：《新民事诉讼法》，林剑锋译，法律出版社 2008 年版，第 175 页。

⑤ Vgl. Kaufmann, Zur Geschichte des aktionenrechtlichen Denkens，JZ 1964，S. 487 ff.

⑥ 参见 [德] 米夏埃尔·施蒂尔纳：《德国民事诉讼法学文萃》，赵秀举译，中国政法大学出版社 2005 年版，第 101 - 102 页。

⑦ 参见金可可：《论温德沙伊德的请求权概念》，《比较法研究》2005 年第 3 期；张卫平：《民事诉讼法与民法关系的再认识——基于"权—诉架构"的考察和分析》，《江西社会科学》2024 年第 7 期。

⑧ 参见陈刚：《实质诉讼法的"脱私入公"过程及其复兴意义——以温特沙伊德〈当代法意识下的罗马私法之诉〉的解读为主线》，《法律科学》2020 年第 1 期；[日] 中村宗雄：《从诉讼法学的立场对实体法学的学术方法及其构造质疑》，冯祝恒译，《河北法学》2024 年第 3 期。

⑨ 参见王锡三：《近代诉权理论的探讨》，《现代法学》1989 年第 6 期。

是否能被归入私法诉权论，为何将诉权理论的产生追溯到温德沙伊德而非萨维尼？这些同样是在德国学界产生理论分歧的重要论题。

以萨维尼为旗手的私法诉权说是 19 世纪中叶的诉权通说。萨维尼理论也正是对普鲁士立案审查制的理论诠释。① 1856 年，温德沙伊德在他划时代的经典著作《当代法意识下的罗马私法之诉》（Die Actio des römischen Civilrechts vom Standpunkte des heutigen Rechts）中走向了萨维尼的反面。② 温德沙伊德认为，罗马人的思维并不看重权利义务关系。罗马人用 actio 的思维代替实体法的思维。在法典化运动最终确立的实体法与程序法的界分之后，现代观念已经倾向于从实体法的角度来思考，这就必然要找出罗马法上 actio 的现代表达。既然如此，以诉讼为导向的actio 概念就应该被弃用，转而建立起实体法上的请求权思维（Anspruchsdenken）。③

经过上述分析，温德沙伊德与萨维尼的私法诉权说产生了较为本质的区别。如果说萨维尼诉权学说是历史法学派对罗马法上 actio 的短暂复兴，抑或是作为实体程序分离的先驱④，温德沙伊德则显然是对罗马法上 actio的改造。据此，温德沙伊德的诉权学说超越了罗马法的基本原则，亦即人们只能在明确受保护的特定诉权之场合提起诉讼。⑤ 当然，温德沙伊德的上述见解也被批评为并未正确理解罗马法上的 actio，请求权概念带有误解甚至篡改罗马法上的 actio 的问题。⑥

上述批评恰恰表明，温德沙伊德和萨维尼并非同道中人，其诉权学说也不应被等同看待。将萨维尼和温德沙伊德均作为私法诉权说的代表人物容易引发误读。当然，温德沙伊德依旧是从实体法思维及其视角来分析罗马法上的 actio，并将请求权作为其在现代法中的对应表达。然而，客观上享有请求权的当事人为何能向法院提起诉讼？是基于私法上的请求权，还是基于请求权之外的其他权利？对上述问题的解答是界定温德沙伊德诉

---

①　参见陈刚：《试述马克思对普鲁士刑事自诉程序的批判》，《当代法学》2019 年第 6 期；任重：《论我国民事诉讼标的与诉讼请求的关系》，《中国法学》2021 年第 2 期。

②　Vgl. Kaufmann, Zur Geschichte des aktionenrechtlichen Denkens, JZ 1964, S. 488.

③　关于温德沙伊德的请求权概念，参见金可可：《论温德沙伊德的请求权概念》，《比较法研究》2005 年第 3 期。

④　参见［德］米夏埃尔·施蒂尔纳：《德国民事诉讼法学文萃》，赵秀举译，中国政法大学出版社 2005 年版，第 101 - 102 页。

⑤　参见［德］米夏埃尔·马丁内克：《德意志法学之光：巨匠与杰作》，田士永译，法律出版社 2016 年版，第 42 页。

⑥　参见张卫平：《民事诉讼法与民法关系的再认识——基于"权—诉架构"的考察和分析》，《江西社会科学》2024 年第 7 期。

权论的关键。对于温德沙伊德主张放弃诉权（Klagerecht）概念的见解，罗马法学家穆特尔（Muther）于1857年发表论战文章《关于罗马法诉权、当代法诉权、争讼程序和债的单独继受的学说》，其对温德沙伊德提出猛烈批评，尤其是批评温德沙伊德对重要渊源的解释不正确并且任意虚构。穆特尔重视诉权概念，认为其并非实体法范畴，而是诉讼法属性。

温德沙伊德深受同时代学人尊敬，他被认为是天才和楷模。他从不参加论战，唯一的例外正是对穆特尔猛烈攻击的回应。① 这也足见诉权对于温德沙伊德理论大厦的奠基作用。在1857年的论战文章《诉权：回应特奥多尔·穆特尔博士》中，温德沙伊德承认程序意义诉权（Klagerecht）的存在必要性，并指出其请求权概念及其思维是对萨维尼学说的发展，是进一步体系化和理论建构，而不仅仅是发现、收集和描述历史事实。② 对于程序意义诉权的性质及与请求权的关系，温德沙伊德只是偶然和附带性地认为，由其塑造的实体请求权可以使原告提起诉讼。德国学界据此认为，温德沙伊德的诉权既针对对方当事人（实体请求权），也针对法院（诉讼请求权）。③ 温德沙伊德诉权论自提出直到1877年《帝国民事诉讼法》颁布的将近四分之一个世纪里居于通说地位。《帝国民事诉讼法》在第230条第2款第2项的法律概念"请求权"就是采用温德沙伊德之实体请求权意涵。这一规定又被原封不动地保留于现行《德国民事诉讼法》第253条第2款第2项。④

（三）私法诉权说与公法诉权说之间的联系

总体而言，温德沙伊德的诉权论虽然为公法诉权论提供了思路，但依旧主要是在私法诉权范畴内的进一步发展和建构。他将罗马法上的actio概念和诉权思维转换为实体法上的请求权概念和请求权思维，甚至在和穆特尔的论战之前主张放弃诉讼法意义上的诉权概念。随着与穆特尔的论战的深入，温德沙伊德承认诉讼法上诉权的必要性，并认为实体请求权也可以使原告提起诉讼，因此已经偶然和附带地提出了抽象公法诉权论的雏形。是故，德国经典教科书罗森贝克民事诉讼法教材认为，温德沙伊德将罗马法上的actio界分为抽象诉权和实体请求权，抽象公法诉权说正是以

---

① 参见［德］米夏埃尔·马丁内克：《德意志法学之光：巨匠与杰作》，田士永译，法律出版社2016年版，第36页。

② 关于上述论战的详细介绍，参见［德］米夏埃尔·马丁内克：《伯恩哈德·温特沙伊德（1817—1892）——一位伟大的德国法学家的生平和作品》，田士永译，郑永流主编：《法哲学与法社会学论丛》（第六辑），中国政法大学出版社2003年版，第33页以下。

③ Vgl. Blomeyer, Zivilprozessrecht: Erkenntnisverfahren, 1963, S. 5.

④ Vgl. Kaufmann, Zur Geschichte des aktionenrechtlichen Denkens, JZ 1964, S. 488.

此为基础得到发展和完善。①

二、现代诉权学说的枢纽：公法诉权说

随着公法学和法治国家理论的发展，针对私法诉权论（主要是萨维尼的诉权论）在逻辑上的缺陷，德国 19 世纪后半叶产生了公法诉权说。据此，诉权不是民事权利受到侵害后的发展阶段，其并非实体权利，而是国民针对国家设立的法院所享有的公法权利。② 以权利内容为准据，公法诉权论可进一步细分为抽象公法诉权论与具体公法诉权论。其中，具体和抽象的标准一般被认为是与实体权利的相关性：抽象诉权不问实体权利为何，而具体诉权则坚持以实体权利为导向。③ 当然，从另外一个维度观察，抽象也意味着诉权并未说明国民在何种条件下能提起诉讼，亦未表明法院在何种情况下才能够满足起诉人提出的实体请求。④

（一）抽象公法诉权论

在将诉权界定为公权之后，抽象公法诉权论者认为，诉权是不能附条件的，故而是抽象的，任何人都享有向法院起诉的法律地位或可能性。⑤该学说是德国普通法时代的私法诉权说发展到具体诉权说的过渡性理论，其代表人物是德根考布（Degenkolb，也被译为德根靠鲁伯），更为国内学界所熟知的另一位代表人物是彪罗（Bülow，也被译为比洛）。⑥ 总体而言，我国诉讼法学界对抽象公法诉权论的态度较为消极，主要原因如下：第一，抽象公法诉权论的核心主张仅在于，任何人都可以起诉，这虽然对克服普鲁士时代的立案审查制及其背后的私法诉权论具有革命性，但却无法据此使诉权真正成为民事诉讼体系化的起点和基石；第二，该学说脱离实际，与当事人的心理预期不符，不论原、被告都希望得到有利于己的胜诉判决⑦；第三，抽象诉权在性质上也被质疑并非权利，而是一种任何人都享有的能力或可能性，以至于抽象诉权无法与诉讼权利能力有效界分，因而也被苏联学者批评为"多余的概念"⑧。

---

① Vgl. Rosenberg/Schwab/Gottwald, Zivilprozessrecht, 18. Aufl. 2018, § 3 Rn. 5.

② 参见张卫平：《民事诉讼法》（第六版），法律出版社 2023 年版，第 200 页。

③ 参见［苏］M. A. 顾尔维奇：《诉权》，康宝田、沈其昌译，中国人民大学出版社 1958 年版，第 2 页；顾培东：《诉权辨析》，《西北政法学院学报》1983 年第 1 期。

④ 参见李浩：《民事诉讼法》（第三版），法律出版社 2016 年版，第 129 页。

⑤ 参见张卫平：《民事诉讼法》（第六版），法律出版社 2023 年版，第 200 页。

⑥ 参见王锡三：《近代诉权理论的探讨》，《现代法学》1989 年第 6 期。

⑦ 参见王锡三：《近代诉权理论的探讨》，《现代法学》1989 年第 6 期。

⑧ ［苏］M. A. 顾尔维奇：《诉权》，康宝田、沈其昌译，中国人民大学出版社 1958 年版，第 13 页。

（二）具体公法诉权论

以私法诉权说和抽象公法诉权说作为主要竞争对手①，具体公法诉权论认为，诉权是当事人要求法院作出有利判决的权利，而有利的准据则主要是实体法律规定。一般认为，该说的倡导者是瓦赫（Wach），但据赫尔维格考证，该说最早产生于 1877 年《帝国民事诉讼法》颁布之前，只是经瓦赫的整理、倡导和发展才成为德国通说。② 该学说在日本一度占据通说地位。我国台湾地区多数学者也赞成该说。③

在我国上世纪 80 年代对二元诉权论的反思中，有学者旗帜鲜明地倡导具体公法诉权论。王锡三教授认为，私法诉权论混淆了诉讼法上的请求权与私法上的请求权，无法解释确认之诉和形成之诉，尤其是消极确认之诉显然呈现出实体和程序的彻底分离；对于抽象公法诉权论，其脱离了司法实践且与当事人的心理预期相悖。对于反对具体公法诉权论的比较法资料，王锡三教授认为其均站不住脚，因为反对观点既不符合诉权的本质，又不能明确审判的对象。④ 总体而言，我国学界对具体公法诉权说或称权利保护请求权说的理解侧重于一审普通程序，对于其他权利保护形式以及诉权与诉的可能性的关系认识还存在一定程度的缺失。在具体公法诉权说中，赫尔维格全面论述权利保护请求权说并全面回应反对意见的诉权专著《诉权与诉的可能性》或可在一定程度上填补上述缺漏。⑤

三、我国长期以来的通说：二元诉权论

该说系在顾尔维奇诉权论基础上改造而来，亦即排除认定诉讼资格意义上的诉权，保留程序意义上的诉权与实质意义上的诉权两分。⑥ 在此基础上，我国二元诉权论进一步将程序意义上的诉权限缩为起诉权，进而形成起诉权与胜诉权的二元构造。该学说不仅影响我国立法和司法尤甚，而且至今仍被认为是我国的诉权通说。⑦ 据此，程序意义上的诉权是当事人依据诉讼法享有的启动诉讼程序和参与诉讼程序的权利，实体意义上的诉

① 参见〔德〕赫尔维格：《诉权与诉的可能性：当代民事诉讼基本问题研究》，任重译，法律出版社 2018 年版，第 40 页。

② 参见〔德〕赫尔维格：《诉权与诉的可能性：当代民事诉讼基本问题研究》，任重译，法律出版社 2018 年版，第 41 页。

③ 参见李浩：《民事诉讼法》（第三版），法律出版社 2016 年版，第 130 页。

④ 参见王锡三：《近代诉权理论的探讨》，《现代法学》1989 年第 6 期。

⑤ 参见〔德〕赫尔维格：《诉权与诉的可能性：当代民事诉讼基本问题研究》，任重译，法律出版社 2018 年版。

⑥ 参见〔苏〕克列曼：《苏维埃民事诉讼》，刘家辉译，法律出版社 1957 年版，第 201－208 页。

⑦ 参见李浩：《民事诉讼法》（第三版），法律出版社 2016 年版，第 131 页。

权是当事人依据民事实体法享有的获得对自己有利判决的权利，也被称为胜诉权。

值得注意的是，二元诉权论在我国的发展存在片面性，即将以起诉权为代表的程序意义诉权限定为起诉权，对于实体意义诉权不再严守实体法上的胜诉要件。只要纠纷得到实质解决即为已足，而究竟该判决是否遵循实体权利要求则在所不问。[①] 这一发展动向也与日本法上的本案请求权说具有某种程度的近似性。[②]

总体而言，该说是新中国成立以来最为学界所熟知的诉权理论，长期以来被作为我国诉权理论的通说。然而，苏联诉权论同样是以苏联及其加盟共和国的实体法与程序法为基础的理论发展，其在我国的推广存在欠缺中国问题意识之缺陷。这也导致该学说虽被视为通说，我国立法和司法实践中也广泛适用起诉权概念，偶有胜诉权之相关表述，但无论是上述两种权利的内涵、外延、法律效果，还是其在我国的规范根据，都存在相当程度的模糊性，并导致诉权实践的恣意性。对此，本书第三章已有详述，此处不再赘言。

四、比较法上的新动向

我国对民事诉权主要学说的认识主要源于顾尔维奇诉权专著的全面引介。是故，无论是比较法研究的中国问题意识，抑或是对主要学说的基本认识，都存在一定程度的先天不足。首先，我国对主要诉权学说的认识存在"先定后审"，即首先坚持以二元诉权论作为通说地位不动摇，随后批判性地审视主要诉权学说之发展变迁；其次，我国对主要诉权学说的跟踪存在长期的停滞，整体上并未突破顾尔维奇的研究视角，即基本停留于赫尔维格于 1905 年出版《诉权与诉的可能性》之前的学说状况；最后，我国对主要诉权学说的理解受苏联理论影响而存在对诉权学说发展迭代的机械认识，亦即认为后发诉权学说必定优于在先诉权模式，并将学说迭代的终点置于苏联于 20 世纪上半叶提出的二元诉权模式。

改革开放后，我国诉讼法学界主要从两个维度突破上述认识，亦即通过补充比较法资料以核验苏联诉权论对主要学说的既有认识，而后补充 20 世纪下半叶以来的诉权学说发展，主要是各主要国家的诉权模式变迁，以更新对诉权学说史的理解和认识。鉴于此，本部分所谓"新动向"实乃其他国家和地区的已有发展，特此说明。

---

① 参见江伟主编：《民事诉讼法专论》，中国人民大学出版社 2005 年版，第 68 页。
② 参见张卫平：《民事诉讼法》（第六版），法律出版社 2023 年版，第 201 页。

（一）司法保护请求权说（德国通说）

一般认为，无论是私法诉权说抑或是公法诉权说，这两大流派均存在难以克服的理论缺陷。是故，司法保护请求权说在德国应运而生。[①] 该学说有如下主张：

首先，任何人都有要求法院作出判决的公法上权利，这一倡导与抽象公法诉权说以及具体公法诉权说中的诉的可能性理论具有一致性。

其次，法院有义务满足当事人的司法保护请求权，判定标准则根据人权公约、宪法文件以及诉讼法律规定而确定。违背司法保护义务的典型情形包括拒绝受理和审理、诉讼拖延以及违反程序基本权利。[②] 这在一定程度上解决了抽象公法诉权论欠缺具体标准之痼疾，同时又未如具体公法诉权论以实体法构成要件作为其诉权要件和评价标准。

最后，司法保护请求权在内容上主要指向当事人的起诉权，对于程序的进行和裁判的结果并未提出实体要求。

司法保护请求权是当事人在宪法上的基本权利，因此，拒绝裁判等违背司法保护请求权的行为可能触发宪法救济，但前提条件是当事人用尽已有的救济手段。[③] 该理论是德国通说，但因为其抽象性而未被日本通说采纳。[④]

（二）本案判决请求权说（日本通说）

日本著名诉讼法学家兼子一认为，曾作为德国通说的权利保护请求权说在二战后受到严峻挑战，通过参考作为德国少数说即由布拉因（Erich Bley）提出的本案判决请求权说将可能有效克服权利保护请求权说的理论缺陷。经过兼子教授的大力倡导，本案判决请求权说成为日本二战后的通说。经过考证，兼子一教授所接受的本案请求权源于德国学者布拉因出版于1923年的专著《诉权和法律利益》（Klagerecht und rechtliches Interesse）。[⑤] 该学说认为，诉权就是针对本案要求法院作出判决的请求，也就是本案判决请求权。仅在具有通过诉讼解决纠纷的必要性时，法律才给予当事人诉权。与此同时，本案请求权说不以请求的正当性为要件，诉权的存在与私法上的权利存否并无关系。值得注意的是，此处的本案仅指实体权利义务或实体法律问题的争议。[⑥]

[①] 参见张卫平：《民事诉讼法》（第六版），法律出版社2023年版，第200－201页。

[②] Vgl. Rosenberg/Schwab/Gottwald, Zivilprozessrecht, 18. Aufl. 2018, § 3 Rn. 4.

[③] Vgl. Rosenberg/Schwab/Gottwald, Zivilprozessrecht, 18. Aufl. 2018, § 3 Rn. 4.

[④] 参见张卫平：《民事诉讼法》（第六版），法律出版社2023年版，第200页。

[⑤] Vgl. Erich Bley, Klagrecht und rechtliches Interesse, Verlag von Theodor Weicher in Leipzig, 1923.

[⑥] 参见张卫平：《民事诉讼法》（第六版），法律出版社2023年版，第201－202页。

（三）司法保护请求权说、本案判决请求权说与抽象公法诉权说的关系

无论是作为德国通说的司法保护请求权说抑或是日本学者借助德国少数说观点而在二战后确立的本案判决请求权说，均与抽象公法诉权说以及权利保护请求权说有所区别。尽管如此，以诉权学说谱系观察，司法保护请求权说与本案请求权说均未脱离抽象公法诉权说之范畴：

首先，上述两种学说都认为诉权的对象是国家依法设立的法院，而并非作为平等主体的对方当事人；

其次，上述两种学说都拒绝严格按照实体法构成要件确定诉权要件，不以胜诉判决作为诉权的法律效果；

最后，上述两种学说在实体法与程序法的相关性上强调诉权要件与实体权利要件的二分，即不再坚持将实体权利构成要件作为诉权的某一类构成要件。

值得注意的是，司法请求权说并不意味着民事诉权保护和实体判决的作出可无视甚至有违实体权利规范，或者拒斥实体导向的民事诉讼制度构建。否则，德国民事诉讼制度目的就理应确定为纠纷解决或私法秩序维持，而不再以实体权利保护作为不可动摇的首要目的。[1] 德国通说选定司法保护请求权说，并非要强调民事诉讼法相对于民法的"自主性"与"独立性"，而是认为实体权利与诉讼之间的协同关系同样可由司法保护请求权说达成：根据实体权利标准来作出正确的判决，这是无须通过权利保护请求权说再加强调的共识。[2]

鉴于此，罗森贝克民事诉讼法教科书认为，在以瓦赫、赫尔维格为代表的权利保护请求权说与彪罗所倡导的抽象公法诉权说的论战中，最终系以彪罗的胜利而告终。[3] 对于本案判决请求权说在德国的原型，彼时尚未获得教授席位的莱比锡大学编外讲师（Privatdozent）布拉因开宗明义：此乃法律利益和抽象诉权的融合体。[4]

（四）诉权否定说

顾尔维奇在其专著《诉权》的开篇谈道："资产阶级的学者们虽然对这个概念研究多年，将近一百年（从萨维尼算起直到现代的这方面的最新

---

① Vgl. Rosenberg/Schwab/Gottwald, Zivilprozessrecht, 18. Aufl. 2018，§ 1 Rn. 9.

② Vgl. Rosenberg/Schwab/Gottwald, Zivilprozessrecht, 18. Aufl. 2018，§ 4 Rn. 8.

③ Vgl. Rosenberg/Schwab/Gottwald, Zivilprozessrecht, 18. Aufl. 2018，§ 3 Rn. 6.

④ Vgl. Erich Bley, Klagrecht und rechtliches Interesse, Verlag von Theodor Weicher in Leipzig，1923，Vorwort.

著述），但现在却越来越多听见他们叫嚷说：这种研究徒劳无功。"① 由此可见，诉权否定说在学说迭代顺序上并非继司法保护请求权说之后的理论倡导。相反，上述所谓诉权否定说乃出现于 1925 年，此时正值德国的权利保护请求权论时代。② 顾尔维奇认为，作为具体公法诉权论（权利保护请求权说）的代表人物，赫尔维格将权利保护请求权说构建成了最严整和最系统的理论体系。③

诉权否定说的主要见解如下：首先，以上重点介绍的各种诉权学说均难以对全部诉权现象给出科学且一贯的解释；其次，在法治国家中，当事人请求法院提供法律保护乃自然之事，不需要诉权学说提供理论支撑；最后，作为诉权理论核心板块的诉讼要件已经自成一体，完全可抛弃诉权学说而独立解释民事诉讼中的程序事项。④ 我国学者未明确倡导诉权否定说，但诉权研究呈现的边缘化也从侧面表明，学者正在用脚投票。

第二节　我国主要民事诉权学说评析

总体而言，我国学界对上述主要诉权学说的基本认识是客观且全面的。经过与德文诉权文献比较对照，我国早在上世纪 80 年代即完成基础性学说史的梳理，在诉权基础理论研究上实现了跨越式发展。上述基础性认识经过不断打磨而在我国形成广泛共识。虽然不同论者对诉权学说的选取有异，例如多数学者支持（修正）二元诉权论，王锡三教授倡导权利保护请求权论，而张卫平教授和李浩教授则青睐司法保护请求权说，但论者对主要诉权学说及其内涵外延的认识则并无根本分歧。这也为民事诉权学说的重述提供了坚实基础。

一、民事诉权学说的扁平化

前述五类八种诉权学说的介绍和比较是我国民事诉权基础理论研究的重要成果，但亦存在扁平化问题，例如，顾尔维奇在诉权专著中介绍的当事人主义与职权主义、辩论原则与职权原则、法律真实与客观真实等民事

---

① 参见［苏］M. A. 顾尔维奇：《诉权》，康宝田、沈其昌译，中国人民大学出版社 1958 年版，第 3 页。

② Vgl. Rosenberg/Schwab/Gottwald, Zivilprozessrecht, 18. Aufl. 2018，§ 3 Rn. 6.

③ 参见［苏］M. A. 顾尔维奇：《诉权》，康宝田、沈其昌译，中国人民大学出版社 1958 年版，第 16 页。

④ 参见张卫平：《民事诉讼法》（第六版），法律出版社 2023 年版，第 202 页；李浩：《民事诉讼法》（第三版），法律出版社 2016 年版，第 131 页。

诉讼价值和理念对诉权学说的实质塑造作用①，并未被有机融入我国诉权学说史的研究视野。不同诉权学说所根植的社会环境及其试图解决的实际问题，也并未得到足够着墨。

马克思在《福格特先生》一文中，对以私法诉权说为基础的《普鲁士诉讼条例》作了深刻的揭露和批判："不承认私人在他们的私人方面有起诉权的法律，也就破坏了市民社会的最起码的根本法。起诉权由独立的私人的理所当然的权利变成了国家通过它的司法官员所赋予的特权。"② 据此，私法诉权说要求法官在当事人起诉时就查明当事人有无实体权利，所谓每个人都享有的起诉权也就化为泡影。以此为社会背景和时代精神，抽象公法诉权说的进步意义不容小觑。

抽象公法诉权说虽然并不具备权利保护请求权论的精密体系化，但其针对私法诉权论贬损当事人起诉权的问题，旗帜鲜明地发出了时代最强音，革命性地主张诉权并非既存实体权利受到侵害的发展阶段，而是当事人对国家享有的公法权利。法院对起诉权不得附加任何实体条件，更不应进行实质审查。《福格特先生》所蕴含的诉权改革方向正是抽象公法诉权说，据此才能逻辑一贯地提出诉权是"独立的私人的理所当然的权利"，并批判普鲁士的法院将诉权"变成了国家通过它的司法官员所赋予的特权"。

是故，该学说的倡导者德根考布提出诉权是"原告提出的法律要求"，更是"要求被告参加诉讼"和"要求法院作出判决"③。上述主张可谓掷地有声，对我国参考意义重大。当前，我国正处于由立案审查制向立案登记制转型的重大改革机遇期和深水期，起诉权的内涵与外延亟待厘清和重塑。然而，抽象公法诉权论在我国诉权研究中遇冷④，这可谓是我国民事诉权研究扁平化的集中体现，亦即上述五类八种诉权学说被机械地视为从初级到高级的学说代际更迭，学说体现的时代精神及其背后的问题意识未能鲜活立体地得到呈现。各诉权学说成为历史中的"木乃伊"，因为语境的丧失而被不当地撇去了其本应具有的血肉。

---

① 参见［苏］M. A. 顾尔维奇：《诉权》，康宝田、沈其昌译，中国人民大学出版社1958年版，第23页。

② 柴发邦等：《民事诉讼法通论》，法律出版社1982年版，第197页；陈刚：《试述马克思对普鲁士刑事自诉程序的批判》，《当代法学》2019年第6期。

③ 关于德根考布的基本主张参见［德］赫尔维格：《诉权与诉的可能性：当代民事诉讼基本问题研究》，任重译，法律出版社2018年版，第40页。

④ 主张采纳抽象诉权论的见解，参见严仁群：《回到抽象的诉权说》，《法学研究》2011年第1期。

二、民事诉权学说的语境缺失

与扁平化认识一脉相承，民事诉权学说研究在我国存在语境丢失的问题，尤其是民事诉权的中国问题意识不明。① 如前所述，抽象公法诉权说的问题意识是变立案审查制为登记立案制，充分保障当事人诉权。相较私法诉权说，抽象公法诉权说旨在确保当事人的起诉不因为实体法律规定而被法官恣意审查并拒绝立案。鉴于此，抽象公法诉权说的底层理论是诉权的公法化，以此彻底切断诉讼请求权与实体请求权之间的决定关系或牵连关系，彻底跳出私法诉权说的理论窠臼和实践困境。可见，抽象公法诉权说的问题意识鲜明，且圆满解决了起诉条件高阶化问题，为立案登记制进行了充分的理论证成。②

在此基础上，具体公法诉权论的问题意识在于，在《德国民法典》颁布实施的背景下协同《帝国民事诉讼法》，以实体为导向调适民事诉讼既有理论，构建实体/程序协同且体系完整、逻辑一贯的民事诉讼理论体系。正如赫尔维格所言："尝试以法律保护请求权理论为基础构建起民事诉讼理论体系，并在此基础上对诉权的诉讼要件和实体法要件进行详尽论述。"③ 同时，权利保护请求权的问题意识并非实体/程序割裂意义上的民事诉讼"自主性"，赫尔维格进一步认为："人们可以期待法学家的用语会遵从《德国民法典》，而《德国民法典》已经不再把诉权理解为私法请求权或者其他实体权利"；"当立法充分意识到诉讼法和民法的分离，并且在用语上也有意识地进行了区分时，我们的理论就可以真正发挥作用……只有如此，才能清晰界定民法和作为公法的诉讼法之间的界限，才能够对一系列具有重大理论价值和实践意义的问题不仅是作出正确的判断，也能加以正确的论证"④。

（一）抽象公法诉权说的问题意识：立案审查制批判

据此，具体公法诉权说与抽象公法诉权说的语境存在本质区别。抽象公法诉权论的首要问题意识是克服萨维尼时代的审查立案制，普鲁士的司法实践是集中例证。诉权以实体权利的既存和受害作为前提，被看作是一

---

① 参见任重：《民事诉权的希尔伯特问题》，《上海政法学院学报（法治论丛）》2024 年第 5 期。

② 关于起诉条件高阶化的理论探讨，参见张卫平：《起诉条件与实体判决要件》，《法学研究》2004 年第 6 期；张卫平：《起诉难：一个中国问题的思索》，《法学研究》2009 年第 6 期。

③ ［德］赫尔维格：《诉权与诉的可能性：当代民事诉讼基本问题研究》，任重译，法律出版社 2018 年版，第 42 页。

④ ［德］赫尔维格：《诉权与诉的可能性：当代民事诉讼基本问题研究》，任重译，法律出版社 2018 年版，第 79 页。

体化的民事实体权利的特殊发展阶段。据此，法官自然需要审查民事实体权利存在与否，若无实体权利则无诉权，自然也就不能触发民事诉讼程序。值得注意的是，私法诉权说也意味着法院在立案审查工作上的沉重负担。根据德国学者的考据，萨维尼同时代的司法实践并未完全遵从私法诉权说：只要诉讼请求描述了被一般性认可的实体权利，法院就必须受理。① 当然，马克思自身的遭遇表明，究竟是严格按照萨维尼的私法诉权说抑或是采取更为变通、宽松的受理标准，这完全任凭法官决定。由此才引发马克思的猛烈批判。

受马克思对私法诉权说之批判的影响，我国学者在改革开放初期也对私法诉权说进行过激烈批评："马克思在《福格特先生》一文中，对根据实体诉权说而制定的《普鲁士诉讼条例》，做了深刻的揭露和批判……可见，这种学说主张起诉时就要查明当事人有无实体权利，实质上等于把起诉权化为乌有，在客观上助长了资产阶级法院的武断专横。"② 然而，囿于改革开放以来的"诉讼爆炸""案多人少"，我国民事诉权的通用概念表达及其理论构造滑向"公法诉权为表，私法诉权为里"，这也再次印证我国民事诉权基础理论存在的语境缺失问题。③

（二）具体公法诉权说的问题意识：切实实施民法典

具体公法诉权论或称权利保护请求权论者主张，诉权包含内容丰富的构成要件或前提条件，诉权不仅是进入诉讼的权利，而且是能够使当事人获得胜诉、要求法院通过判决满足自身胜诉要求的权利。与抽象公法诉权说相比，权利保护请求权说为诉权添加了更体系化的构成要件，故在外观上与私法诉权说近似。这也使抽象公法诉权论者将权利保护请求权说与私法诉权说混为一谈。④ 客观而言，权利保护请求权说在反对立案审查制这一问题上，与抽象公法诉权说并无根本分歧。作为权利保护请求权说的核心特征，阶层化的诉权要件乃以胜诉或败诉判决作为导向，而非以获得法院受理或者引发被告的答辩作为诉权的法律效果。鉴于此，法律保护请求权论的问题意识不再满足于立案登记制改革，而是在《德国民法典》颁行的历史条件下实现民事诉讼理论体系的实体/程序对接与融合。

---

① Vgl. Althammer, Streitgegenstand und Interesse: Eine zivilprozessuale Studie zum deutschen und europäischen Streitgegenstandsbegriff, Mohr Siebeck 2012, S. 25.

② 柴发邦等：《民事诉讼法通论》，法律出版社 1982 年版，第 197 页。

③ 参见任重：《民事诉权的中国意涵——基于民事诉讼自主知识体系的追问》，《河北法学》2025 年第 3 期。

④ 参见［德］赫尔维格：《诉权与诉的可能性：当代民事诉讼基本问题研究》，任重译，法律出版社 2018 年版，第 43 - 45 页。

第三节　我国民事诉权学说补遗

值得注意的是，以彪罗为代表的抽象公法诉权论者对瓦赫和赫尔维格的激烈批判同样存在语境缺失问题，尤其是错误地认为权利保护请求权说的阶层化诉权要件将严重贬损当事人进入诉讼程序的权利。① 由于顾尔维奇诉权理论并未参考赫尔维格《诉权与诉的可能性》及其对诉权论战的全面回应之影响，我国学者也有类似误读，即认为权利保护请求权说的采用将限制诉讼的顺利开启。② 鉴于此，我国民事诉权学说亟待补遗，尤其是充分考量赫尔维格《诉权与诉的可能性》一书对权利保护请求权说的全面证成。

一、权利保护请求权说与立案登记制

赫尔维格明确指出了反对观点存在的语境错位，具体公法诉权论并不排斥立案登记制，而是通过诉的可能性（Klagemöglichkeit）这一概念替换抽象公法诉权说语境下的诉权（Klagerecht）。赫尔维格认为："根据现行民事诉讼法，任何人都可以通过起诉提出权利主张，要求法院作出裁判，以此也创造出诉讼法律关系"；"民事诉讼中，仅仅提出法律主张就足以要求法院送达起诉状并启动诉讼"③。赫尔维格不建议在抽象意义上使用诉权概念，原因在于：

首先，法律虽然没有明确规定任何人都有诉的可能性，但这是不言自明的，相反，不能将《德国民法典》和《帝国民事诉讼法》中使用的起诉相关表述（geklagt werden kann）理解为进入诉讼的可能性。④

其次，权利的概念要求权利人必须有相对于义务人的优先法律地位，但进入诉讼的可能性并不能满足权利的概念要求。

最后，将进入诉讼的可能性界定为权利，将出现原、被告均有权利的情形，即原告有提起诉讼的权利，被告有要求法院驳回起诉的权利，这将

① 参见［德］赫尔维格：《诉权与诉的可能性：当代民事诉讼基本问题研究》，任重译，法律出版社 2018 年版，第 43 - 45 页。
② 参见戴锐：《民事诉权学说探析》，《国家检察官学院学报》2008 年第 2 期。
③ ［德］赫尔维格：《诉权与诉的可能性：当代民事诉讼基本问题研究》，任重译，法律出版社 2018 年版，第 65 - 66 页。
④ 参见［德］赫尔维格：《诉权与诉的可能性：当代民事诉讼基本问题研究》，任重译，法律出版社 2018 年版，第 68 页。

导致学理上的矛盾。①

二、权利保护请求权说与"切实实施民法典"

在赫尔维格看来，具体公法诉权论早在 1877 年《帝国民事诉讼法》颁布之前就已提出。权利保护请求权说并未因为私法诉权论者与抽象公法诉权说的批判而被动摇。相反，赫尔维格认为其真正挑战是《帝国民事诉讼法》的颁布。立法者曾将可诉性视为民事权利的组成部分，并将其与既判力制度一并理解为实体法律规范，而留待州法加以规定。② 《德国民法典》的颁行实质上改变了上述立法格局。赫尔维格认为，正是立法者充分意识到诉讼法与民法的二元构造，并在用语上有意识地进行区分，具体公法诉权说才得以真正发挥作用。也只有依托具体公法诉权论，才能对《德国民法典》加以科学和正确的理解与适用。

如果说私法诉权说与公法诉权说的争议焦点在于立案登记制与立案审查制，以及何种学说更能解释彼时的司法实践做法③，那么，两种公法诉权流派的争议焦点则是对《德国民法典》以及《帝国民事诉讼法》的协同实施以及实体/程序交互的民事诉讼理论体系建构。和私法与公法、实体私法权利与诉讼公法权利的底层逻辑不同，权利保护请求权说与抽象公法诉权说更进一步围绕《德国民法典》和《帝国民事诉讼法》的理解与适用展开，以下略举两例予以呈现和说明。

（一）《德国民法典》的协同实施

我国代表性《德国民法典》译本将第 1958 条译为："在接受遗产前，不得在裁判上对继承人主张针对遗产的请求权。"④ 另有译本将其表述为："在承认继承以前，对于遗产之请求权，不得对继承人为裁判上之行使。"⑤ 上述两个译本针对的德文法条为 "Vor der Annahme der Erbschaft kann ein Anspruch, der sich gegen den Nachlass richtet, nicht gegen den Erben gerichtlich geltend gemacht werden"。

其中，两个中译本对于 "nicht gegen den Erben gerichtlich geltend gemacht werden" 存在较为明显的翻译差异。陈卫佐教授将其译为 "不得

---

① 参见［德］赫尔维格：《诉权与诉的可能性：当代民事诉讼基本问题研究》，任重译，法律出版社 2018 年版，第 66 - 67 页。

② 参见［德］赫尔维格：《诉权与诉的可能性：当代民事诉讼基本问题研究》，任重译，法律出版社 2018 年版，第 41 页。

③ Vgl. Kaufmann, Zur Geschichte des aktionenrechtlichen Denkens, JZ 1964, S. 489.

④ 参见陈卫佐译注：《德国民法典（第 4 版）》，法律出版社 2015 年版，第 575 页。

⑤ 参见《德国民法典》，台湾大学法律学院、台大法学基金会编译，北京大学出版社 2017 年版，第 1410 页。

在裁判上对继承人主张",而台湾大学法律学院译本将其表述为"不得对继承人为裁判上之行使"。对于上述规定可能存在的理解困难,彪罗认为这正是萨维尼时代私法诉权论在《德国民法典》中的残留。原因在于,抽象公法诉权论要求所有人都无条件享有起诉权。据此观察,《德国民法典》第 1958 条显然不当抬高了起诉门槛,理应受到来自民事诉讼法学的集中批判。

作为具体公法诉权论的代表学者,赫尔维格并不认同彪罗对《德国民法典》第 1958 条的解释与批评。在赫尔维格看来,《德国民法典》第 1958 条并非针对抽象诉权的规定,立法者并非否定债权人起诉继承人,而是旨在规定不能对继承人作出胜诉判决。原因在于,在接受遗产之前,继承人并不具有诉讼实施权。因此,《德国民法典》第 1958 条并非禁止继承人被起诉,而是规定此时对继承人的诉请不能胜诉。[①]

可见,抽象公法诉权说以及苏联诉权学说对具体公法诉权说的批评存在明显误读,具体公法诉权说并未抬高起诉门槛。相反,其在抽象公法诉权说的基础上,通过将以《德国民法典》第 1958 条为代表的形式民法条文界定为诉讼规范[②],而将其中的程序要素(诉讼实施权)准确纳入民事诉讼理论体系大厦。这不仅进一步丰富了民事诉讼理论体系,确保《德国民法典》的科学有效实施,而且在结果上进一步夯实了抽象公法诉权说所倡导的立案登记制。否则,抽象公法诉权说将不得不面对是要"切实实施民法典"还是要"变立案审查制为立案登记制"之间的两难选择。就此而言,权利保护请求权说并非对抽象公法诉权说的全盘否定,而可谓是对抽象公法诉权论之历史功绩的继续谱写,是对抽象公法诉权说的"接着讲"。

(二)《帝国民事诉讼法》的协同实施

私法诉权说以及两种公法诉权说也对民事诉讼法律规范的理解与适用同样产生了不同认识。例如,现行《德国民事诉讼法》第 256 条第 1 款规定:"确认法律关系成立或不成立的诉讼,承认证书的诉讼,或确定证书真伪的诉讼,只在法律关系的成立与否、证书的真伪由法院裁判并即时确定、对于原告有法律上的利益时,诉讼才可以被提起(kann Klage

---

① 参见〔德〕赫尔维格:《诉权与诉的可能性:当代民事诉讼基本问题研究》,任重译,法律出版社 2018 年版,第 70 页。

② 关于实质诉讼法说的概念及范畴,参见陈刚:《民事实质诉讼法论》,《法学研究》2018 年第 6 期。

erhoben werden)。"① 对此，私法诉权说无法解释《德国民事诉讼法》第256 条第 1 款中"确认法律关系不成立的诉讼"，因为此时并无民事实体权利抑或请求权。根据私法诉权说，消极确认之诉将不存在诉权，因为原告诉请法院确认的正是实体法律关系的不存在。是故，私法诉权说无法解释德国司法实践中的消极确认之诉。

与《德国民法典》第 1958 条的理解、适用类似，抽象公法诉权论也难以为《德国民事诉讼法》第 256 条第 1 款提供理论支撑。根据抽象公法诉权论，"诉讼才可以被提起（kann Klage erhoben werden）"将与任何人都有权向法院起诉的基本主张相违背，故存在难以克服的解释困难。如果说抽象公法诉权说面临无法解释《德国民法典》（1900 年生效）的新挑战，那么其同样难以与《帝国民事诉讼法》（1879 年生效）相匹配，这显然是该学说自身存在的痼疾。任何人都享有的诉权虽然具有革命性，并且面对普鲁士的立案审查制发出了时代最强音，但其对《帝国民事诉讼法》和《德国民法典》的具体诉权条文欠缺应有的解释力，只得将上述条文悉数纳入萨维尼私法诉权说的残余。

相较而言，权利保护请求权说更为务实，其坚持"法生规则，而非法源于规则（regula ex iure sumatur, non ius ex regula）"②，亦即诉权学说原则上应根据立法生成并调适，而非以某种诉权学说去判定立法构成私法诉权说的残余，这在"切实实施民法典"的时代背景下尤其具有妥适性。权利保护请求权说再一次圆满地解决了上述法律解释和适用难题。据此，《德国民事诉讼法》第 256 条第 1 款之"诉讼才可以被提起"并非针对诉的可能性，其并不意味着法院只有预先审查确认利益后才能受理原告的起诉，而是在存在确认利益时，原告才能获得胜诉判决。③

三、科学看待权利保护请求权说的退场

赫尔维格于 1905 年出版《诉权与诉的可能性：当代民事诉讼基本问题研究》一书，在《德国民事诉讼法教科书》的基础上继续阐述权利保护请求权说及其对德国民事诉讼法学的体系价值，随后逐项批驳以彪罗和科勒为代表的反对意见。在立案审查制已被抛弃且立案登记制已成共识的历

---

① 《德意志共和国民事诉讼法》，谢怀栻译，中国法制出版社 2001 年版，第 62 页；《德国民事诉讼法》，丁启明译，厦门大学出版社 2016 年版，第 59 页。

② ［德］赫尔维格：《诉权与诉的可能性：当代民事诉讼基本问题研究》，任重译，法律出版社 2018 年版，第 110 页脚注 27。

③ 参见［德］赫尔维格：《诉权与诉的可能性：当代民事诉讼基本问题研究》，任重译，法律出版社 2018 年版，第 71 页。

史条件下，在《德国民法典》与《德国民事诉讼法》协同实施这一新的时代精神支配下，权利保护请求权说逐渐占据通说地位。大陆法系民事诉讼学界考虑到赫尔维格在诉讼法学理论建构方面的奠基性贡献，而将其誉为"诉讼法学之父"①。我国台湾地区学者也认为，赫尔维格教授对德国民事诉讼法理论体系之建立有卓越之贡献，其学说并对日本及中国台湾地区诉讼理论产生极为强烈而深刻之影响。② 日本著名诉讼法学家三月章教授同样认为，赫尔维格理论对作为诉讼法治后发国家的日本所产生的影响，甚至较赫尔维格理论的母国德国更为根深蒂固。③ 作为例证，19 世纪的德国将连带债务关系也作为类似必要共同诉讼处理，但随着 20 世纪初赫尔维格学说的提出，德国和日本通说开始认为，应当将类似必要共同诉讼的范围限制在判决效力扩张的案件内。多数连带债务人为共同被告的共同诉讼只是为了避免产生相互矛盾的判决，并不存在一方的判决效力扩张至另一方的情形。④ 权利保护请求权论在我国台湾地区至今依旧保持通说地位。⑤

　　第二次世界大战后，在日本兼子一教授的影响下，日本通说抛弃了权利保护请求权说，转而采用作为德国少数说的布拉因理论，据此建立起本案判决请求权理论。在德国，虽然在上世纪 60 年代曾出现布洛迈尔（Blomeyer）等学者对权利保护请求权的复兴⑥，但德国通说仍最终放弃权利保护请求权说，转而建立司法请求权（Justizanspruch）或司法保护请求权（Justizschutzanspruch）理论。必须强调的是，这并不意味着权利保护请求权说存在难以克服的困境。相较权利保护请求权说，司法保护请求权说的模式变迁主要缘于对绝对正确判决以及对二审和再审程序的观念转变。据此，国家并无义务作出绝对正确的判决。相反，只要依法独立行使审判权的法官在符合法治国家原则要求的程序中作出裁判，就已经满足司法保护请求权的具体要求。⑦ 此外，司法请求权说虽然致力于高效且公

---

① 张卫平：《民事诉讼法》（第六版），法律出版社 2023 年版，第 214 页脚注 11。

② 参见吕太郎：《民事诉讼之基本理论（一）》，元照出版有限公司 2009 年版，第 191 页。

③ 参见吕太郎：《民事诉讼之基本理论（一）》，元照出版有限公司 2009 年版，第 191 页。

④ 参见［日］三木浩一：《日本民事诉讼法共同诉讼制度及理论——兼与中国制度的比较》，张慧敏、臧晶译，《交大法学》2012 年第 2 期。

⑤ 参见杨建华著，郑杰夫增订：《民事诉讼法要论》，北京大学出版社 2013 年版，第 196 页。

⑥ Vgl. Arwed Blomeyer, Zivilprozeßrecht: Erkenntnisverfahren, 1963, S. 4ff. ; Schlosser, Gestaltungsklagen und Gestaltungsurteile, 1967, S. 374 ff. ; Henckel, Parteilehre und Streitgegenstand, 1961, S. 34.

⑦ Vgl. BverfGE 84, 59, 77 = NJW 1991, 2008; BGHZ 37, 113, 120 = NJW 1962, 1291.

正的程序，但并不确保当事人的审级利益。① 是故，当事人不能以司法请求权为据要求法院启动二审程序或再审程序。换句话说，司法请求权所要求的仅是依法独立行使审判权的法官在符合法治国家原则要求的一个审级对诉权加以回应。

综上，司法请求权说乃在诉权要件中排除实体审理构造，为避免诉权的空洞化而又填充《德国基本法》第 20 条第 3 款以及第 2 条第 1 款的法治国家原则，以及《德国基本法》第 101 条第 1 款之法定法官原则和第 103 条第 1 款之法定听审请求权等基本权利内容。从民事诉权学说的主要谱系观察，司法保护请求权说可谓修正的抽象公法诉权说。而德国之所以转向抽象公法诉权论，乃由于二战后司法财政紧缩的现实制约，同时基于如下理论考量，即权利保护请求权论已经实现了《德国民法典》与《德国民事诉讼法》的协同实施要求，根据实体权利标准进行民事诉讼已经是理所当然之事。在权利保护请求权说的历史使命业已完成之际，其作为实体权利和诉讼之间的桥梁功能已非不可或缺。②

有必要指出的是，权利保护请求权说退出历史舞台的前提条件在我国尚不具备。一方面，我国正处于立案登记制改革的攻坚期和深水期，立案审查制并未成为历史概念。另一方面，自我国《民法典》于 2021 年施行以来，实体法与程序法的分离割裂已经有实质改善，但"切实实施民法典"仍旧是民法典时代的最强音，根据实体权利标准进行民事诉讼还不是理所当然之事。③ 不仅如此，司法请求权在排除实体审理构造后替代填充的诉权基本权利内容在我国还存在相当适用困境和理论难题，宪法与民事诉讼法的协同实施问题仍属研究薄弱点。④ 综上，权利保护请求权说在德国和日本的退场，难以直接导出其在我国的不适用，并进一步得出司法保护请求权说或本案判决请求权说在我国的可用性结论。民事诉权学说对我国的可借鉴性，须在将我国民事诉权论纳入诉权学说谱系后，充分结合我国国情，特别是立案登记制改革以及"切实实施民法典"，最终选定我国民事诉权理论的改革方向及体系展开。

---

① Vgl. BverfGE 107, 395 = NJW 2003, 1924；BverfGE 83, 24, 31 = NJW 1991, 1283；BverfGE 89, 381, 390 = NJW 1994, 1053.

② Vgl. Rosenberg/Schwab/Gottwald, Zivilprozessrecht, 18. Aufl. 2018, § 4 Rn. 8.

③ 参见任重：《民法典的实施与民事诉讼目的之重塑》，《河北法学》2021 年第 10 期。

④ 既有研究成果，如江伟、谢俊：《论民事检察监督的方式和地位——基于宪法和民事诉讼法的分析》，《法治研究》2009 年第 4 期；邵明：《宪法视野中的民事诉讼正当程序——兼论我国〈民事诉讼法〉的修改理念》，《中国人民大学学报》2009 年第 6 期；秦前红、刘新英：《美国民事诉讼法的宪法渊源及其成因与启示》，《法学评论》2001 年第 6 期。

第四节 我国民事诉权理论的谱系追问

新中国成立以来，在苏联诉权理论影响下，我国逐步建立二元诉权论，将起诉权（程序意义上的诉权）和胜诉权（实体意义上的诉权）作为诉权的内核。① 随着起诉条件和"起诉—受理"程序的设立②，起诉权被理解为当事人据以要求法院开启审理程序的公法请求权；胜诉权则相应被界定为当事人据以要求法院作出实体上有利判决的公法请求权。③ 当然，在起诉权和胜诉权之外，还存在答辩权、提证权、反诉权、上诉权、再审诉权等一系列诉讼权利，但结合"起诉难""立案乱"的社会现象以及"有错必纠"的司法理念，起诉权和胜诉权无疑是诉权体系中的重中之重。

自新中国成立之初，借助苏联民事诉讼法典、教科书、论文集和诉权专著而继受二元诉权论以来④，以起诉权和胜诉权为内核的诉权模型始终是我国的绝对通说。⑤ 虽然在改革开放之后，学者对二元诉权论的反思与日俱增⑥，以德日为代表的大陆法系诉权学说也被引介到国内⑦，但并未动摇二元诉权论的通说地位及其对司法实践的实质影响。⑧ 我国学者就二元诉权论的探讨也结合主要诉权学说，并仿照顾尔维奇研究进路，在论述民事诉权主要学说与二战前的迭代后直接证成二元诉权论的历史正当性及

---

① 参见江伟、邵明、陈刚：《民事诉权研究》，法律出版社 2002 年版，前言第 3 页。

② 参见任重：《中国式现代化视域下民事诉权的反思与重塑》，《中国法学》2024 年第 4 期。

③ 参见柴发邦等：《民事诉讼法通论》，法律出版社 1982 年版，第 195 页。

④ 参见中央人民政府法制委员会编：《苏俄民事诉讼法典》，张文蕴译，人民出版社 1951 年版；［苏］C.H. 阿布拉莫夫：《苏维埃民事诉讼》（上、下册），中国人民大学民法教研室译，中国人民大学出版社 1954 年版；［苏］克列曼：《苏维埃民事诉讼》，法律出版社 1957 年版；［苏］吉泽尔等：《苏维埃民事诉讼论文集》，师根鸿、王明毅、刘书锜、解士彬等译，法律出版社 1956 年版；［苏］M.A. 顾尔维奇：《诉权》，康宝田、沈其昌译，中国人民大学出版社 1958 年版。

⑤ 参见顾培东：《诉权辨析》，《西北政法学院学报》1983 年第 1 期。

⑥ 参见王锡三：《近代诉权理论的探讨》，《现代法学》1989 年第 6 期。

⑦ 参见王锡三：《近代诉权理论的探讨》，《现代法学》1989 年第 6 期，第 16 - 19 页；江伟、单国军：《关于诉权的若干问题的研究》，载陈光中、江伟主编：《诉讼法论丛》（第一卷），法律出版社 1998 年版，第 214 - 218 页。

⑧ 二元诉权论的实践运用，如最高人民法院第 130 号指导性案例"重庆市人民政府、重庆两江志愿服务发展中心诉重庆藏金阁物业管理有限公司、重庆首旭环保科技有限公司生态环境损害赔偿、环境民事公益诉讼案"；最高人民法院第 198 号指导性案例"中国工商银行股份有限公司岳阳分行与刘某良申请撤销仲裁裁决案"；最高人民检察院第 122 号指导性案例"李某滨与李某峰财产损害赔偿纠纷支持起诉案"。

其理论优越性。① 然而，二元诉权论何以不同于罗马法上的诉权以及近代以来四类七种诉权学说，仍是尚未充分论证的重要话题。诚如德国著名哲学家、数学家和法学家莱布尼茨（Leibniz）所言，世界上没有两片完全一样的叶子②，但为进一步加深对我国二元诉权论的模式理解，有必要探讨其在主要诉权学说谱系中的体系定位。

如表5-1所示，虽然五类八种主要诉权模式均有丰富内涵，但"两法分立""两法协同""起诉—受理""实体正当性"四个点位仍能较为准确地刻画出主要诉权学说的基本特征，并形成诉权学说谱系。在苏联诉权理论影响下，我国当前的诉权模式基本呈现出二元诉权学说的基本特征，尤其是两法分立的基本观念、"起诉—受理"的程序构建以及实体正当性的强烈追求，这集中表现为审判监督程序的体系构建及其背后的"有错必纠"司法理念。③ 不过，囿于民事诉讼法之"去试行化"并未最终达成④，我国二元诉权论存在偏重起诉权而虚置胜诉权的现象，特别是在诉讼时效抗辩权、先诉抗辩权等问题上呈现"胜诉权的起诉权化"⑤。值得注意的是，囿于"试行化"的痼疾，虽然我国民事诉讼法存在与民法的严重割裂，但起诉权走向了私法诉权论，特别是要求当事人在案件受理前提出并在一定程度上证明其为真正权利人和权利受害人，亦即原告适格要求和诉讼请求的事实根据要求。⑥

表5-1　五类八种主要诉权学说的基本特征

具体学说	两法分立	两法协同	起诉—受理	实体正当性
罗马法诉权说	×	×	√	√
纯粹私法诉权说	×	×	√	√
混合私法诉权说	√	×	√	√
抽象公法诉权说	√	×	×	×
具体公法诉权说	√	√	×	×
司法请求权说	√	×	×	×

① 参见柴发邦等：《民事诉讼法通论》，法律出版社1982年版，第196-199页。

② 参见张卫平：《民事诉讼法与民法关系的再认识——基于"权—诉架构"的考察和分析》，《江西社会科学》2024年第7期。

③ 参见张卫平：《民事再审：基础置换与制度重建》，《中国法学》2003年第1期。

④ 参见任重：《民事诉讼法"去试行化"：以民法典为参照》，《法治社会》2024年第3期。

⑤ 关于胜诉权的起诉权化与实体判决要件的诉讼条件化之异同，参见张卫平：《起诉条件与实体判决要件》，《法学研究》2004年第6期。

⑥ 参见柴发邦等：《民事诉讼法通论》，法律出版社1982年版，第278页。

续表

具体学说	两法分立	两法协同	起诉—受理	实体正当性
本案判决请求权说	√	×	×	×
二元诉权说	√	×	√	√

总体而言，作为我国通说的二元诉权论虽然将自身界定为公法权利，进而与抽象公法诉权论以及权利保护请求权说存在近似性，但在立案登记制改革问题上长期陷入私法诉权说之窠臼，进而走向了公法诉权说基本主张的反面。与我国民事诉权的通用意涵相仿，我国二元诉权论同样呈现出"公法诉权为表，私法诉权为里"的自我矛盾性。作为我国民事诉权通说的二元诉权论难以满足立案登记制改革、"切实实施民法典"等时代精神和改革要求，二元诉权论向何处去乃构成我国民事诉权理论必须认真对待和实质回应的重大论题。

第五节　我国民事诉权理论的转型方向

在二元诉权论的基础上，我国应该构建怎样的本土化诉权模式？这是以《民法典》为参照重塑两法关系，使民事诉讼法经由"试行化"而真正实现法典化的关键之问。

一、民事诉权理论转型的实体导向

幸运的是，我国《民法典》业已通过具体规定以点带面地厘清起诉权和胜诉权之间的具体范畴。如上所述，诉讼时效抗辩权曾一度被认为是起诉权的组成部分，而由立案庭在受理之前予以查明。当法官确认诉讼时效已过，则裁定不予受理，或在已经受理的情况下裁定驳回起诉，亦即诉讼时效的经过导致起诉权的消灭。[1] 对于诉讼时效制度的实体/程序法律效果分歧[2]，《民法典》第 192 条第 1 款将诉讼时效的法律性质设定为实体法抗辩权，并于第 193 条禁止法院主动适用诉讼时效制度。据此，诉讼时效制度已由起诉权范畴科学回归胜诉权制度中的实体抗辩权主张，其法律效果并非裁定不予受理或裁定驳回起诉，而应准确界定为判决驳回诉讼请

---

① 参见刘新英：《论诉权和诉权的消灭》，《法学评论》1988 年第 3 期。

② 参见程啸、陈林：《论诉讼时效客体》，《法律科学》2000 年第 1 期；徐晓峰：《诉讼时效的客体与适用范围》，《法学家》2003 年第 5 期；霍海红：《胜诉权消灭说的"名"与"实"》，《中外法学》2012 年第 2 期；杨巍：《〈民法典〉第 192 条、第 193 条（诉讼时效届满效力、职权禁用规则）评注》，《法学家》2020 年第 6 期。

求。《民法典》第 192 条第 1 款和第 193 条分别从权利属性及适用方法的角度将诉讼时效制度排除在依职权审查的起诉条件之外。

囿于二元诉权论并未给程序事项和实体事项的界分提供清晰标准，甚至因为"诉讼爆炸""案多人少"的司法现实影响而呈现出"胜诉权的起诉权化"[①]，以《民法典》第 192 条第 1 款和第 193 条为代表的胜诉权构成要件之拨乱反正仍旧在路上。作为例证，《民法典》第 687 条第 2 款虽同为民法抗辩权，但先诉抗辩权并未被就此排除在起诉权之外。相反，《担保解释》第 26 条第 1 款第 2 句复将先诉抗辩权作为起诉条件[②]，亦即："债权人未就主合同纠纷提起诉讼或者申请仲裁，仅起诉一般保证人的，人民法院应当驳回起诉。"

二、民事诉权理论转型的学说参照

综上所述，作为通说的二元诉权论在我国存在起诉条件高阶化以及实体事项与程序事项混同等痼疾，《民法典》第 192 条第 1 款、第 193 条以及第 687 条第 2 款业已蕴含重塑二元诉权论的契机。笔者认为，为了实质推进立案登记制改革，并同步推进民法典与民事诉讼法的协同实施以及民事诉讼法典化，以权利保护请求权论或称具体公法诉权论为基础重塑二元诉权论具有显著的比较优势。

首先，权利保护请求权说是"有案必立、有诉必理，保障当事人诉权"的重要制度保障。我国学界虽然对权利保护请求权说有所涉猎，但受机械迭代等认识局限而存在较为明显的误读，特别是受到德国上世纪初的论战影响，并被顾尔维奇诉权专著所误导，而认为权利保护请求权说会筑高起诉门槛，而与我国立案登记制改革背道而驰。经过诉权学说补遗及谱系追问可以发现，权利保护请求权说并不拒斥立案登记制，反而是以立案登记制为基础的体系建构。鉴于此，以权利保护请求权说为导向重塑二元诉权论能够契合"改革法院案件受理制度，变立案审查制为立案登记制，对人民法院依法应该受理的案件，做到有案必立、有诉必理，保障当事人诉权"的时代精神和改革要求。

其次，权利保护请求权说是"切实实施民法典"的关键保障。权利保护请求权说之所以在学说竞争中胜出，原因不仅在于其能体现立案登记制改革的时代要求，而且在于其相较抽象公法诉权说在《德国民法典》与《帝国民事诉讼法》协同实施方面的自身优势。无论是对《德国民法典》

---

① 参见任重：《中国式现代化视域下民事诉权的反思与重塑》，《中国法学》2024 年第 4 期。

② 参见任重：《实体导向的必要共同诉讼：模式转换与制度重塑》，《法学研究》2024 年第 5 期。

第 1958 条中的 "nicht gegen den Erben gerichtlich geltend gemacht werden" 的理解与适用，抑或是对现行《德国民事诉讼法》第 256 条第 1 款之 "kann Klage erhoben werden" 的分析与解读，均能得出科学、圆满的分析结论。其背后的制度机理是将实体审理构造纳入诉权要件，有机实现实体法与程序法的协同实施。

再次，权利保护请求权说是 "二审重在解决事实法律争议、实现二审终审，再审重在解决依法纠错、维护裁判权威" 的底层理论逻辑。权利保护请求权说在德国的退场，并非意在回归立案审查制，或者强调民事诉讼法学脱离实体导向的 "自主性"，而系权利保护请求权说在立案登记制改革和民法典与民事诉讼法的协同实施等历史使命业已完成后，为了缩减司法财政而排除了诉权中的实体标准，亦即只要法定法官按照法定程序给予当事人一个审级的程序保障，无论实体权利是否得到正确判定，均能消灭诉权，当事人不得再以实体权利未被正确判定为由提起上诉甚至申请对本案的再次审理。然而，上述司法理念并不契合我国 "有错必纠" 的朴素正义观，无法为两审终审制和精密体系化的审判监督程序以及第三人撤销之诉等纠错机制提供有力理论支撑。

最后，采权利保护请求权说能够有效回应 "诉讼爆炸" "案多人少"。如上所述，权利保护请求权说在克服 "起诉难" "告状难" 等方面充分吸收了抽象公法诉权论的制度优势，通过将起诉权转型为 "诉的可能性" 以充分落实 "有案必立，有诉必理，保障当事人诉权" 的顶层设计。不仅如此，诉权要件阶层化的理论构造也为我国合理分配诉权要件以科学应对 "案多人少" 提供了理论存量。[①] 以审判程序为例，权利保护请求权说在诉权要件上的精密体系化为我国民法典、公司法以及民事诉讼法等民商事实体法和程序法中的具体规定提供了更为精准的具体定位，亦即审判程序中的起诉行为成立要件（第一层）、起诉权构成要件（第二层）实质简化了起诉条件，大幅降低起诉门槛，也为立案登记制改革的再深化提供了理论基础；判决请求权构成要件（第三层）和胜诉权构成要件（第四层）则彰显出开庭审理对诉权保障的决定性作用。关于审判程序中诉权要件的阶层化，详见本书第七章。

---

① 关于诉权要件的详细讨论，参见［德］赫尔维格：《诉权与诉的可能性：当代民事诉讼基本问题研究》，任重译，法律出版社 2018 年版，第 96 - 118 页。

中　编

民事诉权体系

第六章　民事诉权的体系展开

《依法治国决定》中的两处诉权直接表述和两处诉权实质要求为二元诉权论的重新认识及民事诉权理论的模式转型提供了有益参照。总体而言，偏重起诉权的二元诉权通说无法科学回应《依法治国决定》中的诉权表述和实质诉权要求。"改革法院案件受理制度，变立案审查制为立案登记制"难以根据二元诉权论科学推进，三类近二十种起诉权构成要件（起诉条件）正是加剧"起诉难""立案乱"的诉权理论成因。不仅如此，偏重起诉权的二元诉权论还将对立案登记制改革产生不容忽视的消解作用。"对人民法院依法应该受理的案件，做到有案必立、有诉必理，保障当事人诉权"将在二元诉权论的作用下转换为继续维系以《民事诉讼法》第122条和第127条为中心的三类共19种起诉条件。

不仅如此，起诉权集中作用于"起诉—受理"阶段，还导致了诉权对开庭审理阶段的失语。"推进以审判为中心的诉讼制度改革"同样是民事诉权的重要内容，亦即"保证庭审在查明事实、认定证据、保护诉权、公正裁判中发挥决定性作用"。然而，上述明确要求难以经由二元诉权论获得科学、有效落实。鉴于此，本章将以民事诉权模式转型为主线，以权利保护请求权说为主要参照，探寻民事诉权的体系展开。

第一节　民事诉权模式转型与四元民事诉权保障体系

受苏联民事诉讼理论影响，特别是在借鉴顾尔维奇诉权专著的基础上，二元诉权论以一审普通程序为主要对象展开。[1] 不仅如此，随着"诉

---

① 参见〔苏〕M. A. 顾尔维奇：《诉权》，康宝田、沈其昌译，中国人民大学出版社1958年版，第46页脚注1。

讼爆炸""案多人少"对民事诉讼立法、司法和理论的影响加剧①，二元诉权论将重心进一步偏移到"起诉—受理"阶段，甚至将起诉权的三类近二十种构成要件作为前程序，其审查与判定据此脱离开审判程序的范畴。② 上述现象可谓二元诉权论的视野狭隘化。正因为二元诉权论将几乎全部重心置于起诉审查阶段，作为本原问题的诉权论才在我国出现停滞化、边缘化等异常现象。③

当然，我国既有诉权研究相对集中于"起诉—受理"阶段，这也与"起诉难""告状难"的社会现实紧密相关，是我国民事诉讼基础理论发展尚处于初级阶段的具体例证。随着民事强制执行法的编纂④，随着知识产权领域、家事人身安全领域以及人格权保护领域对临时性保护措施的强调⑤，上述领域同样产生了行为保全"申请难"、强制执行中的"执行难""乱执行"⑥ 以及非讼程序的"申请难""处理乱"。⑦ 遗憾的是，我国二元诉权论难以对上述实践现象的科学回应提供应有的理论支撑。

以诉讼保全为例，与"起诉难""告状难"越发受到社会各界的重视不同，诉讼保全"申请难"并未受到应有关注。这既与诉讼保全的临时性有关，也囿于二元诉权论的视野狭隘化。通过确立审限以及司法绩效考核等制度保障，我国民事案件的审理效率得到一定程度的提高，但当事人自诉讼提起到终局判决之间仍旧存在民事权利的保护空白，这就对临时性法律保护提出了制度需求。然而，我国诉讼保全特别是诉前行为保全向来存

---

① 参见任重：《"案多人少"的成因与出路——对本轮民事诉讼法修正之省思》，《法学评论》2022 年第 2 期。

② 参见张卫平：《起诉条件与实体判决要件》，《法学研究》2004 年第 6 期。

③ 参见张卫平：《对民事诉讼法学贫困化的思索》，《清华法学》2014 年第 2 期；巢志雄：《诉权概念史》，厦门大学出版社 2021 年版，前言第 1 页。

④ 参见张卫平：《民事执行法的目的与民事执行法的制度建构》，《理论探索》2023 年第 3 期；肖建国：《民事强制执行立法的守正与创新》，《国家检察官学院学报》2024 年第 4 期。

⑤ 参见郭小冬：《人格权禁令的基本原理与程序法落实》，《法律科学》2021 年第 2 期；吴英姿：《人格权禁令程序研究》，《法律科学》2021 年第 2 期；刘子赫：《人格权禁令独立性的保全路径——以起诉期间制度为核心》，《财经法学》2023 年第 5 期。

⑥ 参见景汉朝、卢子娟：《"执行难"及其对策》，《法学研究》2000 年第 5 期；汤维建：《执行体制的统一化构建——以解决民事"执行难"为出发点》，《现代法学》2004 年第 5 期；任重：《民事诉讼法教义学视角下的"执行难"：成因与出路——以夫妻共同财产的执行为中心》，《当代法学》2019 年第 3 期。

⑦ 参见周翠：《行为保全问题研究——对〈民事诉讼法〉第 100—105 条的解释》，《法律科学》2015 年第 4 期；李曼：《行为保全制度的标准构建——以美国法中间禁令制度的衡量标准为参考》，《烟台大学学报（哲学社会科学版）》2016 年第 5 期。

在"申请难"，甚至其申请受理比要远低于起诉受理比。①

考虑到诉前行为保全"申请难"的普遍长期存在，知识产权、家事事件以及人格权保护等特殊领域另辟蹊径，建立起禁令制度以实现民事权利的及时有效保护。② 不过，在既有临时性法律保护措施的基础上叠床架屋地设置禁令制度虽然能克服"申请难"，但其代价是程序堆叠及制度属性上的模糊，这与编纂式民事诉讼法典的要求背道而驰。③ 不仅如此，在诉讼保全程序之外通过特别规定之方式探索临时性权利救济的可能，也难以真正实现临时性权利保护的体系融贯。有鉴于此，以诉讼保全申请难为代表的理论和实践难题有必要在民事诉权理论框架内予以有效回应，逐步形成四元民事诉权保障体系，亦即全流程的审判程序诉权保障体系、诉讼保全程序诉权保障体系、执行程序诉权保全体系以及非讼程序诉权保障体系。以下将以审判程序诉权为中心，随后依次延伸至其他三类诉权保障体系概述。而对上述四元诉权保障体系更为详尽的探讨将于本书后续四章递次展开。

第二节　审判程序中的民事诉权保障体系

为扭转我国二元诉权论的视野狭隘化，使诉权真正发挥对审判程序的全流程作用，并使其对诉讼保全、强制执行以及非讼程序产生统摄作用，我国二元诉权论有待以权利保护请求权说为参照完成诉权模式转型。

一、诉权概念的重塑

虽然权利保护请求权也使用诉权（Klagerecht）概念，但是诉权和权利保护请求权的关系尤其值得关注。诉权概念为民法学者在探讨请求权概念时所使用，本身具有浓厚的民法色彩。是故，诉权概念容易使人陷入罗马法中的诉权（actio）和以萨维尼、温德沙伊德以及科勒为代表的私法诉权论之语境。可以说，我国二元诉权论之"公法诉权为表，私法诉权为里"也存在诉权概念本身的影响。权利保护请求权能与作为实体权利组成

---

① 参见任重：《我国诉前行为保全申请的实践难题：成因与出路》，《环球法律评论》2016年第4期。

② 参见张卫平：《防御请求之诉：实体与程序的关联分析——兼论人格权防御请求之诉》，《清华法学》2023年第5期；吴英姿：《民事禁令程序构建原理》，《中国法学》2022年第2期；毕潇潇：《人格权侵害禁令研究——实体与程序的双重视角》，《东方法学》2022年第3期。

③ 关于编纂式法典化，参见王利明：《论编纂式法典化》，《政治与法律》2023年第12期。

部分或发展阶段的罗马诉权以及萨维尼式诉权的理解明确界分，并充分彰显公法权利的权利属性。

二、重拾诉的可能性

诉的可能性是有效界分权利保护请求权说与抽象公法诉权说的关键概念。诉权概念不仅容易出现罗马法诉权、私法诉权和公法诉权之间的混用，且囿于其多义性和模糊性，同样在抽象公法诉权中产生了误读。抽象公法诉权说的支持者将其程序启动意义上的诉权与胜诉权等量齐观，在此基础上对权利保护请求权说提出了激烈批判。① 鉴于此，权利保护请求权说强调以诉的可能性对应抽象公法诉权。

抽象公法诉权与诉的可能性没有本质区别，只是进入诉讼的可能。每个人都可进入诉讼，这虽然并未被民事诉讼法明确规定，但却是不言自明的。② 不仅如此，进入诉讼意义上的诉权概念并不满足权利的本质要求。③ 鉴于此，权利保护请求权概念不能满足于审判程序的开启，而有必要通过实体法和诉讼法之构成要件协同体系的建立，为程序公正与实体公正提供诉权准据。可见，虽然权利保护请求权理论也存在诉权之表述，但这一概念旨在解释《德国民法典》第 1958 条和《德国民事诉讼法》第 256 条第 1款之立法表述，亦即权利保护请求权意义上的具体构成要件。以此为据，起诉权概念理应伴随"诉讼爆炸""案多人少"的实质化解而逐步退出历史舞台，二元诉权论的重心则应相应由起诉权回归为胜诉权，并将起诉权所表征的程序事项作为胜诉权的有机组成部分。

三、重塑起诉权（诉的可能性）与胜诉权（诉权）的关系

对于我国起诉权与胜诉权的关系重塑，诉的可能性与权利保护请求权的关系模式可提供有益参照。在对权利保护请求权说的批评中，有相当部分是混淆了其与诉的可能性之间的相互关系。例如，彪罗和科勒均认为，每个人都具有的可以向法院起诉的权利并不是真正意义上的权利，而只是一种资格、权能或者人格权的表现形式。④ 因此，权利保护请求权根本就不是权利，其所表达的内容也是作为人所自然享有的自由。

---

① 参见 [德] 赫尔维格：《诉权与诉的可能性：当代民事诉讼基本问题研究》，任重译，法律出版社 2018 年版，第 43 页。

② 参见 [德] 赫尔维格：《诉权与诉的可能性：当代民事诉讼基本问题研究》，任重译，法律出版社 2018 年版，第 85 页以下。

③ 参见 [德] 赫尔维格：《诉权与诉的可能性：当代民事诉讼基本问题研究》，任重译，法律出版社 2018 年版，第 66 - 67 页。

④ Vgl. Bülow, Klage und Urteil: Eine rundfrage des Verhältnisses zwischen Privatrecht und Prozess, ZZP 31, 258 f. ; Kohler, Der sogenannte Rechtsschutzanspruch, ZZP 32, 211 f.

值得注意的是，本就作为一种资格、权能或者人格权表现形式的抽象诉权反而在我国呈现出具体权利化倾向，并随着三类近二十种起诉条件的堆叠使起诉权的成立难度激增，并在结果上引发"起诉难"和"立案乱"。随着抽象诉权的具体化，我国民事诉权意涵也出现相互矛盾，尤其是在"诉权是一项基本权利"的抽象诉权被基本界定后，进一步将诉权的法律效果确定为"没有这项权利，公民、法人和其他组织便不能启动民事诉讼程序获得司法裁判，实现实体权利"。不仅如此，在上述兼具诉的可能性和具体权利化之起诉权表述之外，通用表述还以胜诉权的基本定义作为开篇，亦即"诉权是指当事人为维护自己的合法权益，要求法院对民事争议进行裁判的权利"①。可见，抽象私权说（诉的可能性）、权利保护请求权甚至私法诉权说都混杂在我国民事诉权意涵中，这使民事诉权本应具有的规定性被大幅消解。

以权利保护请求权说为参照，诉的可能性是权利保护请求权的前提和基础，但并非权利保护请求权本身。任何人都可以通过起诉提出权利主张并获得裁判，通过起诉就能够生成民事诉讼法律关系。② 这与刑事诉讼相区别。刑事诉讼的开启有赖于对嫌疑人犯罪行为的充分怀疑。只有检察官提供了这样的理由后，他才能够要求开启刑事审判程序。在民事诉讼中，仅仅是原告向法院主张权利就足以要求法院送达起诉状，并确定辩论期日，以此开启诉讼程序。这并不要求起诉必须达到疏明（Glaubhaftmachung）的程度，不要求原告宣誓自己的起诉是正当的，也无须其为此提供担保。仅仅是起诉，就可以把对方当事人置于被告地位。③

四、诉讼要件与诉的前提条件之辨

相较诉的前提条件，诉讼要件更为我国学界所熟知。诉讼要件又被称为实体判决要件，是指受诉法院对案件实体争议有权作出判决的前提条件。不过，诉讼要件或实体判决要件并不是本案民事诉讼开始的要件。由于诉讼要件容易引起误读，张卫平教授建议采取实体判决要件之概念表述。④

彪罗对诉讼要件概念的提出和发展有突出贡献。⑤ 与现代理解显著不

---

① 江伟主编：《民事诉讼法》（第五版），高等教育出版社 2016 年版，第 61 页。
② 参见［德］赫尔维格：《诉权与诉的可能性：当代民事诉讼基本问题研究》，任重译，法律出版社 2018 年版，第 65 页。
③ 参见［德］赫尔维格：《诉权与诉的可能性：当代民事诉讼基本问题研究》，任重译，法律出版社 2018 年版，第 65 - 66 页。
④ 参见张卫平：《民事诉讼法》（第六版），法律出版社 2023 年版，第 363 页。
⑤ 参见冯珂：《民事诉讼驳回起诉的理论困境与功能转型》，《法治研究》2022 年第 3 期。

同，彪罗乃将诉讼要件理解为"诉讼法律关系产生的前提条件"①和"诉讼法律关系有效成立的必要条件"②。在权利保护请求权说看来，彪罗的这种理解是多余的，而且并不值得采纳。③在赫尔维格看来，有价值的诉讼要件概念只能是作出实体判决的前提条件。诉讼要件可以被进一步分为两大类：一类沿用诉讼要件的表述，另一类则被赫尔维格称为诉的前提条件（Klagevoraussetzung）。④为了避免混淆诉讼要件的含义，诉的前提条件被赫尔维格称为权利保护条件。可见，现代意义上的诉讼要件概念乃受权利保护请求权说的实质塑造，业已脱离其作为诉讼开启条件以及诉讼法律关系产生前提的本义。我国三类共 19 种的起诉条件的理解更接近彪罗的诉讼要件理论，而与现代诉讼要件理论有显著区别。

（一）法律效果之辨

完成现代化改造的诉讼要件具有特殊的诉讼法律效果。其中，欠缺诉讼要件时，不能作出实体判决。这种情况下应当避免使用"驳回诉讼请求"（Klageabweisung）的表述，而是采取"诉讼驳回"（Prozessabweisung）的表述。这在我国可对应为判决驳回诉讼请求和裁定驳回起诉（或裁定不予受理）。可见，我国既有的"裁驳—判驳"二元构造已经具备诉权模式转型的现实基础。其中，与我国裁驳对应的诉讼驳回主要针对诉讼行为和起诉方式等缺陷。与彪罗观点不同，赫尔维格认为即便发生诉讼驳回，也并非诉讼法律关系自始不发生。这种观点同样是现代德国民事诉讼法学的通说。⑤

（二）构成要件之辨

赫尔维格认为，诉讼要件具体包括如下内容：诉讼行为能力、代理权以及强制律师代理程序中法院批准的律师的签名；诉状送达给有诉讼行为能力的被告或者法定代理人；送达必须以法律规定的形式；诉状内容符合法律规定；诉讼类型必须合法，如诉的合并和反诉；原告向唯一

---

① Vgl. Bülow, Die Lehre von den Prozesseinreden und die Prozessvoraussetzungen, 1868, S. 6.

② Vgl. Bülow, Die neue Prozessrechtswissenschaft und das System des Civilprozessrechts: Betrachtung aus Anlass von Richard Richard Schmidts Lehrbuch des deutschen Civilprozessrechts, ZZP. 27, 236.

③ 参见［德］赫尔维格：《诉权与诉的可能性：当代民事诉讼基本问题研究》，任重译，法律出版社 2018 年版，第 98 页。

④ 也被日本和我国台湾地区学者译为诉讼权利保护要件，但是德文的直译应为诉的前提条件，特此说明。参见［日］新堂幸司：《新民事诉讼法》，林剑锋译，法律出版社 2008 年版，第 176 页；杨建华著，郑杰夫增订：《民事诉讼法要论》，北京大学出版社 2013 年版，第 196 页。

⑤ Vgl. Rosenberg/Schwab/Gottwald, Zivilprozessrecht, 18. Aufl., § 2 Rn. 3.

管辖法院起诉。欠缺上述任何要件的后果是诉讼驳回。由于其涉及诉讼法律行为和起诉方式问题，因此判断基准时是诉讼行为实施时。①

（三）诉的前提条件之展开

与此相对，诉的前提条件被赫尔维格界定为获得胜诉的条件，其与具体的法律状态相联系，从而与诉讼要件相互界分。诉的前提条件又可以进一步区分为实体和诉讼两个层面。实体层面之诉的前提条件与诉讼标的紧密相连，是原告诉称或否认的法律关系。根据实体法，不仅要判断诉讼标的是否成立，还需对下述问题作出判定：谁是法律关系的主体，这个案件是否属于行政法院主管或者有先行处置权（vorgenommene Verfuegung），被诉称的实体权利是否涉及自然债务（naturalis obligatio），是否存在着撤销权或者其他反对权，等等。② 诉讼层面则与权利保护请求权相关。当其欠缺时，并不引发诉讼驳回，而是引起驳回诉（Klagabweisung），因法院不能作出实体判决。驳回诉并不是否认原告诉请的实体权利，而只是判决原告不享有诉讼上的权利，不能要求法院保护其民事权利。诉讼层面的前提条件包括当事人能力、管辖、诉讼实施权、法律保护必要、诉讼抗辩。③

（四）诉讼层面之诉的前提条件与诉讼要件的界分

由于实体层面之诉的前提条件根据实体法来确定，因此不至于与诉讼层面之诉的前提条件和诉讼要件发生混淆。而诉讼层面之诉的前提条件和诉讼要件存在诸多共性，例如它们都是根据诉讼法来确定，都是作出实体判决的前提条件。尽管如此，对它们在权利保护请求权说的框架内仍可准确界分：

（1）欠缺所引发的法律效果不同。诉讼要件的欠缺引起诉讼驳回（Prozessabweisung），诉的前提条件的欠缺导致诉因为不合法而被驳回（Abweisung der Klage als unzulaessig）。

（2）诉讼要件原则上以起诉时为基准时，因为这涉及诉讼行为的必要前提。诉的前提条件的基准时是判决作出时，因为这是作出实体判决所要求的前提条件。

---

① 参见［德］赫尔维格：《诉权与诉的可能性：当代民事诉讼基本问题研究》，任重译，法律出版社 2018 年版，第 99 - 101 页。

② 参见［德］赫尔维格：《诉权与诉的可能性：当代民事诉讼基本问题研究》，任重译，法律出版社 2018 年版，第 104 - 107 页。

③ 参见［德］赫尔维格：《诉权与诉的可能性：当代民事诉讼基本问题研究》，任重译，法律出版社 2018 年版，第 109 - 116 页。

（3）与诉讼要件相比，诉讼层面之诉的前提条件同样是实体判决，因此需要先对诉讼要件加以澄清，之后再考察诉讼层面之诉的前提条件问题。

由于我国二元诉权论的视野狭隘化，权利保护请求权说视域下的诉讼要件、诉的前提条件中实体和诉讼两个层面均堆积于诉讼程序开启前的审查事项中，借助权利保护请求权说对诉权要件进行科学分层，是我国民事诉权模式转型的首要问题。

五、权利保护请求权视域下审判程序中的民事诉权

在德国法语境下，保全请求权、强制执行请求权与审判程序诉权（狭义诉权）并列。《德国民事诉讼法》和《德国民法典》虽然并未对诉权作出明确规定，但却广泛涉及审判程序诉权。权利保护请求权为以《德国民法典》第 1958 条和《德国民事诉讼法》第 256 条第 1 款为代表的具体规定提供了妥适的解释和适用方案。

结合具体条文加以体系解读，审判程序诉权是以诉的方式要求特定的、能够满足或拒绝原告法律保护利益（das Rechtsschutzinteresse）之判决的权利，因此也被称为有利判决请求权。[①] 在此基础上，审判程序诉权的类型有三：给付诉权、确认诉权和形成诉权。应当注意的是，审判程序诉权并不局限于原告，被告亦有诉权。不过，原告和被告的诉权不可能同时存在：要么原告具有诉权，这时会引发肯定其主张的终局判决；要么被告具有诉权，这时会引发驳回原告诉讼请求的终局判决。

诉权并不同于诉的可能性。每个人都有诉的可能性，但并非任何人都有诉权。换句话说，并非任何人都有权获得有利于己的胜诉判决。虽然个人通过起诉开启了诉讼程序，并获得了法院的审理，但其有利判决的获得还有赖于若干条件的满足：（1）必须具备当事人的主张且以法律规定的类型和方式，这类条件被称为诉讼要件（Prozessvoraussetzung）；（2）必须提出正确的主张，这意味着权利保护请求权的要件存在，这类条件被称为权利保护条件（Rechtsschutzvoraussetzungen）；（3）必须在诉讼中被陈述并得到证明，由于法官并非全知全能，因此必须设置第三类条件，其内容是判定当事人主张是否有据。

在起诉权中心主义模式下，我国二元诉权论出现胜诉权的虚置。为建立审判程序诉权保障体系，起诉权中的三类 19 种起诉条件应逐步向

[①] 参见［德］赫尔维格：《诉权与诉的可能性：当代民事诉讼基本问题研究》，任重译，法律出版社 2018 年版，第 68 - 80 页。

胜诉权一侧转型，即从扁平化的程序开启前提条件阶层化和动态化转变为当事人胜诉权的构成要件体系。当然，我国民事诉权转型不应照搬照抄上述三阶层的要件体系，而应充分结合我国实体法和程序法规定，有效回应超大规模的民事纠纷，逐步摸索确立本土化的民事诉权构成要件阶层化，本书对此将于第七章详细展开。

第三节　执行程序中的民事诉权保障体系

在权利保护请求权体系中，审判程序诉权虽然是重点和难点，但绝非全部。国家要建立法院提供司法服务的原因是其仅在极小的范围内认可私力救济。即便在私力救济的情况下，也并不允许当事人以自己的力量实现权利。鉴于此，法律必须允许个人向国家设置的司法机构寻求救助。在权利保护请求权框架下，国家提供法律保障的形式有三：一是终局性裁判，判定法律关系的存在与否；二是权利的实现；三是对权利的临时性保护。[①]

一、执行程序民事诉权的体系定位

我国民事诉权的体系展开还应充分考虑《民事诉讼法》第十五章"特别程序"，特别是第 186 条的规定："人民法院在依照本章程序审理案件的过程中，发现本案属于民事权益争议的，应当裁定终结特别程序，并告知利害关系人可以另行起诉。"据此，以担保物权实现程序为代表的非讼程序诉权，难以被视为给付诉权的不同实现方式，而是与普通审判程序存在并列关系，且不以法律关系终局判定作为其制度目的的特殊诉权。鉴于此，我国民事诉权将展开四元体系，亦即审判程序诉权、执行程序诉权、保全程序诉权和非讼程序诉权。

这种在诉讼中要求特定判决、在强制执行程序中申请要求实现特定结果、在诉讼保全程序中要求作出临时性法律保护裁定以及在没有民事争议时要求通过非讼程序作出裁定之四种诉权均系公权属性。这些权利是面向国家的，而且仅面向国家而非个人。虽然其会影响到对方当事人，但该个人并不是提供法律保护的义务人。这也使其与作为保护动机的民事权利区别开来：要求法律保护的权利也并非民事权利的后果。虽

---

① 参见〔德〕赫尔维格：《诉权与诉的可能性：当代民事诉讼基本问题研究》，任重译，法律出版社 2018 年版，第 38-39 页。

然民事权利和上述四种诉权相互作用，但却并非一体。诉权既不是民事权利的组成部分，也不是它的附属品。

二、民事诉权视域下的"执行难"与"执行乱"

"执行难"在我国是全社会共同关注的现象和问题。民事诉讼法教义学视角下的"执行难"是被执行人有能力或部分有能力满足生效裁判文书中记载的请求权，其却无法经由强制执行得到满足的法律现象。诉讼保全中对诉权范围的限缩、对程序事项的轻视和对证明标准的误读，审判程序中过分强调纠纷一次性解决的倾向以及由此引发的执行复杂化，都是"执行难"的民事诉讼法教义学成因。"执行难"和"执行乱"的根本解决之道是夯实执行程序诉权保障体系，充分明确执行程序诉权的阶层化构成要件，尤其是厘清既判力与执行力的科学关系。

既判力与执行力一元论是当事人主义诉讼模式的应有之义，是《宪法》第 13 条第 1 款和《民法典》第 3 条的基本要求，是《刑事诉讼法》第 12 条在民事诉讼中的对仗。一元论与二元论的模式界定实乃宪法、民法、民事诉讼法和强制执行法之法教义学展开。关于既判力相对性原则的学术纷争使逐步配备的立法资源未能得到充分重视，进而出现"立法有、实践乱、理论无"的局面。二元论及执行力主观范围扩张虽克服了执行力小于既判力之立法问题，但存在对诉讼规范的忽视并引发"乱执行"。就生效判决的强制执行而言，其制度目的是实现审判程序所认定的请求权主张，而非客观既存的实体请求权。以执行程序诉权为参照，一元论在我国并不存在难以克服的规范障碍。以《变更、追加规定》为代表的司法实践可借助一元论得以证成、赋权和反思，并被归结为权利义务承受型、诉讼实施权赋予型和执行力穿透型等扩张模式。执行力穿透型扩张未经充分的理论证成，是泛化理解和认识纠纷一次性解决以及穿透式审判思维的结果。相反，第三人向执行法院承诺履行不仅不是执行力的扩张，反而蕴含既判力相对性的精神，即在充分知情等程序保障的前提下自愿放弃接受审判之权利而直接承受强制执行，这使债权人获得了新的执行依据。对此本书第八章将展开详细探讨。

第四节　保全程序中的民事诉权保障体系

与"执行难""乱执行"的解决一脉相承，诉讼保全"申请难"的根本解决路径亦是参照权利保护请求权说，将诉前行为保全纳入诉权体系，作为与审判程序之狭义诉权并列的广义诉权类型，通过阶层化的诉权要件构造和诉讼标准的实质降低切实填补诉权保护体系上的空白。与此同时，作为权利保护请求权体系的诉讼保全申请权不能对审判程序之权利保护请求权照搬照抄，而是有必要在构成要件以及证明标准等方面作出差异化处理。其中，2019 年全面修订的《证据规定》于第 86 条第 2 款为诉讼保全申请权提供了差异化的证明标准，亦即"与诉讼保全、回避等程序事项有关的事实，人民法院结合当事人的说明及相关证据，认为有关事实存在的可能性较大的，可以认定该事实存在"。据此，我国民事诉讼证明标准形成三元构造，亦即《民诉法解释》第 108 条第 1 款的高度盖然性标准作为一般标准，《民诉法解释》第 109 条之"排除合理怀疑"作为更高标准，以及《证据规定》第 86 条第 2 款作为较低标准。

在降低证明标准之外，《民事诉讼法》第 103 条和第 104 条还有必要比照起诉权和胜诉权的界分科学划定其阶层化诉权要件，而不宜在《民事诉讼法》第 122 条和第 127 条的基础上将《民事诉讼法》第 103 条和第 104 条整体作为特殊起诉条件。否则，这必将导致诉讼保全申请权依附审判程序诉权，进而丧失其作为临时性权利保护措施的应有作用。对此本书第九章将详加探讨。

第五节　非讼程序中的民事诉权保障体系

虽然德国法也存在权利保护的特殊渠道，例如督促程序（Mahnverfahren）或者书证程序（Urkundenprozesses），但这并不被认为是与审判程序诉权相并列的诉权类型。相反，上述获得终局判决的不同诉讼途径被理解为同一类权利保护请求权。同样，法院适用普通程序抑或简易程序，也并不成立所谓简易程序权利保护请求权[1]，同理也无小额程序权利保护请求权之谓。然而，我国《民事诉讼法》第十五章专章规定特别程序，学界则常谓之非讼程序[2]，其难与《民事诉讼法》第 225 条到第 228 条之督促程序、第 160 条到第 170 条之简易程序及其小额程序等同

---

[1]　参见〔德〕赫尔维格：《诉权与诉的可能性：当代民事诉讼基本问题研究》，任重译，法律出版社 2018 年版，第 84 页。

[2]　参见肖建国、陈文涛：《论抵押权实现的非讼程序构建》，《北京科技大学学报（社会科学版）》2011 年第 1 期。

视之。相较而言，其更类似诉讼保全程序，系在"诉讼爆炸""案多人少"的司法现实条件下就特定类型案件的快速处理，但以"本案属于民事权益争议"为界碑。鉴于此，本书第十章将非讼程序诉权作为第四种诉权加以重点探讨。

就此而言，"无民事权益争议"的界定是非讼程序诉权保障体系的难点。立法和司法实践采取程序标的与相关诉讼标的一元结构，其实质是通过向非讼程序逃逸，挤压被申请人的诉讼权利。以此为代表的诉讼案件"非讼化"趋势与我国多年来为了摆脱"非讼化"的当事人主义改革目标背道而驰。为了将"无民事权益争议"的法定标准落到实处，充分保障当事人的诉讼权利，应当坚持非讼标的与诉讼标的二元格局，这集中表现为我国民事诉权四元体系中审判程序诉权与非讼程序诉权的并立。非讼程序并不确认民事权利义务关系，而仅产生获得执行依据的诉讼法律效果。除非实质性异议以及程序性异议外，其他民事权益争议包括对其成立与否的判断均应通过诉讼程序加以解决。为了避免预决效力对后诉当事人证明活动的不利影响以及节约司法资源，应当避免诉讼标的与非讼标的在审理范围上的高度重合。

第七章　审判程序中的民事诉权

《依法治国决定》提出的全过程诉权保障要求和过去十年来较为丰富的诉权实践为民事诉权的模式转型提供了新契机与新思路。审判程序中的民事诉权是我国民事诉讼法治现代化的原点和主线。《程序总结》和《程序草稿》确立了新中国的诉权意涵，在公法诉权论的基础上简化起诉权构成要件，降低起诉门槛。面对改革开放以来的超大规模民事纠纷，《民事诉讼法（试行）》转而建立扁平化的起诉条件。这不仅动摇了起诉权的权利属性，使民事诉权向私法诉权模式偏移，而且在结果上筑高起诉门槛，引发"起诉难"。《依法治国决定》为民事诉权的深刻变革提供了重要机遇，即将扁平化的起诉条件重塑为阶层化的诉权要件，在切实保障民事诉权的基础上有效回应超大规模民事纠纷。其中，起诉行为成立要件（第一层）和起诉权构成要件（第二层）实质简化起诉条件，大幅降低起诉门槛，为立案登记制改革的再深化提供了理论基础；判决请求权构成要件（第三层）和胜诉权构成要件（第四层）则彰显出开庭审理对诉权保障的决定性作用。

第一节　民事诉讼的中国式现代化

民事诉讼的中国式现代化是让人民群众在每一个司法案件中感受到公平正义的关键步骤。在全国法院受理和审结的诉讼纠纷中，民事案件始终处于绝对高位，其占比一度高达90%。[①] 可见，民事诉讼的中国式现代化直接影响人民群众的公平正义感，事关中国式法治现代化的根本价值。不仅如此，民事诉讼的中国式现代化还将协同影响民法的中国式现代化。民

---

① 参见蔡彦敏：《断裂与修正：我国民事审判阻止之嬗变》，《政法论坛》2014 年第 2 期。

法典的编纂体例和制度安排都体现出中国式现代化①，这样一部重要的法典要充分发挥实践功能，就必须重视实施与落实。如果不能体现民法典的精神，民事诉讼将削减甚至抵消民法的中国式现代化。民事诉讼的中国式现代化同样是国家治理体系和治理能力现代化的重要保障。中国式现代化是人口规模巨大的现代化。我国能否科学回应和有效解决超大规模的民事纠纷，不仅事关社会和谐稳定，而且实质影响民商法、经济法和社会法的三次分配正义能否落到实处。② 由此观之，中国式现代化是一项系统工程，必须统筹兼顾、协同推进。对于民事诉讼法学及其制度研究而言，中国式现代化绝非"帽子问题"，其要求我们重新审视既有研究，在探寻程序法治规律的同时凸显历史底色、时代特色，提炼民事诉讼的中国范式。

对于民事诉讼现代化而言，诉权实乃关键之问。③ 民事诉讼的独立化与现代化均以诉权的科学化为起点。④ 以纯化为程序概念的诉权为基点，民事诉讼法律和理论逐步构筑为独立体系。总体而言，民事诉讼现代化进程以诉权为枢纽展开。以诉权为中心，民事诉讼现代化历经三个主要阶段：第一阶段，民事诉讼的独立化，这集中表现为诉权概念的程序化，亦即罗马法诉权（actio）中实体要素的脱离⑤；第二阶段，民事诉讼的公法化，"脱私入公"同样以权利保护请求权概念和具体公法诉权论的确立为标志⑥；第三阶段，民事诉讼的宪法化，这表现为诉权的人权化以及司法请求权理论的展开。⑦ 新中国成立后，民事诉讼的社会主义转型亦以诉权为中心。改革开放以来，以诉权为起点，以当事人主义诉讼模式为蓝图的

---

① 参见石佳友：《人格权编的中国范式与中国式现代化的实现》，《中国法学》2023 年第 3 期。

② 参见黄文艺：《推进中国式法治现代化，构建人类法治文明新形态——对党的二十大报告的法治要义阐释》，《中国法学》2022 年第 6 期。

③ 参见江伟：《市场经济与民事诉讼法学的使命》，《现代法学》1996 年第 3 期。

④ 参见王锡三：《近代诉权理论的探讨》，《现代法学》1989 年第 6 期。

⑤ 参见［日］中村宗雄、中村英朗：《诉讼法学方法论——中村民事诉讼理论精要》，陈刚、段文波译，中国法制出版社 2009 年版，第 7—8 页。

⑥ 参见［德］赫尔维格：《诉权与诉的可能性：当代民事诉讼基本问题研究》，任重译，法律出版社 2018 年版，第 40—41 页。

⑦ 参见吴英姿：《论诉权的人权属性——以历史演进为视角》，《中国社会科学》2015 年第 6 期；［德］罗森贝克等：《德国民事诉讼法（上）》，李大雪译，中国法制出版社 2007 年版，第 15—16 页。

民事诉讼现代化有力推行。①

　　据不完全统计，2014 年《依法治国决定》颁行以来，在"本院认为"中使用"诉权"表述的裁判文书共计 567 919 件。其中，民事案件（包括执行案件）裁判文书达 489 080 件，占涉诉权裁判文书总数的 86.12%。②面对全过程诉权保障的改革愿景和规模巨大的诉权实践③，诉讼法学界也努力探寻中国式民事诉权现代化的新道路，其研究内容覆盖诉权的人权属性④、检察公益诉权⑤、环境公益诉权⑥、民事诉权契约⑦、知识产权诉权⑧、算法与诉权等。⑨ 与此同时，诉权传统问题仍受持续关注，特别是民事诉权滥用规制。⑩

第二节　审判程序民事诉权的模式变迁

　　民事诉权研究尚未充分回应"中国式"这一时代之问。这具体表现

---

　　① 关于民事诉讼中国式现代化的内涵与外延，参见张卫平：《民事诉讼现代化标准判识》，《东方法学》2024 年第 2 期。

　　② 参见聚法案例数据库，https://www.jufaanli.com/new_searchcase? TypeKey＝2%3A%E8%AF%89%E6%9D%83&-search_uuid＝6f01792e41a886eb544a5190990bf65f，最后访问时间：2024 年 3 月 20 日。

　　③ 关于全过程诉权保障的学术倡导，参见刘家兴：《有关诉和诉权的几个问题》，《政治与法律》1985 年第 6 期。

　　④ 参见吴英姿：《论诉权的人权属性——以历史演进为视角》，《中国社会科学》2015 年第 6 期；王晓：《民事诉权保障论纲》，《法学论坛》2016 年第 6 期。

　　⑤ 参见蔡虹：《检察机关的公益诉权及其行使》，《山东社会科学》2019 年第 7 期；韩波：《论民事检察公益诉权的本质》，《国家检察官学院学报》2020 年第 2 期。

　　⑥ 参见徐德臣、朱伯玉：《再论环境诉权——以生态中心主义为背景》，《兰州学刊》2015 年第 1 期；潘牧天：《生态环境损害赔偿诉讼与环境民事公益诉讼的诉权冲突与有效衔接》，《法学论坛》2020 年第 6 期。

　　⑦ 参见吴英姿：《不起诉契约不具有诉讼法上效力——诉权契约原理》，《烟台大学学报（哲学社会科学版）》2015 年第 4 期；巢志雄：《民事诉权合同研究——兼论我国司法裁判经验对法学理论发展的影响》，《法学家》2017 年第 1 期。

　　⑧ 参见董美根：《论我国商标侵权诉讼中被许可人之诉权》，《知识产权》2015 年第 2 期；刘子侨：《著作权被许可人的诉权分析》，《中国版权》2016 年第 6 期；宁立志、宋攀峰：《专利诉权滥用的防范》，《知识产权》2017 年第 10 期；张轶：《论专利独占被许可人的诉权》，《知识产权》2018 年第 1 期。

　　⑨ 参见刘玫、陈慧君：《算法公平与诉权保障——性别平等保护视角下智慧司法的规制路径》，《妇女研究论丛》2022 年第 3 期。

　　⑩ 参见王晓、任文松：《民事诉权滥用的法律规制》，《现代法学》2015 年第 5 期；任瑞兴：《诉权的权利属性塑造及其限度》，《当代法学》2020 年第 2 期。

为，诉权的中国意涵并未得到充分澄清，其对立案登记制的规定性及与审判中心主义的内在联系也未得到理论证成。不仅如此，《依法治国决定》颁布以来相关司法实践的快速发展也未被充分融入民事诉权理论。中国式现代化为民事诉权的深刻变革提供了绝佳契机。为此，厘清审判程序中的民事诉权变迁具有重要意义。

一、以诉权为中心推动民事诉讼社会主义转型（1949—1981 年）

新中国成立前，我国并无严格意义上的诉权规范及理论。[①] 新中国的建立实质上改变了上述格局。1950 年 7 月到 8 月召开的第一届全国司法工作会议集中讨论《程序通则》。[②]《程序通则》强调从法律和事实上切实保护诉权，以实现民事诉讼的社会主义转型。《程序通则》对上诉权（第 49 条和第 56 条）、再审诉权（第 74 条）等具体诉权制度进行明确规定，对起诉权的规定却付之阙如。新中国成立初期的司法实践因而并未形成受理案件的统一标准与程序，地方各级人民法院和司法机关为此频繁请示最高人民法院。[③]

最高人民法院在归纳整理各地审判经验的基础上，于 1956 年 10 月颁布《程序总结》，其在 1979 年 2 月之前一直是各级人民法院遵循的实质民事诉讼法。[④]《程序总结》继承和发扬《程序通则》中对具体诉权的全面系统规定，在此基础上开启了起诉的权利化进程。《程序总结》开篇规定"案件的接受"。受理的实质标准是原告是否享有诉讼请求权。以《程序总结》为参照，最高人民法院刑民诉讼经验总结办公室于 1957 年拟定条文化的《程序草稿》。根据《程序草稿》第 1 条第 1 款第 1 句，原告的诉讼请求权是为了保护自己的权利或者依法保护他人的权利，向人民法院起诉之权。相反，起诉手续完备性并非诉讼请求权的构成要件，而是法院在决定受理案件后才予以审查的事项，例如，原告是否在诉状上签名或盖章、双方住址是否明确、是否按对方人数提交了副本。

---

① 中国古代法律中已有关于起诉的规定，如"告诉乃论""辞者辞廷""辞者不先辞官长，啬夫"。参见袁岳：《诉权现代化与诉讼民主化——历史与现状的比较研究》，《比较法研究》1988 年第 4 期。

② 《程序通则》虽未获通过，但学界仍认为这是新中国第一部诉讼法（刑民共用）草案。参见刘家兴主编：《民事诉讼法学教程》，北京大学出版社 1994 年版，第 16—17 页。

③ 如《最高人民法院关于民事原告直接向被告所在地法院以书面起诉应该受理的批复》（1955 年 4 月 26 日）、《最高人民法院关于诉讼请求权的理解复函》（1956 年 10 月 26 日）。

④ 参见柴发邦等：《民事诉讼法通论》，法律出版社 1982 年版，第 50 页。1979 年 2 月 2 日，最高人民法院印发《人民法院审判民事案件程序制度的规定（试行）》，其在民事诉讼法发布之前试行。

（一）新中国成立以来的民事诉权意涵

《程序总结》和《程序草稿》初步确立了新中国的民事诉权意涵：其一，诉权的权利主体是当事人，义务主体是人民法院，其在性质上是公法权利。上述定位使我国诉权实现了跨越式发展，在起点上便超越了实体程序不分的罗马诉权和私法诉权阶段。其二，起诉权是诉权的中心概念，是当事人享有全过程诉权（反诉权、上诉权、再审诉权）的前提。起诉权的判断标准是诉讼请求权，人民群众只需主张权利为自己所有即可满足起诉权的前提条件。其三，起诉权存否的判断是民事案件的组成部分，在性质上属于法院审理，原则上由合议庭对此加以判定。当不具有诉讼请求权时，合议庭将驳回起诉。相反，法院管辖的作用是使民事案件在全国法院范围内合理分配，合议庭在管辖权欠缺时裁定移送民事案件。由此可见，法院管辖虽然影响合议庭对民事案件的受理，但其在性质上并非起诉权的构成要件。

新中国成立之初，诉权被赋予民事诉讼社会主义转型的历史使命和时代精神，这也充分彰显出民事诉权的中国问题意识。上述以诉权为主线的民事诉讼体制转型开创了诉权的中国范式。无论是以萨维尼为开端并以科勒为复兴的私法诉权说，还是以彪罗为代表的抽象公法诉权论以及以瓦赫、赫尔维格作为代表人物的权利保护请求权理论（具体公法诉权说），均是在民事诉讼法典与民法典既定的语境下展开的法解释工作。二战后，权利保护请求权论在德国的回春以及受美国法影响的诉权宪法化与人权化亦不例外。[1] 苏联民事诉权理论同样建基于苏联及其加盟共和国的民事诉讼立法与司法实践，这在总体上依旧是实定法范畴的解释论，立法论是罕见的附带性内容。[2]

（二）"起诉—受理"模式的初步确立

起诉权在我国并未照搬照抄苏联模式，而是充分结合我国国情进行本土化改造与革新。例如，《苏俄民事诉讼法典》第 2 条将"利害关系当事人"作为起诉权的构成要件，但因"利害关系"的抽象性与模糊化

---

[1] Vgl. Arwed Blomeyer, Zivilprozessrecht：Erkenntnisverfahren, Springer-Verlag, 1963, S. 4 ff.

[2] 参见［苏］M. A. 顾尔维奇：《诉权》，康宝田、沈其昌译，中国人民大学出版社 1958 年版，第 176、216 页。

而在苏联引发司法实践与理论研究的严重分歧。① 与此不同，《程序草稿》第 1 条第 1 款第 1 句创造了诉讼请求权概念，并将其明确界定为"请求保护自己的权利，或者请求保护依法由他保护的人的权利"。与上述概念创新相比，起诉门槛的实质降低是更为深刻的中国式变革。为充分保障诉权、彰显中国特色社会主义民事诉讼优越性，受理条件仅有具有起诉权与符合法院管辖两个范围。相反，律师代理和诉讼费用等要求被明确排除在外。②

值得注意的是，起诉权模式及其"起诉—受理"的制度构造并非对苏联模式的盲从，而是为了有效回应新中国成立后第一次司法改革以及第二届全国司法工作会议精神。③《第二届全国司法会议决议》在民事诉讼制度方面强调民间调解，以使法院减少处理一些不需要直接处理的案件，特别是节省群众因诉讼而耗费的人力、物力和时间。调解制度被认为是依靠群众解决民间纠纷、教育人民爱国守法、增强团结、减少讼争的有效办法。④ 可见，起诉权肩负案件筛选和分流功能，即通过抬高起诉门槛使案件向调解制度回流。

二、以起诉权为中心应对"诉讼爆炸""案多人少"（1982—2013 年）

新中国成立以来，我国民事诉权从无到有，实现跨越式发展。以民事诉讼的社会主义转型为历史使命，以苏联模式为转型参照，我国重塑起诉权构成要件，以实质降低起诉门槛，充分赋予和有效保障民事诉权。上述发展趋势因为新中国第一部民事诉讼法典而发生根本转变。

（一）《民事诉讼法（试行）》以来的民事诉权意涵

《民事诉讼法（试行）》在继承起诉权之筛选分流功能的同时，经由起诉条件的法定化与集中化陡然抬高起诉门槛。

---

① 参见［苏］M. A. 顾尔维奇：《诉权》，康宝田、沈其昌译，中国人民大学出版社 1958 年版，第 80、208 页。

② 参见［苏］阿·阿·多勃罗沃里斯基等：《苏维埃民事诉讼》，李衍译，常怡校，法律出版社 1985 年版，第 181 - 182 页。

③ 关于 1952 年司法改革运动的理论探讨，参见张小军：《1949 年至 1953 年司法改革演变及若干反思——以"新法学研究院"对旧法人员的改造和 1952 年司法改革为例》，《政治与法律》2010 年第 12 期；赵晓耕、段瑞群：《1952 年司法改革运动与法学界的反思——以北京市旧司法人员清理与改造为视角》，《北方法学》2017 年第 2 期。

④ 参见柴发邦等：《民事诉讼法通论》，法律出版社 1982 年版，第 4、46 - 47 页。"重调解，轻诉讼"的司法导向在我国上世纪末和本世纪初演变为"大调解"司法运动。相关理论探讨与反思参见张卫平：《诉讼调解：时下势态的分析与思考》，《法学》2007 年第 5 期；李浩：《调解归调解，审判归审判：民事审判中的调审分离》，《中国法学》2013 年第 3 期。

第一，区分原、被告之主体条件，采取原告适格与被告明确性之二元构造。《民事诉讼法（试行）》第81条抛弃《程序总结》及《程序草稿》中的诉讼请求权概念，转而照搬苏联模式中的"利害关系当事人"，并在此基础上增加直接性要求。受制于"直接"和"利害关系"的抽象性与模糊化，《苏俄民事诉讼法典》第2条所引发的学术论争在我国也不断涌现。[1] 可见，民事诉讼立法必须遵循中国式现代化的正确道路与科学方法，在批判"全盘西化"的同时也必须警惕走"全盘苏化"的弯路。[2]

第二，增加诉讼请求的事实根据要求，即通过原告主张的法律事实能支撑其具体化的诉讼请求[3]，这无异于将胜诉权的实体要求前移至起诉权的构成要件，以原告单方面提出的诉讼资料能够满足胜诉权作为受理标准。

第三，将法院主管和管辖明确划入起诉权构成要件，并对其程序法律后果加以修正，人民法院不再作移送处理。

第四，新增消极起诉条件，涉及法院主管、既判力、暂停行使诉权期间。[4]

第五，将起诉手续纳入起诉权构成要件。

至此，源于《程序总结》并沿用至改革开放初期的诉权模式发生根本转变，简化起诉权构成要件以实质降低起诉门槛的发展趋势被彻底打破。1991年《民事诉讼法》全面继承了上述民事诉权模式，在此基础上作出两处形式修正与四处实质变动。

实质变动集中于消极起诉条件和起诉权裁判方式，即将不予受理从"决定—通知"升格为"裁定—上诉"，以应对司法实践中的"起诉难""立案乱"。[5] 上述诉权模式虽于2012年迎来修正，但并未改弦更张：在起诉权构成要件并无实质变动的情况下，修正案新增"起诉权利"之立法表述。综上所述，《民事诉讼法（试行）》确立了我国沿用至今的民事诉

---

[1]　关于原告适格之理论与实践分歧，参见齐树洁、苏婷婷：《公益诉讼与当事人适格之扩张》，《现代法学》2005年第5期；曹云吉：《程序/实体：民事诉讼正当当事人性质分析》，《甘肃政法学院学报》2020年第2期。

[2]　参见张文显：《论中国式法治现代化新道路》，《中国法学》2022年第1期。

[3]　参见柴发邦等：《民事诉讼法通论》，法律出版社1982年版，第278页。

[4]　关于暂停行使诉权期间与诉权消灭的异同，参见刘新英：《论诉权和诉权的消灭》，《法学评论》1988年第3期。

[5]　参见胡康生：《论〈民事诉讼法（试行）〉的修订》，《中国法学》1991年第3期。

权模式，实质改变了新中国成立以来的民事诉权意涵。

第一，起诉权的权利属性出现松动。《程序总结》和《程序草稿》中的起诉权意涵不仅明确而且易于实现。相反，《民事诉讼法（试行）》确立积极条件 4 项、消极条件 5 项和起诉手续 4 项。不仅如此，原告适格和诉讼请求的事实根据等要求不仅抽象而且模糊，人民群众通过起诉开启诉讼程序的难度激增。对全过程诉权保障具有决定性作用的不再是起诉权，而是法院的受理决定。是故，《民事诉讼法（试行）》并未采取"起诉权"或"有权向法院起诉"的权利化表达，而仅规定"可以向人民法院起诉"。与起诉相比，法院受理才是诉讼程序开始和诉讼法律关系确立的标志。①

第二，诉权性质从公法诉权向私法诉权偏移。无论是原告适格，抑或是诉讼请求的事实根据，都以实体权利的存在及其受到侵害或有被侵害之虞作为开启诉讼程序的逻辑前提。决定受理前，法院要根据原告单方诉讼资料初步判定实体法律关系，随后才能开启审理程序。诉权的中国意涵面临从公法诉权退回私法诉权的结构性风险。不容忽视的是，私法诉权说自身存在难以克服的实践困境。② 法院在受理案件前判定实体权利的存在及受到侵害，进而对有实体保护必要的起诉进行审理，这种理想主义的诉权模式存在空想性。在对诉讼资料进行全面且充分的审理之前，法官无法对原告适格、诉讼请求的事实根据等胜诉权色彩浓厚的构成要件进行准确判定。③ 不仅如此，受理前的判定程序同样损耗宝贵的司法资源，且因标准和程序的不透明而极易引发"起诉难"甚至催生司法腐败。④《民事诉讼法（试行）》颁布实施后在全国范围内引发的"起诉难""立案乱"并非我国特有的诉讼问题，这毋宁是私法诉权的固有弊病。

第三，法院对诉权存否的判断脱离审理程序。新中国成立以来，起诉权构成要件的判定是当事人享有全过程诉权的必要前提。有鉴于此，诉权存否的判断向来被作为审理程序的组成部分，原则上由合议庭在开庭审理

---

① 参见常怡等：《民事诉讼基础理论研究》，法律出版社 2020 年版，第 258 页。

② 参见顾培东：《法学与经济学探索》，中国人民公安大学出版社 1994 年版，第 199 页。

③ Vgl. Althammer, Streitgegenstand und Interesse: Eine zivilprozessuale Studie zum deutschen und europäischen Streitgegenstandsbegriff, Mohr Siebeck 2012, S. 25.

④ Vgl. Leipold, Zivilprozessrecht und Ideologie-am Beispiel der Verhandlungsmaxime, JZ 1982, 441, 443.

前确定。诉权存否的判断同样是民事案件的重要组成部分。① 随着起诉权的权利属性出现松动，且诉权性质由公法诉权向私法诉权偏移，诉权存否的判定逐渐脱离审理程序，尤其是在"立审分立"模式确立后，起诉权构成要件的判定前移为案例受理前的独立程序，或称"诉讼前程序"。②

（二）民事诉权的功能变迁

随着权利属性、理论模式以及程序性质的变迁，民事诉权的功能与作用也在悄然发生改变。以《民事诉讼法（试行）》为转折点，起诉门槛不降反升。对此，以"诉讼爆炸""案多人少"为关键词的巨大规模民事纠纷是重要成因。③ 据统计，全国民事案件数量在1950年共计659 157件④，从1950年到1978年近30年间，其数量并未出现几何式增长，而是基本维持在200万件以下。改革开放以来，民事案件数量随着经济社会的繁荣发展而水涨船高：在《民事诉讼法（试行）》颁布的1982年共计778 941件，在《民事诉讼法》正式颁布的1991年则达到2 448 178件，不到10年就增长2倍有余。在民事诉讼法修正案颁布的2007年，民事案件数量突破500万件大关，此后保持年均增长50万件的增速，于2012年达到7 316 463件。与民事案件数量的增幅不成比例的是，我国法官人数从1978年的5.9万人增长到新中国成立以来的峰值24.8万人（2022年）。在法官离职潮等不利因素影响下⑤，全国法官人数在2002年以后逐步下滑，一度降至12.6万人。⑥ 随着"人案比"不断升高，起诉权肩负愈发沉重的筛选分流功能。案件数量的增长趋势正是起诉门槛在《民事诉讼法（试行）》中不降反升的时代背景。

三、"有案必立、有诉必理，保障当事人诉权"（2014年以来）

新中国成立以来，诉权是民事诉讼社会主义转型的主线，体现出鲜明

---

① 参见杨荣新、叶志宏编：《民事诉讼法参考资料》，中央广播电视大学出版社1986年版，第211页。

② 参见张卫平：《起诉条件与实体判决要件》，《法学研究》2004年第6期，第59页。

③ 参见程金华：《中国法院"案多人少"的实证评估与应对策略》，《中国法学》2022年第6期，第238页。

④ 本节数据主要参考朱景文主编：《中国人民大学中国法律发展报告2011》，中国人民大学出版社2011年版。此外借助《中国法律年鉴（1987—2011）》《全国法院司法统计公报（2002—2018）》和最高人民法院工作报告加以补充，特此说明。

⑤ 参见李浩：《法官离职问题研究》，《法治现代化研究》2018年第3期。

⑥ 参见《最高人民法院2019年上半年审判执行工作数据》，中国法院网 https://www.chinacourt.org/article/detail/2019/07/id/4234885.shtml，最后访问时间：2024年3月20日。

的中国特色社会主义特征。与苏联模式相比，我国大幅简化起诉权构成要件，实质降低起诉门槛，彰显人民至上的根本立场。改革开放后，随着经济社会繁荣发展，民事案件数量急剧增加，"人案比"不断升高。面对超大规模诉讼纠纷，起诉权构成要件实质上发挥了筛选分流功能。然而，诉权的本质乃人民对司法机关的诉讼权利以及司法机关对人民的审判义务。① 起诉条件的堆积和起诉门槛的高企使诉权的权利属性发生动摇，其面临退回私法诉权说的结构性风险。随着专门立案机构和独立受理程序的确立，民事诉权的判定最终脱离了审理程序。上述民事诉权性质与功能的变迁正是"起诉难"的根本理论成因。

一般认为，民事诉讼有"三难"，即"起诉难""执行难"和"再审难"。② 在"三难"中，"起诉难"首当其冲。起诉权是当事人享有全过程诉权保障的必要前提。若无法充分保障起诉权，那么作为诉权表现形式的执行申请权和再审诉权也将无以附着。《依法治国决定》对民事诉权的上述改革深水区作出了直接回应：

第一，《依法治国决定》将诉权保障提升到前所未有的高度，强调对"起诉难"的解决不能小修小补，而是要实现民事诉权的深刻变革。"有案必立、有诉必理，保障当事人诉权"成为民事程序法治现代化的最强音。

第二，《依法治国决定》中的两处诉权表述塑造出崭新的诉权意涵，系对改革开放以来诉权认识的重大调整。第一处强调诉权的权利属性，明确起诉权对立案登记制的规定性。起诉权是我国诉权制度的重要内容。诉权保障必然要求将法院的程序启动权关进立案登记制的笼子里。决定程序启动和诉讼法律关系确立的只能是起诉权。第二处诉权表述则掷地有声地指出诉权保障与"以审判为中心"的内在关联性，强调诉权判定重回民事案件的审理范畴，逐步改变其"诉讼前程序"的司法现状。

第三，《依法治国决定》为诉权保障提供了科学方法和道路指向。诉权保障要求案件受理制度的根本变革，即"变立案审查制为立案登记制"，做到"有案必立、有诉必理"。考虑到民事诉权的中国式现代化无

---

① 参见［德］赫尔维格：《诉权与诉的可能性：当代民事诉讼基本问题研究》，任重译，法律出版社 2018 年版，第 86 页。

② "三难"亦可能包含"证明难"或"调查取证难"。参见李浩：《民事审判程序修改中的新制度》，《海峡法学》2013 年第 1 期。

法一蹴而就,《依法治国决定》蕴含层层递进的改革步骤,即:(1)在原有诉权意涵及模式下,贯彻和夯实起诉权法定原则,"对人民法院依法应该受理的案件"做到"有案必立,有诉必理";(2)以《依法治国决定》中的全新诉权意涵为导向,在既有法律框架内展开实践探索与理论研究,切实保障当事人诉权;(3)通过法律修订或民事诉讼法典化[①],最终将诉权实践经验与理论研究成果上升为民事诉权立法,充分有效回应《依法治国决定》对全过程诉权保障的改革要求,实质推进民事诉权的中国式现代化。

第三节　审判程序民事诉权的实践样态

以《依法治国决定》对全过程诉权保障的顶层设计为时代契机,我国民事诉权经历了深刻变革。实务界普遍认为,立案登记制改革已经基本完成。[②] 相反,学界代表性观点则认为,以起诉条件高阶化为主要特征的立案审查制并未被撼动,真正意义上的立案登记制尚未实现。[③] 上述关于立案登记制改革的认识分歧源于对民事诉权意涵的不同理解。实务界仍以《民事诉讼法(试行)》以来的民事诉权模式为基础,将立案登记制改革定位为起诉条件的法定化,即严格遵循 2023 年修正后的《民事诉讼法》中的积极起诉条件 5 项、消极起诉条件 8 项(包含诉前调解要求)和起诉手续 6 项,立案登记制改革的主要变化是使起诉条件的实质审查变为形式审查或有限的实质审查。以《依法治国决定》中民事诉权的全新意涵为标准,上述实践旨在夯实民事诉权改革的第一步,即贯彻落实起诉权法定原则,"对人民法院依法应该受理的案件"切实做到"有案必立,有诉必理"。与之相对,理论界则主要从《依法治国决定》中民事诉权的全新意涵出发,主张切实降低起诉门槛,这指向了更高位阶的民事诉权模式转型和立案登记制改革步骤。

---

① 《民法典》颁布实施后的民事诉讼法典化讨论。参见张卫平:《民事诉讼法法典化的意义》,《东方法学》2022 年第 5 期;胡学军:《家族相似性:民事诉讼法法典化的逻辑与技术》,《当代法学》2023 年第 6 期;任重:《我国民事诉讼法典化:缘起、滞后与进步》,《河北法学》2022 年第 8 期。

② 参见段厚省:《论起诉条件的有限实质审查》,《法治研究》2023 年第 6 期。

③ 参见张卫平:《民事案件受理制度的反思与重构》,《法商研究》2015 年第 3 期。

一、审判程序民事诉权实践概览

起诉权法定原则在司法实务中的贯彻落实虽不能带来起诉门槛的实质降低，但却为民事诉权的中国式现代化奠定了坚实基础。值得注意的是，我国民事诉权的既有研究多从学说史和立法论出发。相较而言，结合民事诉权实践对现有法律框架的解释论仍显不足。①《依法治国决定》发布以来，在"本院认为"中出现"诉权"表述的民事案件（包括执行案件）裁判文书多达 489 080 件，占涉及诉权裁判文书的 86.12%。本章选取其中的指导性案例和公报案例展开研究，同时参考最高人民检察院发布的相关指导性案例，以期总结和揭示我国审判程序民事诉权的实践样态。

在第 122 号指导性案例"李某滨与李某峰财产损害赔偿纠纷支持起诉案"中，最高人民检察院将"保障当事人平等行使诉权"理解为通过收集证据以支持起诉人满足法定起诉条件。根据上述理解，诉权是原告在满足法定起诉条件后所享有的要求法院受理案件的诉讼权利。将诉权理解为起诉权并非个别认知。

在最高人民法院指导性案例第 198 号"中国工商银行股份有限公司岳阳分行与刘某良申请撤销仲裁裁决案"中，2004 年颁布的《建设工程施工合同解释》第 26 条第 1 款被理解为实际施工人对发包人的诉权规定。②此处的诉权同样指向起诉权。在此基础上，"人民法院应当依法受理"存在两种解释路径：一是以上述规定替换起诉权的三类构成要件，二是将其视为对 2017 年修正后的《民事诉讼法》第 119 条第 1 项（2023 年修正后的《民事诉讼法》第 122 条第 1 项）之原告适格的具体解释。最高人民法院在上述指导性案例中支持第二种路径，这同样是起诉条件法定原则的应有之义。

上述方案为"人民法院应当依法受理"在相关立法和司法解释中的理解与适用提供了科学指引。③ 在最高人民法院指导性案例第 130 号"重庆市人民政府、重庆两江志愿服务发展中心诉重庆藏金阁物业管理有限公司、重庆首旭环保科技有限公司生态环境损害赔偿、环境民事公

---

① 参见段厚省：《论起诉条件的有限实质审查》，《法治研究》2023 年第 6 期。
② 上述诉权规定被现行《建设工程施工合同解释》第 43 条第 1 款保留。
③ 前者如《中华人民共和国妇女权益保障法》第 75 条第 2 款后段，后者如《最高人民法院关于办理人身安全保护令案件适用法律若干问题的规定》第 2 条。

益诉讼案"中，最高人民法院所谓"二原告基于不同的规定而享有各自的诉权"同样指向《民事诉讼法》第122条第1项之原告适格，这亦是《民事诉讼法》第58条之制度构造。①

当然，最高人民检察院和最高人民法院对诉权的理解较为多元。例如，最高人民检察院在指导性案例第154号"李某荣等七人与李某云民间借贷纠纷抗诉案"中指出，"准确适用司法鉴定对于查明案件事实、充分保障当事人诉权及客观公正办理案件具有重要意义"。上述理解显然不同于起诉权，而是进入通过证据证明获得于己有利事实认定和有利判决的胜诉权范畴。② 此外，在指导性案例第22号"魏某高、陈某志诉来安县人民政府收回土地使用权批复案"中，最高人民法院将诉权理解为当事人可就争议向法院提起诉讼，这是对纠纷解决途径的提示与指引，而非起诉条件的具体化。③

上述将诉权原则上等同于起诉权，例外延伸至胜诉权的做法还在更大范围内获得了司法实践的印证。在聚法案例数据库中进行检索，"本院认为"部分出现"诉权"的民事公报案例共计33项。④ 在排除"上诉权"⑤和重复出现两次⑥的裁判文书后，有效样本数为27份。上述公报案例中的民事诉权基本信息如表7-1所示⑦：

---

① 参见蔡虹：《检察机关的公益诉权及其行使》，《山东社会科学》2019年第7期。

② 关于实体意义诉权或胜诉权的不同理解与认识，参见柴发邦等：《民事诉讼法通论》，法律出版社1982年版，第195页；顾培东：《诉权辨析》，《西北政法学院学报》1983年第1期；刘家兴主编：《民事诉讼法学教程》，北京大学出版社1994年版，第34页；王锡三：《民事诉讼法研究》，重庆大学出版社1996年版，第149页；江伟、单国军：《关于诉权的若干问题的研究》，载陈光中、江伟主编：《诉讼法论丛》（第一卷），法律出版社1999年版，第237—239页。

③ 类似诉权理解还可见于《民法典》第233条："物权受到侵害的，权利人可以通过和解、调解、仲裁、诉讼等途径解决。"参见黄薇主编：《中华人民共和国民法典物权编解读》，中国法制出版社2020年版，第66—67页。

④ 参见聚法案例数据库，最后检索时间：2023年11月27日。

⑤ 参见"中国农业银行哈尔滨市太平支行与哈尔滨松花江奶牛有限责任公司、哈尔滨工大集团股份有限公司、哈尔滨中隆会计师事务所有限公司借款合同纠纷案"。类似的指导性案例如最高人民法院指导性案例第2号"吴某诉四川省眉山西城纸业有限公司买卖合同纠纷案"。

⑥ 关联案例参见"招商银行股份有限公司无锡分行与中国光大银行股份有限公司长春分行委托合同纠纷管辖权异议案"。

⑦ 一份裁判文书中的诉权表述涉及不同内涵时将分别列出，如"黑龙江闽成投资集团有限公司与西林钢铁集团有限公司、第三人刘某平民间借贷纠纷案"。

表 7-1 公报案例中的民事诉权

诉权内涵	诉权表述	案名	具体诉讼制度
起诉权	"鞍钢公司凭此提单诉富春公司海上货物运输合同纠纷，其诉权存在"	富春航业股份有限公司、胜惟航业股份有限公司与鞍钢集团国际经济贸易公司海上运输无单放货纠纷再审案	原告适格
	"金利公司作为签订合同的一方当事人，理应依法享有诉权……因金利公司未能正确行使诉权，造成拖延诉讼长达 12 年"	大连远东房屋开发有限公司与辽宁金利房屋实业公司、辽宁澳金利房地产开发有限公司国有土地使用权转让合同纠纷案	
	"其他债权人已经全权委托赛福尔公司一并行使债权，赛福尔公司因此对 1—3 层的租金享有诉权"	江西省南昌百货总公司、湖南赛福尔房地产开发公司与南昌新洪房地产综合开发有限公司合资、合作开发房地产合同纠纷案	
	"在双方当事人均认可台华公司公章被晨光集团持有的情况下，只要吴某刚作为法定代表人以台华公司名义行使诉权的意思真实，且符合法律规定，吴某刚即可以台华公司的名义行使诉权"	重庆台华房地产开发有限公司与重庆晨光实业发展（集团）有限责任公司、重庆晨光百货有限责任公司、重庆晨光大酒店有限责任公司房屋搬迁纠纷案	
	"故应当将上诉人的公司名称确定为雪清公司，原百花公司的诉权依法由雪清公司承继……雪清公司关于一审认定诉讼主体不当的上诉理由不能成立，予以驳回"	百花公司诉浩鑫公司买卖合同纠纷案	
	"原审参照适用修订后的公司法有关股东代表诉讼的规定，认定作为联合公司出资人的汽贸公司、汽修厂享有诉权是正确的"	东风汽车贸易公司、内蒙古汽车修造厂与内蒙古环成汽车技术有限公司、内蒙古物资集团有限责任公司、赫连某某、梁某玲及第三人内蒙古东风汽车销售技术服务联合公司侵权纠纷案	
	"提单所证明的运输合同项下托运人的权利义务已转移给提单持有人丰田通商，其中包括提单项下的货物所有权和诉权……五矿公司作为托运人就提单项下货物的损害起诉通连公司无法律依据，不具有对通连公司的诉权"	海南通连船务公司与五矿国际有色金属贸易公司海上货物运输纠纷再审案	
	"上诉人高淳县民政局代本案受害人主张交通事故人身损害赔偿，没有法律依据，不具备民事主体资格，在本案中不具有诉权"	高淳县民政局诉王某胜、吕某、天安保险江苏分公司机动车交通事故人身损害赔偿纠纷案	

续表

诉权内涵	诉权表述	案名	具体诉讼制度
起诉权	"重庆市人民政府和重庆两江志愿服务发展中心基于不同的规定而享有各自的诉权，均应依法予以保护，对两案分别立案受理并无不当"	重庆市人民政府、重庆两江志愿服务发展中心诉重庆藏金阁物业管理有限公司、重庆首旭环保科技有限公司环境污染责任纠纷案	原告适格
	"权利人向哪一个侵权人追究侵权责任，是权利人的诉权，由权利人自己决定"	富士宝家用电器有限公司诉家乐仕电器有限公司专利侵权及侵犯商业秘密纠纷二审案	被告明确
	"南京雪中彩影公司只对被告上海雪中彩影公司、江宁雪中彩影分公司提起诉讼，是其行使诉权的结果，与公平原则无关"	南京雪中彩影公司诉上海雪中彩影公司及其分公司商标侵权、不正当竞争纠纷案	
	"如日后发生超建筑面积处罚、停工索赔等新增费用，应依约另行据实核算，权利人就此享有诉权"	黑龙江闽成投资集团有限公司与西林钢铁集团有限公司、第三人刘某平民间借贷纠纷案	既判力
	"一审法院经释明后裁定驳回起诉并未侵害华远公司等六人的诉权……华远公司等六人可就其基于同一法律关系的诉讼请求另行分别提起诉讼，符合受理条件的，人民法院应予依法受理"	甘肃华远实业有限公司等与兰州银行股份有限公司庆阳分行等金融借款合同纠纷案	
	"权利人主张相对方侵权，但又不通过法定程序予以解决，使相对方处于不确定状态，确认不侵权诉讼的制度目的在于赋予相对方诉权，使其有途径消除这种不确定状态"	VMI荷兰公司、固铂（昆山）轮胎有限公司与萨驰华辰机械（苏州）有限公司确认不侵害专利权纠纷案	诉的利益
	"从尊重和保障当事人诉权的原则出发，惠亚公司在上海知识产权法院提起的确认不侵犯专利权之诉、联奇公司在广州知识产权法院提起的两起专利侵权之诉，均是当事人依法自主行使诉权的行为，且均符合民事诉讼法关于诉讼管辖的相关规定，依法均应予以尊重和保护"	联奇开发股份有限公司与上海宝冶集团有限公司等侵害发明专利权纠纷案	管辖
	"一审法院在华润公司经释明仍未变更诉讼请求的情形下，迳行对华润公司未予主张的法律关系予以裁判……替行了华润公司的起诉权利"	北京新中实经济发展有限责任公司、海南中实（集团）有限公司与华润置地（北京）股份有限公司房地产项目权益纠纷案	"不告不理"

续表

诉权内涵	诉权表述	案名	具体诉讼制度
起诉权	"这一前置条件设定的目的在于既保障股东在其查阅权受侵犯时有相应的救济途径，也防止股东滥用诉权，维护公司正常的经营"	李某君、吴某、孙某、王某兴诉江苏佳德置业发展有限公司股东知情权纠纷案	前置请求程序
胜诉权	"北京五矿怠于行使自己的债权，其对中国五矿提出的诉讼请求已经超过诉讼时效期间，依法应当丧失胜诉权"	北京市五金矿产进出口公司诉中国五金矿产进出口公司货款纠纷案	诉讼时效
	"威豪公司、北海公司提起诉讼，符合法律关于诉讼时效期间的规定，其诉权应依法受到保护"	广西北生集团有限责任公司与北海市威豪房地产开发公司、广西壮族自治区畜产进出口北海公司土地使用权转让合同纠纷二审案	
	"抵押权人在主债权诉讼时效期间未行使抵押权将导致抵押权消灭，而非胜诉权的丧失"	王某诉李某抵押合同纠纷案	
	"抗辩权是诉权，在本案中，新杰物流公司依据合同限制性条款内容进行抗辩，并不能等同于合同抗辩权"	东京海上日动火灾保险（中国）有限公司上海分公司与新杰物流集团股份有限公司保险人代位求偿权纠纷案	抗辩权
	"行使请求司法解散公司的诉权，符合公司法第一百八十三条的规定，不属于滥用权利、恶意诉讼的情形"	仕丰科技有限公司与富钧新型复合材料（太仓）有限公司、第三人永利集团有限公司解散纠纷案	解散公司之诉
	"在司法实践中，也要防止滥用该项诉权，损害生效裁判的稳定性"	海南南洋房地产有限公司、海南成功投资有限公司与南洋航运集团股份有限公司、陈某、海南金灿商贸有限公司第三人撤销之诉案	第三人撤销之诉
诉讼权利	"作为本案第三人，已通过多种法定形式参与本案诉讼，依法正当行使诉权，充分表达自己诉求，并无程序上的缺陷或瑕疵"	黑龙江闽成投资集团有限公司与西林钢铁集团有限公司、第三人刘某平民间借贷纠纷案	无独立请求权第三人诉权
	"审判权的行使，无论是从保证人民法院裁判的稳定性方面，还是从防止滥用诉权方面，都应赋予人民法院通过正当审判程序形成的裁决结果以实质性的效力，即裁判一旦生效，就应当具有既判力，使诉讼产生最终结论，使之具有稳定性，不得轻易推翻"	佛山市顺德区美的洗涤电器制造有限公司与佛山市云米电器科技有限公司等侵害实用新型专利权纠纷案	再审诉权

续表

诉权内涵	诉权表述	案名	具体诉讼制度
诉讼权利	"将变相鼓励或放纵不遵守再审期限的当事人滥用申请再审诉权，使六个月申请再审期限的法律规定虚置"	江苏南通六建建设集团有限公司与衡水鸿泰房地产开发有限公司建设工程施工合同纠纷案	再审诉权
	"当事人的诉讼请求是否在另案中通过反诉解决，超出了管辖异议的审查和处理的范围，应由受移送的人民法院结合当事人对诉权的处分等情况……依法处理"	招商银行股份有限公司无锡分行与中国光大银行股份有限公司长春分行委托合同纠纷管辖权异议案	反诉权
	"当事人虽然就级别管辖问题有权提出异议，但就异议不具有诉权"	何某兰诉海科公司等清偿债务纠纷案	上诉权

上述公报案例是我国民事诉权体系的集中体现。由于法院对起诉权的积极认定是当事人享有全面诉讼权利的必要前提，27 份公报案例中的 17 份涉及起诉权构成要件。不仅如此，若干公报案例还以司法解释中的起诉规则和实体权利规范为准据追加起诉条件，这反映了起诉条件法定原则的松动。公报案例对胜诉权的理解侧重于诉讼时效，并延伸至诉讼抗辩权和形成诉权，其与起诉权相比呈现出空洞化。诉权实践还涉及反诉权、上诉权、再审诉权以及无独立请求权第三人诉权，它们均是在满足起诉权构成要件后，当事人和其他诉讼参加人在审理程序中享有的具体诉讼权利，是起诉权在民事诉讼程序中的逻辑延伸。

二、审判程序民事诉权实践的基本特征

（一）起诉权的中心化

《民事诉讼法（试行）》颁布实施以来，我国确立了沿用至今的民事诉权模式。由于起诉权构成要件繁多，且不乏抽象要求，起诉权存否的判断成为当事人获得全过程诉权保障的关键前提。不仅如此，起诉权的三类十九种构成要件无疑是"起诉难""立案乱"的重要法律成因。上述以起诉权为中心的诉权模式实质塑造了我国民事诉权实践。

2014 年以来，起诉权构成要件的判定是民事诉权实践的重中之重。上述"本院认为"部分出现"诉权"表述的指导性案例和公报案例的裁判文书中，17 份涉及起诉权构成要件，具体指向原告适格（9 份）、被告明确性（2 份）、"一事不再理"（2 份）、诉的利益（1 份）、管辖（1 份）、"不告不理"（1 份）和前置请求程序（1 份）。

（二）诉权与诉讼权利的一体化

诉权与诉讼权利的相互关系曾是我国民事诉权研究长期争议的问题。① 我国民事诉权体系之所以侧重起诉权，是因为其对超大规模民事案件的筛选分流功能。当事人享有全面诉讼权利的前提是法院对起诉权的积极判定。不仅如此，具体诉讼权利是以起诉权和胜诉权为核心的程序权利群，其无法脱离起诉权和胜诉权而独立存在。诉权实践为诉权与诉讼权利的相互关系提供了动态化的新视角。

在公报案例"何某兰诉海科公司等清偿债务纠纷案"中，一审被告海科公司以一审程序违法为由提起上诉，主张一审法院并未对其级别管辖异议作书面裁定。最高人民法院认为："当事人虽然就级别管辖问题有权提出异议，但就异议不具有诉权，当事人不得以级别管辖异议为由提起诉讼主张，异议被驳回后亦不具有上诉的权利。"虽然《民事诉讼法》第157条第1款第2项之"对管辖权有异议"能否整体排除级别管辖尚有探讨空间②，但最高人民法院的具体论述明确了管辖权异议申请权对起诉权的从属地位。类似情形还包括无独立请求权第三人诉权。③ 同样，当事人提起反诉时依旧要依托本诉原告之起诉权。其一，只有起诉权获得积极认定后，本诉被告才得以提起反诉（《民诉法解释》第232条）。其二，反诉权以起诉权的存续为基础，当本诉原告撤回起诉后，法院继续审理之内容已不再是严格意义的反诉，而是原告（本诉被告）对被告（本诉原告）提起的独立诉讼（《民诉法解释》第239条）。再审诉权虽有程序形成诉权之属性④，但依旧以原审起诉权和胜诉权为逻辑前提，是诉权与诉讼权利一体化的具体例证。⑤

---

① 参见刘家兴：《有关诉和诉权的几个问题》，《政治与法律》1985年第6期；王国征：《诉权和诉讼权利的区别》，《法学杂志》1992年第2期；林义全：《论民事当事人诉权及其实施》，《天府新论》1999年第4期。

② 上述做法的规范依据是《最高人民法院关于当事人就级别管辖提出异议如何处理问题的函》（法函〔1995〕95号）。值得注意的是，2009年颁布并实施的《最高人民法院关于审理民事级别管辖异议案件若干问题的规定》第1条业已放弃上述规则，第8条明确当事人有权对级别管辖裁定提起上诉。

③ 参见公报案例"黑龙江闽成投资集团有限公司与西林钢铁集团有限公司、第三人刘某平民间借贷纠纷案"。

④ 参见李浩：《论民事再审程序启动的诉权化改造——兼析〈关于修改《民事诉讼法》的决定〉第49条》，《法律科学》2012年第6期；张卫平：《再审诉权与再审监督权：性质、目的与行使逻辑》，《法律科学》2022年第5期。

⑤ 参见王红岩、严建军：《广义诉权初探》，《政法论坛》1994年第5期；李永光：《民事被告阶段性放弃诉权问题研究》，《人民司法》1999年第4期；莫纪宏、张毓华：《诉权是现代法治社会第一制度性权利》，《法学杂志》2002年第4期。

（三）起诉条件法定化

受"重刑轻民""重实体，轻程序"的双重消极影响，加之通知不予受理的实务做法，起诉权构成要件的裁判说理并不充分，受理标准也存在相当程度的模糊性。当然，面对规模巨大的民事纠纷，起诉权构成要件的模糊性能更好地发挥筛选分流功能，但其代价是对诉权的严重贬损。①2014 年以来，民事诉权实践愈发彰显和强调起诉权法定原则。

在第 198 号指导性案例中，最高人民法院以点带面地厘清了司法解释中的诉权规定与起诉权三类构成要件的相互关系。《建设工程施工合同解释（一）》第 43 条第 2 款规定："实际施工人以发包人为被告主张权利的，人民法院应当追加转包人或者违法分包人为本案第三人，在查明发包人欠付转包人或者违法分包人建设工程价款的数额后，判决发包人在欠付建设工程价款范围内对实际施工人承担责任。"最高人民法院将其界定为实际施工人对发包人的诉权规定，肯定实际施工人的原告适格。尽管如此，《建设工程施工合同解释（一）》第 43 条第 2 款不能替行起诉权的三类构成要件，实际施工人还须满足其他起诉条件才有权请求人民法院受理起诉。诉权规定不能突破起诉权法定原则，其仅是对具体起诉条件的具体解释。法院须根据三类构成要件全面判定起诉权的存否。

上述起诉权法定原则也为立法和司法解释中以"人民法院应当依法受理"为代表的诉权规定提供了明确指引，前者如《妇女权益保障法》第75 条第 2 款"受侵害妇女向农村土地承包仲裁机构申请仲裁或者向人民法院起诉的，农村土地承包仲裁机构或者人民法院应当依法受理"的规定，后者如《人身安全保护令规定》第 2 条"当事人因年老、残疾、重病等原因无法申请人身安全保护令，其近亲属、公安机关、民政部门、妇女联合会、居民委员会、村民委员会、残疾人联合会、依法设立的老年人组织、救助管理机构等，根据当事人意愿，依照反家庭暴力法第二十三条规定代为申请的，人民法院应当依法受理"的规定。

三、审判程序民事诉权实践的困境与反思

（一）起诉权构成要件泛化

在我国诉权实践中，原告适格是难点和痛点。过去，法院对"直接利害关系"的理解与适用并不限于诉讼实施权，即原告请求法院保护自己的权利或者依法保护他人的权利（《程序草稿》第 1 条第 1 款第 1 句），而是

---

① 关于起诉条件抽象化与开放化的法社会学探讨，参见王福华：《民事起诉制度改革研究》，《法制与社会》2001 年第 6 期；张卫平：《起诉难：一个中国问题的思索》，《法学研究》2009 年第 6 期。

进一步审查原告提出的事实与证据，甚至结合被告答辩以及开庭审理结果综合判定原告适格。在"海南通连船务公司与五矿国际有色金属贸易公司海上货物运输纠纷再审案"中，一审原告五矿公司向海口海事法院起诉，请求判令被告通连公司赔偿其损失 61 万美元。各审级法院对"与本案有直接利害关系"作出了截然不同的理解与适用。一审法院将其作为诉讼实施权，肯定五矿公司为适格原告。二审法院则以五矿公司在实体上享有损害赔偿请求权作为适格标准。虽然最高人民法院不认同二审判决，但其对原告适格的判定标准与二审法院无异，即以托运人在货物到达后丧失所有权及其损害赔偿请求权为准据，否定五矿公司与本案有直接利害关系，据此裁定驳回起诉。

无论采历史解释回溯《程序总结》《程序草稿》中的诉讼请求权概念，抑或采目的解释强调起诉权的筛选分流功能以及减轻法院审理负担的制度效果，都难以支持二审法院和再审法院采取的原告适格标准。"与本案有直接利害关系"系对《程序总结》以及《程序草稿》第 1 条第 1 款第 1 句的传承与总结。[①] 据此，五矿公司若请求法院保护自身权利，不论该权利能否在实体法上得到证成，都已满足适格要求。然而，在一审和二审法院业已肯定原告适格并对实体问题进行充分审理的基础上，再审法院仍以五矿公司在实体上无损害赔偿请求权为由判定原告不适格。这不仅未能生成有既判力的民事判决，也并未实现民事案件筛选分流，反而造成"程序空转"，难以发挥法律统一适用的制度效果。五矿公司若再次起诉，则并不构成"一事不再理"（《民事诉讼法》第 127 条第 5 项），盖因驳回起诉的民事裁定并不对实体事项产生既判力。与此同时，原告适格的扩张必然同步引发被告适格的膨胀，此乃当事人适格之一体两面。若原告并非实体权利人，那么被告也显非真正义务人，这也是上诉人主张"五矿公司无诉权，通连公司不应成为本案被告"的逻辑起点。

如果说扩张理解与适用"与本案有直接利害关系"尚不违背形式意义上的起诉权法定原则，那么，以"李某君、吴某、孙某、王某兴诉江苏佳德置业发展有限公司股东知情权纠纷案"为代表的司法实践则是在三类近二十种起诉条件之外继续叠加起诉权构成要件。该案中，四名股东在佳德公司复函前直接向法院起诉要求查阅相关资料。一审法院认为，四名股东的起诉违反前置请求程序这一特殊起诉条件。二审法院同样认为，《公司

---

① 参见王胜明：《中华人民共和国民事诉讼法释义（最新修正版）》，法律出版社 2012 年版，第 292 页。

法》第 57 条第 2 款是股东知情权诉讼的特殊起诉条件，只是考虑到佳德公司在本案受理后复函拒绝让四名被告查阅、复制相关资料，而使起诉条件瑕疵得到治愈。值得注意的是，《公司法》第 57 条第 2 款着重强调公司的书面答复和说明义务。在此基础上，股东直接起诉要求公司满足知情权并不违反起诉条件。若公司在法院受理后拒绝提供相关资料，法院可对此进行实体审理；若公司同意提供，则法院在原告的知情权业已得到满足时判决驳回诉讼请求，而在被告虽作肯定答复却不提交相关资料时判决公司败诉。综上所述，公司是否答复以及答复意见如何并非起诉权的特殊构成要件，而是胜诉权意义上的实体审理事项，亦即请求权因清偿而消灭。法院将实体权利主张作为前置程序的做法，正是胜诉权构成要件起诉权化的具体呈现。

（二）胜诉权构成要件的起诉权化

我国诉权理论一般将起诉权和胜诉权作为诉权体系的核心内容，甚至据此得名二元诉权理论。囿于民法典的长期缺位和由此产生的实体、程序分离，胜诉权在我国的发展未能与起诉权等量齐观，这也在司法实践中有直观体现。不仅如此，由于起诉权在我国肩负超大规模民事案件的筛选分流功能，诉权实践还存在将胜诉权构成要件前移为起诉条件的做法。这不仅模糊了起诉权与胜诉权的界限，而且在结果上进一步抬高了起诉门槛。在逻辑上，胜诉权构成要件的起诉权化同样是起诉权构成要件泛化的特殊表现形式。广义的起诉权构成要件泛化存在三种情形：（1）起诉权构成要件的扩张解释；（2）实体判决要件的起诉权化；以及（3）胜诉权构成要件的起诉权化。

诉讼时效抗辩权可谓典型例证。随着《民法通则》第 135 条首次在民事基本法中确立诉讼时效制度，诉讼时效在民事诉权体系中的定位曾引发争论。[①] 有观点曾将其作为《民事诉讼法（试行）》颁行后起诉条件的首次扩充，据此，法院应在受理阶段判定诉讼时效。[②] 然而，在普通诉讼时效后，立法者还对短期和长期诉讼时效、当事人自愿履行以及诉讼时效的中止、中断作出了系统性规定。这使法院仅根据原告单方陈述在 7 日内作出正确判断的可行性存疑。在民法学界与诉讼法学界的共同努力下，诉讼时效摆脱其文义掣肘，最终被确立为民法抗辩权这一胜诉权范畴，其法律效果是使实体请求权主张受到阻却。在当事人（被告）成功主张和证成诉

[①]　关于诉讼时效系消灭诉权抑或是对请求权发生作用的学术分歧，参见王锡三：《近代诉权理论的探讨》，《现代法学》1989 年第 6 期。

[②]　参见刘新英：《论诉权和诉权的消灭》，《法学评论》1988 年第 3 期。

讼时效抗辩权后，法院应判决驳回原告的诉讼请求。值得注意的是，诉权实践仍存在将诉讼时效抗辩权纳入起诉权的倾向。① 最高人民法院通过公报案例再次明确其胜诉权属性②，在此基础上进一步将抗辩权整体明确为胜诉权。③ 同样，实体法和程序法上的形成诉权特别规定也并非起诉条件，而是胜诉权的构成要件。④

在民事诉权实践中，起诉权与胜诉权的二元格局初步形成。一般而言，实体法规定胜诉权构成要件，程序法规定起诉权构成条件。这一分析框架也能得到诉讼时效抗辩权等实体规范的印证和遵循。当然，民事实体法也会例外规定特殊起诉条件，典型例证是《民法典》第 1073 条。⑤ 同样，以第三人撤销诉权为代表的程序形成诉权则指向胜诉权的构成要件。在"海南南洋房地产有限公司、海南成功投资有限公司与南洋航运集团股份有限公司、陈某、海南金灿商贸有限公司第三人撤销之诉案"中，最高人民法院将"判决书内容错误，损害其民事权益"明确纳入胜诉权范畴，并强调"防止滥用该项诉权，损害生效判决的稳定性"。须指出的是，此处的诉权实乃胜诉权，而非起诉权范畴。尽管如此，胜诉权仍未与起诉权等量齐观。一方面，诉讼时效抗辩权和形成诉权只是民事权利的冰山一角，胜诉权如何与请求权、支配权以及一般形成权有效衔接还有较大研究空间。民法规范与"请求→抗辩→再抗辩→再再抗辩"之实体审理构造的协同关系还未形成广泛共识。⑥ 另一方面，起诉权构成要件的扩张适用又对胜诉权产生蚕食作用，如将原告适格理解为实体法上的损害赔偿请求权，又如将股东知情权主张作为前置程序，这显然将胜诉权范畴的实体构成要件及权利主张纳入了起诉权的构成条件，通过胜诉权的起诉权化进一步抬高了起诉门槛。

---

① 如"广西北生集团有限责任公司与北海市威豪房地产开发公司、广西壮族自治区畜产进出口北海公司土地使用权转让合同纠纷二审案"。

② 参见"北京市五金矿产进出口公司诉中国五金矿产进出口公司货款纠纷案"。

③ 参见"东京海上日动火灾保险（中国）有限公司上海分公司与新杰物流集团股份有限公司保险人代位求偿权纠纷案"。

④ 参见"仕丰科技有限公司与富钧新型复合材料（太仓）有限公司、第三人永利集团有限公司解散纠纷案""海南南洋房地产有限公司、海南成功投资有限公司与南洋航运集团股份有限公司、陈某、海南金灿商贸有限公司第三人撤销之诉案"。

⑤ 参见黄薇主编：《中华人民共和国民法典婚姻家庭编解读》，中国法制出版社 2020 年版，第 158 页；林剑锋：《〈民法典〉第 1073 条（亲子关系诉讼）诉讼评注》，《法学杂志》2023 年第 3 期。

⑥ 参见袁中华：《规范说之本质缺陷及其克服——以侵权责任法第 79 条为线索》，《法学研究》2014 年第 6 期；吴泽勇：《规范说与侵权责任法第 79 条的适用——与袁中华博士商榷》，《法学研究》2016 年第 5 期。

第四节　审判程序民事诉权的阶层化展开

新中国成立以来，诉权肩负民事诉讼社会主义转型的历史使命。民事诉权在我国从无到有并经历跨越式发展。为彰显社会主义民事诉讼制度的优越性，以简化起诉权构成要件和降低起诉门槛为基本特征的中国式民事诉权体系稳步构筑。改革开放以来，面对超大规模诉讼纠纷的时代挑战，我国民事诉权意涵及功能发生根本转变。由于起诉权构成要件繁多且抽象，诉权的权利属性出现松动，诉权理论则从公法诉权退回私法诉权。起诉权的判定也逐渐脱离民事案件的概念范畴。受理程序则成为独立于案件审理的前置程序。随着诉权意涵及模式的变迁，"起诉难""立案乱"成为我国长期想解决而没有解决的改革难题。

当前，以立案登记制为核心的民事诉权现代化改革依旧在总体上处于第一阶段，即严格贯彻落实起诉权法定原则，确保依法应该受理的案件做到"有案必立，有诉必理"。这也是 2014 年以来民事诉权实践的重点和难点。起诉权法定原则的落实虽然在短期内引发民事案件数量的快速增长[1]，但是诉权对立案登记制的规定性以及审判程序对诉权保障的决定性作用尚未得到充分贯彻和有效落实。这与让人民群众在每一个司法案件中感受到公平正义的改革目标还有相当距离。有鉴于此，民事诉权体系亟待以《依法治国决定》为导向，实现民事诉权之阶层化重塑，亦即从起诉权中心主义跃升为全过程诉权保障，充分发挥庭审对诉权保障的决定性作用。

一、审判程序民事诉权要件分层的立法努力

新中国成立初期的民事诉权体系蕴含着诉权要件分层的基本构造。这集中体现为起诉状格式要求、起诉权构成要件（诉讼请求权）、法院管辖以及起诉手续完备性的界分。其中，起诉状格式及其内容的要求旨在判断是否存在起诉行为；起诉权构成要件（诉讼请求权）则决定法院是否受理上述起诉；而法院管辖并非不予受理的事由，而是据此由受诉法院依职权将民事案件移送至有管辖权的法院加以受理。最后，起诉手续完备性旨在对诉状送达进行准备并为被告答辩提供方向。《民事诉讼法（试行）》公布之前，《制度规定》进一步夯实了诉权要件分层：（1）涉及起诉行为成

---

① 参见黄磊：《立案登记制背景下诉讼要件审理方式研究》，《学习论坛》2018 年第 1 期。

立的诉权要件包括起诉状或者口头起诉笔录以及诉讼要求具体化，此外还要求起诉人具有诉讼行为能力或法定代理和委托代理资格；（2）起诉权构成要件由诉讼实施权降低为原告明确性；（3）法院管辖规则进一步细化，并继续坚持职权移送；（4）起诉手续完备性是法院受理案件后处理的事项，目的是为送达及答辩做好充分准备。

从新中国成立延续至《民事诉讼法（试行）》的上述诉权要件分层大幅简化了起诉权构成要件，实质降低了起诉门槛。然而，上述超前的民事诉权要件分层在改革开放之初难以应对快速增长的诉讼纠纷，起诉行为成立要件、起诉权构成要件、法院管辖、起诉手续完备性等诉权要件分层被扁平化地纳入起诉条件。不仅如此，内容繁多且抽象的起诉条件被整体理解为起诉成立和法院受理的必要前提。客观而言，正是扁平化的起诉条件使"诉讼爆炸""案多人少"维系在民事司法可以承受之重。

起诉条件分层是隐含在民事诉讼法及其修正案中的立法努力。1991年《民事诉讼法》尝试在规范层面解决起诉条件的扁平化，其第111条在《民事诉讼法（试行）》第84条的基础上加入"人民法院对符合本法第一百零八条的起诉，必须受理"，此后在第122条将"受理条件"修改为"起诉条件"，以与"起诉必须符合下列条件"之积极起诉条件规定遥相呼应。立法者意图重塑起诉条件中积极要件与消极要件的分层，强调满足积极条件的起诉应被依法受理。在此基础上，2012年民事诉讼法修正案将消极起诉条件作为"起诉和受理"的最后一个条文（第124条），同时在立案期限规定中删去"经审查"，明确"人民法院应当保障当事人依照法律规定享有的起诉权利"。立法机关试图通过上述调整，再次强化起诉条件分层：（1）法院根据原告单方陈述判断积极要件，并据此在7日内判定是否立案；（2）人民法院在案件受理阶段不处理消极起诉条件，对此须根据被告答辩予以综合判定。

二、审判程序民事诉权要件分层的实践消解

遗憾的是，消极起诉条件的立法表述对上述阶层化萌芽产生了实质消解作用。现行《民事诉讼法》第127条第6项和第7项明确规定"不予受理"；第1项到第4项则可分别归入积极起诉条件中的法院主管和管辖，系默示的"不予受理"事项；第5项之"一事不再理"更是被司法实务作为受理案件的重要审查事项，特别是据此规制"无理缠诉"等诉权滥用行为。不仅如此，超大规模的民事案件数量也促使诉权实践沿用《民事诉讼法（试行）》所创立的扁平化起诉条件，阶层化的立法努力并未得到司法实践的遵从与贯彻。

三、审判程序民事诉权要件分层的理论重塑

《依法治国决定》为民事诉权的中国式现代化提供了重要契机。无论是以"有案必立，有诉必理"为基本要求的实质立案登记制，抑或是切实发挥审判程序对诉权保障的决定性作用，都要求系统推进和努力夯实阶层化的民事诉权体系建设，尤其是将现行《民事诉讼法》中的积极起诉条件5项、消极起诉条件8项和起诉手续6项纳入不同诉权要件阶层，科学配置其程序效果，最终与胜诉权一道为当事人提供全过程的诉权保障。有鉴于此，本章将主要在我国既有法律框架内探讨诉权要件之阶层化问题。

（一）第一阶层：起诉行为成立要件

诉权是国家对人民的庄严承诺，也是法院义不容辞的司法责任。尽管如此，国家对诉权的保障须以起诉行为的有效作出作为必要前提。

1. 符合法律规定的起诉行为

如果当事人并未作出起诉行为，例如将信访材料提交给法院，则不能被认定起诉行为成立。《制度规定》据此要求，"一般信、访可不予立案，但处理后要登记备查"[①]。是故，《民事诉讼法》第123条之"起诉应当向人民法院递交起诉状"以及"书写起诉状确有困难的，可以口头起诉"是起诉行为成立的必要条件。不过，起诉状副本以及口头起诉笔录等手续要求宜参照《制度规定》作为送达以及答辩前的准备程序，而不应纳入起诉行为成立要件。

在起诉行为之外，起诉状必须符合法律规定的形式以及内容要求。《民事诉讼法》第124条之被告明确性、诉讼请求具体化是起诉行为成立的实质要求。不过，该条第1项之原告适格、第3项之"所依据的事实与理由"以及第4项"证据和证据来源，证人姓名和住所"则原则上不宜作为起诉行为成立的构成要件。[②]

2. 起诉人具有诉讼行为能力或被有效代理

在上述形式与内容要求之外，起诉行为的有效作出必然以行为人具备诉讼行为能力为前提。《民事诉讼法》第122条至第127条并未将诉讼行为能力明确为起诉条件，而是在第60条规定无诉讼行为能力人的法定代理规则，第153条将当事人丧失诉讼行为能力且未确定法定代理人作为诉讼中止事由，而第211条第8项则将无诉讼行为能力人未经法定代理人代

---

① 杨荣新、叶志宏编：《民事诉讼法参考资料》，中央广播电视大学出版社1986年版，第246页。

② 事实、理由以及证据要求的例外限于起诉人诉讼行为能力以及法定代理和委托代理的情况说明和证明事项。

为诉讼作为法定再审事由。有鉴于此，起诉人具备诉讼行为能力应被认定为起诉行为的成立要件。

若当事人并未作出起诉行为，或其起诉行为不符合《民事诉讼法》第123条和第124条之形式及内容要求，则意味着当事人并未向法院作出有效的起诉行为，法院自然不负有审理义务。当然，为了贯彻以人民为中心的改革宗旨，法院应释明起诉人补正其诉讼行为瑕疵，《登记立案规定》第7条第1款要求法院应当一次性书面告知起诉人在指定期限内补正。在此基础上，《登记立案规定》第7条第2款将收到补正材料之日作为立案登记期间的首日，其背后的程序法理正是起诉权构成要件的判定系以当事人有效起诉为前提。

（二）第二阶层：起诉权构成要件

在当事人作出有效起诉行为后，法院将继续对起诉权的构成要件进行判定。在我国既有法律框架内，起诉权是法院受理民事案件的前提。必须指出的是，上述起诉权理解存在逻辑上的矛盾。在当事人有效提起诉讼后，法院负有审理和裁判的司法义务。然而，法院在判定起诉权构成要件成立之前，并未真正开启审理程序。于是，起诉权游离在当事人起诉和法院受理之间，成为脱离民事案件概念范畴和法院审理程序之外的"诉讼前程序"。法院为了判定起诉权存否付出了大量人力、物力和时间，但上述工作无法被认定为法院对民事案件的审理。无论是从起诉权的诉权属性出发，抑或以努力让人民群众在每一个司法案件中感受到公平正义为准据，起诉权构成要件的判断都应被纳入作为民事案件的有机组成部分。审判程序对起诉权的保障应发挥决定性作用，这同样是《依法治国决定》中全过程诉权保障改革目标的应有之义。尽管如此，考虑到超大规模纠纷的实际情况，将起诉权作为受理标准的诉权构造或将长期存在。是故，以全过程诉权保障为目标，在既有法律框架内通过限缩解释简化起诉权构成要件并实质降低起诉门槛，将是民事诉权之中国式现代化的必经阶段。

1. 原告适格的限缩适用

新中国成立以来直至改革开放之初，起诉权与诉讼请求权具有等值性。根据《程序草稿》第1条第1款第1句，起诉人只要主张权利为己所有（诉讼请求权）即具备起诉权，其有权要求法院受理案件。随着起诉条件的扁平化，上述诉讼请求权被抬升为原告适格，司法实践中扩张理解与适用起诉条件的做法也尤其集中于此。以2023年民事诉讼法修订为契机，《民诉法解释》应对原告适格的原则与例外作明确规定。一般而言，只要当事人主张权利为己所有，无论该权利是否在客观上存在，原告适格均已得到满足。作为例外，《民法典》第 1073 条第 1 款之"父或者母"系对《民事诉讼法》第 122 条第 1 款第 1 项"与本案有直接利害关系"的特别规定。其正当性正在于"进一步提高此类诉讼的门槛，明确当事人需要有正当理由才能提起，以更好地维护家庭关系和亲子关系的和谐稳定"①。

2. 法院管辖规则分层

《民事诉讼法（试行）》颁布实施之前，法院管辖并非起诉权的构成要件。诉权乃当事人对法院整体而非对具体法院的公法权利。② 有鉴于此，只要起诉满足行为成立要件以及起诉权构成要件，作为整体的法院就必须受理。管辖规则只是在全国法院体系内合理分配司法任务。有鉴于此，受诉法院理应依职权将起诉移送至有管辖权的受理法院。随着《民事诉讼法（试行）》将不符合管辖规定的起诉纳入不予受理之范畴，法院管辖也由此进入起诉权构成要件范畴。

我国现行《民事诉讼法》中的管辖规则依旧有再分层的必要性。为了有效应对司法地方保护，我国立法和司法实践均重视法院管辖问题，甚至民事诉讼的第一战就是"打管辖"③。管辖在我国具有特殊意义，管辖规则的设置也相应地呈现精细化和复杂化，这使法院在 7 日内作出科学判定的难度激增。不仅如此，《民事诉讼法》第 130 条第 2 款还确立了应诉管辖规则。④ 随着民事诉讼体制转型不断深化，法院管辖也由蕴含公共利益并体现司法秩序的强制性规范转化为当事人可在一定程度上依法处分的程序事项，协议管辖制度的确立及其适用范围的扩张便是突出例证。有鉴于此，法院管辖不宜整体作为起诉权的构成要件。

根据《民事诉讼法》第 35 条以及第 130 条第 2 款的但书规定，《民事诉讼法》第 122 条第 1 款第 4 项中的"属于受诉人民法院管辖"可被限缩解释为级别管辖和专属管辖。在此基础上，其他管辖规则以及《民事诉讼法》第 122 条第 1 款第 4 项中的法院主管不宜再作为起诉权构成要件，而是在诉权构成要件的第三阶层寻找落脚点。

（三）第三阶层：判决请求权构成要件

《民事诉讼法》第 155 条以及第 157 条第 1 款第 1 项和第 3 项以裁判

---

① 黄薇主编：《中华人民共和国民法典婚姻家庭编解读》，中国法制出版社 2020 年版，第 159-160 页。

② 参见［德］赫尔维格：《诉权与诉的可能性：当代民事诉讼基本问题研究》，任重译，法律出版社 2018 年版，第 86 页。

③ 汤维建："'管辖错误'作为再审事由不宜删除"，《法学家》2011 年第 6 期。

④ 参见黄忠顺：《论应诉管辖制度的司法嬗变及其规则构建》，《中国法学》2016 年第 5 期。

形式为标准构建起诉权与胜诉权的二元格局。根据《民事诉讼法》第 122 条至第 127 条，当不存在起诉权时将根据发现阶段而分别作出裁定不予受理和裁定驳回起诉。与之相对，当起诉条件被满足时，法院将根据诉讼标的成立与否作支持或驳回诉讼请求之实体判决。

根据上文分析，在我国三类近二十种起诉条件中，仅有诉讼实施权意义上的原告适格和级别管辖、专属管辖适宜作为起诉权的构成要件。其他管辖规则以及法院主管、"一事不再理"、诉的利益（如《民事诉讼法》第 127 条第 6 项和第 7 项）等起诉条件将在诉权要件的第三阶层寻找落脚点。对此，以起诉条件高阶化以及诉讼要件为主题的既有研究已经提供了坚实的基础。一般认为，诉讼要件应通过对席方式，由法院在充分保障双方当事人辩论权利的基础上作出判定。[①]

考虑到诉讼要件与起诉条件之间的术语近似性，笔者更倾向于实体判决要件的表达方式，其诉权表达可被确定为判决请求权。据此，该类诉权要件并非起诉行为成立的要件，也非作为受理标准的起诉权构成要件，而是法院在作成实体判决之前必须确定的程序事项。其与起诉权构成要件的区别在于：（1）判定阶段分别位于案件受理前后；（2）判断标准时点分别是起诉行为时和判决作出时；（3）法律效果分别是起诉不成立以及诉讼不合法；（4）裁判内容在我国分别指向裁定不予受理和裁定驳回起诉。

由于法院亦可能在案件受理后才发现起诉权瑕疵，是故，裁定驳回起诉也可能例外指向起诉权构成要件。为了明确区分起诉权（第二阶层）与判决请求权（第三阶层），判决请求权的审理程序有待重塑。以德国法为例，实体判决要件的判断与实体审理内容一体化进行，即均通过开庭审理的方式在双方当事人充分辩论的基础上予以澄清。判决请求权与胜诉权的关键区别是裁判形式。其中，判决请求权欠缺时，法院以诉不合法为根据作出裁定驳回诉的诉讼判决；在胜诉权欠缺时，法院以诉不正当为据作出驳回诉讼请求的实体判决。[②] 之所以在实体判决之外设置诉讼判决，乃强调实体判决要件与实体事项共享开庭审理程序[③]，而不再如罗马程式诉

---

① 参见傅郁林：《再论民事诉讼立案程序的功能与结构》，《上海大学学报（社会科学版）》2014 年第 1 期；唐力：《民事诉讼立审程序结构再认识——基于立案登记制改革下的思考》，《法学评论》2017 年第 3 期。

② 参见［德］穆泽拉克：《德国民事诉讼法基础教程》，周翠译，中国政法大学出版社 2005 年版，第 31－32 页。

③ 参见［德］罗森贝克等：《德国民事诉讼法（上）》，李大雪译，中国法制出版社 2007 年版，第 377－378 页。

讼，只有肯定实体判决要件才能启动实体事项审理。[①] 上述复式审理模式充分贯彻了开庭审理对诉权保障的决定性作用。不仅如此，上述审理构造也更能提高诉讼效率并有助于法院综合全案对判决请求权作出正确判定。不论我国采取复式审理构造，抑或是开庭审理前的独立听证程序，均须明确界分诉权要件中的第二阶层和第三阶层。

（四）第四阶层：胜诉权构成要件

我国诉权实践的重心是起诉权，胜诉权在我国尚未等量齐观，实务中甚至出现胜诉权构成要件的起诉权化。这可被看作是诉权体系面对超大规模诉讼纠纷的应激反应。在民事诉权体系中，胜诉权与当事人的起诉目的直接相关。相比起诉权，人民群众更关心的是诉讼结果，亦即法院对胜诉权的最终判定。[②] 我国采取上诉条件低阶化、再审程序第三审化以及第三人撤销之诉的普通程序化，均是不惜成本地努力回应人民群众对实体公正和胜诉权的关注。不仅如此，充实胜诉权是"切实实施民法典"的必由之路。实体权益在民事诉讼中集中体现为胜诉权，其既是庭审阶段的实体审理事项，又是法院判决之实体内核。囿于民法典与民事诉讼法长期缺位又相互分离，胜诉权的内涵与外延亟待以"切实实施民法典"为重要历史契机，打破实体法与程序法的隔阂，实现民法典与民事诉讼法的协同实施。

第一，就胜诉权构成要件与其他诉权要件的界分而言，以《民法典》为代表的实体规范原则上属于胜诉权范畴，起诉行为成立要件（第一阶层）、起诉权构成要件（第二阶层）和判决请求权构成要件（第三阶层）一般规定于《民事诉讼法》《仲裁法》等民事程序法及其相关司法解释中。如《仲裁法》第26条规定："当事人达成仲裁协议，一方向人民法院起诉未声明有仲裁协议，人民法院受理后，另一方在首次开庭前提交仲裁协议的，人民法院应当驳回起诉，但仲裁协议无效的除外；另一方在首次开庭前未对人民法院受理该案提出异议的，视为放弃仲裁协议，人民法院应当继续审理。"根据上述诉权要件分层，该规定位于第三阶层，在性质上是诉权抗辩权，据此与以诉讼时效抗辩权为代表的请求权抗辩权相区别。上述以法典名称为准据界定胜诉权的做法可最大限度避免起诉权对胜诉权的侵蚀。

第二，胜诉权应避免机械理解民法典中的程序要素。例如，物权归属本就是确认之诉的主要类别，《民法典》第234条可被看作是对确认之诉

---

① 参见［德］赫尔维格：《诉权与诉的可能性：当代民事诉讼基本问题研究》，任重译，法律出版社2018年版，第97页。

② 参见王锡三：《民事诉讼法研究》，重庆大学出版社1996年版，第139页。

的一般提示以及利害关系人提起确认之诉的诉讼实施权（第二阶层），其并未创设胜诉权意义上的物权确认请求权。同样，《民法典》第 1073 条并未创设确认或否认亲子关系的实体请求权，其并非胜诉权规定，而是亲子关系诉讼中诉讼实施权的特别规定（第二阶层），旨在通过抬高起诉门槛以避免法院贸然向被告人送达确认或否认亲子关系之起诉状，维系和谐安宁的家庭秩序。

第三，通过形式和实质标准有效界分胜诉权后，其构成要件亟待完成体系化与阶层化。就体系化而言，民法权利规范亟待根据其内容（请求权、支配权、抗辩权和形成权）与三大诉讼类型（给付之诉、确认之诉、形成之诉）形成有效衔接。就阶层化而论，民法规范亟待根据"请求→抗辩→再抗辩→再再抗辩"的实体审理构造加以规范分层，上述阶层化的标准是证明责任分配规则，亦即以请求权基础作为基础规范，以权利妨碍、权利消灭以及权利受制作为反对规范，将《民法典》中的实体规定按照"原则—例外"的相互关系分别归入"请求→抗辩→再抗辩→再再抗辩"的胜诉权构成要件体系。

四、立案登记制改革再深化的配套机制

民事诉权要件的阶层化深植于新中国成立以来的立法努力与诉权实践，切实回应了党的十八届四中全会对诉权保障的顶层设计。其中，第一阶层和第二阶层为立案登记制改革的再深化提供了可行的理论基础和实施方案，第三阶层和第四阶层则充分彰显出开庭审理对诉权保障的决定性作用。据此，长期以来占据通说地位的二元诉权论将升级为以起诉权和胜诉权为核心要素的全过程诉权保障体系。上述民事诉权的模式转型并非在原有道路上的小修小补，也绝非对西方国家学说的照搬照抄，而是对民事诉权立法和诉权实践所蕴含的中国特色、时代特色、历史底色的总结升华。

民事诉权的模式转型必须符合中国国情，特别是要有效应对当前超大规模的民事纠纷。与此同时，恶意起诉、虚假起诉和无理缠诉是我国民事司法实践中的突出问题。这些不仅使被告动辄被卷入诉讼并造成讼累，而且损耗了宝贵的司法资源，在结果上不利于司法秩序的维护和司法权威的建立。有鉴于此，立案登记制改革的再深化不能忽视配套机制的建立健全，必须从"人"和"案"两个方面齐头并进，相向而行。其中，法官员额的科学配置是应对"诉讼爆炸""案多人少"的关键步骤。"人案比"不断升高的直接原因是法官增幅与经济社会发展及民事案件增长率的不匹配。当然，法官员额制是涉及法治人才培养、公务人员编制以及国家财政分配等诸多环节的体系性问题，"人少"问题的根本解决需要更长周期。

相较而言，通过费用机制有效应对"案多"能起到立竿见影的作用。

在我国，诉讼费用预交后置于案件受理环节。这种做法最大限度降低了原告的起诉成本，是新中国成立之初我国民事诉权体系的建设成果。不能忽视的是，诉讼费用预交与案件受理的脱钩为恶意起诉、虚假起诉和无理缠诉提供了制度空间。起诉条件的扁平化和起诉门槛的抬高，正是为了有效规制原告的上述滥诉行为。由此可见，正是诉讼费用预交与起诉条件脱钩致使诉权保障陷入两难境地：若充分保障诉权，必然导致诉权的滥用，由此对被告造成讼累且浪费宝贵司法资源；若抬高起诉门槛，虽能有效应对诉权滥用，但却以贬损诉权为代价。

由于诉讼费用并非起诉条件，原告在起诉前便无须谨慎评估胜诉可能性，而是几乎零成本地向法院提起诉讼，由法院对起诉进行免费审核。这不仅刺激当事人草率地提起诉讼，而且会实质消耗本就有限的司法资源。应该看到，上述问题并非我国独有，而是各国民事诉讼都普遍面对的制度风险。以德国法为例，其所以能在私法诉权说的基础上建立公法诉权论，且在降低起诉门槛的同时避免滥诉行为及"诉讼爆炸"，正是得益于将诉讼费用与法院对诉讼要件的处理以及向被告的送达相挂钩：起诉状首先达到收信处，加盖"到达印章"，以记录到达的日期和材料的份数，随后由收信处转到书记处，由书记官审查原告是否预交诉讼费用或者是否准获诉讼费用救助。诉状经过书记处后才来到法官面前，法官首先复核诉讼费用预交，而后审查诉状是否已经包含必要内容，便可决定向被告送达。[①] 日本法的处理方式同样如此。[②] 可见，起诉门槛的降低必然要求诉讼费用预交制度的配合。与刑事诉讼中的犯罪嫌疑人一样，民事诉讼中的被告也承受着诉讼风险。只有预交诉讼费用才能有效遏制原告滥用起诉条件的低阶化。[③]

虽然预交诉讼费用在我国也是向被告送达的前提，但立案庭在原告预交诉讼费用前就已经全面审查三类起诉条件。可见，预交诉讼费用的时间点虽然相同，但却在我国产生"南橘北枳"的制度效果。在我国，原告无须为起诉条件的审查预交诉讼费用。诉讼费用预交制度并未对起诉产生应有的引导作用。可见，立案登记制改革的再深化须同步前移诉讼费用预交

---

① 参见［德］穆泽拉克：《德国民事诉讼法基础教程》，周翠译，中国政法大学出版社 2005 年版，第 44 - 46 页。

② 参见张卫平：《起诉条件与实体判决要件》，《法学研究》2004 年第 6 期。

③ 参见［德］赫尔维格：《诉权与诉的可能性：当代民事诉讼基本问题研究》，任重译，法律出版社 2018 年版，第 66 页。

的时间点，重塑其诉讼法律效果，这集中表现为将诉讼费用预交纳入起诉行为成立要件。若原告并未在起诉的同时预交诉讼费用，也未申请诉讼费用的减、免、缓，立案庭无须对起诉行为成立的其他要件以及起诉权构成要件进行处理和判定，而是待原告补交诉讼费用后开始计算立案登记期间。当起诉权或判决请求权瑕疵导致败诉时，原告也应负担由此给法院和对方当事人造成的诉讼费用。在将预交诉讼费用前移作为起诉行为成立要件后，还须全面验证和科学测算诉讼费用是否足以引导当事人谨慎提起诉讼。①

与此同时，我国还应同步完善以胜诉权为参照的诉讼费用救助制度。具有胜诉权色彩的原告适格、诉讼请求的事实根据以及证据要求均可作为诉讼费用救助成立与否的判断标准。由是观之，我国扁平化的起诉条件模式乃诉讼费用救助机制的一般化：当事人在案件受理前不需交纳诉讼费用，法院结合胜诉权构成要件对起诉进行评估，受理具有较大胜诉可能性的案件后再由原告预交诉讼费用。这种对所有起诉人进行"诉讼费用救助"的做法急剧消耗宝贵的司法资源，且在结果上进一步加剧"案多人少"并强化了起诉条件的高阶化。

第五节　审判程序民事诉权的中国式现代化

党的十八届四中全会以来，我国民事诉权迎来重大发展机遇。《依法治国决定》为民事诉权的中国式现代化锚定了改革方向，"切实实施民法典"为此提供了宝贵契机。为贯彻落实全过程民事诉权保障的改革目标，充分考量超大规模诉讼纠纷的实际情况，我国可在现有法律框架内逐步构筑阶层化的民事诉权体系。其中，起诉行为成立要件（第一阶层）与起诉权构成要件（第二阶层）为立案登记制改革的再深化提供理论准备和制度保障，有效回应《依法治国决定》中第一处诉权表述。通过将扁平化的起诉条件置入判决请求权构成要件（第三阶层），在实质降低起诉门槛的同时将多数程序事项纳入开庭审理，使其与胜诉权构成要件（第四阶层）并轨审理，充分发挥开庭审理对诉权保障的决定性作用，有效回应《依法治国决定》中第二处诉权要求。当然，立案登记制改革的再深化必须同步建

---

① 参见廖永安：《〈诉讼费用交纳办法〉之检讨》，《法商研究》2008 年第 2 期；王福华：《论民事司法成本的分担》，《中国社会科学》2016 年第 2 期。

立健全以法官员额扩容和诉讼费用预交为代表的民事诉权配套机制。以此为基础，胜诉权的模式转型须以《民法典》为准据，打破实体法与程序法的隔阂，实现民法典与民事诉讼法的协同实施。

民事诉权是民事诉讼现代化的逻辑起点，是协同融合实体法与程序法的枢纽，其对民事诉讼的中国式现代化具有提纲挈领的作用。随着四阶层民事诉权体系的重塑，诉讼保全申请权体系、强制执行请求权体系以及非讼程序申请权体系也将递次展开。由此可见，民事诉权的模式转型是建设中国特色社会主义法治体系的关键步骤，是建设社会主义法治国家的必然要求，是努力让人民群众在每一个司法案件中感受到公平正义的关键制度保障。只有将民事程序法治的一般规律与我国民事诉权的意涵、功能、模式充分融合，才能彰显民事诉权体系的中国特色、时代特色、历史底色，才能使民事诉权摆脱停滞化、边缘化，最终达成中国式现代化。

第八章　执行程序中的民事诉权

　　"执行难""执行乱"的科学解决是全社会长期以来的共同关注。[①] 随着"用两到三年时间，基本解决执行难"决策部署的提出[②]，若干引发"执行难"的社会和法律成因被实质解决。不过，在强烈的政策导向下，解决"执行难"的举措又进一步加剧了"执行乱"，可谓"按下葫芦浮起瓢"。"执行难"和"执行乱"互为因果，"执行乱"是"执行难"派生出的结果，又是加剧"执行难"的原因。[③] 鉴于此，"执行难"和"执行乱"的协同解决有赖于夯实执行程序中的民事诉权保障及其法教义学构建，关键之问正是民事判决既判力与执行力的关系，亦即在构建执行程序中诉权保障体系的同时，科学协同其与审判程序民事诉权之间的相互关系。

第一节　执行程序民事诉权要件分层

　　与审判程序民事诉权构成要件的阶层化作业类似，执行程序也亟须诉权要件阶层化。当然，囿于审执分离以及执行程序原则上不处理实体争议之固有定位，执行程序诉权要件分层远不如审判程序诉权之复杂和精细。根据权利保护请求权分析框架，执行程序民事诉权要件有两个层次，即诉讼要件和权利保护条件。其中，前者包含申请人的行为能力要求、执行法

---

　　① "执行难"的重灾区是民事执行，但其并非民事诉讼独有问题。参见马怀德、解志勇：《行政诉讼案件执行难的现状及对策——兼论建立行政法院的必要性与可行性》，《法商研究》1999 年第 6 期。

　　② 时任最高人民法院院长周强在十二届全国人大四次会议上作最高人民法院工作报告时明确提出"用两到三年时间，基本解决执行难问题"。关于"执行难"的理论讨论，参见景汉朝、卢子娟：《"执行难"及其对策》，《法学研究》2000 年第 5 期；汤维建：《执行体制的统一化构建——以解决民事"执行难"为出发点》，《现代法学》2004 年第 5 期；栗峥：《中国民事执行的当下境遇》，《政法论坛》2012 年第 2 期；陈杭平：《比较法视野下的执行权配置模式研究——以解决"执行难"问题为中心》，《法学家》2018 年第 2 期。

　　③ 参见高执办：《"执行难"新议》，《人民司法》2001 年第 5 期。

院的管辖要求以及申请书的格式要求；后者是根据法律规定得以执行的前提条件，尤其是执行名义或执行根据。[①] 虽然我国民事强制执行法的颁行还有待时日，关于审执分离等重大决策问题还未最终明确[②]，但我国《民事诉讼法》已能初步搭建起上述两类执行程序诉权要件的分层。例如，《民事诉讼法》第235条第1款前段"发生法律效力的民事判决、裁定，以及刑事判决、裁定中的财产部分"乃权利保护要件（第二层），而第1款后段"由第一审人民法院或者与第一审人民法院同级的被执行的财产所在地人民法院执行"则可谓是执行程序诉权的诉讼要件（第一层）。

与"起诉难""立案乱"一脉相承，我国执行程序诉权也存在高阶化问题，这集中表现为《执行规定》第16条第1款将两类诉权要件一并作为执行案件的受理条件："人民法院受理执行案件应当符合下列条件：（1）申请或移送执行的法律文书已经生效；（2）申请执行人是生效法律文书确定的权利人或其继承人、权利承受人；（3）申请执行的法律文书有给付内容，且执行标的和被执行人明确；（4）义务人在生效法律文书确定的期限内未履行义务；（5）属于受申请执行的人民法院管辖。"随后于第2款规定："人民法院对符合上述条件的申请，应当在七日内予以立案；不符合上述条件之一的，应当在七日内裁定不予受理。"可见，执行程序诉权保障同样被纳入了立案登记制改革的范畴，这亦能得到《登记立案规定》第18条第1款之印证："强制执行和国家赔偿申请登记立案工作，按照本规定执行"。

同时，《登记立案规定》第8条第1款第4项（"对执行异议之诉，应当在收到起诉状之日起十五日内决定是否立案"）表明，执行异议之诉案件并非执行程序民事诉权的范畴，而属于审判程序民事诉权的范畴。

我国狭义执行程序并无开庭审理之程序构造，这使得"申请—受理"与受理后的要件处理之程序效果并无显著区别。尽管如此，考虑到执行申请有7日的立案期限，合理划分受理条件以及权利保护条件仍旧有现实意义。从立法论视角观察，为确保执行程序诉权中权利保护要件的正确处理，可考虑通过准开庭方式对执行力范围、追加和变更被执行人、附条件执行根据之条件满足等显著区别于行为能力、管辖等诉讼要件的权利保护要件加以判定。由于我国民事强制执行法的出台仍有待时日，上述分层所包含的具体事项并非本章探讨的重点。

---

① 参见［德］赫尔维格：《诉权与诉的可能性：当代民事诉讼基本问题研究》，任重译，法律出版社2018年版，第55-56页。

② 参见张卫平：《"审执分离"本质与路径的再认识》，《中国法学》2023年第6期。

与"起诉难""立案乱"相比，执行程序诉权保障还面临着"乱执行"的痼疾，尤其是在"用两到三年基本解决执行难"的政策影响下，有的执行法院通过任意扩大被执行人范围实现对"执行难"的"切实解决"。如果说要件分层涉及执行程序诉权的内涵与外延，那么执行力与既判力的关系则是协同审判程序诉权与执行程序诉权的关键。鉴于此，本章将首先描述《民法典》时代民事权利的认定和实现机制，以明确民事判决既判力与执行力的体系位置与制度价值；随后以民事诉讼法教义学切入，探讨我国实体和程序规范中的既判力与执行力主体范围；最后，本章还将探讨既判力与执行力一元论的正当性以及在我国的可适用性，同时反思二元论体现出来的穿透式审判思维。

第二节　审判程序民事诉权与执行程序民事诉权的对接

民事判决既判力与执行力的关系是《民法典》实施状况的风向标和晴雨表，是民事实体法与程序法之相互关系的一面镜子。《民法典》是"社会生活的百科全书"①。尽管如此，当事人要主张其民事权利，原则上也不能以私力实现。鉴于此，《民法典》在确定实体权利义务秩序的同时，也成为当事人向法院提起诉讼并要求法院根据既存权利作出判决之实体准据。值得注意的是，既存实体权利虽然是法院作出胜诉判决的实体标准，但却并非当事人开启诉讼程序的必要前提，此乃私法诉权说及立案审查制的痼疾。受人类认识有限性的影响，立法应充分保障当事人通过起诉接受法院审理的权利，这也是当事人的基本权利甚至人权，是国家禁止私力救济所必须完备建立的替代机制。至于当事人所主张的既存权利是否真实存在，实乃经审理才能判定的内容。党的十八届四中全会以来，司法改革致力于"立案审查制"向"立案登记制"的模式转型，其背后的理论逻辑正是实体权利与诉讼权利在构成要件和法律效果上的二分，以及以权利保护请求权说为枢纽建立起来的实体法与程序法之二元格局。其在审判程序中的诉权表达正是本书第七章的主要着眼点。在此基础上，本章将延伸至民事权利的实现，特别是执行程序中的诉权及其与审判程序诉权的对接。

一、国家对权利保护的垄断

国家建立起完善的法院机构和诉讼制度以协助当事人和平地实现其民

---

① 黄薇主编：《中华人民共和国民法典总则编解读》，中国法制出版社 2020 年版，前言第3页。

事权利，以及在民事权利主张不成立时通过诉讼平息当事人之间的法律纷争，明确实体权利义务关系，用程序公正消解当事人不满，维系和谐稳定的社会秩序。这也被称为国家对权利保护的垄断（das staatliche Rechtss-chutzmonopol）。① 上述民事诉讼制度的作用方式也被集中写入《民事诉讼法》第 2 条。

既然当事人不能通过私力来实现其民事权利，法院可否不经审判而借助国家公权力帮助当事人实现其民事权利，或者改变当事人之间的民事权利义务关系？这一问题的解答除涉及民事实体法与诉讼法的关系，还须倚靠宪法、民法、民事诉讼法与强制执行法的体系解释。《宪法》第 13 条第 1 款规定："公民的合法的私有财产不受侵犯。"与之相呼应，《民法典》第 3 条规定："民事主体的人身权利、财产权利以及其他合法权益受法律保护，任何组织或者个人不得侵犯。"包含财产权的民事权利以及其他合法权益受法律保护是民法的基本精神，也是民事立法的出发点和落脚点。② 与此一脉相承，未经审判程序之判定，且不存在既判力扩张的特殊情形的，民事主体原则上不应被列为被执行人。由是观之，民事判决既判力与执行力的关系不仅是《民法典》实施状况的风向标和晴雨表，折射出民事实体法与程序法的相互关系，而且事关"公民的合法的私有财产不受侵犯"这一庄严国家承诺的贯彻与落实。

二、作为执行程序民事诉权要件的法院生效（给付）判决

具体而言，不论是民事主体抑或是代表国家行使公权力的法院，原则上均应借助民事诉讼程序，经由"请求→抗辩→再抗辩→再再抗辩"的审理结构以及质证、认证等程序保障③，以诉讼标的为枢纽，以要件事实为导向再现案件事实④，并通过法官三段论导出民法规范的法律效果，以验

① 参见姜世明：《民事诉讼法（上册）》（修订六版），新学林出版股份有限公司 2018 年版，第 11 页。

② 《民法总则》制定过程中，曾将民事权利及其他合法权益受法律保护的规定置于第 9 条。为了进一步突出民事权利受法律保护的理念，充分体现权利本位、权利导向的立法宗旨，《民法典》出台时将其前移至第 3 条。参见黄薇主编：《中华人民共和国民法典总则编解读》，中国法制出版社 2020 年版，第 9 页。

③ 抗辩的机理和具体适用的讨论，参见冯珏：《论侵权法中的抗辩事由》，《法律科学》2011 年第 4 期。

④ 此处的要件事实主要指向实体法构成要件。必须指出的是，程序规范的构成要件也存在证明责任分配和证据证明之问题。参见李浩：《民事诉讼法适用中的证明责任》，《中国法学》2018 年第 1 期。

证当事人的民事权利主张（诉讼标的）是否具有实体上正当性①，以诉讼要件为准据判定诉讼是否合法。② 只有经过充分的程序保障而作出权利判定，针对公民之强制执行才具有正当性，否则将与"公民的合法的私有财产不受侵犯"这一根本要求相背离。

当然，上述一般规则同样存在例外，例如借助非讼程序获得执行根据，典型情形如《民事诉讼法》第 207 条至第 208 条之担保物权实现程序。尽管如此，理论仍有必要不断追问其程序正当性，特别是考虑到特别程序相比普通程序可能给被申请人带来的程序不利益。③ 对此本书将于第九章"非讼程序中的诉权"详加展开。除了特别程序，例外情形还包括仲裁机构作出的仲裁裁决、公证机关依法赋予强制执行效力的债权文书以及《执行规定》第 2 条规定的其他情形。④ 不过，任何例外都并非对原则的削弱，反而强化了原则的有效性和可适用性。

在上述原则/例外关系中，法院生效（给付）判决具有提纲挈领的作用。一方面，生效判决的作出以最全面和最完善的程序保障为前提，在此基础上执行民事主体的私有财产也最具有正当性。⑤ 以此为锚点，通过举重以明轻等解释方案有望逐步划定执行私有财产的最低程序保障限度。另一方面，生效判决与其他执行依据相比，更能体现出国家决定与公民服从的关系。与之不同，以公证机关依法赋予强制执行效力的债权文书为代表的执行根据则呈现出不经审判程序而受强制执行约束之自我决定与自我负

---

① 传统诉讼标的的识别标准认为，给付之诉的诉讼标的是请求权主张，确认之诉和形成之诉的诉讼标的是民事法律关系。考虑到仅有胜诉给付判决关涉既判力与执行力之关系问题，本书将诉讼标的与实体请求权主张相挂钩。关于给付诉讼标的的识别标准从民事法律关系向请求权主张的转向，参见李浩：《走向与实体法紧密联系的民事诉讼法学研究》，《法学研究》2012 年第 5 期。

② 上述审判结构较为集中地体现为要件事实论，参见许可：《民事审判方法：要件事实引论》，法律出版社 2009 年版，第 153 - 180 页；邹碧华：《要件审判九步法》，法律出版社 2010 年版，第 49 - 50 页；许可：《侵权责任法要件事实展开》，人民法院出版社 2018 年版，第 1 - 21 页。关于以请求权基础和要件事实结构重塑民事审判方式的探讨，参见张卫平：《民法典的实施与民事审判方式的再调整》，《政法论坛》2022 年第 1 期。

③ 参见张自合：《论担保物权实现的程序》，《法学家》2013 年第 1 期；毋爱斌：《"解释论"语境下担保物权实现的非讼程序——兼评〈民事诉讼法〉第 196 条、第 197 条》，《比较法研究》2015 年第 2 期；任重：《担保物权实现的程序标的：实践、识别与制度化》，《法学研究》2016 年第 2 期。

④ 参见肖建国主编：《民事执行法》，中国人民大学出版社 2014 年版，第 119 - 128 页。

⑤ 参见 ［日］新堂幸司：《新民事诉讼法》，林剑锋译，法律出版社 2008 年版，第 474 - 475 页。

责，亦即因知情同意而满足"公民的合法的私有财产不受侵犯"的根本要求。① 与生效判决的强制执行相比，我国不同法院甚至同一法院的不同法官对公证债权文书的强制执行存在不同理解和认识，由此引发执行异议和复议案件，进一步加剧了"执行乱"与"案多人少"。② 这也再次表明，推进审判程序诉权与执行程序诉权的科学对接，认真审视和科学处理既判力与执行力的关系事关私有财产保护《宪法》第 13 条第 1 款，这同样对《民法典》的正确实施和在基本解决"执行难"的同时杜绝"乱执行"以及"纠纷一次性解决"具有关键作用。③

第三节　审判程序民事诉权与执行程序民事诉权的转换

请求权主张作为胜诉权构成要件（民事审判程序诉权之第四阶层）经过审判程序得以确认后，其效力范围如何，其适格被执行人如何划定才能充分满足"公民的合法的私有财产不受侵犯"的根本要求，这些较为集中地体现在民事判决既判力与执行力的关系问题上。与民法体现出的"并联"结构不同，民事诉讼法更符合"串联"之外观，亦即请求权的实现须借助多个民事程序，阶段性和动态化地加以全流程法律保护。④ 其诉权表达则是从审判程序诉权的第四阶层到执行程序诉权的转换与协同。

一、民事权利保护目的的后置

从规范层面进行观察，《民法典》第 1 条与《民事诉讼法》第 1 条和第 2 条存在目的与手段的逻辑关联。⑤《民法典》第 1 条强调民事权利保护是首要目标⑥，这重申了《民法典》作为民事权利宣言书的基本定位。⑦ 只有充分保护民事主体的合法权益，才能实现《民法典》对民事关系的调

---

① 参见黄忠顺：《执行力的正当性基础及其制度展开》，《国家检察官学院学报》2016 年第 4 期。

② 参见张卫平：《改革开放以来我国民事诉讼法学的流变》，《政法论丛》2018 年第 5 期；张海燕：《法院不予执行公证债权文书的原因及其救济》，《法学家》2017 年第 2 期。

③ 关于纠纷一次性解决的泛化适用及其反思，参见任重：《民事纠纷一次性解决的限度》，《政法论坛》2021 年第 3 期。

④ 参见［日］三月章：《诉讼法与实体法——从实践问题提起》，刘荣军译，《外国法译评》1999 年第 3 期。

⑤ 参见张卫平：《双向审视：民事诉讼制度建构的实体与程序之维》，《法制与社会发展》2021 年第 2 期。

⑥ 参见黄薇主编：《中华人民共和国民法典总则编解读》，中国法制出版社 2020 年版，第 2 页。

⑦ 参见王利明主编：《中国民法典释评·总则编》，中国人民大学出版社 2020 年版，第 2 页。

整和对社会、经济秩序的维护。同样，《民法典》第1条的上述立法目标也应该在民事司法实践中加以贯彻和落实。否则，《民法典》的权利保护目标将会落空，并连锁影响其他宏观立法目标和社会效果的实现。需注意的是，《民法典》的颁布和实施虽然能更科学和全面地赋予当事人民事权利，建立实体权利义务秩序，但却不能带来民事权利的自动实现，亦即《民法典》与《民事诉讼法》的简单相加无法带来《民法典》的正确实施。

对比《民法典》第1条和《民事诉讼法》第1条及第2条可以发现，虽然《民事诉讼法》第2条相较于1982年《民事诉讼法（试行）》第2条新增"保护当事人行使诉讼权利"且将它前置于民事诉讼任务之首，并特别强调"保护当事人的合法权益"[①]，但相较于《民法典》第1条旗帜鲜明地提出和前置"保护民事主体的合法权益"，并在第3条重申权利本位、权利导向的立法宗旨，民事诉讼制度目的对《民法典》之制约甚至消解作用不容小觑。[②] 这具体表现为民事权利的保护和实现要服从于"民事审判工作的经验和实际情况"，并劣后于"保证人民法院查明事实""及时审理民事案件"以及"确认民事权利义务关系""制裁民事违法行为"等价值追求。[③]

上述民事权利保护目的的后置存在历史合理性。改革开放以来，民事诉讼立法长期领先于民事实体立法。[④] 其典型例证如2001年《证据规定》第7条曾规定："在法律没有具体规定，依本规定及其他司法解释无法确定举证责任承担时，人民法院可以根据公平原则和诚实信用原则，综合当事人举证能力等因素确定举证责任的承担。"可见，在1982年《民事诉讼法（试行）》颁布以来的相当时期内，实体法没有具体规定的情况并不鲜见甚至较为普遍。[⑤] 在《民法典》颁布前夕，2019年全面修订的《证据规

---

① 参见潘剑锋：《民事诉讼法学》，《中外法学》1991年第5期。

② 关于民事诉讼目的和任务的异同，参见张卫平：《民事诉讼法》（第六版），法律出版社2023年版，第8-9页。

③ 参见任重：《民法典的实施与民事诉讼目的之重塑》，《河北法学》2021年第10期。

④ 对于民法与民事诉讼法的立法先后顺序问题，参见江伟、刘家兴：《建议民事诉讼法先于民法颁布施行》，《民主与法制》1981年第5期。

⑤ 1982年《民事诉讼法（试行）》被称为新中国第一部民事诉讼法典，参见刘家兴主编：《民事诉讼法学教程》，北京大学出版社1994年版，第18-19页。然而，1982年《民事诉讼法（试行）》未能实现实质意义上的法典化，参见张卫平：《民事诉讼法法典化：基本要求与建构》，《河北法学》2022年第8期；任重：《我国民事诉讼法法典化：缘起、滞后与进步》，《河北法学》2022年第8期。

定》废止了上述第 7 条。① 这表明，以"法律没有具体规定"为表征的实体规范匮乏期宣告终结。在此背景下，《民法典》的正确实施与民事权利的顺利实现，有赖于民事诉讼制度目的坚持以权利保护为中心，避免纠纷一次性解决、诉讼经济和穿透式审判思维对《民法典》之民事权利构造及其法律效果的侵蚀甚至抵牾。不无遗憾的是，《民法典》颁布实施后的首轮民事诉讼法修订并未实质回应上述问题，而是以解决"案多人少"为初衷。②

二、民事权利与诉讼程序的对应

以民事权利与诉讼程序的对应关系为视角观察，《民法典》中的民事权利将与诉讼程序形成多点对焦关系，亦即某一民事权利的实现有赖于多个民事程序的相互配合与衔接。③ 鉴于实体法的"并联"构造与诉讼法的"串联"形态，民法与民事诉讼法的关系处理应避免陷入"民事权利—诉讼程序"的机械对应，即认为某一民事权利只需也只能借助单一的诉讼程序加以保护和实现。例如，抗辩权无法直接对应三种诉的类型（给付之诉、确认之诉和形成之诉），而有赖于相对人（原告）在先提起给付之诉，而后由抗辩权人（被告）提出诉讼抗辩。仅从立法和司法解释的文义出发，抗辩权在我国的实现路径不甚统一。例如，《民法典》第 193 条明确规定法官不得主动适用诉讼时效，《诉讼时效规定》第 2 条进一步明确，当事人提出诉讼时效抗辩之前，人民法院不应对其进行释明。相反，《民法典》第 687 条第 2 款虽同样规定"有权拒绝"，但这一抗辩权之法律提示并未得到诉讼程序的承接和贯彻，而是根据《担保解释》第 26 条第 1 款不待一般保证人"拒绝"，而由人民法院依职权驳回债权人对一般保证人的起诉。④ 不论是坚持人民法院不得主动适用和释明抗辩权，抑或是对抗辩权的程序实现加以区分处理，均不否认抗辩权对给付之诉的依附关系。

三、请求权的多点对焦关系

即便不考虑抗辩权，请求权的程序实现也难谓一一对应。请求权分别

---

① 参见最高人民法院民事审判第一庭编著：《最高人民法院新民事诉讼证据规定理解与适用》，人民法院出版社 2020 年版，第 3 页。

② 参见张卫平：《在线诉讼：制度建构及法理——以民事诉讼程序为中心的思考》，《当代法学》2022 年第 3 期；李浩：《繁简分流改革视域下完善小额诉讼程序研究——以 N 市与 S 市试点法院为重点》，《当代法学》2021 年第 4 期；吴英姿：《民事速裁程序构建原理——兼及民事诉讼繁简分流改革的系统推进》，《当代法学》2021 年第 4 期；刘敏：《论优化司法确认程序》，《当代法学》2021 年第 4 期。

③ 参见任重：《夫妻债务规范的诉讼实施——兼论民法典与民事诉讼的衔接》，《法学》2020 年第 12 期。

④ 参见程啸、高圣平、谢鸿飞：《最高人民法院新担保司法解释理解与适用》，法律出版社2021 年版，第 167 页。

对应给付之诉和确认之诉。此外，消极确认之诉以实体请求权之不存在作为法律主张和诉讼标的，也是请求权之程序对应的经典问题和传统问题。国家在原则上禁止私力救济的同时，为民事权利的实现提供了全流程保护，即通过普通诉讼程序加以确认（给付之诉或确认之诉），并通过强制执行程序保障给付判决中确认的请求权得以实现。由于审判程序需要一定的时间周期，在没有其他执行根据和特殊法律规定时，强制执行的启动有赖于审判程序的终结。以民事权利的全流程保护为目标，国家专门设置临时性法律保护措施，这在我国集中表现为诉讼保全程序，亦即以《民事诉讼法》第 103 条和第 104 条为中心，以《专利法》第 61 条、《反家庭暴力法》第四章"人身安全保护令"等具体制度为支撑，以《保全规定》和《民诉法解释》第 152 条至第 173 条等司法解释为进一步细化的临时性法律保护规范群。不论是将《民法典》第 997 条界定为特殊的行为保全程序，抑或是特殊禁令程序，其功能都旨在提供临时性法律保护，而非终局性解决人格权纠纷。① 在现实生活中，行为人可能在法院作出行为保全裁定后，基于对司法裁判的尊重和对国家权威的服从，随即停止危害人格权的行为，进而使后续的审判程序变得不再必要。这虽然在事实上或以实体观察具有终局属性，但还不能说是在诉讼上对人格权纠纷的终局解决。② 以诉讼法视角观察，终局性的关键标准是法院对民事权利主张作出有既判力的判定，当事人对该权利主张提起的另诉将落入"一事不再理"。③

任何请求权都将依次展开"诉讼保全（包括诉前和诉中）→给付诉讼程序或特别程序（如担保物权实现程序所清偿的请求权）→强制执行程序"的多点对焦关系。其中，多个程序类型共同指向了民法上的请求权，这也使请求权本身并不对应唯一的程序类别和阶段。当然，在不考虑《民法典》第 580 条第 2 款之违约方起诉解除合同的情况下④，合同解除诉讼尽管可能包含给付内容，但不能据此认为一般形成权的行使包含给付效果，进而认为其可能展开为"诉讼保全（包括诉前和诉中）→给付诉讼程

---

① 参见王利明：《论侵害人格权的诉前禁令制度》，《财经法学》2019 年第 4 期；黄薇主编：《中华人民共和国民法典人格权编解读》，中国法制出版社 2020 年版，第 43-44 页。
② 参见王利明：《论侵害人格权禁令的适用》，《人民司法》2020 年第 28 期。
③ 参见张卫平：《另案处理结果对本案民事执行的效力及处置原则研究》，《河北法学》2020 年第 3 期；郭小冬：《人格权禁令的基本原理与程序落实》，《法律科学》2021 年第 2 期。
④ 参见刘子赫：《〈民法典〉第 580 条第 2 款（违约方司法解除权）诉讼评注》，《云南社会科学》2023 年第 1 期。

序→强制执行程序"。① 其原因在于，上述给付内容并非一般形成权直接带来的法律效果，而是依旧有赖于合同解除后的请求权主张，亦即在上述解除诉讼中同时存在着解除法律效果之确认之诉和在合同解除基础上的给付之诉。对此，《民法典》第 565 条第 1 款第 2 句指向形成之诉，而《民法典》第 566 条第 1 款则针对给付之诉。此外，根据《九民纪要》第 49 条第 2 款和第 36 条第 1 款之规定，基于合同有给付行为的原告请求确认合同解除，但并未提出返还原物或折价补偿、赔偿损失等请求的，人民法院应当向其释明，告知其一并提出相关诉讼请求。上述释明规则虽然存在"无中生有"之问题，但无疑在诉讼标的层面清晰划定了合同解除权的诉讼标的以及其与给付之诉的区别。与此类似，形成诉权本身并不自然包含给付内容。即便是《民法典》第 580 条之违约方诉请解除合同，也并不自然包含给付内容。②

四、多点对焦关系的忽视：人格权禁令论争

上述民事权利与民事诉讼程序之间的多点对焦关系不仅具有较高的理论价值，而且有较强的实践意义。《民法典》第 997 条对应的程序类型之争在一定程度上表现出"民事权利—诉讼程序"的机械对应。受制于民法与民事诉讼法之间的割裂与隔阂③，民事权利与民事诉讼程序群的多点对焦关系尚未形成理论自觉，这使立法者不得不专门针对人格权设置法律保护措施，并在立法初衷和程序实现上出现不同理解和认识。从全国人大常委会法工委释义出发，《民法典》第 997 条是对《民事诉讼法》第 103 条和第 104 条的具体化，与《反家庭暴力法》第四章发挥类似功能。④ 由于《民法典》第 997 条是对诉讼保全的提示，故而并非保全请求权以及给付诉讼标的之请求权基础。⑤ 与全国人大常委会法工委释义的观点不同，最高人民法院理解与适用丛书并未明确人格权禁令与诉讼保全之间的关系。一方面，最高人民法院将《民法典》第 997 条明确表述为"禁令制度"，而非"诉讼保全"；另一方面，《民事诉讼法》第 103 条和第 104 条乃参照

① 参见刘哲玮：《普通形成权诉讼类型考辨：以合同解除权为例》，《中外法学》2014 年第 5 期。

② 参见最高人民法院民法典贯彻实施工作领导小组主编：《中华人民共和国民法典合同编理解与适用》，人民法院出版社 2020 年版，第 742－743 页。

③ 参见张卫平：《对民事诉讼法学贫困化的思索》，《清华法学》2014 年第 1 期。

④ 参见黄薇主编：《中华人民共和国民法典人格权编解读》，中国法制出版社 2020 年版，第 41－45 页。

⑤ 参见吴香香编：《民法典请求权基础检索手册》，中国法制出版社 2021 年版，第 141 页。

适用，而非直接适用。① 尽管如此，最高人民法院依旧将《民法典》第997条定性为"临时性法律保护措施"②。相比全国人大常委会法工委的诉讼保全论和最高人民法院的临时性禁令论，具有代表性的理论观点则认为，《民法典》第997条不同于诉前行为保全制度，其性质属于实体法上的禁令，其适用并不必然伴随诉讼程序。③ 限于本章的论题和篇幅，关于《民法典》第997条的规范性质与程序定位等重要问题不得不另文详述。上述立法、司法和理论之间的理解分歧可聚焦在民事权利与诉讼程序的对应关系：在全国人大常委会法工委看来，《民法典》第997条实乃程序转引规范，其指向行为保全制度；最高人民法院则认为，《民法典》第997条是程序创设规范，亦即在行为保全之外开辟"禁令制度"这一临时性法律保护的新路径；有代表性的理论观点则将《民法典》第997条定位为程序性的实体规范，在行为保全（程序性禁令）之外，引入实体性禁令制度。

五、请求权、诉讼标的与执行力范围的协同

（一）既存实体权利≠诉讼标的

经由上述宏观和微观层面的讨论可知，虽然我国给付诉讼标的系根据请求权之构成要件加以识别，这同样构成"一事不再理"的判断标准，但既存的请求权并不等于诉讼标的。既存请求权与诉讼标的分别归属实体和诉讼法律秩序，前者是不以人类认识为转移的客观存在，生效判决对请求权存否的判定并不会改变既存实体法律关系。与实体法律关系不一致的生效判决只是形成了实体和程序的双重法秩序，亦即在客观上有请求权，但诉讼程序判定请求权不存在。双重法秩序同样是再审之诉的实体法原因，即通过审判监督程序击破既判力，经由再次审理使程序结果不断迫近实体法秩序，保证实体法秩序得到维系和实现。

（二）判决内容≠既存实体权利

在不考虑错判的情况下，生效判决所记载的请求权并不与实体权利义务关系保持同步。根据《民诉法解释》第248条之既判力时间范围，生效给付判决所锚定的只是事实审最后一次言辞辩论终结时的请求权状态，而

---

① 参见最高人民法院民法典贯彻实施工作领导小组主编：《中华人民共和国民法典人格权编理解与适用》，人民法院出版社2020年版，第88-98页。

② 最高人民法院民法典贯彻实施工作领导小组主编：《中华人民共和国民法典人格权编理解与适用》，人民法院出版社2020年版，第90页。

③ 参见王利明、程啸：《中国民法典释评·人格权编》，中国人民大学出版社2020年版，第111-112页。

并不保证其此后不发生改变。其中,《民诉法解释》第 248 条将既判力标准时点表述为"裁判发生法律效力后"并不准确,更准确的表达方式是事实审最后一次言辞辩论终结时。[①] 常见情形是,债务人于生效判决作出后已自动履行或部分履行生效判决书中所记载的债务,此时就会出现生效判决描述的民事权利义务关系和客观上的实体法秩序的二元格局。如果债权人向法院申请强制执行,则债务人可通过执行异议使执行中的民事权利义务关系回复到与实体权利义务秩序相统一的状态。上述目标应通过债务人执行异议之诉,而非债务人执行异议加以解决。[②]

（三）实体/程序之双重法秩序

由此可见,《民法典》确定的实体法秩序虽然是我国诉讼标的识别标准的重要参照,但既存的请求权本身并非审判程序的对象,更不直接转化为诉讼标的。即便法院确定原告对被告的请求权主张成立,也并不会使客观上不存在的请求权"无中生有"。同样,法院认定请求权不存在,也并不使既存的请求权归于消灭。这可谓法院生效判决介入实体权利义务关系的谦抑性,对此提供佐证的是《民法典》第 229 条与《物权编解释（一）》第 7 条。[③] 同理,在执行程序中被实现的并非客观存在的请求权,而是生效给付判决记载的请求权。

（四）执行债权≠既存请求权

上述界分的原因在于,强制执行无法绕开诉讼标的而直接以客观上既存的请求权为参照,否则将在执行程序目的这一原点问题上埋下"执行难"和"乱执行"的隐忧。由于民事审判程序对请求权主张的判定本身不能带来权利的自动实现,执行程序实现的对象理应与审判程序的判定对象相统一。

以夫妻共同债务为例,若债权人仅以夫妻中举债方为被告提起诉讼并获得胜诉给付判决,或同时起诉非举债方却未获判决支持,则执行程序的任务仅为实现生效判决中记载的请求权主张,即由举债方清偿其债务。若以夫妻双方本在客观上存在共同债务为出发点,以穿透式审判思维为导向追加夫妻另一方为被执行人,则显然混淆了实体/程序之双重法秩序的界

---

① 参见张卫平:《既判力相对性原则:根据、例外与制度化》,《法学研究》2015 年第 1 期;林剑锋:《既判力相对性原则在我国制度化的现状与障碍》,《现代法学》2016 年第 1 期。

② 参见金印:《论债务人异议之诉的必要性——以防御性司法保护的特别功能为中心》,《法学》2019 年第 7 期。

③ 参见房绍坤:《导致物权变动之法院判决类型》,《法学研究》2015 年第 1 期;任重:《形成判决的效力——兼论我国物权法第 28 条》,《政法论坛》2014 年第 1 期;任重:《〈民法典〉第 229 条（法律文书导致物权变动）诉讼评注》,《云南社会科学》2023 年第 1 期。

限，系以客观上的民事权利替代了诉讼标的和执行客观范围的制度功能。这不仅将执行力范围与既判力相脱钩，而且将判决理由部分对夫妻共同债务的描述和认定作为主观范围扩张的根据，是执行力在主客观范围上对既判力相对性的双重悖反。

幸运的是，虽然 2004 年《变更和追加规定（征求意见稿）》第 4 条曾规定："婚姻关系存续期间的债务，除法律文书确定其为个人债务外，推定为夫妻共同债务，可以执行夫妻共同财产。共同财产由债务人一方的配偶占有时，可以追加其配偶为被执行人"，但 2016 年颁布、实施，于 2020 年修订的《变更、追加规定》并未肯定上述做法。

第四节　审判程序民事诉权与执行程序民事诉权的协同

以审判程序民事诉权与执行程序民事诉权的协同为出发点，民事诉讼所确认和实现的并非客观上既存的请求权，而是当事人提出并经法院确认的请求权主张（诉讼标的）。需要进一步厘清的是既判力与执行力的相互关系。

一、执行力任意扩张之反思

民事诉讼制度目的是解决原、被告之间的权利主张和法律争议，而并非对世性地确定实体权利义务关系。是故，民事生效判决的既判力仅发生在双方当事人之间，原则上不会扩及未参加诉讼的案外人。不仅如此，当事人主义诉讼模式下，法院生效判决是基于双方当事人的权利主张、事实提出和证据证明，故而也不存在将判决效力推而广之的正当性基础[①]，这同样契合请求权作为相对权的实体法属性，亦即在法院主持下对双方当事人主张的请求权予以审理和确认。既然生效判决的既判力遵循相对性原则，那么，执行力是否亦应遵循相对性原则？

民事诉讼制度目的、处分原则以及约束性辩论原则同样对生效判决的执行力发挥决定作用，原因在于：如果法院对请求权主张的判定都不能产生超出当事人的法律效力，据此进行的强制执行何以能超出当事人的范畴，而任由法院追加未参加诉讼的案外人作为被执行人？当然，除了与既判力相对性共通的原理，执行力扩张还受到《宪法》第 13 条第 1 款以及《民法典》第 3 条更直接的制约：如果既判力任意扩张将损害案外人诉权，进而在结果上导致其民事权益无法得到司法保护，那么，任意扩张执行力

---

① 参见翁晓斌：《论既判力及执行力向第三人的扩张》，《浙江社会科学》2003 年第 3 期。

则会直接侵害案外人的财产权甚至人身权。这一见解也能得到《刑事诉讼法》第 12 条的印证。《刑事诉讼法》第 12 条通常被认为是关于无罪推定之规定，结合《刑事诉讼法》第 259 条，其同样含有未经审判程序不受强制执行之意涵。[1] 同理可知，未经人民法院依法审判，原则上对任何人不得进行强制执行。可见，超越部门法进行法教义学分析以确定既判力与执行力的关系，是在案外人权利保障与执行债权快速实现间达成科学平衡的关键所在。

二、我国既判力相对性原则之证成

我国立法和司法实践是否遵循既判力相对性原则？对这一基础性和本原性问题，学界存在若干分歧，2012 年民事诉讼法修正案引入的第三人撤销之诉可谓集中体现。引入第三人撤销之诉的逻辑前提正是法院生效判决并不严守既判力相对性原则。[2]

（一）第三人撤销之诉与既判力相对性

第三人撤销之诉旨在遏制虚假诉讼，亦即当事人双方通谋骗取法院生效判决，以损害案外人合法权益。据此，第三人可依据现行《民事诉讼法》第 59 条第 3 款向法院起诉要求撤销判决的部分或全部。然而，以既判力相对性原则为标尺，虚假诉讼的原、被告合谋通过生效判决损害案外人合法权益本就是"不能犯"[3]。无论以《宪法》第 13 条第 1 款、《民法典》第 3 条和《刑事诉讼法》第 12 条为参照，还是从民事诉讼制度目的和当事人主义诉讼模式出发，案外人均不因他人之间的生效判决而丧失既存民事权利，也无须忍受强制执行。如是观之，为遏制虚假诉讼而专门设置的第三人撤销之诉实无用武之地。然而，以"第三人撤销之诉"作为关键词在本院认为部分进行检索可以得出 29 898 件民事裁判文书。[4] 不仅如此，自 2012 年修正案颁布实施以来，第三人撤销之诉逐年攀升[5]，2021 年受裁判文书上网等政策性影响而有所下降。[6] 仅以第三人撤销之诉的案件量作为指标进行观察，我国司法实践并未严守既判力相对性原则。然而，据此并不能得出我国民事诉讼不存在既判力相对性规范及其制度需求

---

① 参见张建伟：《刑事诉讼法通义》（第二版），北京大学出版社 2016 年版，第 164 页。

② 参见吴泽勇：《第三人撤销之诉的原告适格》，《法学研究》2014 年第 3 期。

③ 参见任重：《论虚假诉讼：兼评我国第三人撤销诉讼实践》，《中国法学》2014 年第 6 期。

④ 参见聚法案例数据库，最后检索时间：2025 年 1 月 23 日。

⑤ 2013 年（66 件）、2014 年（509 件）、2015 年（1 285 件）、2016 年（2 107 件）、2017 年（3 760 件）、2018 年（4 371 件）、2019 年（4 999 件）、2020 年（6 254 件）、2021 年（3 192 件）、2022 年（1 579 件）、2023 年（1 041 件）、2024 年（735 件）。

⑥ 参见李广德：《裁判文书上网制度的价值取向及其法理反思》，《法商研究》2022 年第 2 期。

的结论。

（二）既判力相对性的法教义学分析

1982 年《民事诉讼法（试行）》第 84 条第 3 项即已规定："对判决、裁定已经发生法律效力的案件，当事人又起诉的，告知原告按申诉处理"。权威教科书观点认为："因为这种案件已经由法院解决过了，没有再行解决的必要，因而不予受理。"① 上述处理方案复体现在现行《民事诉讼法》第 127 条第 1 款第 5 项，这被学界表述为"一事不再理"。② 客观而论，这足以形成既判力相对性的制度雏形。其中，判定"一事不再理"的关键标准是"案件"，亦即相同案件依再审处理，反之应准许当事人另提诉讼，不得剥夺其另诉权。

在此基础上，只需将"案件"进一步推进到"诉讼标的"并将请求权主张作为识别根据，就可逻辑一贯地实现既判力相对性之法教义学建构。一方面，诉讼标的本身就包含着"谁向谁"的主体限定，故而能够就此推导出既判力主体相对性原则。另一方面，诉讼标的也自然含有"依据什么请求什么"的外延，故而就此可发展出既判力客观相对性原则。最后，法院作出判决需要根据双方当事人的事实主张和证据证明，作为判决基础的法院认定事实也无疑以事实审最后一次言辞辩论终结之时为标准时，亦即既判力相对性之时间范围。较为遗憾的是，上述"案件→诉讼标的→请求权主张"的民事诉讼法教义学工作并未完成，既判力相对性的法教义学建构依旧在路上。

虽然《民事诉讼法》第 127 条第 1 款第 5 项沿用了 1982 年《民事诉讼法（试行）》第 84 条第 3 项之"发生法律效力的案件"的表述，但立法者对"案件"的理解已经出现标的化倾向。2012 年修正案之立法释义一方面将"案件"解读为"同一事实和同一诉讼标的"，另一方面将诉讼标的与民事权利勾连起来。③ 应当说，虽然对"同一事实和同一标的"以及"诉讼标的＝民事权利"的理解都还存在模糊性，但从"发生法律效力的案件"到"同一事实和同一标的"以及"诉讼标的＝民事权利"，是既判力相对性原则在我国得到确立的关键步骤。在此基础上，《民诉法解释》第 247 条进一步细化和扩展了《民事诉讼法》第 127 条第 1 款第 5 项之"一事不再理"。首先，"案件"这一较为模糊的判定标准被进一步细化为

---

① 柴发邦等：《民事诉讼法通论》，法律出版社 1982 年版，第 281 页。

② 参见张卫平：《重复诉讼规制研究：兼论"一事不再理"》，《中国法学》2015 年第 2 期。

③ 参见全国人民代表大会常务委员会法制工作委员会编：《中华人民共和国民事诉讼法释义（最新修正版）》，法律出版社 2012 年版，第 305 页。

后诉与前诉的当事人相同、诉讼标的相同、诉讼请求相同（或后诉的诉讼请求实质上否定前诉裁判结果），这也被称为"三同标准"。① 通过将当事人、诉讼标的和诉讼请求分别作为审判程序最基本单位的三个限定，由"案件"向"诉讼标的"的法教义学展开获得实质推进。② 其次，《民诉法解释》第 248 条重申了既判力的标准时点，第 249 条则规定了既判力主体相对性原则及其例外，亦即民事权利义务在诉讼中转移的情形，受让人成为被担当人，人民法院作出发生法律效力的判决、裁定对其有约束力。③

如果说 1982 年《民事诉讼法（试行）》第 84 条第 3 项和《民事诉讼法》第 127 条第 1 款第 5 项之"发生法律效力的案件"尚不足以证成既判力相对性原则的话，2015 年颁布的《民诉法解释》第 247 条至第 249 条就已经完成了从"案件"向"诉讼标的"之法教义学转化，并将标准明晰的既判力相对性制度推向前台。当然，从第三人撤销之诉案件数量不降反增的发展势头来看，既判力相对性从立法渗入司法并进一步深入人心，还有很长的路要走。尽管如此，我国业已具备既判力相对性之规范基础实乃不争之事实。

三、既判力与执行力的协同关系

虽然司法实践存在突破既判力相对性的冲动，但我国民事诉讼法及其司法解释业已实质建立起既判力相对性之规范基础。这不仅为执行力相对性提供了逻辑起点和规范依托，而且为界定既判力与执行力的关系模式打下了坚实基础。以《宪法》第 13 条第 1 款规定的"公民的合法的私有财产不受侵犯"为出发点，以《民法典》第 3 条和《刑事诉讼法》第 12 条为参照，以民事诉讼制度目的以及当事人主义原则为内核，执行力同样须遵循相对性原则。以此为基础，既判力与执行力在主观范围上的一元论在我国并不存在理论和规范上的障碍。

（一）既判力与执行力的规范分析

尽管如此，既判力与执行力相互关系的模式确定不能止步于上述理论推演，而有必要进一步探寻既判力与执行力之规范群，以确保其在司法实践中的可适用性和可操作性。

---

① 对"三同标准"的评述和反思，参见段厚省：《重复诉讼判断标准检讨——以法释〔2015〕5 号第 247 条为分析对象》，《甘肃政法学院学报》2019 年第 5 期；袁琳：《民事重复起诉的识别路径》，《法学》2019 年第 9 期。

② 参见任重：《论我国民事诉讼标的与诉讼请求的关系》，《中国法学》2021 年第 2 期。

③ 参见王福华：《"系争标的"转让的诉讼效果》，《现代法学》2020 年第 5 期。

须指出的是，找出既判力和执行力之规范群，随后进行比对并界定关系模式，在我国并非易事。虽然在规范层面形成了由《民事诉讼法》第127条第1款第5项和《民诉法解释》第247条至第249条组成之规范群，但既判力相对性尚未得到理论和实务的广泛认可与贯彻。以上述既判力规范为据，生效判决原则上仅能约束诉讼当事人。作为例外，既判力约束范围将扩张至系争权利义务的受让人。从比较法视角观察，上述规则虽有缺漏，但已初具规模。① 虽然我国既判力规范群并未明确规定占有问题，但举重以明轻，可以确定占有人同样受既判力约束。而诉讼担当的利益归属人受既判力波及，本就是《民诉法解释》第249条所蕴含的基本原理。②

1. 《民事诉讼法》第235条第1款

那么，我国是否存在执行力主观范围之基础规范？其与既判力规范群进行比对的结果如何？对上述问题的回答是确定既判力与执行力相互关系的关键。由于民事强制执行法的制定和颁布还有待时日，《民事诉讼法》第三编之"执行程序"理应获得足够关注和重视。③《民事诉讼法》第235条第1款虽然以执行管辖作为主要内容，但其同时勾勒出民事审判与强制执行、执行力与既判力主观范围的关系。据此，发生法律效力（既判力）的民事判决，由第一审人民法院或与第一审人民法院同级的被执行的财产所在地人民法院执行（执行力），即表明执行程序的重要功能在于实现生效判决中的权利判定，并与审判程序一道达成保护民事权利这一民事诉讼目的。是故，民事生效判决的执行力与既判力主观范围应保持一致，如此方能在快速实现债权（主张）的同时，保障案外人的实体和程序权利，以贯彻落实《宪法》第13条第1款以及《民法典》第3条所体现的原则与精神。

2. 《民事诉讼法》第247条第1款

上述解释方案同样能得到《民事诉讼法》第243条第1款的呼应，即对于发生法律效力（既判力）的民事判决，当事人必须履行。一方拒绝履

---

① 例如，《德国民事诉讼法》第325条第1款规定："确定判决的效力，其利与不利，及于当事人、在诉讼系属发生后当事人的承继人以及作为当事人及其承继人的间接占有人而占有系争物的人。"《德国民事诉讼法》，丁启明译，厦门大学出版社2016年版，第80页。《日本民事诉讼法》第115条规定："（一）确定判决对于下列人具有效力：1、当事人；2、当事人为他人利益而成为原告或被告情形中的该他人；3、前两号规定所列之人的口头辩论终结后的承继人；4、为了前三号所规定之人的利益而持有请求标的物的人。"《日本民事诉讼法典》，曹云吉译，厦门大学出版社2017年版，第40页。

② 参见张卫平：《既判力相对性原则：根据、例外与制度化》，《法学研究》2015年第1期。

③ 参见任重：《我国民事执行基本原则：功能重塑与系统整合》，《中国应用法学》2022年第5期。

行的，对方当事人可以向人民法院申请执行。据此，生效判决执行力的主观范围应以既判力为准，否则将出现执行力主观范围大于自愿履行之主体范围的吊诡现象。这同样是民事诉讼制度目的、民事诉讼标的以及既判力相对性等基础理论综合作用的结果。

3.《执行规定》第16条第1款

执行力相对性同样可在执行规范中找到有力支撑。《执行规定》第16条第1款第1项明确将法律文书已生效（既判力）作为首要条件，随即第2项将权利人及其继承人和承受人明确为申请主体，第3项重申执行力相对性原则，亦即申请执行的法律文书有给付内容，且执行标的与被执行人明确。据此，被执行人不能被任意确定，其明确性的来源是法律文书中的给付内容，是"谁向谁依据什么请求什么"这一公式在强制执行程序中的贯彻落实。而第4项则更进一步将被执行人范围限定在生效判决中确定的给付义务人。须指出的是，相比《执行规定》第16条第1款第2项之申请主体相对性，第3项和第4项更严格地贯彻被执行人相对性原则，甚至未涉及执行力主体范围（被执行人）之扩张。

（二）既判力与执行力的一元模式证成

从我国执行力规范分析结果出发，其不仅不存在任意扩张的正当性基础，反而在规范层面呈现出被执行人主体范围过窄的问题。当然，借助既判力与执行力主体范围一致规则，自然能得出与《德国民事诉讼法》第325条第1款和《日本民事诉讼法》第115条相一致的被执行人主体范围，亦即将受让人、占有人和诉讼担当的利益归属人纳入其中。

我国审判程序民事诉权和执行程序民事诉权的对接与协同不存在立法障碍。毋庸讳言，关于既判力相对性的理论和实践隔阂使逐步配备的立法资源并未得到充分重视，进而呈现出"立法有、实践乱、理论无"之格局。正是由于我国尚未形成既判力相对性及其例外的广泛共识，因此既判力对执行力主体范围的解释力不足。不仅如此，《民事诉讼法》第235条第1款、第247条第1款以及《执行规定》第16条第1项至第4项的确存在被执行人范围小于既判力主体范围的不协调问题。在"用两到三年时间，基本解决执行难问题"的司法政策引导下，司法实务越过执行力规范群，较为宽泛地变更和追加被执行人。[①]

上述做法的合理性在于，能够在既判力及其与执行力相互关系的理论供给尚不充分且实体法请求权体系还有待加强的背景下，"结合我国民事

---

① 参见张卫平：《改革开放四十年民事司法改革的变迁》，《中国法律评论》2018年第5期。

审判工作的经验和实际情况"确定被执行人,克服执行力主体范围小于既判力主体范围的不协同问题,并在结果上有助于化解"执行难"。[①] 不过,由于被执行人的确定是"摸着石头过河",故而在解决"执行难"的同时面临"乱执行"的风险。不仅如此,上述执行力主体范围的确定还易诱发"同案不同判"。2016年颁布实施的《变更、追加规定》正是为了"正确处理民事执行中变更、追加当事人问题,维护当事人、利害关系人的合法权益"。同时,《变更、追加规定》也为既判力与执行力的一元论提供了宝贵试验田。一方面,该司法解释是针对执行力主体范围扩张的专门规定,由此可以管窥全国司法实践做法。另一方面,该司法解释并非对实践中做法照单全收,而是根据《民事诉讼法》等法律的规定进行实质筛选,这集中表现为对追加夫妻非举债方为被执行人的否定。

《变更和追加规定(征求意见稿)》第2条曾将夫妻非举债方作为执行债务人,第4条将追加配偶为被执行人的情形进一步扩展到裁判说理甚至都未涉及的情形,亦即:"婚姻关系存续期间的债务,除法律文书确定其为个人债务外,推定为夫妻共同债务,可以执行夫妻共同财产。"

上述实践中的做法及其模式变迁,可从既判力规范群的发展和理论演进得到合理解释。在公布征求意见稿的2004年,既判力规范群仅有"一事不再理"这一早已存在的消极起诉条件规定。不仅《民诉法解释》第247条至第249条之细化规定尚未出台,立法、司法和理论对"一事"判定标准的认定还停留在较为宽泛和模糊的"案件"阶段,"案件→诉讼标的→请求权主张"的民事诉讼法教义学展开远未完成。据此不难理解,缘何并非审理对象(诉讼标的)的夫妻共同债务可能落入既判力的客观范围,并向举债方(被告)之外的夫妻另一方(案外人)产生主体范围扩张。不过,变更、追加夫妻非举债方为被执行人的做法并非执行力与既判力二元论的体现,其背后仍旧是以"案件"作为模糊标准的一元论。

第五节　既判力与执行力协同模式的展开

既判力与执行力二元论不仅没有坚实的规范基础,而且欠缺充分的法教义学证成。结合《宪法》第13条第1款、《民法典》第3条和《刑事诉

---

① 参见肖建国、刘文勇:《论执行力主观范围的扩张及其正当性基础》,《法学论坛》2016年第4期;黄忠顺:《执行力的正当性基础及其制度展开》,《国家检察官学院学报》2016年第4期。

讼法》第 12 条，对《民事诉讼法》第 127 条第 1 款第 5 项以及《民诉法解释》第 247 条至第 249 条进行体系解释，经过既判力和执行力规范群的比对后可以发现，我国执行力不存在与执行力脱钩的保留，反而亟须通过一元论克服被执行主体范围过窄的规范现状。

一、权利义务承受型

《变更、追加规定》于 2016 年颁布实施时，追加夫妻另一方为被执行人的做法不再被准许。这集中表明既判力相对性以及既判力与执行力的一元论日益得到强调和坚守。2015 年，《民诉法解释》第 247 条至第 249 条对 2023 年《民事诉讼法》第 127 条第 1 款第 5 项"一事不再理"进行全面阐释，随着诉讼标的识别标准从法律关系分析法逐渐转换为民事权利标准①，当债权人仅对夫妻举债方获得胜诉给付判决时，其既判力主观范围限于诉讼当事人。夫妻共同债务及其连带责任虽可能成为法官说理的内容，但绝非诉讼标的本身，故而不落入既判力之客观范围。

不仅如此，以既判力相对性衡量与评价变更、追加被执行人之实践做法可谓是《变更、追加规定》中一条隐含的主线。例如，《变更、追加规定》第 1 条从申请执行人的角度适用《民诉法解释》第 249 条第 1 款，将权利的继受人作为执行力相对性之例外。与此一脉相承的是，《变更、追加规定》第 2 条至第 12 条都可被看作是对第 1 条的具体化作业。同样，上述变更和追加不仅并未逾越既判力主体相对性，而且是既判力主体范围扩张的典型情形，这不仅没有削弱，反而进一步加强了既判力与执行力一元论。由于权利义务承受型执行力扩张与既判力扩张具有高度一致性，故不再具体展开分析。②

二、诉讼实施权赋予型

如果说《变更、追加规定》第 2 条至第 12 条可以被看作是既判力扩张的典型情形，那么，该规定第 13 条至第 16 条则难以适用《民诉法解释》第 249 条。原因在于，无论是个人独资企业、合伙企业还是法人的分支机构，根据《民法典》第 74 条第 2 款及第 104 条，均非最终责任承担者。相反，个人独资企业、合伙企业和法人的分支机构满足《民事诉讼法》第 3 条规定的"其他组织"之要求，故而根据《民事诉讼法》第 51 条第 1 款有当事人能力，这就呈现出实体上并非最终责任主体但诉讼上能为当事人的实体法和诉讼法二元构造。在民事权利能力和当事人能力方

---

① 参见李浩：《走向与实体法紧密联系的民事诉讼法学研究》，《法学研究》2012 年第 5 期。
② 参见张卫平：《既判力相对性原则：根据、例外与制度化》，《法学研究》2015 年第 1 期。

面，法人的分支机构也存在实体和程序上的不同构造。对此，全国人大常委会法工委释义书和最高人民法院理解与适用书的释义书针对《民诉法解释》第52条之其他组织是否均为非法人组织出现了不同理解和认识。[①]

尽管上述分立模式在审判程序中利大于弊，但在执行程序中不能固守分立，相反，须重新回归民事权利能力的范畴。原因在于，上述主体难以真正成为民事责任的最终承担者。是故，《民法典》专门针对上述主体的最终责任承担作出特别制度安排，如《民法典》第74条第2款和第973条。上述情形呈现出先执行诉讼当事人的财产，不足部分由民事权利主体承担的执行形态。以合伙企业的责任承担为例：根据《民事诉讼法》第51条第2款第2句，合伙企业由其主要负责人进行诉讼。由于参加诉讼的仅有合伙企业的负责人，并不包含全部合伙人，故而既判力主体范围产生了扩张的必要性。否则，债权人将陷入在审判程序中对合伙企业胜诉，却无法顺利执行合伙企业全部财产的困境。为了解决上述难题，《变更、追加规定》第14条第1款规定：当合伙企业不能清偿生效法律文书确定的债务时，债权人可申请变更、追加普通合伙人为被执行人。

必须指出的是，在《变更、追加规定》颁布、实施时，民法尚未全面规定合伙合同，对此作出规定的是《合伙企业法》第2条第2款之合伙人对合伙企业债务承担无限连带责任。在履行顺序方面，《合伙企业法》第38条规定合伙企业对其债务应先以其全部财产进行清偿。[②] 由于《变更、追加规定》第14条第1款主要针对合伙企业，故而本章不再对民事合伙进行专门讨论。

如是观之，《变更、追加规定》第14条第1款理应被看作是对《合伙企业法》第2条第2款和第38条的贯彻落实。《变更、追加规定》第14条是否采取了既判力和执行力二元模式？是否可以此为例证主张一元论虽然是立法的选择，但在司法实践中难以得到贯彻？从既判力视角观察，合伙企业作为被告受到给付判决，其既判力主体范围将根据《民事诉讼法》第127条第1款第5项和《民诉法解释》第247条至第249条被限定在债权人和合伙企业之间。由于合伙企业与合伙人之间不存在权利义务之继受关系，例如自然人死亡以及法人的分立与合并，故而并不符合权利义务承

---

① 参见黄薇主编：《中华人民共和国民法典总则编解读》，中国法制出版社2020年版，第323-327页；最高人民法院民法典贯彻实施工作领导小组主编：《中华人民共和国民法典总则编理解与适用》，人民法院出版社2020年版，第517页。

② 对于合伙企业与民事合伙之间清偿顺序的不同，可参见黄薇主编：《中华人民共和国民法典合同编解读（下册）》，中国法制出版社2020年版，第1530-1531页。

受型之既判力扩张。不过，除了民事诉讼法规定既判力扩张的例外，更多具体情形散见于民商事实体法律规定中，上述立法安排也更能增强既判力相对性原则的稳固性：仅有通过民商事法律具体规定的个别授权，生效判决才能产生既判力扩张的法律效力。

《合伙企业法》第2条第2款和第38条便隐含着既判力扩张法理。债权人对合伙企业获得胜诉给付判决，即等于对所有合伙人获得了胜诉给付判决，其法理在于诉讼实施权的授予：合伙企业的负责人作为其他合伙人的诉讼担当人，代全体合伙人进行诉讼并受到给付判决，故而虽然判决中写明的被告人是合伙企业，但该判决的既判力主体范围将扩及所有合伙人。[1] 值得注意的是，虽然《变更、追加规定》第14条符合诉讼实施权赋予型既判力主体范围扩张，并与执行力主体范围继续维持统一关系，但有必要进一步限缩解释追加被执行人的责任财产范围。由于债权人提起的诉讼系以合伙债务为原因，故而合伙人授予合伙企业负责人的诉讼实施权不应被理解为当然包含对其个人财产的债权请求。[2] 是故，变更、追加普通合伙人的目的是合伙财产的执行，而非落实《合伙企业法》第2条第2款之无限连带责任。对无限连带责任的主张和实现并非既判力和执行力扩张所能承受之重。相反，这将构成另一诉讼标的，并通过诉的合并抑或另诉最终落实。[3] 当然，无论是诉讼实施权还是诉的合并在我国均欠缺全面、系统的规定，其法教义学工作仍有待进一步展开，但这并不能成为转采二元论的充分理由。

三、穿透式执行力扩张及其风险

无论是权利义务承受型，还是诉讼实施权赋予型，都在既判力和执行力的主体范围上保持统一。据此，由《变更、追加规定》第1条到第16条无法导出二元模式。一元模式不仅能圆满解释权利义务承受型和诉讼实施权赋予型执行力扩张，还能在解决"执行难"的同时避免"乱执行"，追加合伙人作为被执行人即为范例。与上述两种基本模型不同，《变更、追加规定》中还有若干执行力扩张难以被一元论所包容与证成，较为典型

---

① 关于诉讼实施权基础理论的探讨，参见肖建国、黄忠顺：《诉讼实施权理论的基础性建构》，《比较法研究》2011年第1期；黄忠顺：《再论诉讼实施权的基本界定》，《法学家》2018年第1期。

② 参见许世宦：《执行力扩张与不动产执行》，新学林出版有限公司2003年版，第55－56页；Musielak/Voit/Lackmann, 19. Aufl. 2022, ZPO § 736, Rn. 4 und 6.

③ 关于我国台湾地区的合并处理模式，参见刘明生：《既判力、执行力主观与客观范围之研究——以合伙团体为当事人之确定判决为中心》，载姜世明主编：《确定判决及裁定之效力（民事程序法焦点论坛第九卷）》，新学林出版有限公司2020年版，第83－134页。

的是第 17 条规定的"追加营利法人未缴纳或足额缴纳出资的股东"、第 18 条规定的"追加营利法人之抽逃出资的股东和出资人"、第 19 条规定的"追加未依法履行出资义务即转让股权的股东和发起人"和第 20 条规定的"一人有限公司追加股东为被执行人"等情形。上述具体情形无不体现出否定公司法人格而要求股东、出资人径行作为被执行人的穿透式诉讼思维。

（一）穿透式执行力扩张的规范分析

在实体法律根据以及民事责任承担方式上，无论是一人公司抑或是营利法人，都根据《民法典》第 57 条具有民事权利能力和民事行为能力，依法独立享有民事权利和独立承担民事义务。相反，虽然非法人组织根据《民法典》第 102 条能够以自己的名义从事民事活动，但其不具有法人资格，且根据《民法典》第 104 条在以其财产不足以清偿债务时，由其出资人或者设立人承担无限责任。以诉讼实施权为分析工具，由于法人的表意机关只是为法人作出意思表示，其并不为其背后的股东或出资人进行民事诉讼，故而不能将法定代表人的诉讼行为理解为代表全体股东进行民事诉讼。对于法人而言，《民法典》第 104 条并无适用空间。虽然《公司法》第 23 条有刺破公司面纱之规定，但上述规则恰恰表明原则上并不存在于公司的财产不足以清偿债务时自动由股东承担赔偿责任之执行规则。

根据上述实体和程序两个面向的分析，穿透式执行力扩张的做法一方面违反既判力主体相对性原则，即将并未参加诉讼并受到给付判决约束的股东和出资人变更、追加为被执行人，另一方面违反既判力客观相对性原则：以公司为被告的给付判决并不能包含刺破公司面纱后由股东、出资人对公司债务承担连带责任之内容，这甚至不是裁判文书说理的必要构成。《九民纪要》针对穿透式执行力扩张的做法专章加以反思，其一方面重申"公司人格独立和股东有限责任是公司法的基本原则"，另一方面于第 13 条第 1 款第 1 项专门处理刺破公司面纱的诉讼形态问题：债权人获得对公司的生效给付判决后，另行提起公司人格否认诉讼时，将股东作为被告，公司作为第三人。据此，《九民纪要》第 13 条第 1 款第 1 项虽未明确否定执行程序中径行刺破公司面纱和追加股东为被执行人的做法，但综合公司人格独立（《公司法》第 3 条）和股东有限责任（《公司法》第 4 条）之基本原则，可以认为执行程序中径行刺破公司面纱的做法并不被认可，或者说至少不被提倡。

（二）穿透式执行力扩张的理论反思

在执行阶段刺破公司面纱并追加股东为被执行人，是落实"用两到三年时间，基本解决执行难问题"这一政策的具体举措。之所以会产生追加股东、出资人为被执行人的迫切需要，是因为债权人在审判程序中仅获得针对公司的胜诉给付判决，另行提起刺破公司面纱诉讼不仅加剧"案多人少"，而且不利于"基本解决执行难"。基于私法自治及其在诉讼上的自我决定和自我负责，债权人在诉讼策略上的失误不应以牺牲股东、出资人的实体和程序权利为代价。为了解决执行根据欠缺的问题，《九民纪要》第13条第1款第2项明确肯定债权人同时起诉公司和股东的诉讼选择，亦即债权人对公司提起诉讼的同时一并提起刺破公司面纱诉讼，请求股东对公司债务承担连带责任的，列公司和股东为共同被告。综上所述，《变更、追加规定》第17条至第20条所集中反映出的穿透式既判力扩张模式不仅与《宪法》第13条、《民法典》第3条、公司人格独立和股东有限责任的公司法基本原则以及当事人主义诉讼模式相悖，而且存在"乱执行"的风险。解决"执行难"的良策并非在执行程序中径行刺破公司面纱，而是充分保障债权人的诉讼选择权，让其有机会借助诉讼程序一揽子获得对公司和股东的执行依据，使执行力主体范围回归到既判力的主体范围。

　　而与上述穿透式执行力扩张不同，第三人根据《变更、追加规定》第24条向执行法院书面承诺自愿代被执行人履行生效法律文书确定的债务时，变更、追加第三人为被执行人则并不违反执行力主体相对性及其扩张原理，亦即在充分知情等程序保障的前提下自愿放弃接受审判之权利而直接承受强制执行，债权人据此获得了新的执行依据。由于新执行依据并非生效判决，并无既判力与执行力的关系及其背后反映出的审判程序诉权与执行程序诉权的协同问题，故以此证成既判力与执行力之二元模式，存在答非所问之逻辑缺陷。由此可见，一元论在我国并不存在难以克服的规范障碍，以《变更、追加规定》为代表的司法实践可借助一元论得到证成、赋权和反思。

　　无论是在理论上否定既判力相对性原则在我国的存在和作用，抑或是以盖然性等标准建立起既判力与执行力二元论，都是以大幅度扩张执行力主体范围，特别是径行变更和追加被执行人为初衷和目标，其背后是穿透式诉讼思维。随着《民法典》时代的到来，诉讼效率理应以实体和程序公正的实现为前提。穿透式诉讼思维在美好愿景下存在超越甚至背离民事实体权利保护目的之隐忧，且在结果上难以真正达成纠纷的一次性解决，甚至可能进一步加剧"诉讼爆炸"和"案多人少"。当既判力相对性在执行程序中"失语"，当法人格在执行中被径行刺破，其不仅"穿透"了既判力和执行力相对性，更是背离了《宪法》第13条、《民法典》第3条、

《刑事诉讼法》第 12 条、公司法基本原则以及当事人主义诉讼体制转型。

《民法典》的颁布实施为执行力主体范围的科学划定提供了重要契机。既判力与执行力一元论不仅能科学解释司法实践中有益的扩张做法，而且将诉讼实施权赋予型执行力扩张限定在合理范围内，避免在解决"执行难"的同时引发"乱执行"。相反，穿透式执行力扩张及其反映出的穿透式审判思维无法得到一元论证成，理应进行科学反思和受到有效规制。通过既判力与执行力一元模式，宪法、民法、刑事诉讼法、民事诉讼法和强制执行法形成了体系科学和逻辑一贯的法律系统，而法官通过依法裁判将具体生活事实持续映射到上述法律体系的司法作业不仅解决了具体民事纠纷，而且为潜在纠纷提供了明确预期，进而引导超大规模民事纠纷自行化解，这或许才是"穿透"的本来之义和应有之义，亦是协同执行程序诉权与审判程序诉权的关键步骤。

第九章　保全程序中的民事诉权

　　"申请难"是困扰知识产权权利人和利害关系人的顽疾，且加剧了我国立法、司法和理论研究之间的割裂。由于保全程序的独立性并未得到充分彰显，其"申请难"未如"起诉难"一样获得全社会的关注和重视。作为例证，全面规定立案登记制改革举措的《登记立案规定》在对民事起诉、行政起诉和刑事自诉（第1条）作出总体规定后，却仅在民事诉讼部分列举第三人撤销之诉和执行异议之诉（第8条第1款第3项和第4项），在第18条规定强制执行按照该规定执行，而上诉、申请再审、执行复议不适用该规定。作为权利临时保护措施的保全程序诉权并未被纳入立案登记制改革的范畴。当然，除了与"起诉难"共通的制度背景，"申请难"还存在独特的制度成因。"申请难"的理论根源可以被归结为对诉权范围的限缩、对程序事项的轻视和对证明标准的误读。通过拓展诉权的范畴，建立起多维度的诉权体系，可以在理论上克服立案登记制改革的盲区。在保全程序中的民事诉权保障体系中，诉前行为保全是重点和难点，本章将着重围绕诉前行为保全"申请难"的问题展开探讨。

第一节　诉前行为保全"申请难"

　　2012年以前，《民事诉讼法》并不存在针对财产以外的诉讼保全措施，这亦构成了当事人诉权保障的重大缺陷，是我国民事诉讼法律体系的严重漏洞。1994年开始，江伟教授和肖建国教授在大陆法系假处分和英美法系中间禁令基础上，创造性地提出了行为保全制度，并积极倡导其入法。[①] 知识产权诉讼作为改革特区对行为保全予以确认。2000年修订的

---

　　① 参见江伟、肖建国：《民事诉讼中的行为保全初探》，《政法论坛》1994年第3期；肖建国：《论诉前停止侵权行为的法律性质——以诉前停止侵犯知识产权行为为中心的研究》，《法商研究》2002年第4期。关于我国行为保全概念与禁令以及假处分制度之间的比较研究，参见周翠：《行为保全问题研究——对〈民事诉讼法〉第100—105条的解释》，《法律科学》2015年第4期。

《专利法》在第 61 条增设诉前行为保全制度。2001 年颁布实施的《诉前停止侵犯专利权规定》在此基础上作了进一步制度化和具体化。在理论界和实务界的积极倡导下，诉前行为保全制度通过 2012 年修正案被最终确立。为了使行为保全制度运行得更加顺畅，2015 年颁布实施的《民诉法解释》在第 152 条以下对其作出了进一步解释和说明。

诉前行为保全最终获得了《民事诉讼法》的承认，然在欣喜之余也有隐忧。行为保全从理论倡导到知识产权立法，再进一步推广到整个民事诉讼的发展路径，决定了相关司法实践承上启下的重要地位：一方面，相关司法实践是诉前行为保全理论和立法的试验田；另一方面，其又是诉前行为保全在整个民事诉讼领域推广的特区经验。较为遗憾的是，2012 年修正案引入诉前行为保全制度较为仓促，并未对其在知识产权诉讼中的运行状况进行充分的分析与评估。这一问题在全国人大常委会法工委释义书和最高人民法院的理解与运用书中初现端倪。与其他新制度类似，行为保全在民事诉讼中的确立缺少充分的司法实践总结和分析。释义丛书仅从理论推演和比较法借鉴出发，肯定行为保全制度的必要性。稍有例外的是最高人民法院的释义丛书："以知识产权纠纷为例，上海法院系统自 2001 年 7 月 1 日实施诉前责令停止有关行为的制度后，至 2003 年 8 月受理申请 8 起，1 起由申请人主动撤回，5 起达成和解"。但其对于缘何"司法实践中需求较大的案件类型"在 2 年间仅有 8 起申请，为何主动撤回和达成和解之外仅有 2 个诉前行为保全裁定书，均未有进一步讨论和分析。[①] 这一缺陷将可能导致诉前行为保全制度在民事司法实践中的空转，并直接影响到《民诉法解释》相关规定的效用。

对诉前权利保护的巨大需求和民事诉讼对此的供给之间形成了戏剧性反差。通过与知识产权法官和律师座谈可以发现，个人或企业对诉前行为保全的需求量极高，但能够成功立案的则凤毛麟角，甚至每年被立案的申请都会成为业界新闻。这种诉讼法律现象可以被称为诉前行为保全"申请难"。在权利意识逐步增强和创新型国家逐步建立的社会背景下，"申请难"的背后是民众对诉前行为保全的巨大需求和法院的微量供给之间的紧张关系。

---

① 参见最高人民法院民事诉讼法修改研究小组编著：《〈中华人民共和国民事诉讼法〉修改条文理解与适用》，人民法院出版社 2012 年版，第 221－222 页；王胜明主编：《中华人民共和国民事诉讼法释义》，法律出版社 2012 年版，第 227 页以下。

第二节　诉前行为保全"申请难"的制度成因

"申请难"不仅是当事人的主观感受，而且是切实存在于我国司法实践中的现象和问题。在司法体制改革的大背景下解读"申请难"构成了无法回避的问题。只有通过仔细把脉发现"申请难"的病灶，才可能对症下药并最终治愈这一困扰我国知识产权诉讼的顽疾。

一、"申请难"与"起诉难"的联动

早在"申请难"之前，"起诉难"是牵绊我国司法改革和民事诉讼现代化的主要障碍，并构成了 2007 年民事诉讼法修正案的重要动因。"起诉难"这一概念的产生和使用主要在民事诉讼背景下展开。但"起诉难"作为一种诉讼现象和当事人的切身感受，最初并未被有机融入民事诉讼法律和理论体系。"起诉难"真正上升为诉讼法律问题的契机是对起诉条件与实体判决要件的比较研究。[1] 张卫平教授认为，"起诉难"的法律原因是我国起诉条件的高阶化。立法者将开启诉讼的条件和进行实体判决的前提条件进行了部分同质化处理，进而导致当事人启动诉讼的门槛被不当提高了。因此，"起诉难"的解决之道是对起诉条件进行改革，将其中的实体判决要件剥离出来。在规范分析后，张卫平教授另文对"起诉难"加以实证研究，[2] 并将其成因归结为司法政策调整对起诉的限制，例如基于结案率考虑在第四季度不受理新案的历史做法。

（一）立案登记制改革的盲区

关于"起诉难"的既有成果同样适用于"申请难"。终局性判定民事实体权利的审判程序并非诉讼程序的全部，而仅是其中较为重要的组成部分。开启审判程序的起诉行为也只是具有程序开启效果的民事诉讼法律行为的一种。虽然诉前行为保全制度的主要目的是保障今后实体判决的有效执行，并尽可能减少损害后果的扩大，但其依旧应当被视为与审判程序相互平行的特殊程序。这在我国同样得到了坚持，并表现为相互独立的案由，如"侵犯发明专利权纠纷"和"申请诉前停止侵犯专利权"。[3] 申请与起诉一样，也是开启相关程序的诉讼法律行为。基于起诉和申请相同的

---

[1] 参见张卫平：《起诉条件与实体判决要件》，《法学研究》2004 年第 6 期。

[2] 参见张卫平：《起诉难：一个中国问题的思索》，《法学研究》2009 年第 6 期。

[3] 关于诉讼标的与案由的关系，参见曹建军：《民事案由的功能：演变、划分与定位》，《法律科学》2018 年第 5 期。

诉讼法律行为属性，"起诉难"的病灶在诉前行为保全程序中相应表现为申请条件、诉讼要件以及保全条件的混同以及申请条件的高阶化。司法政策调整也进一步加剧了"申请难"。最高人民法院印发的《关于当前经济形势下知识产权审判服务大局若干问题的意见》第14条进一步要求"严格把握法律条件，慎用诉前停止侵权措施"。

在这一认识基础上，需要进一步考察的问题是立案登记制改革对二者的影响。"起诉难"作为民众对我国民事诉讼诉病最集中的问题之一，在规范研究和实证研究的基础上开启了改革的步伐。《依法治国决定》要求："切实解决立案难这一突出问题，改革法院受理案件制度，变立案审查制为立案登记制，对人民法院依法应该受理的案件，做到有案必立、有诉必理，保障当事人诉权。"虽然立案登记制改革被认为主要针对行政诉讼展开，但2015年颁布实施的《民诉法解释》中同样体现出改革的努力。《民诉法解释》第208条被最高人民法院界定为立案登记制在民事诉讼中的具体体现。① 虽然《民诉法解释》第208条与学界形成共识的立案登记制还相去甚远，并且难谓对《依法治国决定》中明确具体要求的彻底贯彻，但其毕竟解决了过去的司法实践中普遍存在的口头告知不予受理或答复未收到材料的乱象，具有一定积极意义。而造成"起诉难"的法外因素，也有希望在"有案必立、有诉必理，保障当事人诉权"的改革背景下得到有效化解。

在此背景之下，行为保全申请难题却仍难以迎刃而解。除了对起诉概念的认识局限，申请条件的泛化理解是最重要的制度原因。起诉条件集中表现在《民事诉讼法》第124条和第127条。虽然历经两次修法和若干司法解释的努力，起诉条件并无实质性改变。根据《民诉法解释》第208条，原则上应作为实体判决要件而以对席方式在法庭辩论中处理的当事人适格、法院主管和管辖、既判力、重复诉讼、仲裁协议抗辩权等实体判决要件依旧被作为法院受理起诉、立案和向对方当事人送达起诉状和其他材料副本的起诉条件。虽然起诉条件高阶化依旧，但实体问题判断在普通程序中得到了较为明确的划分。

（二）申请条件和程序事项的混同

普通程序中的"裁定—判决"结构在诉前行为保全案件中遭遇困境。根据《民事诉讼法》第104条第2款，诉前行为保全的裁判方式为裁定，并不存在判决的适用余地。诉前行为保全的裁定模式并不意味着其不存在

---

① 参见最高人民法院修改后民事诉讼法贯彻实施工作领导小组编著：《最高人民法院民事诉讼法司法解释理解与适用》（上），人民法院出版社2015年版，第554页。

类似"起诉条件—实体问题"的结构。仅《民事诉讼法》第 104 条第 1 款即体现出二元结构。其中"利害关系人"与《民事诉讼法》第 122 条第 1 项对应。"向被保全财产所在地法院、被申请人住所地或者对案件有管辖权的人民法院申请"与第 122 条第 4 项对应，应被界定为申请条件。而"情况紧急，不立即申请保全将会使其合法权益受到难以弥补的损害"显然无法与任何一项起诉条件对应。

虽然诉前行为保全与诉讼请求相区别，被认为是程序性事项，但依旧可能比照"起诉条件—实体问题"的结构划定"申请条件—程序事项"的区隔。不仅如此，《民事诉讼法》第 101 条不可能单独构成全部申请条件，例如《民事诉讼法》第 127 条第 5 项既判力制度和《民诉法解释》第 247 条重复诉讼制度均存在适用于诉前行为保全的讨论余地。

诉前行为保全申请与起诉具有同质性，且同样存在"申请条件—程序事项"结构，理应适用《民事诉讼法》第 122 条和第 127 条。由于诉前行为保全的支持和否定均以裁定方式作出，这与诉前行为保全的受理裁定发生重合，更容易导致申请条件与程序问题的混同，并因此认为诉前行为保全申请并不适用起诉条件规定。这一误读已较为普遍地出现在司法裁判中。在这种认识基础上，诉前行为保全申请成为立案登记制改革的盲区。口头告知不予受理或要求申请人直接以起诉方式解决的做法依旧普遍存在于司法实践中。

二、"申请难"的特殊成因

囿于对起诉的狭义理解，立案登记制改革难以改变"申请难"产生的制度背景。除此之外，"申请难"的出现还存在独特的成因，并可以被归结为法官和当事人两个方面。前者集中体现为"重实体，轻程序"的思维惯性、"案结事了"与临时性权利保护之间的紧张关系以及 48 小时超短审限给法官造成的审理压力和错案风险，后者表现为强制担保制度对诉前行为保全的抑制作用。

（一）"重实体，轻程序"的思维惯性

"重实体，轻程序"是我国立法工作和理论研究中的突出问题。[①] 这也表现在我国民事司法实践当中，例如裁判文书说理对程序事项的忽视。[②] 伴随着当事人主义的民事诉讼现代化改革，实体问题的处理已经愈

---

① 参见张卫平：《对民事诉讼法学贫困化的思索》，《清华法学》2014 年第 2 期。
② 参见曹志勋：《对民事判决书结构与说理的重塑》，《中国法学》2015 年第 4 期。

发得到重视。民事审判的要件模式①以及要件审判九步法②都是围绕实体法律规范展开的。《民诉法解释》第 90 条、第 91 条所建构起的证明责任及其分配方法也以民法规范为样本。法官三段论中的大前提也一般被理解为实体法律规范。裁判文书说理改革也主要以要件事实的确定、证明和充实为核心。③ 虽然《民诉法解释》第 300 条和第 420 条等条文已经愈发凸显当事人"审级利益",但总体上并未彻底改变"重实体,轻程序"的思维和行为惯性。诉前行为保全"申请难"的重要原因是法官并未对当事人的申请权给予足够的重视,并未将其视为诉权保障不可分割的一部分,而是以审判程序诉权中的实体权利和实体法律关系框定诉权保障的外延。

(二)"案结事了"与临时性权利保障之间的冲突

除了"重实体,轻程序"的惯性对诉权保障的狭隘理解,司法实践所强调的"案结事了"也是重要背景原因。《民事诉讼法》第 104 条第 3 款将诉前行为保全定位为后诉的前置特别程序。据此,申请人在人民法院采取保全措施后 30 日内不依法提起诉讼或者申请仲裁的,人民法院应当解除保全。基于诉前行为保全和普通程序或仲裁之间的牵连关系,虽然诉前行为保全被作为独立的案由,因此同样计入法官的绩效,但是其存在"案结事未了"的固有"缺陷"。这也体现出"重实体,轻程序"对我国民事司法实践的深刻影响。"案结事了"中的"案"虽然可以被理解为案件,进而包括了诸如行为保全等程序问题,但其最终目的是"事了"。而"事了"一般被理解为实体法律关系或实体权利的满足以及纠纷在实体上的最终解决。因此,"案结事了"的价值取向和诉前行为保全的"临时性""程序性"之间的紧张关系是"申请难"的又一成因。

(三)超短审限与错案风险

如果说"重实体,轻程序"以及"案结事了"是裁判思维惯性,那么 48 小时的超短审限、"执行难"以及潜在的国家赔偿则构成了法官不得不考虑的现实风险。根据《民事诉讼法》第 104 条第 2 款规定,人民法院在接受申请后,必须在 48 小时内作出裁定。与侵害专利权案件相比,诉前行为保全申请的审理范围更大。其不仅要确定申请人是否为专利权人或利害关系人,而且要认定被申请人行为是否构成侵权。除此之外,诉前行为保全的审理范围还包括对难以弥补损害的认定、对责令被申请人停止有关

---

① 参见许可:《民事审判方法:要件事实引论》,法律出版社 2009 年版;段文波:《规范出发型民事判决构造论》,法律出版社 2012 年版。

② 参见邹碧华:《要件审判九步法》,法律出版社 2010 年版。

③ 参见曹志勋:《对民事判决书结构与说理的重塑》,《中国法学》2015 年第 4 期。

行为是否损害社会公共利益的考量以及担保问题，进而体现出"保全请求权＋保全理由（情况紧急、难以弥补之损害风险）"的二阶层审查。[①] 在审限方面，根据《民事诉讼法》第152条，人民法院适用普通程序审理的案件，应当在立案之日起6个月内审结，有特殊情况需要延长的，由本院院长批准，可以延长6个月。在还需要延长时，可报请上级人民法院批准。而根据《民事诉讼法》第104条第2款，审理范围更大的诉前行为保全却必须基于迅速实现权利保护的制度目的在48小时之内作出裁定。这构成了法官不愿适用诉前行为保全的重要现实原因。在有限的诉前行为保全裁定书中可以发现48小时的时限带给审理法官的沉重压力。法院在48小时内，需要对有关事实进行核对的，可以传唤单方或双方当事人进行询问，然后再及时作出裁定。但在48小时审限背景下，听取被申请人的答辩并进行严格的法庭调查和法庭辩论程序无疑是难以承受的负担。

48小时的超短审限给法官造成了巨大的工作压力。这在全国普遍存在的"诉讼爆炸""案多人少"背景下更为明显。不仅如此，48小时的超短审限以及单方面审查方式还增加了错判风险。与普通诉讼程序更长的审限、更全面的程序保障相比，诉前行为保全裁定更可能忙中出错。错误的保全裁定不仅可能造成法官内部和外部评价的负面影响，而且可能根据《国家赔偿法》第38条构成违法采取保全措施造成被申请人损害的国家赔偿事由。这显然也会成为法官面对诉前行为保全申请时趋利避害的考量因素。即便法官顶住了上述压力，作出了责令停止侵害知识产权的裁定，其也会面临执行难的困扰。以数码电子产品专利侵权为例，责令被申请人停止制造、停止销售和停止广告宣传无疑要投入巨大的人力物力，并且涉及跨区域执行问题。诉前行为保全的审理压力、错判风险和"执行难"都使法官望而却步，以用脚投票的方式否决了诉前行为保全制度的适用。

（四）强制担保制度

除了法官适用诉前行为保全制度的顾虑，当事人提出申请也承受着巨大的压力，特别是经济压力。根据《民事诉讼法》第104条第1款第2句，申请人应当提供担保，不提供担保的，裁定驳回申请。这可以被称为诉前行为保全的强制担保规定。对于担保的数额，《民诉法解释》第152条第2款第2句规定，诉前行为保全担保的数额由人民法院根据案件的具体情况决定。在"中国好声音案"中，申请人浙江唐德公司向审理法院提

---

① 参见周翠：《行为保全问题研究——对〈民事诉讼法〉第100—105条的解释》，《法律科学》2015年第4期；曹云吉：《审判风险与法院调解》，《国家检察官学院学报》2015年第5期。

供了 1.3 亿元的现金担保。① 审理法院认为："担保条件已经满足。如有证据证明上海灿星公司和世纪丽亮公司因停止涉案行为造成更大损失的，将责令唐德公司追加相应的担保。"以可能因裁定给被申请人造成的损失为标准的担保数额对申请人而言无疑是沉重的经济压力。特别是在我国建立创新型社会的进程中，在鼓励大学生自主创业的背景下，不乏申请人无力提供担保的情况。对此，司法救助难以提供有效帮助。根据《诉讼费用交纳办法》第 44 条第 1 款，我国司法救助方式包括缓交、减交或者免交诉讼费用，但诉讼费用的范围根据该办法第 6 条规定并不包括担保费用。因此，小微企业和自主创业人员将无法通过司法救助缓解强制担保制度的刚性。司法救助范围过窄是摆在当事人诉权保障面前的突出问题。在司法救助范围短时间内无法囊括强制担保的前提下，针对诉前行为保全担保的诉讼保险制度是有益尝试。② 然而，在诉讼费用保险制度尚未推广之前，强制担保规定无疑构成小微企业和自主创业人员申请诉前行为保全的障碍。这在保全数额高企的数码产品专利侵权案件中尤为显著。

第三节 诉前行为保全"申请难"的制度应对

虽然诉前行为保全被寄予厚望，但其在民事司法实践中鲜有运用。造成需求和供给强烈反差的制度背景可以被归结为"起诉难"与"申请难"的区别对待、"重实体，轻程序"的思维惯性、"案结事了"与临时性权利保护之间的紧张关系以及 48 小时超短审限给法官造成的审理压力和错案风险。此外，强制担保规定和司法救助的失位也是申请人望而却步的重要原因。上述因素被归结为制度背景，其原因在于：这些矛盾的化解并非仅靠民事诉讼法学就能达成。虽然理论界倡导实质的立案登记制多年，但从解释论视角出发，实质的立案审查制依旧构成了民事诉讼的底色。

不仅如此，"申请难"较"起诉难"更为严峻。我国民事诉讼学理将诉前行为保全归入程序事项。③ 肖建国教授认为，在实体法与程序法两分的背景下，诉前停止侵权行为是一项诉讼程序制度，是由实体法表达的程

---

① 参见北京市知识产权法院民事裁定书（2016）京 73 行保 1 号。
② 参见傅郁林：《莲湖法院财产保全机制中的新理念》，《人民法院报》2010 年 9 月 30 日，第 5 版。
③ 参见肖建国：《论诉前停止侵权行为的法律性质——以诉前停止侵犯知识产权行为为中心的研究》，《法商研究》2002 年第 4 期。

序制度，而非民事实体权利本身。然而，这一定位在我国"重实体，轻程序"的背景下产生了异化：保全条件与申请条件发生了混同，作出责令停止侵害侵权的实质条件与申请的立案条件被视为一体。这急剧增加了申请被受理的难度。而不作出不予受理裁定书的普遍做法又使立案审查的条件无法为外界所知，这无疑降低了程序的透明性、稳定性及公正性，贬损了法院权威。这一问题可以通过起诉条件法定原则的贯彻得到部分缓解。据此，虽然责令停止侵权的裁判形式为裁定，但依旧可以构建起"申请条件—保全条件"的"裁定—裁定"结构，这亦是保全程序诉权要件分层的应有之义。

除此之外，"案结事了"、超短审限和错案风险的影响无疑具有强烈的中国特色。"案结事了"和超短审限均与我国社会经济改革背景下民众权利意识的增强有关。权利意识的增强必将引发民众提出对民事诉讼质和量的双重要求。正是在司法资源供给不足的背景下，"案结事了"导致法院对程序事项的轻视，当事人的诉前行为保全申请被较为普遍地拒之门外。与普通程序具有牵连性的诉前行为保全被认为并非主要矛盾。权利人不得不对正在发生的侵权行为袖手旁观，这客观上助长了权利侵害的不良风气。

第四节　诉前行为保全"申请难"的诉权表达

诉前行为保全"申请难"有其复杂的制度成因，且上述制度成因的化解非民事诉讼法学可以独自胜任。无论是反映起诉条件高阶化的《民事诉讼法》第122条和第127条，还是"案结事了"的裁判导向，抑或是"重实体，轻程序"的思维习惯，其根本原因都是司法投入的严重不足。司法资源在质和量上的双重提升，无不需要国家在司法体制和财政投入上大刀阔斧地改革。"案多人少"也因此构成了在人力和财力状况一时难有根本改善的背景下，实务界拒绝民事诉讼体制或模式转型的现实原因。①

尽管如此，民事诉讼学理却并非对此毫无责任，也并非对此毫无作为的可能。虽然《依法治国决定》明确提出"保障当事人诉权"，但是诉权理论在民事诉讼理论研究中一定程度上陷入抽象化和空洞化的窠臼，甚至成为教科书中的理论标本。抽象和空洞的诉权理解未能明确诉前行为保全申请权的归属问题，并使"申请难"游离出立案登记制改革和当事人诉权

---

① 参见张卫平：《诉讼体制或模式转型的现实与前景分析》，《当代法学》2016年第3期；许可：《论当事人主义诉讼模式在我国法上的新进展》，《当代法学》2016年第3期；冯珂：《从权利保障到权力制约：论我国民事诉讼模式转换的趋向》，《当代法学》2016年第3期。

保障的范畴。

"保障当事人诉权"构成了全面推进依法治国的重要举措。但是对于何谓诉权，如何以诉权为基础对民事诉讼理论和法律体系进行调整，还并未在民事诉讼理论研究中获得足够的知识储备和基础性共识。从学说史的视角观察，诉权面对的首要问题是与实体法上的请求权的区分。诉权理论的产生和发展，正意味着民事诉讼法与民法的分离与独立。①

虽然我国民事诉权研究与德国、日本等大陆法系国家相比起步晚，但却是我国基础理论研究回潮中的第一批论题。诉权论题经历了从苏联二元诉权论到抽象公法诉权论再到司法保护请求权论的三级跳，并实现了与德国诉权理论的同步。然而，由于二元诉权论隐含向私法诉权论的倒退，诉权审查制度在我国一直未被破除，"起诉难"问题并未随着诉权理论研究的创新得到同步解决。这固然存在理论与实践脱节的"贫困化"旧疾。诉权理论研究也亟待拓宽，特别是实现保全程序民事诉权与审判程序民事诉权的并立。

苏联民事诉讼学界自称独创的二元诉权论与赫尔维格完善后的权利保护请求权论存在高度一致性。我国在继受二元诉权论的基础上对其进行了局部的改造和革新。但无论是微调，抑或是向司法保护请求权的跨越，都受到苏联诉权理论视野的局限。比较而言，苏联模式的二元诉权论存在对权利保护请求权说的阉割。虽然权利保护请求权论是在批判私法诉权论和抽象的公法诉权论基础上展开的，但其并未否认每个人都有进入诉讼并开启言辞辩论程序的基本权利。权利保护请求权虽然与实体权利存在关联，但却存在两个本质区别：

（1）原告具有权利保护请求权并非开启诉讼程序的前提，其并不要求以实体法为标准进行诉前的实质审查。虽然权利保护请求权包含着诉讼要件和诉权要件的证明，但这并非实体请求权本身。即便没有实体请求权，如消极确认之诉的情形，依旧存在法律保护请求权。

（2）权利保护请求权与实体权利并不存在一一对应关系，临时性权利保护申请和强制执行请求权与审判程序中的诉权并列，与非讼程序诉权一道构成了我国权利保护请求权的四元体系。

上述权利保护请求权论与二元诉权论的区别深刻制约着我国至今的诉权问题讨论。无论是对抽象诉权论的回归还是用人权解读诉权，都强调每个人都有权利进入诉讼，获得法院的审理和公正的审判。然而上述努力都

---

① 参见王锡三：《近代诉权理论的探讨》，《现代法学》1989 年第 6 期。

无法克服《民事诉讼法》第 122 条和第 127 条的掣肘。我国《民事诉讼法》制定之初受到二元诉权论的影响。我国《民事诉讼法》第 122 条第 1 项明确要求原告"与本案有直接利害关系"。

除了对权利保护请求权的误读，既有诉权讨论还存在单一化倾向，即仅以审判程序作为诉权的语境和外延。这一方面是受苏联诉权模式的影响，另一方面也源于对诉权概念的误读。诉权总是与诉联系在一起。[①] 经由诉和起诉的传导，诉权保障便与审判程序紧密相关。由于诉权在观念上局限于审判程序，自然会在保全程序诉权的理解上出现偏差，甚至将其排除在诉权保障的范围之外。由于起诉和保全申请都是民事诉讼法律行为的具体表现，其均有开启相关程序的诉讼法律效果，因此二者具有高度一致性。对此，无论是权利保护请求权说抑或司法保护请求权论，都将临时性权利保障措施作为诉权理论中的重要组成部分。是故，我国诉讼保全申请同样应遵循"申请的可能性"与"获得有利裁定的请求权"的诉权要件分层。无论是保全申请的诉讼要件，还是实体请求权和保全理由，理论上都不宜作为申请可能性的审查标准，不应作为拒绝当事人进入程序的准据。

第五节　保全程序民事诉权的配套机制

在树立审判程序民事诉权与保全程序民事诉权的并立关系，并使立案登记制改革有效囊括保全程序诉权的条件下，法院确实面临在 48 小时超短审限中处理较多构成要件的难题。这必然要求民事诉讼法学理转换视角，以证明标准的降低作为配套机制。当然，这需要借助民事诉讼法教义学拓展多重证明标准体系。

一、保全程序证明标准的反思

即便扩宽诉权的范畴，并以诉的可能性作为进入程序的依据，将申请条件、实体请求权和保全理由作为请求有利裁定的条件，仍旧难以在理论上彻底解决"申请难"。通过对比审理范围可以发现，诉前行为保全的审理事项甚至多于普通程序，除了实体请求权主张，还包括"不责令被申请人停止有关行为对申请人造成的损害是否大于责令被申请人停止有关行为对被申请人造成的损害""责令被申请人停止有关行为是否损害社会公共利益"以及"申请人是否提供了相应的担保"的确定和审查。因此，诉前

---

① 参见王锡三：《近代诉权理论的探讨》，《现代法学》1989 年第 6 期。

行为保全的审理范围决定了其原则上需要至少不少于普通程序的审理时间。然而，这与诉前行为保全要求快速权利保护的制度内核相冲突。为了实现快速权利保障，避免侵权结果的扩大，势必要求法官遵守《民事诉讼法》第 104 条第 2 款规定的 48 小时审限。

民事诉讼的普通程序能够提供全面和完善的程序保障，使案件事实得到当前条件下最优认定，并在此基础上对民事权利和民事法律关系进行司法确认。相比终局裁判，诉中保全以部分诉讼资料和证据资料为基础作出判定。而诉前行为保全可以利用的裁判资料则与终局裁判相比更加悬殊。可见，诉前行为保全的制度目的及机理就决定了其在证明标准上的独特性。诉前权利保护必然与证明标准的降低相伴相生。诉前行为保全正是以降低证明标准为成本换取裁定的快速作出。[①] 而由证明标准降低可能引发的损害问题则通过强制执行的临时性和错误裁定时被申请人的损害赔偿请求权以及强制担保制度加以克服和解决。

《民诉法解释》颁布实施以前，与诉前行为保全相伴相生的证明标准降低并未得到我国民事诉讼立法与司法解释的重视和强调。[②]《民事诉讼法》并未对证明标准作出规定。立法的失语是理论界对证明标准认识混乱的重要原因。在 2001 年《证据规定》出台之前，证明标准问题的核心论题是民事诉讼与刑事诉讼证明标准的一元论和二元论之争。对此，有力说基于民法和刑法、民事诉讼和刑事诉讼的差异性，认为民事诉讼中的证明标准并非"排除合理怀疑"，而是较其盖然性标准更低的特定标准。[③] 2001 年《证据规定》第 73 条第 1 款更为民刑证明标准二元论提供了支撑。

由于"明显大于"这一表述的模糊性，2001 年《证据规定》第 73 条第 1 款曾引发了学界新一轮讨论，并集中体现为高度盖然性理论和优势证据理论之争，前者以德日等大陆法系国家为比较法资源，后者以英美普通法为制度参照。[④] 对此，由于我国司法裁判的用语并不规范，因此"高度盖然性"和"优势证据"均被运用于司法实践中。2015 年《民诉法解释》第 108 条第 1 款终结上述学术分歧，将高度盖然性作为我国民事诉讼的一

---

① 参见郭小冬：《从 perfect 10 v. Google 案看临时禁令申请中的利益衡量——兼评我国〈民事诉讼法修正案〉第 21 条之规定》，《河北法学》2012 年第 8 期；周翠：《行为保全问题研究——对〈民事诉讼法〉第 100—105 条的解释》，《法律科学》2015 年第 4 期。

② 参见最高人民法院修改后民事诉讼法贯彻实施工作领导小组编著：《最高人民法院民事诉讼法司法解释理解与适用》，人民法院出版社 2015 年版，第 357 页。

③ 参见李浩：《证明标准新探》，《中国法学》2002 年第 4 期。

④ 参见曹志勋：《"真伪不明"在我国民事证明制度中确实存在么?》，《法学家》2013 年第 2 期。

般证明标准。

由于《民事诉讼法》至今没有关于证明标准的明确法律规定，而证明标准的学术讨论是在一元论框架内探寻民刑证明标准以及两大法系的证明标准问题，因此法官在审理诉前行为保全时同样采取与普通程序事实认定相同之标准，因此导致了48小时审限与审理事项繁多之间难以调和的冲突和矛盾，并促使法官拒绝适用该制度。而以《德国民事诉讼法》第920条和第936条为对照，申请人只需要通过事实主张和证据证明使法官达到50％的低证明标准即可获得假处分裁定，同属大陆法系的日本也采取与德国民事诉讼法相同的做法，持类似做法的还有英国法。① 可见，我国民事诉讼证明标准的一元化倾向是"申请难"的另一理论成因。

二、多元证明标准的构建

一元证明标准的缺陷业已引起广泛关注。以2015年《民诉法解释》为开端，多层次的证明标准构建已经进入最高人民法院的视野。② 通过《民诉法解释》第109条，最高人民法院尝试建立起与第108条第1款"高度盖然性"标准平行的"排除合理怀疑"标准。其中，与刑事诉讼一致的超高盖然性标准针对第109条列举的特别事项。虽然"排除合理怀疑"标准适用范围的正当性值得商榷③，但最高人民法院构建多层次证明标准的努力值得充分肯定。只是就迫切性而言，我国亟须填补的是证明标准的降低，而非在"高度盖然性"基础上的进一步提高。

无论是一元结构抑或通过《民诉法解释》第109条构建起的二元标准，其适用范围均为实体事项。这也是我国长期以来"重实体，轻程序"的具体例证，是我国证明责任的适用长期限于实体事项的集中体现。④ 从证明的主题出发，当事人提出的事实主张，凡是不存在《民诉法解释》第92条规定的自认和第93条列举的情形的，均应作为证明的对象。以法官三段论的视角观察，实体和程序权利的保障集中体现为对相关实体法律规范和诉讼法律规范所依据事实的证明及适用，并导出相应的实体和诉讼法律效果。由是观之，证明并非仅仅针对实体事项，其同样针对充实诉讼法

---

① 参见周翠：《行为保全问题研究——对〈民事诉讼法〉第100—105条的解释》，《法律科学》2015年第4期。

② 参见最高人民法院修改后民事诉讼法贯彻实施工作领导小组编著：《最高人民法院民事诉讼法司法解释理解与适用》，人民法院出版社2015年版，第361页。

③ 参见霍海红：《提高民事诉讼证明标准的理论反思》，《中国法学》2016年第2期。

④ 参见李浩：《民事诉讼法适用中的证明责任》，《中国法学》2018年第1期；胡学军：《证明责任中国适用的限缩——对"程序法上证明责任"在本土适用性的质疑》，《法学家》2022年第2期。

律规范的事实主张。虽然罗森贝克对证明责任的论述主要集中在民法规范范畴展开，但其著作名称《证明责任论——以德国民法典和民事诉讼法典为基础撰写》从侧面表明证明责任并非仅针对实体事项。① 仅就证明责任和证明对象的范围而言，其不仅包括充实实体法律规范的所谓实体事项，而且包括充实诉讼法律规范的所谓程序事项。

在实体事项和程序事项二分基础上，德国法创设了民事诉讼证明标准的二元结构。凡是针对实体事项的证明，适用超高盖然性标准，其盖然性数字表达为 90%。对于部分程序事项的证明适用优势盖然性标准，其盖然性数字表达为 50%。② 前者被界定为证明（Beweis），后者被归纳为疏明（Glaubhaftmachung）。Glaubhaftmachung 也被译为释明，为避免与法官释明相混同，笔者将其译为疏明。③

民事诉讼证明活动以高标准的证明为原则，以低标准的疏明为例外。为了避免法官滥用证明标准降低，疏明在德国法中仅在有明确规定时方可适用。未规定适用低标准而适用的，将构成适用法律错误，以此保障原则和例外在民事诉讼司法实践中得到严格贯彻和正确实施。④ 德国法中关于疏明的规定均针对有别于实体事项的程序事项，例如法官回避事由、迟延提出攻击/防御方法原因的说明和假处分、假扣押申请事项。针对部分程序事项降低证明标准的原因有多个方面。

总体而言，民事诉讼证明标准的二元结构以程序事项和实体事项加以界分。民事诉讼的定位原则上是对实体权利的保障，实体事项的证明在民事诉讼证明活动中居于中心地位，是民事诉讼的主要矛盾，因此应当采取高标准。民事诉讼中的程序事项通常处于辅助地位，相比而言属于民事诉讼的次要矛盾，因此仅采取低标准即可。具体规定低标准的条文也有各自的考量因素，例如排除《德国民事诉讼法》第 296 条迟延提出攻击/防御方法失权的低证明标准是平衡诉讼程序加快和《德国基本法》第 103 条第1 款法定听审权保障的产物。⑤ 迟延提出攻击/防御方法的疏明具体规定在《德国民事诉讼法》第 296 条。从概念比较出发，攻击/防御方法比举证的

---

① 参见［德］罗森贝克：《证明责任论——以德国民法典和民事诉讼法典为基础撰写》，庄敬华译，中国法制出版社 2002 年版。

② 参见姜世明：《举证责任与证明度》，新学林出版股份有限公司 2008 年版，第 182 页。

③ 参见周翠：《行为保全问题研究——对〈民事诉讼法〉第 100—105 条的解释》，《法律科学》2015 年第 4 期。

④ 参见姜世明：《举证责任与证明度》，新学林出版股份有限公司 2008 年版，第 227 页。

⑤ Vgl. Stein/Jonas/Leipold, Kommentar zur Zivilprozessordnung, Bd. 4, 22. Aufl. , 2008, §296 Rn. 1f.

范围更广。除我国《民事诉讼法》第 68 条第 1 款的适用范围外，《德国民事诉讼法》第 296 条至少还包括事实主张的提出、抗辩权的提出。为有效加快诉讼程序，我国在今后应当扩展举证时限的适用范围，使其囊括所有的攻击防御方法。

"重实体，轻程序"的思维惯性不仅影响到诉前行为保全的申请条件界定，而且深刻制约了我国民事诉讼证明标准体系的构建。与实体事项相比，支撑诉讼法律规范的事实证明问题一直是我国证据法研究的盲区：一方面，程序事项被认为属于法官自由裁量问题，因此逃逸出既有法律规范的制约，可能引发法官的恣意裁判问题，并最终会导致实体问题处理的不公正；另一方面，程序事项并未被规定采用区别于实体事项的低证明标准，可能导致程序事项的证明困境，进而架空相关诉讼法律规定。以举证时限为例，其在司法实践中并未被严格遵守。① 举证时限制度适用困境也深刻影响了《民诉法解释》第 102 条。该条是最高人民法院进退维谷的具体表现。我国举证时限的适用困境，除了证据失权的正义性观念，还受制于证明标准一元化所引发的风险和负担。②

除此之外，诉前行为保全"申请难"亦是突出例证。为了克服"申请难"，除了需要在司法制度层面破除重实体轻程序的倾向、改变"案多人少"的格局，并切实扩展诉权的范畴以保障当事人开启程序的基本权利，还需要在民事诉讼立法和理论中建立多层次的证明标准体系，特别是降低若干程序事项的证明标准。诉前行为保全理应成为证明标准降低的重要适用领域。

从比较法的视角观察，我国虽然沿袭德国证明标准理论，但在对一般标准的理解上与德国有明显区别。德国民事诉讼的一般证明标准被界定为超高盖然性，其盖然性数字表达为 90％。而我国采取高度盖然性标准，其数字表达虽然尚存在争议，但不会达到 90％的超高盖然性标准，一般认为其仅为 75％上下。③ 也是在此背景之下，《民诉法解释》第 109 条才存在提高的可能，否则将面临提无可提的局面。由于我国民事诉讼一般证明标准较德国标准要低，因此，在降低程序事项的证明标准后，将在我国民事诉讼中出现三层结构。其中，处于中间位置的高度盖然性标准是一般规定，排除合理怀疑和优势盖然性标准均作为例外，仅当法律和司法解释

---

① 参见吴泽勇：《民事诉讼证据失权制度的衰落与重建》，《中国法学》2020 年第 3 期。

② 参见张卫平：《论民事诉讼中失权的正义性》，《法学研究》1999 年第 6 期；李浩：《举证时限制度的困境与出路——追问证据失权的正义性》，《中国法学》2005 年第 3 期。

③ 参见最高人民法院修改后民事诉讼法贯彻实施工作领导小组编著：《最高人民法院民事诉讼法司法解释理解与适用》，人民法院出版社 2015 年版，第 358 页。

有明确规定时采用。以证明事项为准据，实体事项证明标准和程序事项证明标准有所区别。前者为"高度盖然性"及《民诉法解释》第109条所列举事项的排除合理怀疑标准；后者在法律明确规定时采取优势盖然性标准，法官仅获得超过50%的心证时即可认定待证事项成立，因此亦可称为疏明标准。[①] 上述三阶层证明标准在2019年后业已具备规范基础。2019年全面修订的《证据规定》第86条第2款明确规定："与诉讼保全、回避等程序事项有关的事实，人民法院结合当事人的说明及相关证据，认为有关事实存在的可能性较大的，可以认定该事实存在。"

三、我国优势盖然性标准初探

在我国民事诉讼证明标准之三阶层结构（见图9-1）中，基于证明标准与证明责任在制度机理上的密切联系，《民诉法解释》第91条和第92条的适用条件也将发生改变。对于《民诉法解释》第109条规定适用排除合理怀疑标准的实体事项，真伪不明的范围是50%~90%（包含50%，但不包含90%）；2019年《证据规定》第86条第2款规定采取优势盖然性标准的程序事项的证明标准仅为异常狭窄的50%；其他事项的证明适用高度盖然性标准，证明责任的适用范围为50%~75%（包含50%，但不包含75%）。

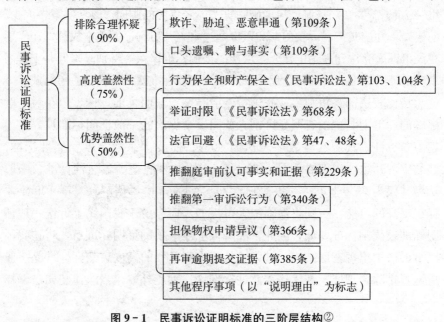

图9-1　民事诉讼证明标准的三阶层结构[②]

---

① 参见黄海涛：《民事诉讼中的疏明责任初探》，《法学家》2008年第4期。

② 未明确说明时，条文出自《民诉法解释》。

　　上述阶层证明标准的构建必须回答的问题是：我国法是否存在证明标准降低的解释空间？将 2019 年《证据规定》第 86 条第 2 款之明确列举结合优势盖然性标准的学理适用范围可以发现，其均针对程序事项。而在 2019 年之前，我国司法实践中业已存在证明度降低的做法，这集中体现在损害赔偿范围的证明上。[①] 这无疑反映出司法实践中对证明标准降低的实际需求。在此基础上，通过法律解释检讨我国证明标准降低的可能性和可行性是迫切需要回应的问题。

　　以《证据规定》第 86 条第 2 款所列举的回避申请为例，《民事诉讼法》第 48 条要求当事人的是"说明理由"，而非"有责任提供证据"（《民事诉讼法》第 67 条第 1 款）或"有确切证据证明"（《民法典》第 527 条第 1 款）。"说明理由"在语义上与德语 Glaubhaftmachung 高度一致。当然，能否比照德国法认为对法官回避事由的证明采取低于高度盖然性的疏明还有赖于立法、司法解释的明确和判例的支持。与此类似的是，《民诉法解释》第 101 条针对证据逾期提出规定："人民法院应当责令其说明理由，必要时可以要求其提供相应的证据"。显然，这也与《民事诉讼法》第 67 条、《民诉法解释》第 90 条的表述有明显区别。以"说明理由"为标准，《民诉法解释》中还包括第 229 条：当事人在庭审中对其在庭审前的准备阶段认可的事实和证据提出不同意见的理由说明；第 340 条：当事人推翻其在第一审程序中实施的诉讼行为时的理由说明；第 366 条：担保物权实现程序被申请人对申请有异议时的理由说明；第 385 条：再审逾期提出证据的理由说明。

　　以"说明理由"作为标准，我国《民事诉讼法》及其司法解释中并无诉前行为保全的相关规定。但这并不意味着我国实定法不存在降低诉前行为保全申请证明标准的可能。《民事诉讼法》第 104 条并非完整的法律规定。第 104 条只是第 103 条的特殊情形，而第 103 条中存在"可能因当事人一方的行为或者其他原因"的表述。据此，法官在审理诉前行为保全申请时，并不需要认定"因当事人一方的行为或其他原因，使判决难以执行或造成当事人其他损害"，而仅需要对其可能性形成心证。这恰恰指向了优势盖然性标准。

　　对这一判断形成干扰的是知识产权诉前行为保全的相关规定，例如《专利法》第 72 条要求专利权人或者利害关系人有证据证明他人正在实施

或者即将实施侵犯专利权的行为，如不及时制止将会使其合法权益受到难以弥补的损害。据此，显然将证明标准指向了高度盖然性。考虑到诉前行为保全通过 2012 年修正案才得到一般性认可，且《证据规定》于 2019 年才在第 86 条第 2 款明确降低保全程序的证明标准，故《专利法》第 72 条之"有证据证明"并不能导出证明标准的提高。而囿于实体法与程序法的割裂，2020 年专利法修正案也并未变动"有证据证明"的立法表述。

令人欣慰的是，2012 年民事诉讼法修正案颁布后，已经有审理法院开始降低证明标准。例如，在"雅培案"中，审理法院就将上述"有证据证明他人正在实施或者即将实施侵犯专利权的行为"降低为"被申请人行为构成侵害专利权的可能性"[①]。而针对"中国好声音案"复议申请中证明标准的质疑，审理法院认为："诉前行为保全是程序上的临时性措施，与诉讼案件实体审理存在本质区别。所谓胜诉可能性，是法院根据现有证据，并结合程序性临时措施的特点所作出的可能性判断，其显然有别于实体审理后的确定性认定。"[②]

可见，只有将"申请难"作为立案登记制改革的重要一环，在增加诉讼供给和完善司法救助的背景下，建立多维度的诉权体系和证明标准的三阶层结构并坚持诉前行为保全的疏明标准，才能从根本上解决"申请难"，为创新型社会的构建和经济社会的健康发展提供优质的司法服务和充分的法治保障。

---

① 北京市第三中级人民法院民事裁定书（2013）三中民保字第 01933 号。
② 北京知识产权法院民事裁定书（2016）京 73 行保复 1 号。类似做法参见辽宁省沈阳市中级人民法院民事裁定书（2008）沈民四禁字第 4 号。

第十章　非讼程序中的民事诉权

受二元诉权论视野狭隘化之影响，诉权在我国被理解为审判程序中的诉讼权利，且存在起诉权中心主义的倾向。以权利保护请求权为导向，在有效拓展执行程序诉权和保全程序诉权后，产生"执行难""乱执行""申请难"的诉权理论偏差得到有效解决。当然，"执行难""乱执行""申请难"的最终解决还有赖于一系列配套制度的建立和完善，尤其是"诉讼爆炸""案多人少"的有效缓解以及"案结事了""纠纷一次性解决"等司法理念的科学厘定。在此基础上，非讼程序诉权将补齐我国民事诉权的最后一环，最终形成我国民事诉权的四元体系。

第一节　审判程序民事诉权与非讼程序民事诉权的界分

我国《民事诉讼法》第十五章对非讼程序作出集中规定。当然，非讼程序还包含《民法典》第 31 条第 1 款之指定监护人程序、第 36 条第 3 款之撤销监护人资格程序、第 44 条之申请变更财产代管人程序、第 1146 条之申请指定遗产管理人程序。《民事诉讼法》第十五章虽然通过 2023 年修正案新增指定遗产管理人案件，但仍无法完全覆盖实体法中非讼程序类型，上述脱节现象也曾导致担保物权实现程序的诉权定位模糊，引发立法、司法以及理论上的严重分歧。

《担保法》第 53 条第 1 款规定："债务履行期届满抵押权人未受清偿的，可以与抵押人协议以抵押物折价或者以拍卖、变卖该抵押物所得的价款受偿；协议不成的，抵押权人可以向人民法院提起诉讼。"其中"可以向人民法院提起诉讼"之表述指向审判程序诉权。然而，《物权法》第195 条第 2 款则一改审判程序诉权之表述模式，转而规定："抵押权人与抵押人未就抵押权实现方式达成协议的，抵押权人可以请求人民法院拍卖、变卖抵押财产。"《民法典》第 410 条第 2 款继承了《物权法》第 195

条第 2 款的规定模式。显然，上述规定模式绕开审判程序的权利判定，而直接进入执行程序诉权范畴。囿于实体法与程序法在立法进程上的割裂，同年修正的《民事诉讼法》并未新增非讼程序，而"抵押权人与抵押人未就抵押权实现方式达成协议"也难谓执行根据，这使《物权法》第 195 条第 2 款成为具文，司法实务仍主要根据《担保法》第 53 条第 1 款之审判程序诉权模式加以处理。随着 2012 年民事诉讼法修正案在第十五章新增实现担保物权案件，其才最终以实体/程序协同的方式确立非讼程序诉权的定位。

当然，我国现行《民事诉讼法》第十五章规定的 7 类非讼程序并非都存在非讼程序诉权与审判程序诉权的协同问题。《民事诉讼法》第 188 条至第 189 条之选民资格案件实乃公法性质，而非民事权利主张①，故而不存在所对应的审判程序诉权。而宣告失踪、宣告死亡案件（《民事诉讼法》第 190 条至第 193 条），指定遗产管理人案件（《民事诉讼法》第 194 条至第 197 条），认定公民无民事行为能力、限制民事行为能力案件（《民事诉讼法》第 198 条至第 201 条），虽然构成可能作为审判程序诉权的起诉权条件和胜诉权构成要件，但并不与审判程序的诉讼标的发生重合。故而在非讼程序诉权与审判程序诉权的协同问题上不存在难以克服之问题，同样不存在区分困难的还有确认调解协议案件（《民事诉讼法》第 205 条至第 206 条），盖因其法律效果系赋予调解协议以既判力，"一方当事人拒绝履行或者未全部履行的，对方当事人可以向人民法院申请执行"（《民事诉讼法》第 206 条前段）。

认定财产无主案件（《民事诉讼法》第 202 条至第 204 条）虽然涉及物权归属，故而与审判程序中的确认诉权近似，但其非讼程序效果系"人民法院受理申请后，经审查核实，应当发出财产认领公告。公告满一年无人认领的，判决认定财产无主，收归国家或者集体所有"（《民事诉讼法》第 203 条），这与仅具有相对效力的积极/消极确认判决存在显著不同，与以《民法典》第 229 条为代表的形成判决也可明确界分，即形成诉权仅能实现物权变动，而认定财产无主案件方能实现财产收归国有或者集体所有。

综上，实现担保物权案件（《民事诉讼法》第 207 条至第 208 条）是协同非讼程序诉权与审判程序诉权的关键。"无民事权益争议"的界定是理解和适用担保物权实现程序的难点。民事实体法要求快速实现权利的立法目的与民事非讼程序的基本特征存在紧张关系。我国立法和司法实践采取程序标的与相关诉讼标的的一元结构，这不仅混同了非讼程序诉权与审

---

① 参见张卫平：《民事诉讼法》（第六版），法律出版社 2023 年版，第 543 页。

判程序诉权，且其实质是通过向非讼程序逃逸挤压被申请人的诉讼权利。以此为代表的诉讼案件非讼化趋势与我国多年来为了摆脱"非讼化"的当事人主义改革目标背道而驰。为了将"无民事权益争议"的法定标准落到实处，充分保障当事人的诉讼权利，应当坚持非讼标的与诉讼标的二元格局，以协同非讼程序诉权与审判程序诉权。除了非实质性异议以及程序性异议，其他民事权益争议包括对其成立与否的判断均应通过诉讼程序加以解决。为了避免预决效力对后诉当事人证明活动的不利影响以及节约司法资源的考量，应当避免诉讼标的与非讼标的在审理范围上的高度重合。

第二节 实现担保物权程序的理论争议和实践困境

一、实现担保物权程序的理论争议

从 2007 年《物权法》颁布到 2012 年民事诉讼法修正，担保物权实现程序的性质界定是民事诉讼法和民法学者共同关注和热烈讨论的重要论题。对此已有普通诉讼程序说[①]、强制执行说[②]和非讼程序说。[③]《物权法》第 195 条第 2 款并未采取《担保法》第 53 条第 1 款"向人民法院提起诉讼"的表述，而是规定"请求人民法院拍卖、变卖抵押财产"。该修辞差异的背后是立法目的的转向。立法者认为依普通诉讼程序实现担保权不仅效率低且成本高，因此需要找到一条更高效和便捷的途径。立法理由和措辞修改虽然已经明确放弃了普通诉讼程序说[④]，由于 2007 年修订的民事诉讼法并未对此作出回应，因此 2013 年 1 月 1 日之前的相关司法实践依旧沿用普通诉讼程序[⑤]，一时形成了立法与司法实践的错位。这一

---

① 参见最高人民法院物权法研究小组编著：《〈中华人民共和国物权法〉条文理解与适用》，人民法院出版社 2007 年版，第 583 页。

② 参见刘智慧主编：《中国物权法解释与应用》，人民法院出版社 2007 年版，第 568 页以下。

③ 参见高圣平：《担保物权实行途径之研究——兼及民事诉讼法的修改》，《法学》2008 年第 2 期；肖建国、陈文涛：《论抵押权实现的非讼程序构建》，《北京科技大学学报（社会科学版）》2011 年第 3 期。

④ 参见最高人民法院民事诉讼法修改研究小组编著：《〈中华人民共和国民事诉讼法〉修改条文理解与适用》，人民法院出版社 2012 年版，第 414 页以下；最高人民法院修改后民事诉讼法贯彻实施工作领导小组编著：《最高人民法院民事诉讼法司法解释理解与适用》，人民法院出版社 2015 年版，第 956 页。

⑤ 参见王胜明主编：《中华人民共和国民事诉讼法释义》，法律出版社 2012 年版，第 461 页；肖建国、陈文涛：《论抵押权实现的非讼程序构建》，《北京科技大学学报（社会科学版）》2011 年第 3 期。

错位也是我国民事诉讼法与民法割裂局面的具体例证。

2012 年修正的《民事诉讼法》在第十五章"特别程序"下新增"实现担保物权案件",就此在形式上终结了学说之争,弥合了司法实践与物权法规定之间的裂痕。2013 年 1 月 1 日之后的相关司法实践也均依非讼程序解决担保物权实现案件。然而从理论视角观察,上述做法并未充分回应学说之争的核心问题,并且存在与实体法的隐性分歧。学说之争的背后是对担保物权实现程序标的之不同解读,目的是协调审判程序诉权与非讼程序诉权之间的关系。普通诉讼程序说无疑是将其与民事权益争议画等号,其理由是"担保物权实现"的概念表述蕴含着权利义务的确认。这正是审判程序诉权的核心功能。权利快速实现的目的并不能构成避开审判程序的充分理由。以此为视角,强制执行说存在与诉讼原理难以调和的矛盾,存在对德国法的误读。该说认为德国法是强制执行说的代表,其依据是《德国民法典》第 1147 条。但联系《德国民事诉讼法》第 726 条、第 751 条、第 794 条以及第 800 条,通过体系解释可以认定,抵押权实现在德国依旧需要通过诉讼程序处理。如果不考虑在公证员面前做成的服从执行声明(Unterwerfungserklaerung),抵押合同并非强制执行依据。结合德国家事和非讼事件法的非讼类型规定,抵押权实现也并非依照非讼程序处理。因此,《德国民法典》第 1147 条仅规定当事人不能以私力救济的方式实现抵押权,而并非表明抵押权人可以不经诉讼程序而以抵押合同径行申请强制执行。担保物权的实现在德国法上依旧采取普通诉讼程序说。[①] 是故,我国鲜有诉讼法学者主张强制执行说,担保物权的实现不能径行作为强制执行程序诉权。

以我国现行《民事诉讼法》第 186 条和第 207 条为代表的非讼程序说则以"无民事权益争议"作为标准,将有实体争议的案件划归普通诉讼程序,将无争议作为适用前提。这同样符合我国非讼程序的形式特征。由此可见,学说的根本分歧是无争议案件的认定标准及识别。普通诉讼程序说认为凡是涉及民事权益的确认,包括是否存在争议的确定,均应交由普通诉讼程序。而非讼程序说虽然以无争议为前提,但是并未对争议存否的处理机制给出明确的答案。观点纷争的背后实质是审判程序诉权与执行程序诉权的科学界定,并集中表达为诉讼标的与非讼标的一元论抑或二元论的三种不同理解及处理方案:一是采取诉讼标的与非讼标的一元模式,即用非讼程序

---

① 参见谢怀栻:《德意志联邦共和国民事诉讼法》,中国法制出版社 2001 年版,第 189 页、第 195、205、209 页;[德] 鲍尔、施蒂尔纳:《德国物权法》下册,申卫星、王洪亮译,法律出版社 2006 年版,第 167 页。

处理民事权益争议；二是采取绝对的二元模式，即非讼程序并未确认民事权利义务关系，而仅产生获得执行依据的诉讼法律效果；三是采取折中方案，非讼程序依旧确认实体权利义务关系，只是以"无争议"为标准。

其中，方案一最能体现《物权法》第 195 条第 2 款的立法初衷。其不仅保留了"权利认定—权利实现"的基本结构，而且通过非讼程序大为简化了"权利认定"过程，满足了快捷高效的立法初衷。然而这种方案与《民事诉讼法》第 186 条"无民事权益争议"的立法文义存在难以调和的矛盾。方案二和方案三则能够满足实定法要求。方案二通过诉讼标的与非讼标的二元结构将实体权利义务确认完全排除在非讼程序之外。权利人的申请仅以执行依据的获取为目的。方案三则通过将实体权利义务的确认界定在"无争议"的情形下，能够保持与《民事诉讼法》第 186 条的一致，未尝不可认为以此修正了我国非讼程序的基本特征。因此，在方案二和方案三之间，尚需结合我国民事司法实践，结合非讼程序的自身特点进行价值判断，努力弥合实体法与程序法的裂痕，尝试在民事诉讼基本原理的最大张力范围内作出两全的方案选择。

二、实现担保物权程序的实践困境

以 2012 年民事诉讼法修订为标志，实现担保物权案件的司法实践呈现明显的差别。2012 年修正的民事诉讼法明确将担保物权实现案件归入非讼程序，相关司法实践也在摸索中前进，其经验和逻辑也被固定在《民诉法解释》第 359 条至第 371 条。因此，本章对担保物权实现案件的考察，主要结合审判经验集中讨论"无民事权益争议"的标准和被申请人异议的处理机制。这亦构成界定我国担保物权实现程序标的模式的必要前提。

（一）何为"无民事权益争议"

担保物权实现案件虽然存在三角形结构，却被立法纳入非讼程序。这导致其在程序保障方面无法与普通诉讼程序等量齐观。不仅如此，相关司法实践还存在再简化的倾向，裁判文书一般不记载或形式化记载被申请人和案外人的异议。这导致其对"无民事权益争议"的界定并无指导意义。以下结合具体判例对"无民事权益争议"进行考察。

1. 不具备实质理由的异议

案例 1[①]：申请人中国工商银行股份有限公司中山分行认为被申请人杨某不履行还款义务，依法申请拍卖、变卖抵押物并对所得价款享有优先

---

① 参见广东省中山市第一人民法院（2014）中一法民二担字第 2 号民事裁定书。

受偿权。被申请人杨某辩称：我确实有逾期还款的行为，对于拖欠申请人的借款及利息数额我方无异议，但我希望能继续供房，不要拍卖我的房子。法院裁定准予拍卖、变卖房产，申请人对变价后所得价款在借款本金、利息以及实现债权费用等约定的担保范围内优先受偿。

本案中，被申请人并未质疑主合同、抵押合同的有效性以及借款本金、利息、实现债权费用的范围，而是在对上述予以认可的前提下要求继续履约，因此并非真正意义上的异议。该案的裁定书仅记载了上述异议内容，并未作进一步回应，或许也是基于对其并非适格异议的理解和认识。

2. 程序性异议

案例2①：申请人江苏民丰农村商业银行股份有限公司与被申请人锦达工贸有限公司签订最高额抵押合同。后因借款纠纷，申请人向法院申请拍卖、变卖被申请人的某项土地和房产。被申请人在提交答辩状期间对管辖权提出异议，认为本案涉案标的为500万元以上，案件应由中级人民法院管辖，请求将本案移送中级人民法院审理。法院认为，依据《民事诉讼法》（2012年）第196条规定申请实现担保物权的，应向担保财产所在地或者担保物权登记地基层人民法院提出。本案诉讼标的为500万元以上应移送中级人民法院管辖的异议缺乏法律依据，不予支持。

案例3②：申请人张某某与借款人侯某某签订抵押担保借款合同。合同约定：侯某某向申请人借款60万元，为保证合同的履行，被申请人范某某将自己拥有的房产作为抵押物，为侯某某的借款提供担保，并已就抵押权事宜办理他项权登记。之后，借款人侯某某一直按月付息，但并未履行还款义务且未能与申请人达成展期协议。申请人向法院申请拍卖、变卖被申请人的房产并就所得价款优先受偿。经过法院询问，被申请人提出异议并提交石家庄市公安局桥西分局出具的关于某某文化传播有限公司涉嫌非法吸收公众存款一案的立案侦查告知书、立案决定书和证明一份，证明本案范某某系某某文化传播有限公司涉嫌非法吸收公众存款案房产抵押的受害人。法院认为，被申请人对申请提出异议，并证明自己是涉嫌吸收公众存款案房产抵押的受害人，申请人要求实现担保物权不符合2012年《民事诉讼法》第197条（现行《民事诉讼法》第208条）规定，故对于申请人的申请事项不予支持。申请人就其民事权益争议可以另行起诉。

案例4③：申请人重庆市南岸区崇天小额贷款有限公司与借款人龙景

---

① 参见江苏省宿迁市宿豫区人民法院（2013）宿豫商辖初字第0021号民事裁定书。
② 参见石家庄市新华区人民法院（2014）新民特字第12号民事裁定书。
③ 参见重庆市大足区人民法院（2014）足法民特字第00005号民事裁定书。

公司签订借款合同，约定由申请人向其提供贷款 1 400 万元，如未按约偿还借款本息，申请人有权计收罚息及复利并行使担保物权。为担保借款合同的履行，被申请人茂辉公司与申请人签订房产抵押合同并前往重庆市大足区国土资源和房屋管理局办理了抵押登记。申请人已经按约放款，借款人未按时偿还到期借款本息。申请人向法院申请实现担保物权。被申请人述称，申请人在申请之前，已经就同一合同借款事实向市一中院申请公证执行。由于公证处出具的执行证书中只强调龙景公司借款与违约，没有全面表述被申请人抵押担保的事实，使申请人利用执行证书缺陷在重庆市第一中级人民法院对龙景公司借款公证合同申请执行，又对被申请人提出实现担保物权申请。如果法院支持担保物权实现申请，将造成借款人和担保人各自承担 1 400 万元及利息的债务，而申请人将获得双倍债权，显然违法。法院认为申请实现担保物权和公证债权文书执行系民事诉讼法规定的不同性质的程序：前者系特别程序，适用非讼程序，主体为债权人和担保人，经核实权利存在及权利实现条件成就，法院即可作出准予拍卖、变卖抵押物的裁定，合乎非讼追求效率的制度价值；后者系执行程序，执行依据来源于具有公信力的公证债权文书，主体为债权人和债务人，公证债权文书无错误的，人民法院应执行。可见两者是不同性质的程序，制度设计和价值追求亦不同，法律并未禁止两者同时并存。法院进而作出了准予拍卖、变卖和优先受偿的裁定。

案例 2 中，管辖权异议的法律依据是 2012 年《民事诉讼法》第 127 条（现行《民事诉讼法》第 130 条），并基于该法第 184 条适用于非讼程序。根据 2012 年《民事诉讼法》第 119 条（现行《民事诉讼法》第 122 条），管辖权异议可以比照起诉条件被归入担保物权实现案件的申请条件，属于程序性异议。案例 2 的审理法院也在非讼程序中对管辖权异议作出了审理和判断。《民诉法解释》第 367 条规定，担保财产标的额超过基层人民法院管辖范围的，应当组成合议庭进行审查。较有疑问的是案例 3 中的"先刑后民"异议。"先刑后民"虽然未被明确规定在民事诉讼法中，却是司法实践中广泛认可和一直沿用的诉讼规则。由于缺乏具体规则，"先刑后民"的定性也存在多种可能。《最高人民法院关于在审理经济纠纷案件中涉及经济犯罪嫌疑若干问题的规定》第 12 条规定："人民法院已立案审理的经济纠纷案件，公安机关或检察机关认为有经济犯罪嫌疑，并说明理由附有关材料函告受理该案的人民法院的，有关人民法院应当认真审查。经过审查，认为确有经济犯罪嫌疑的，应当将案件移送公安机关或检察机关，并书面通知当事人，退还案件受理费；如认为确属经济纠纷案件的，应当依法继续审理，并将结果函告有关公安机关或检察机关。"虽然该条并未明确是否驳回起诉，但其中"将案件移送"以及"退还案件受理费"的表述可以支持裁定驳回起诉的做法。从另一个视角观察，也可以将2012年《民事诉讼法》第 150 条（现行《民事诉讼法》第 153 条）第 1 款第 5 项作为"先刑后民"的上位规定，因为"先刑后民"正是"本案必须以另一案的审理结果为依据，而另一案尚未审结"的具体情形。根据该条第 2 款，"先刑后民"并不导致起诉被驳回，而仅构成诉讼中止的情形，且在中止的原因消除后恢复诉讼。根据 2012 年《民事诉讼法》第 177 条（现行《民事诉讼法》第 184 条），其同样适用于非讼程序。因此，最高人民法院 1998 年出台的司法解释和 2012 年《民事诉讼法》第 150 条（现行《民事诉讼法》第 153 条）分别提供了两种处理方案，即起诉条件模式和诉讼中止模式。无论采取何种方案，可以确定的是，"先刑后民"异议并不涉及实体权益争议，而应与管辖权异议一并作为程序性问题。案例 3 的审理法院认为"先刑后民"异议导致申请不满足 2012 年《民事诉讼法》第 197 条（现行《民事诉讼法》第 208 条）"符合法律规定"的要求。这一方面源于对"先刑后民"定位的模糊，另一方面也是受到实现担保物权程序规定过于简单以及"无民事权益争议"界定不清的影响。虽然案件审理时《民诉法解释》第 370 条尚未出台，但结合 2012 年《民事诉讼法》第 179 条（现行《民事诉讼法》第 186 条）关于非讼案件性质的一般规定，依旧可以将程序性争议排除在"民事权益争议"之外。类似的情形还有案例 4，虽然被申请人提出了不得二次受偿的异议，但是其并未质疑主合同和担保合同以及担保数额。其异议实质指向是否可以针对同一债权获得两个执行依据。审理法院的意见与民事诉讼法及其原理相契合。不同的执行依据之间并不存在择一关系，这是为民事诉讼法及其原理所认可的。即便债权人获得了针对同一债权的两个执行依据，2012 年《民事诉讼法》第 225 条（现行《民事诉讼法》第 236 条）也已设置了债务人执行异议制度。即便债务人未在强制执行中寻求程序救济，也存在后诉的保障，如返还原物之诉或返还不当得利之诉。因此，可能获得两个执行依据并不构成实体性异议，而是依旧面向程序性问题。

3. 实体性异议

案例 5[①]：申请人周某与被申请人张某和冷某（二人系夫妻关系）签订借款抵押合同，约定借款金额、利息，以及两被申请人用自有的某项房

---

① 参见广东省佛山市三水区人民法院（2014）佛三法民一担字第 1 号民事裁定书。

产对上述借款提供抵押担保，且办理了抵押登记。申请人已经按照约定放款。被申请人经过多次提醒仍未按照约定还款。申请人向法院申请实现担保物权。被申请人辩称，其向申请人实际借款的数额为 62 万元而非 70 万元，被申请人经济困难导致未按照约定偿还借款及利息，至今尚欠379 166.63 元，而非 408 300 元，另外被申请人对申请人要求支付违约金的请求也持有异议。审理法院认为，申请人与被申请人签订借款抵押合同，但双方对担保的债权的实际数额、借款剩余本金及违约金计算是否合理等问题存在争议，无法确定担保财产优先受偿的范围，申请人的申请不符合法律规定，不予支持，申请人可向人民法院提起诉讼。最终法院裁定驳回申请。

案例 6[①]：申请人宿迁市宿城区恒生农村小额贷款有限公司与被申请人江某、借款人王某签订最高额借款合同，约定王某向申请人借款。同时，被申请人与申请人签订了最高额抵押合同，约定以其某项房产对借款人的一切债务承担抵押担保责任并办理了登记手续。由于借款人未按约还款，申请人向法院请求实现担保物权。被申请人辩称，抵押登记时只登记了本金，对利息、律师费及其他费用未作登记，故申请人只能实现本金，利息与律师费以及其他费用不能在本案中一并处理。被申请人不同意承担律师费，因为没有约定和法律规定，同时申请人并未实际支付，申请人的代理律师存在不正当目的。审理法院认为，虽然利息以及实现债权的费用未登记，但最高额抵押合同已经明确约定，因此予以准许。被申请人对律师费是否发生以及数额提出异议，属于实质争议，本院对此不予审查，申请人可另行主张。法院因此在律师费以外的范围内认可了担保物权实现申请。

案例 7[②]：申请人中国工商银行股份有限公司湘潭建北支行与借款人湘潭恒馨贸易有限公司分别签订了三份小企业借款合同，借款金额分别为500 万元、500 万元和 600 万元，被申请人湘潭三荣房地产开发有限责任公司以其所有的三宗土地提供了抵押担保，并获得了土地他项权利证书。申请人依约放款，借款人未如约还款。申请人向法院请求实现担保物权。被申请人辩称，应追加债务人为被申请人；申请人没有履行监管责任应当承担一定的责任；600 万元贷款未到期，不应该要求提前进行清偿；申请人发放完前 1 000 万元的贷款后，已经明确告知被申请人抵押担保财产只

①　参见江苏省泗洪县人民法院（2014）洪商特字第 0033 号民事裁定书。
②　参见湖南省湘潭市雨湖区人民法院（2014）雨法民特字第 11 号民事裁定书。

能担保 1 000 万元债务，因此申请人在发放 600 万元贷款时没有告知被申请人，其不知情。被申请人后来得知债务人另行采取抵押担保才获得第三期的 600 万元贷款。审理法院经过实质审理后认为担保债权范围为 1 600 万元，对被申请人的异议不予支持，裁定拍卖、变卖财产并由申请人在 1 600万元债权、利息、罚息以及实现债权费用范围内优先受偿。

案例 8①：申请人安徽省祁门农村商业银行股份有限公司与借款人李某签订借款合同，被申请人王某以其某项房产抵押，并办理了登记。申请人按约放款，借款人未按约还款，故申请实现担保物权。被申请人辩称，借款人已经还款，抵押权已经灭失，之后其并未再对李某的借款提供任何担保；申请人提出行使抵押权已经过了诉讼时效。对此，法院经过实质审理认为主合同和抵押合同有效。申请人于 2012 年 9 月 11 日向本院提出诉讼，要求李某、王某偿还本金和利息、实现抵押权，于 2014 年 5 月 23 日申请撤回诉讼，本院依法裁定予以准许；申请人于 2014 年 6 月 24 日又向本院提起诉讼，要求王某归还借款本金及利息、实现抵押权，于 2014 年 9 月 12 日申请撤诉，本院依法裁定准许其撤回起诉。因此本案未过诉讼时效，裁定准予实现担保物权。

上述案例 5 和案例 7 针对本金、利息的范围，案例 6 针对实现担保物权的律师费用，其均可归入针对优先受偿数额和范围的异议。相关判例体现出三种基本做法：第一种做法如案例 5，在被申请人提出异议之后整体驳回实现担保物权的申请；第二种做法的代表是案例 6，在异议范围内告知当事人另行诉讼，但肯定无异议部分的担保物权实现申请；案例 7 则构成了第三种做法，其在非讼程序中对实体性异议进行审理和判断。三种处理方式也体现出法院对"无民事权益争议"的理解不一。案例 5 是完全形式化的理解，即只要被申请人提出了关于主合同和抵押合同上的实体争议就整体驳回申请并告知依另诉解决。这种做法可以对当事人特别是被申请人的程序权利和实体权利进行最全面的保障。审理法院采取这一做法或许还出于规避法律风险的动机。在《民诉法解释》出台之前，《民事诉讼法》第 208 条"符合法律规定"和第 186 条"无民事权益争议"的界限均不甚明确，且 30 天的短审限也给法院的全面的证据调查和质证认证造成了巨大的心理压力。案例 7 则是另一个极端，其对"无民事权益争议"采实质性把握，即必须通过证据证明存在实质争议才驳回实现担保物权的申请，其实质是通过非讼程序审理实质争议。采取这种做法的审理法院最为普

---

① 参见安徽省祁门县人民法院（2014）祁民申担字第 00002 号民事裁定书。

遍。案例6则尝试通过折中方案解决形式化处理可能带来的异议滥用问题。《民诉法解释》第370条吸收了折中方案，在存在部分实质性争议时，可以就无争议部分裁定准许拍卖、变卖担保财产，但是部分争议的判断标准究竟采实质标准还是形式标准，则语焉不详。最高人民法院一方面要求坚持非讼程序的基本性质，另一方面则担心异议架空实现担保物权程序。因此，要求只有在法院全面审核调查全部相关证据材料之后，才能最终确认是否存在民事权益争议。① 不仅"实质争议"的判断标准存在不确定性，其在范围上也将遇到挑战。通常理解的实质争议是涉及主合同、抵押合同成立与否以及债权范围的异议。这并未回答案例8中关于诉讼时效的异议是否属于实质争议。诉讼时效异议从权利类型的角度看属于抗辩权的行使。抗辩权被视为一种特殊类型的形成权，与诉讼密切相关。诉讼时效被规定在《民法通则》中，并且其并不属于以2012年《民事诉讼法》第119条（现行《民事诉讼法》第122条）为中心的起诉条件。根据《诉讼时效规定》第2条，当事人未提出诉讼时效抗辩的，人民法院不应对诉讼时效问题进行释明及主动适用诉讼时效的规定进行裁判。这亦得到《民诉法解释》第219条的再次确认。基于以上考虑，将诉讼时效抗辩归入实体性异议或许更为恰当。

以我国审判实践为基础，可以发现《民事诉讼法》第186条"民事权益争议"和《民诉法解释》第370条"实质争议"仅针对涉及主合同、抵押合同以及针对诉讼时效等抗辩权的实体性异议，而并不包括不具备实质理由的异议以及涉及管辖权、诉讼中止等的程序性异议。实质争议存否的判定标准并未被民事诉讼法及其司法解释明确规定。以实现担保物权程序30天的短时限为标准，其更贴近形式审查。然而从《民诉法解释》第365条和第366条第2款的规定看，又隐含了实质审查的要求。审查标准的模糊导致在相关司法实践中既存在形式审查也存在实质审查，进而引发"同案不同判"的现象和问题。

（二）被申请人异议的处理机制

对于"民事权益争议"及其审查标准的模糊认识也直接影响异议的处理机制。非讼程序对当事人特别是对方当事人的程序保障与审判程序有实质差别。例如，根据2012年《民事诉讼法》第134条（现行《民事诉讼法》第137条），普通诉讼程序以公开审判为原则。根据一般理解，即使

---

① 参见最高人民法院修改后民事诉讼法贯彻实施工作领导小组编著：《最高人民法院民事诉讼法司法解释理解与适用》，人民法院出版社2015年版，第984页。

不公开审判的案件，也应开庭审理。① 《民诉法解释》第 368 条则确立了不公开审判、不开庭审理的原则。为了弥补这一不足，或许也出于担保物权对当事人利益影响重大的担忧，相关司法实践大多采取听证的方式或者询问被申请人意见的形式，这体现在裁定书正文的第一段："特别程序由审判员公开听证进行了审查，申请人和被申请人参加了听证"。虽然其在形式上保持了与开庭审理的对应，但是申请人与被申请人的攻击/防御在裁判文书中鲜有体现。绝大多数裁判文书不显示申请是否送达给被申请人以及其是否提出异议。这种处理方式的代表是内蒙古自治区满洲里市人民法院（2014）满商特字第 3 号民事裁定书。该裁定书中除记载申请人和被申请人的信息外，只有如下实质内容："申请人于 2014 年 5 月 15 日向本院提出实现担保物权的申请。本院受理后，经审查认为，申请人的请求事项符合法律规定。依照民诉法（2012 年）第 196 条和第 197 条规定，裁定如下：准予对被申请人的房屋及其范围内的土地采取拍卖、变卖等方式变价。申请人对变价后所得款在以下范围内优先受偿……本裁定为终审裁定。"究其原因，一方面是裁判文书程序性记载和说理缺乏的旧疾②，另一方面是确实存在对被申请人程序权利的忽视。为了保障被申请人的程序权利，《民诉法解释》第 366 条规定，人民法院受理申请后应当在 5 日内向被申请人送达申请书副本、异议权利告知书等文件。被申请人有异议的，应在收到法院通知后 5 日内向人民法院提出。相信在未来的司法实践中，送达和异议内容的记载会成为裁定书的必要内容。然而，在 30 日的短审限规制下，异议程序也存在去功能化的风险。

担保物权实现程序定位为非讼程序，原则上采独任制。在观念上又被认为并不涉及民事权益争议，因此程序更加简化。基于这种认识，司法实践中曾出现由助理审判员进行独任审理的情况。③ 与审判主体的资质和简单的审理程序形成鲜明对比的是审理法院对实体性异议的处理方式。在实体性异议的处理方式上，司法实践多数做法系在非讼程序中对实体性异议作出实质判断。根据《民诉法解释》第 370 条，最高人民法院也倾向于对实体性异议进行实质审理，其初衷是防止被申请人滥用异议架空担保物权

---

① 参见江伟主编：《民事诉讼法》，高等教育出版社 2013 年版，第 316 页。
② 参见曹志勋：《对民事判决书结构与说理的重塑》，《中国法学》2015 年第 4 期。
③ 如重庆市大足区人民法院（2014）足法民特字第 00005 号民事裁定书，江苏省台东市人民法院（2014）东商特字第 0002 号民事裁定书。

实现程序，阻碍申请人实现其担保物权。①

总体而言，被申请人的程序权利并未得到足够重视。相关裁定书也难逃我国民事司法实践"重实体，轻程序"的窠臼。特别是考虑到仅有30天的审限规定，无论是听证抑或是询问意见，都像是走程序，而丧失了实质的功能与价值。以程序权利保障为标准，"申请—异议"与"起诉—答辩"无论是在法律规定上还是在司法实践中均存在实质差别，故而不宜将审判程序诉权与非讼程序诉权等量齐观。

第三节　审判程序民事诉权与非讼程序民事诉权一元模式

"无民事权益争议"对担保物权实现程序的标的识别具有关键意义。在其语义范围内存在两种处理模式，可被归纳为一元论和二元论。一元论认为非讼程序同样面向民事权利义务的司法认定，只是将其限定在当事人无争议的前提下。二元论则认为"无民事权益争议"并非当事人之间没有实体权利义务争议，而是其不涉及实体权利义务关系。非讼程序只是为申请人快速获得执行依据提供了与普通诉讼程序并行的通道。

一、非讼程序标的与诉讼程序标的

以诉求内容为标准，依非讼程序的申请和依诉讼程序的诉讼请求之间并不存在任何交集。然而，无论是我国担保物权实现程序的立法目的抑或是相关司法实践，均间接或直接指向了一元论。

《物权法》第195条的立法目的是通过非讼程序快速实现担保物权，这种趋向也体现在"实现担保物权案件"的标题上。② 在非讼程序中的不同称谓也能够体现出立法目的的区隔。在司法实践层面，对被申请人提出的实体性异议进行实质审查的普遍做法，也能够间接表明审理法院在标的认识上采取一元论，因为是否存在民事权益争议的实质审理正是普通程序诉讼标的的核心内容。不仅如此，还有若干处理非讼程序与诉讼程序相互关系的裁定书可以作为模式识别的直接论据，其同样表明一元化倾向。

---

① 参见最高人民法院修改后民事诉讼法贯彻实施工作领导小组编著：《最高人民法院民事诉讼法司法解释理解与适用》，人民法院出版社2015年版，第982页。

② 参见肖建国、陈文涛：《论抵押权实现的非讼程序构建》，《北京科技大学学报（社会科学版）》2011年第3期。

案例9①：原告中国农业银行股份有限公司铜川耀州区支行与被告甲（陕西耀州华原实业集团有限公司）签订借款合同。同日被告甲与被告乙（铜川市耀华州花园饭店）分别与原告签订抵押合同，以房屋及土地为上述借款提供抵押担保。借款到期后，被告甲仅支付了利息，未偿还本金。原告向铜川市中级人民法院提起诉讼，要求被告甲返还借款本息，被告乙承担连带责任，但未要求实现抵押权。该院作出判决书，判决被告甲向原告返还借款并支付利息；驳回原告要求被告乙承担连带责任的诉讼请求。判决生效后，因上述判决没有处理抵押物，案件执行陷入困境，铜川市中级人民法院裁定中止执行。原告未能与二被告达成协议以抵押物折价赔偿，故再次起诉请求实现担保物权。一审法院认为，我国民事诉讼法规定实现担保物权适用非讼程序，中级人民法院没有管辖权，故裁定驳回起诉。一审原告提起上诉，认为权利人有权根据案件实际情况选择担保物权的实现方式，一审法院认为实现担保物权应先通过非讼程序，在抵押权人实现担保物权的申请被驳回后才可以诉讼的观点系法律理解错误，请求撤销原裁定，裁定铜川中院受理本案。陕西省高级人民法院认为，上诉人诉请的实质是请求实现其担保物权，担保物权实现案件在性质上属于非讼案件，民事诉讼法规定由担保财产所在地或担保物权登记地基层法院管辖。且只有在法院受理实现担保物权的申请后，依法作出驳回裁定的情况下，申请人才可向人民法院提起诉讼。原审驳回其起诉并无不当。故裁定驳回上诉，维持原裁定。

案例10②。上诉人甲（中国长城资产管理公司西安办事处）、上诉人乙（陕西陕煤韩城矿业有限公司）因与被上诉人中国工商银行渭南分行借款、担保合同纠纷一案，不服渭南市中级人民法院民事判决，向陕西省高级人民法院提起上诉。因为2012年《民法诉讼法》第196条、第197条（现行《民事诉讼法》第207条、第208条）不是担保物权纠纷案件必须的强制性前置程序，且在本案中双方对主债权以及担保物权均有异议，不符合实现担保物权特别程序的适用条件，本案属于平等民事主体之间的民事纠纷，人民法院应予受理。上诉人主张只有经过申请实现担保物权特别程序后，才有权向人民法院提起诉讼的理由与法相悖。

案例9和案例10反映出审理法院面对担保物权实现申请和担保物权纠纷案件时的迷茫。同样是陕西省高级人民法院，在同年前后两个判例中

---

① 参见陕西省高级人民法院（2014）陕立民终字第00034号民事裁定书。
② 参见陕西省高级人民法院（2014）陕民二终字第00025号民事判决书。

持截然相反的观点。案例 9 认为依普通诉讼程序实现担保物权只有在非讼程序申请被驳回后才可以被受理，案例 10 却认为担保物权实现程序并非提起普通诉讼程序的强制性前置程序。不过，两种意见有共同的认识基础，即实现担保物权案件与担保物权纠纷具有同质性，只是在程序的选择上有不同理解而已。黑龙江省七台河市中级人民法院更是在普通诉讼程序中依据 2012 年《民事诉讼法》第 196 条（现行《民事诉讼法》第 207 条）直接认可原告实现担保物权的诉讼请求。①

二、一元模式的逻辑悖论

以物权法、民事诉讼法及相关司法解释为起点，以我国关于担保物权实现的司法实践为依据，可以基本认定我国对担保物权实现程序的标的采取一元模式。一元模式虽然完全贯彻了《物权法》第 195 条的立法目的，并通过无实体争议的适用前提保持了与非讼程序基本特征的形式契合，却在程序标的识别逻辑、适用前提审查标准、当事人程序保障以及裁判效力等问题上存在难以克服的紧张关系。

审理对象构成了区分诉讼程序和非讼程序的重要基石。前者的审理对象一般是民事权利义务争议，并以此构造出双方当事人和法官之间的等腰三角形结构。非讼程序的审理对象被认为并无民事权利义务争议，并且诸多事项被认为涉及公共利益和社会秩序，因此以当事人利益对立为基本出发点的等腰三角形结构以及辩论原则和处分原则不能被当然移植到非讼程序，以此产生了诉讼程序和非讼程序的二元格局。以比较法视野观察，诉讼程序和非讼程序的审理对象并非楚河汉界，非讼程序中也可能被立法加入以等腰三角形结构和当事人利益对立为特征的争议案件。由于非讼程序中既处理非讼事件，又要审理争议案件，因此存在明显的诉讼和非讼程序相交错的特征。② 与此不同，根据《民事诉讼法》第 186 条，我国非讼程序正是以"无民事权益争议"作为识别标准和基本特征。当然，由上述比较法和我国法上非讼程序的差异性考察，并不能当然论证出担保物权实现程序标的二元结构的正当性。实现担保物权案件于 2012 年被纳入非讼程序时，2012 年《民事诉讼法》第 179 条（现行《民事诉讼法》第 186 条）依旧维持不变。从法律解释角度出发，仍应当坚持实现担保物权案件的非民事权益争议的特性。但这尚不构成修正《物权法》第 195 条（《民法典》第 410 条）立法目的的充分理由。一种可能的方案是通过非讼程序处理实

①　参见黑龙江省七台河市中级人民法院（2013）七民商初字第 60 号民事判决书。
②　参见张自合：《论担保物权实现的程序》，《法学家》2013 年第 1 期。

体争议。然而即便不考虑我国非讼程序中程序权利保障上的实质差别，同一标的在对方当事人提出实体性异议并经过证明时构成诉讼标的，在未提出异议或异议未获证明时构成非讼标的的做法，无论在司法实践中抑或在诉讼理论中都难以自圆其说。

以诉讼标的为基准，其识别标准是原告的诉讼请求和事实主张，并不需要参考被告的答辩意见。以诉讼标的为审理对象可能出现多种处理方案，例如在被告根据《民事诉讼法》第 54 条承认原告诉讼请求时引发认诺判决；再如被告提出的答辩理由不足以对抗原告的诉讼请求，法院作出肯定原告诉讼请求的终局判决；又如被告的答辩理由充分，法院因此判决驳回原告的诉讼请求。同样，实现担保物权程序的标的识别标准受到申请人请求和事实主张的决定性影响。无论是诉讼标的抑或非讼程序标的的识别，原则上均以原告或申请人在程序开始时的请求和事实主张为标准，而非经过实质审查之后法官确信的事实。依此原理，同一民事权利义务关系不会存在既可能是诉讼标的又可能构成非讼标的的悖论情形。实体性异议的事后判断机制是实现担保物权案件标的识别标准的乌托邦，其背后是事实主张和事实认定之间的误解与混同。

三、一元模式的程序保障缺陷

以非讼程序的视角观察，实质审查的理由是避免被申请人滥用异议架空担保物权实现程序。这一结论并未以对方当事人无异议为前提。一元论与二元论的核心分歧也指向了实体性异议的审理程序。一元论主张非讼程序中的实质审理，二元论要求非讼程序中的形式审理和后诉程序中的实体处理。两相比较，一元论存在审查标准的不一致，即对申请的形式审查和对异议理由的实质审查。

如表 10-1 所示，与诉讼程序相比，担保物权实现案件适用的非讼程序对被申请人的诉讼权利保障十分有限。非讼程序本身并不具有当事人对立及平等保障的程序构造。在审级方面，非讼程序放弃了普通程序的两审终审，基于诉讼效率的考量采取一审终审原则。审级利益的丧失造成了对当事人诉讼权利的实质挤压。放眼德国的非讼程序，虽然在具体程序上有所简略，但是《德国家事和非讼程序法》第 58 条以下依旧维持了与普通程序相对应的审级结构，因此审级利益的贬损是我国非讼程序最突出的问题。[①] 随着学界的呼吁，审级利益已经愈发成为相关立法和司法解释制定

---

① 参见任重：《中国大陆担保物权实现程序的定位与审级问题》，载姜世明、许政贤主编：《两岸民事法学会通之道》，元照出版公司 2015 年版，第 173 页以下。

的重要考量因素。例如，根据《民诉法解释》第 326 条第 1 款，在二审程序中，原审原告增加独立的诉讼请求或者原审被告提出反诉的，如果调解不成，告知当事人另行起诉。例外只在第 2 款规定的双方当事人同意由二审法院一并审理时才可以一并裁判。又如该解释第 300 条对于第三人撤销之诉并入审判监督程序的规定。缘何在诉讼程序中第三人的审级利益都被给予了充分的保障，而非讼程序当事人的审级利益却没有得到足够重视？这或许是"重实体，轻程序"的另一个表现。以非讼程序实质审理被申请人的实体性异议，将首先造成对被申请人审级利益的严重侵害。

表 10－1　非讼案件与诉讼案件的程序保障差异表

案件类别	非讼案件	诉讼案件
审级	一审终审（第 185 条）	两审终审（第 10 条）
审判组织	独任法官甚至助理法官，例外合议庭（第 185 条）	合议庭，例外独任法官（第 10 条、第 40 条）
审理期限	立案起 30 日内（第 187 条）	一审立案之日起 6 个月，二审立案之日起 3 个月（第 152 条、第 183 条）
管辖法院	基层人民法院（第 188 条、第 190 条、第 194 条、第 198 条、第 202 条、第 205 条、第 207 条）	所有级别的人民法院（第 17 条至第 20 条）
裁判形式	裁定（第 208 条）	判决和裁定（第 155 条以下）
审理方式	不开庭审理（《民诉法解释》第 368 条）	开庭审理（第 137 条）
救济途径	异议程序（《民诉法解释》第 372 条）	上诉程序、审判监督程序、第三人撤销之诉等（第 171 条、第 209 条以下、第 59 条第 3 款）

说明：1. 本表中未经特别注明，所引法条均出自《民事诉讼法》。

2. 从民事诉讼理论视角观察，判决针对实体权利义务关系，裁定原则上针对程序事项。由于民事非讼程序不涉及实体权利义务争议，因此原则上应当以裁定作为裁判形式。然而，我国《民事诉讼法》7 类非讼案件中就有 5 类要求以判决作为裁判形式。虽然非讼程序在若干处出现了判决的概念表述，却依旧应当将其归入裁定的范畴。这也为我国民事诉讼立法在概念用语上的前后一致以及与基本理论的有效衔接提出了更高要求。

虽然只有一审终审，但是如果能够在一个审级中充分保障当事人的诉讼权利，或许也可以被认为是诉讼效率和程序保障的平衡结果。然而除审级利益外，当事人的诉讼权利保障还将在审判组织、审理期限以及审判方式等诸多方面被减配。《民诉法解释》第 368 条规定了不开庭原则。虽然司法实践中存在公开听证的做法，然而考虑到自立案之日起仅有的 30 日审理期限，被申请人的程序权利能否实在化，确是值得怀疑的。与审级问题相联系，非讼程序在救济渠道上也受到了严格的限缩。普通程序中的当事人以及案外人可能透过审判监督程序和第三人撤销之诉等途径获得救济。而非讼程序中的当事人仅能够向原审法院根据《民诉法解释》第372条提出异议。通过比较异议程序与诉讼程序，除了在审理法院层级上的差异，最实质性的差别还在于是否能够得到开庭审理并且充分保障其程序权利。最后，虽然并不应根据审理法院的级别打上优劣的标签，但是在我国目前的司法状况下，不考虑程序标的数额而一律要求在基层人民法院审理的操作方式，无疑会在实际上造成对当事人的不利益。

除了一元模式下程序标的的识别逻辑、适用前提、审查标准以及当事人程序保障上的困境，裁判效力的把握是另一难题。虽然非讼程序在当事人诉讼权利保障、案件事实认定程序的完整性和完善性等方面都与普通诉讼程序存在实质性差别，但一元模式下非讼裁定的效力必须比照诉讼程序中的判决处理。在既判力方面，我国立法和司法实践的经验是裁定不发生既判力。但在一元模式下，这一原则将被打破。非讼程序也是对担保物权关系的确认和处理，因此在被申请人提出了实体性异议但是未被法院认定的情形下，无实质争议的担保物权法律关系已经存在生效裁判，并禁止被申请人另行起诉。案例9和案例10都能够与此形成呼应。对债务人和担保人利益影响甚大的终局裁判却仅在30天内即由基层法院以独任制和不开庭审理为原则来作出，且仅能根据《民诉法解释》第372条通过向原审法院提出异议的方式进行救济。与此一脉相承，该裁定也将根据《民诉法解释》第93条第1款第5项发生预决效力，并对后诉中的事实主张产生免于举证证明的优势地位。因此，一元模式下还将产生裁定效力与程序保障之间的严重失衡，使错误的裁定产生严重的连锁反应。这也使审理法院在简陋的程序和完整的裁判效力之间进退维谷。

最后，一元模式与当事人主导型诉讼模式改革目标的背离同样是不能忽视的问题。① 在程序保障方面，我国普通诉讼程序恰恰处于"非讼化"阶段。以当事人主义为目标的民事审判方式改革正是为了摆脱"非讼化"，建立与诉讼法制发达国家等量齐观的程序保障。而以担保物权实现一元模式为代表的诉讼案件非讼化趋势，将可能使我国民事诉讼多年来的现代化努力化为泡影。

---

① 参见张卫平：《转换的逻辑：民事诉讼体制转型分析》，法律出版社2007年版，第241页以下。

第四节　审判程序民事诉权与非讼程序民事诉权二元模式

通过考察相关判例，可以基本划定我国担保物权实现程序标的与诉讼标的之间的一元模式。其与诉讼标的的区分标准在于实体性异议能否成立。这一标准不仅造成了司法裁判的不统一，更面临与被申请人程序权利保障之间不可调和的紧张关系。当事人在非讼程序中无法获得与诉讼程序等量齐观的诉讼权利保障。以程序保障为标准，非讼程序并不具备处理实体权益争议的资格。向非讼程序逃逸的做法虽然能够提高诉讼效率，但其代价是对当事人诉讼权利甚至实体权利的不当限制。虽然一元模式并未超越"无民事权益争议"的立法文义，但以民事诉讼视角观察其并非最优选择。对此，二元模式能否奏效，端视其能否克服一元模式的缺陷，同时也不能忽视对《民法典》第 410 条（《物权法》第 195 条）立法目的和实践需求的有效回应。

一、二元模式的逻辑及正当性

在二元模式下，非讼标的构成与诉讼标的平行的诉求，其目标是获得针对担保财产的执行依据，使权利人得以针对拍卖、变卖所得价金在担保债权范围内优先受偿。与此相平行的诉讼请求可能存在多种形态，例如针对担保物权的给付之诉及确认之诉。在二元模式下，诉讼标的与非讼标的在司法实践中最显著的差别是一事不再理原则的作用范围。在一元模式下，虽然被申请人提出了实体性异议，但审理法院经过实质审查不予认可进而作出准许拍卖、变卖和优先受偿的裁定后，将不允许当事人再行提起与非讼裁定结果相矛盾的诉讼请求。案例 9 和案例 10 也是在此逻辑下展开的。在二元模式下，即便担保物权人的申请获得了法院的支持，当事人依旧可以针对基础法律关系另行开启普通诉讼程序。[①] 案例 4 能够部分体现出这种理念。这种处理方式的优点在于保障快速实现担保物权与被申请人程序权利保障之间的平衡。在当事人双方并无任何争议的情况下，二元模式和一元模式在司法实践中并无显著差异。在被申请人提出实体性异议时，一元模式却面临两难：用非讼程序进行实质判断难谓妥当，然而一概驳回申请又可能催生被申请人的侥幸心理，造成异议权滥用，无法达成快

---

① 参见肖建国、陈文涛：《论抵押权实现的非讼程序构建》，《北京科技大学学报（社会科学版）》2011 年第 3 期；姜世明：《非讼事件法》，新学林出版股份有限公司 2011 年版，第 205 页。

速实现担保物权的立法目的。相反，二元模式能够有效化解上述矛盾。实质性争议本来就是诉讼标的本身，应该依诉讼程序审理。既然如此，担保物权实现申请并不以实体权益的最终司法认定为前提。只要申请人提交的证据经过形式审查足以使法官确信债权和担保物权存在且已届清偿期并未获清偿，即可作出拍卖、变卖和优先受偿裁定。这种处理模式能够避免异议被滥用，确保担保物权的快速实现。

在二元模式下，担保物权类型化和对被申请人有效的事后补救是无法回避的问题。虽然非讼程序被认为并未对实体权利义务关系进行终局认定，进而可以由当事人依普通诉讼程序另行诉讼，但担保物权实现程序毕竟以强制执行依据的快速获得为核心功能。与普通诉讼程序的"实体问题司法确认—强制执行"不同，非讼程序采取"程序问题司法确认—强制执行"模式。两相比较，非讼程序中的被申请人处于较为不利的境地：诉讼程序中，被告得以债权对抗担保物权，阻止支持性判决的作出和强制执行程序的开启；非讼程序中，债权抗辩并无法阻止法院肯定担保物权实现申请，申请人依旧能够获得强制执行依据。

对于被申请人忍受的程序不利益，必须存在充分的正当性基础。虽然《民诉法解释》第 359 条和第 360 条几乎涵盖了所有担保物权类型，但审理法院在实际审判工作中将担保物权实现申请限制为经过登记机构实质审查的情形。这正是对正当性的探求。要求被申请人忍受非讼程序的理由必定是登记与担保物权之间的高度一致性。审理法院基于对登记机构实质审查结果的信赖，基于登记与权利在社会生活中的高度一致性而可以不顾被申请人的实体性异议，作出支持申请人的裁定。在经过登记的担保物权中，却依旧有进一步限定的必要。一方面，我国担保物权实现程序的 30 日短审限决定了法院的审理范围必将非常有限。而有限的事实和证据必须能够使法官达到《民诉法解释》第 108 条所要求的高度盖然证明标准。不仅如此，非讼程序不得上诉，这又进一步加大了错判的风险。在此背景下，需要具体考量登记的证明力问题。在《物权法》中，与上述问题密切相关的是第 16 条。对其性质主要存在两种基本观点，即登记推定力说[①]和证据资格说。[②] 其中，登记推定力说为有力说。登记对担保物权的推定

---

① 参见王利明：《物权法研究》，中国人民大学出版社 2013 年版，第 303 页以下；崔建远：《物权：规范与学说》，清华大学出版社 2011 年版，第 270 页；程啸：《不动产登记法研究》，法律出版社 2011 年版，第 183 页。

② 参见最高人民法院物权法研究小组编著：《〈中华人民共和国物权法〉条文理解与适用》，人民法院出版社 2007 年版，第 93 页。

力源于其与真实的担保物权在绝大多数情况下相互吻合。高度一致性的保证源于登记生效模式、登记机构的实质审查与管理。① 然而，根据《民法典》第 216 条之文义，存在权利推定的担保物权类型限于不动产抵押。这为类型化提供了最严格的模式选择，即原则上仅在《民法典》第 216 条规定的情形下才允许依非讼程序实现担保物权。

以不动产抵押权为基准，可以对经过登记的担保物权所具有的权利证明力进行排序。综合考虑的因素将包括是否存在全国统一性登记机构、是否存在登记机构的实质审查以及登记生效主义抑或登记对抗主义的模式选择。经过初步分析，本书认为，登记的证明力由大到小排序如下：不动产抵押登记—有统一登记机构和采登记生效主义的权利质权登记—有统一登记机构和采登记对抗主义的特殊动产抵押登记—有明确登记机构和经过实质审查的动产抵押登记—无统一登记机构和欠缺实质审查的权利质押登记。根据《民法典》第 443 条，上市公司的股权质押登记无法被《民法典》第 216 条文义所容纳。但考虑到其登记机构为中国证券登记结算有限责任公司，其设立采登记生效主义，因此，或可以考虑赋予其与不动产抵押登记同等的权利推定力，并认可其适用担保物权实现程序。采取登记对抗主义的特殊动产抵押和一般动产抵押，其登记和他项权利证书根据《民诉法解释》第 114 条可归入描述性公文书。其记载的内容只是对权利状态的描述，并非直接针对权利本身的法律推定。② 而对于担保物权实现类型的范围确定，则需要在综合考虑登记证明力、法院审理能力以及被申请人或案外人实体权益保障的基础上，进行实质的价值判断。在不动产抵押登记和上市公司股权质押登记之外，究竟还可以认可哪些登记类型，尚需在民法学和诉讼法学、理论界和实务界之间较广泛的讨论及共识基础上才可确定。

尽管不动产抵押登记依《民法典》第 216 条具有推定力，但依旧无法避免其与实体法律关系不一致的例外情形。此种情况下对债务人全面的事后救济构成了非讼模式的另一正当性基础。在担保物权人申请强制执行程序后，被申请人可类推适用《民事诉讼法》第 236 条（2012 年《民事诉讼法》第 225 条）提出实体性异议。③ 另一方面，担保物权实现裁定并非

---

① 参见程啸：《不动产登记法研究》，法律出版社 2011 年版，第 188 页。

② 参见最高人民法院修改后民事诉讼法贯彻实施工作领导小组编著：《最高人民法院民事诉讼法司法解释理解与适用》，人民法院出版社 2015 年版，第 375 页。

③ 参见最高人民法院修改后民事诉讼法贯彻实施工作领导小组编著：《最高人民法院民事诉讼法司法解释理解与适用》，人民法院出版社 2015 年版，第 832 页；张卫平主编：《最高人民法院民事诉讼法司法解释要点解读》，中国法制出版社 2015 年版，第 283 页以下。

《物权法》第 28 条及现行《民法典》第 229 条的适用范围①，基于与实体法律关系不一致的登记所作出的错误裁定并不会直接变动实体法律关系。申请人并不会因此获得担保物权，也不可能通过强制执行成为真正的权利人。因此，被申请人依旧可能在强制执行后提起原物返还或不当得利返还之诉。然而不能忽视的是，虽然最高人民法院尝试类推适用《民事诉讼法》第 236 条赋予债务人提出实体异议的权利，但其程序保障无法与真正的债务人异议之诉同日而语。不仅如此，我国民事诉讼目前还存在泛化认识诉讼标的和另诉不畅的现象和问题。非讼程序认定的事实还将根据《民诉法解释》第 93 条第 1 款第 5 项对后诉产生事实预决效力。总体而言，我国民事诉讼可提供给被申请人的事后救济措施并不完善。这同样构成了严格限制担保物权实现案件类型，确保登记与担保物权相互一致的重要动机。

二、程序标的识别与旧实体法说的改造

由于非讼标的与诉讼标的存在二元结构，非讼标的的识别标准不能当然借用我国诉讼标的的实践和理论，其界定尚需结合自身特点进行实质性甄别。我国对诉讼标的的识别标准的集中关注可以追溯到上世纪 90 年代末。江伟教授和张卫平教授几乎同时发现我国民事诉讼法学研究中对诉讼标的问题的忽视及由此带来的恣意和矛盾裁判现象，并提出运用大陆法系诉讼标的理论结合中国自身特点确定识别标准。② 虽然统一说③和非统一说④，针对给付之诉的诉讼法二分肢说⑤、事件说⑥甚至诉讼标的的无用论⑦在相关讨论中均有体现，但从法律解释的视角出发，民事诉讼标的在我国司法实践层面依旧坚持类似于旧实体法说的处理方式应无疑问，这亦构成了研

---

① 参见房绍坤：《导致物权变动之法院判决类型》，《法学研究》2015 年第 1 期；房绍坤：《法院判决外之法律文书的物权变动效力问题研究》，《法商研究》2015 年第 3 期；任重：《〈民法典〉第 229 条（法律文书导致物权变动）诉讼评注》，《云南社会科学》2023 年第 1 期。

② 参见江伟、韩英波：《论诉讼标的》，《法学家》1997 年第 2 期；张卫平：《论诉讼标的及识别标准》，《法学研究》1997 年第 4 期。

③ 参见江伟、韩英波：《论诉讼标的》，《法学家》1997 年第 2 期。

④ 参见张卫平：《论诉讼标的及识别标准》，《法学研究》1997 年第 4 期；邵明：《诉讼标的论》，《法学家》2001 年第 6 期；段厚省：《各类型民事诉讼的诉讼标的和识别标准》，载陈光中、江伟主编：《诉讼法论丛》（第八卷），法律出版社 2003 年版，第 537 页以下。

⑤ 参见邵明：《诉讼标的论》，《法学家》2001 年第 6 期。

⑥ 参见段厚省：《各类型民事诉讼的诉讼标的和识别标准》，载陈光中、江伟主编：《诉讼法论丛》（第八卷），法律出版社 2003 年版，第 537 页以下。

⑦ 参见吴英姿：《诉讼标的理论"内卷化"批判》，《中国法学》2011 年第 2 期。

究共识。① 以请求权竞合的诉讼操作方式为视角，根据 2001 年《证据规定》第 35 条，如果当事人主张的法律关系性质因为难以被证明而与人民法院根据案件事实作出的认定不一致时，法院应当告知当事人变更诉讼请求。这表明当事人主张适用的实体法律规范与案件的诉讼标的原则上存在一一对应关系。而我国民事司法实践在请求权竞合时也较为广泛地存在一个请求权基础的要件事实无法被证明时，允许当事人以另一个请求权基础为依据变更诉讼请求或者另行诉讼的做法。

由于我国诉讼标的的讨论以借鉴德日等大陆法系国家诉讼标的理论为起点，因此相关讨论也受到了诉讼标的与非讼标的二元结构的限制，并未从更广义的民事案件层面加以统筹。可见，诉讼标的理论探讨的结果并不能直接推导出我国非讼标的同样宜采旧实体法诉讼标的理论。这尚需以旧实体法说为准调适程序标的的内部和外部关系，检验其是否存在难以克服的排异反应。在内部关系上，程序标的需要处理同一申请人在申请被驳回后是否可以以同样理由或者不同理由再行申请，或者其他的申请人是否可以就同一事项再行申请。虽然非讼案件的一事不再理需要综合考虑案件与公共利益以及社会秩序的紧密程度，但是即便是较为典型的宣告死亡案件也可能在旧实体法说中找到恰当的处理结果。由于宣告某人死亡的申请虽然由同一人或者不同人先后提起，但其法律依据均指向《民事诉讼法》第191 条，因此可能被视为同一法律关系。而对于当事人的处分权限色彩比较浓重的实现担保物权案件，则原则上应当严格遵守诉讼标的旧实体法说的主体、客体和时间层面的识别标准。总体而言，非讼标的与公共利益以及社会秩序的联系越紧密，当事人的处分权和自主性越小，裁判标的的范围也越大，依职权提出事实和调查证据的要求也更高。② 此外，各种诉讼标的学说的实质分歧在于请求权竞合的处理方式。与确认之诉和形成之诉类似，我国非讼程序并不发生请求权竞合现象，且申请的客观合并与变更的制度需求在我国仅有 7 类非讼案件的背景下也算不上突出。在外部关系上，亟待解决的是非讼标的与诉讼标的的识别问题。对此，非讼标的的法律依据多集中在《民事诉讼法》第十五章项下，而实体权益争议的诉讼请求可以找到实体法上的基础。③ 以法律规范性质为标准可以较为清晰地界

---

① 参见王娣、钦骏：《民事诉讼标的理论的再构筑》，《政法论坛》2005 年第 2 期；严仁群：《诉讼标的之本土路径》，《法学研究》2013 年第 3 期。

② 参见赵蕾：《非讼程序论》，中国政法大学出版社 2013 年版，第 137 页；姜世明：《非讼事件法》，新学林出版股份有限公司 2011 年版，第 107 页。

③ 程序法中也存在若干民事权益争议的法律依据，例如第三人撤销之诉的法律规定。

定非讼标的与诉讼标的。因此，无论是内部关系还是外部关系的处理，非讼标的均存在比照旧实体法说的理论和制度可能。不仅如此，统一的旧实体法说还将在诉讼标的和非讼标的识别标准上实现统一，有利于民事司法实践的把握。

综上所述，在非讼标的的外部关系处理中并无抛弃旧实体法说的充分理由，只是由于非讼程序不涉及实体权利义务争议，因此需要将旧实体法说中的实体法律关系概念扩展为民事法律关系，使其能够囊括诉讼标的和非讼标的。在旧实体法说模式下，担保物权实现诉求较为明显的识别标准是当事人援引的具体法律规范。其中，《民法典》第 410 条第 2 款和《民事诉讼法》第 207 条指向非讼程序。然而，在没有律师代理的情形下，当事人或许并不了解援引两个条文可能引发的程序差异，因此需要法院比照2019 年全面修订的《证据规定》第 1 款进行及时和充分的释明，使当事人充分了解条文选择背后的诉讼法律效果，切实保障当事人的诉权。这也得到了《民诉法解释》第 268 条的重申。

三、实现担保物权案件的审理范围

在二元结构下，诉讼标的与程序标的实现了彻底的分离，从而既可以满足快速获得执行依据和实现担保物权的立法目的，又可以保障被申请人的诉讼权利。如果说请求层面的区分解决了既判力和一事不再理的难题，那么限定非讼程序的审理范围则是为了兼顾申请人和被申请人的利益，着眼于解决案件事实预决效力对被申请人后诉证明活动的不利影响，兼具节省司法资源的积极效果。这同样是二元模式正当性基础的必然要求。

依普通诉讼程序实现担保物权所依据的案件生活事实，是原告与被告以及借款人之间的借贷关系以及担保关系，原告的债权已届清偿期而未获清偿，按照约定全部债权到期，进而能够充实《担保法》第 53 条第 1 款的构成要件。相较而言，《物权法》第 195 条第 2 款（《民法典》第 410 条第 2 款）规定的担保物权实现申请的胜诉条件是抵押权人与抵押人未就抵押权实现方式达成协议。仅就文义分析，实现担保物权案件审理的对象是担保物权的实现方式，而非担保物权本身。然而，《物权法》第 195 条第 2 款（《民法典》第 410 条第 2 款）规定的申请主体指向担保物权人，担保物权的成立原则上以债权的存在为前提。因此，裁判依据的诉讼资料也有可能与诉讼标的发生重合。根据《民诉法解释》第 365 条，申请人应当提交的材料除了载明担保物权实现的申请书，还包括证明担保物权存在的材料以及实现担保物权条件成就的材料等人民法院认为需要提交的其他材料。就此而言，担保物权实现案件在诉讼资料和证据资料的审理范围上可能与普通诉讼程序中的诉讼标的形成包含关系。在诸如管辖、一事不再理、仲裁协议等程序事项外，债权债务关系和担保物权关系的诉讼资料和证据资料与普通诉讼程序中的攻击/防御方法并无显著不同。这意味着在仅仅 30 天的短审限内，法院的审理范围与 6 个月审理期限的普通诉讼程序中的并无二致。这使法院一方面疲于应付，并且匆忙作出的事实认定还会基于预决效力侵害后诉当事人的诉讼权利，实质影响到担保财产所有权人的实体权益；另一方面也浪费了宝贵的司法资源，毕竟后诉法院依旧需要对此进行审理和认定。此外，法院还将承受因为匆忙作出的事实认定带来的错案风险。

对于申请实现经过统一登记并由登记机构实质审查的不动产抵押权和上市公司股权质权的案件，法院的审理范围得以限缩在有关登记的案件生活事实以及证书的真实性。如果登记为真，其不仅可以证明担保物权的存在，也可以间接证明债权的存在，因为这正是登记的前提条件。法院基于对登记机构实质审查的信赖以及登记与权利义务关系之间的高度一致性，得以辅助参考抵押合同书、借款合同书以及能够证明债权已届清偿期未获清偿的其他证据充实担保物权实现申请的胜诉条件。在最高额抵押和最高额质权的情形下，法官在他项权利证书之外尚需对债权债务关系的存在形成确信。对此，《民诉法解释》第 370 条存在适用余地。审理法院可以在无争议的债权数额范围内认可最高额抵押和最高额质权的实现申请。由于非讼程序并不具备处理实体性异议的能力，在经过对借款合同书等书证的形式审查后，如果依旧无法确定债权的范围，则应当告知当事人另诉处理。

第五节　非讼程序民事诉权的模式转型

从制度化的视角观察，非讼程序诉权与审判程序诉权的二元模式应当体现在以下具体制度设计中：

（1）结合《民事诉讼法》第 186 条和第 207 条，《民法典》第 410 条第 2 款的程序标的是获得针对担保财产的强制执行依据，据此在担保债权范围内优先受偿。"无民事权益争议"并非对主合同与担保合同的实体性异议不成立，而是不涉及民事权利义务关系。实体性异议并不产生裁定驳回申请的诉讼法律效果，以此防止异议滥用，保障权利的快速实现。

（2）司法实践中对担保物权实现申请和相关诉讼请求的区分可以通过

改造旧实体法说实现,凡是根据《民法典》第 410 条第 2 款和《民事诉讼法》第 207 条提出的申请适用非讼程序。

(3)由于非讼程序不具备与普通诉讼程序同等的事实认定程序,因此其认定的事实不宜发生预决效力,并据此限缩解释《民诉法解释》第 93 条第 1 款第 5 项;担保物权实现申请的审理不影响也不受相关诉讼程序影响,其并不符合《民事诉讼法》第 153 条第 1 款第 5 项诉讼中止的情形,也不适用《民事诉讼法》第 127 条第 5 项之"一事不再理"原则。在获得执行依据后,执行活动也不因诉讼程序而中止,例外是债务人异议。

(4)以登记的推定力作为担保物权实现案件的分类标准,较为稳妥的做法是将担保物权实现案件的类型限定在不动产抵押权和上市公司股权质权。法院的审理范围限于有关登记的案件生活事实和证据资料,即便被申请人提出实体性异议也不影响裁定的作出。

(5)从立法论视角观察,即便非讼标的也应当赋予其审级利益,不应该区别对待诉讼程序与非讼程序。而从债务人权益保护视角出发,应当通过立法和司法解释明确债务人异议之诉,使其能够通过执行关系诉讼提出实体性异议,并据此撤销相关执行行为。在对登记证明力的差异性进行科学评估后,通过立法和司法解释限缩担保物权实现案件的具体类型。

(6)在不存在不动产抵押登记和上市公司股权质押登记时,权利快速实现与被申请人程序保障之间发生直接冲突。对此,我国民事诉讼立法、司法和理论中业已存在着替代解决方案。根据《民事诉讼法》第 249 条,公证机关依法赋予强制执行效力的债权文书,一方当事人不履行的,对方当事人可以向有管辖权的人民法院申请强制执行,受申请的人民法院应当执行。从文义理解出发,公证机关依法赋予强制执行效力的债权文书将可能囊括《德国民事诉讼法》第 800 条在公证员面前做成的服从执行声明。为了避免发生争议时通过诉讼程序获得执行依据,可以在事前采取在公证机关面前做成服从强制执行的声明的措施。这也能够在很大程度上影响当事人的行为选择,从而为诉讼程序的效率问题减压。从事后的角度观察,如果未经登记的权利人并未事先获得适格的执行依据,书证程序(Urkundenprozess)或许可以为我们提供有益的思路。与通过非讼程序提高权利实现效率的思路不同,书证程序以限制证据种类为出发点。根据《德国民事诉讼法》第 592 条,如果案件事实可以通过书证加以证明,并且诉讼请求是给付金钱或者特定数量的种类物或者票据的,可以适用书证程序。该程序的适用根据《德国民事诉讼法》第 593 条有赖于原告的选择。书证程序通过限制证据的种类实现更快的争议处理,其依旧较为完整地保持了审级等对当事人诉讼权利有重大影响的程序设计。当然，书证程序只是在保障当事人诉讼权利的前提下提高诉讼效率的一种解决方案。由于我国民事诉讼并不存在书证程序，是否引入书证程序还需进一步的立法讨论和价值判断。

下　编

民事诉权规制

第十一章　民事诉权的时代挑战

在我国民事诉权的四元体系中，审判程序是民事诉权理论研究的长期关注重点。不仅如此，审判程序诉权、保全程序诉权、执行程序诉权以及非讼程序诉权均存在程序简化倾向，其现实背景与时代挑战正是改革开放以来长期存在的"诉讼爆炸""案多人少"。由于人案比不断升高，有限的司法资源不仅诱发保全程序诉权的非独立化、执行程序诉权与审判程序诉权的脱钩以及执行力的任意判定，而且导致非讼程序诉权代行审判程序诉权这一审判程序非讼化现象，其具体例证正是担保物权实现程序中非讼程序标的与诉讼标的一元模式。受"诉讼爆炸""案多人少"的长周期影响，审判程序诉权也经历了起诉权中心化以及普通程序简易化和简易程序小额化等时代挑战。

"商品经济繁荣→实体权利义务倍增→民事程序丰满和精细"是改革开放 40 多年来社会变革与法律演进、实体法与诉讼法相互交错的集中缩影。"案多人少"并不是诉讼体制转型的结果，而是转型不彻底的表现。最高人民法院先以"人少"为着眼点，随后才将"案多人少"与民事诉讼程序简化对应起来。"案多人少"使中国式民事诉讼程序简化逻辑从最大限度保障民事诉权调整为减轻法院负担，并集中表现为简化程序从选择适用向强制适用的转变。强制型民事诉讼程序简化在我国历经两个阶段，与以"大调解"为名的第一轮民事诉讼程序简化相比，普通程序简易化、简易程序小额化和诉讼程序非讼化构成了第二波简化，并在 2021 年民事诉讼法修正中达到高潮。民事诉讼模式转型并非仅仅靠缩减司法职权范围即可自动实现，这毋宁是在明确职权范围的同时提高司法能效的结果。"案多人少"的解决不是"管出来"的，而是要遵循诉讼规律，进一步推进民事诉讼模式转型，使法律统一适用和"同案同判"在当事人主义的土壤中生根发芽，并在结果上切实保障民事诉权。民事诉讼程序简化的逻辑也亟须从减轻法院负担的行政化思维转换为切实保障民事诉权的诉权思维。

第一节 程序简化对民事诉权的制约

民事程序简化是民事诉讼丰满化和精细化的对应概念。总体而言，民事程序简化是在民事程序供给过剩的背景下，对诉讼权利、义务和流程进行的集约化处理，其目的是使民事权利人主张实体和程序权利的成本降低，效率提高，同时起到节约司法资源的总体效果。改革开放以来，随着商品经济的建立和完善以及经济和社会的蓬勃发展，我国民众的法律诉求和诉权意识日益旺盛，民事案件在质和量两个方面都呈几何式增长。在此背景下，民事诉讼程序配置面临着严重落后于我国经济和社会发展的错位问题。是故，无论是从服务市场经济快速和健康发展的功能主义视角观察，还是从经济基础决定上层建筑之政治经济学出发，民事程序的丰满化和精细化均是必由之路。

在上述发展逻辑作用下，民事诉讼法于 1982 年从法院内部操作流程升华为国家基本法律。试行十年后，《民事诉讼法》于 1991 年正式颁布。值得注意的是，民事诉讼法先于民事实体法完成了形式上的法典化。《民法典》实施之时，《民事诉讼法》已经整整运行 30 年，若从1982 年试行起算则历经 40 年之久。民事诉讼法较早在形式上实现法典化，这一方面凸显出民事程序法对国家法治统一以及经济社会发展的根本保障作用，另一方面也是民事法"摸着石头过河"和"实践出真知"的本土化进程，后者的集中体现是《民事诉讼法》第 1 条后段"结合我国民事审判工作的经验和实际情况制定"。尽管如此，由于民事诉讼法长期处于法院内部规范之角色定位，且在相当时期脱离民事实体法而独自前行，因此实体法与程序法在立法和理论上的割裂相当严重。① 例如，同在 2007 年颁布和修订的《物权法》与《民事诉讼法》便在担保物权实现的程序路径上出现了严重偏离，本书第十章对此已有详述，此处不再赘文。

以经济社会发展之宏观层面以及实体法准据的微观层面加以交互观察，"商品经济繁荣→实体权利义务倍增→民事程序丰满化和精细化"的决定关系与递进关系呼之欲出。伴随改革开放走过 40 余年，《民法典》最终在 2020 年完成法典化并于 2021 年 1 月 1 日付诸实施。以切实实施《民

---

① 参见张卫平：《对民事诉讼法学贫困化的思索》，《清华法学》2014 年第 2 期。

法典》为目标的立法、司法、普法以及研究成为各部门法的共同关注。与此相适应，民众的诉权意识以及民事司法需求也水涨船高。在此背景下，《民事诉讼法》面临着进一步丰满化和精细化的发展空间，亦即以切实实施《民法典》为目标进行全面修订并通过民事审判方式的再调整最终完成体制转型。①

2022年1月1日开始实施的第四次民事诉讼法修正案是《民法典》实施后的首次民事诉讼程序法调整。此次修正以应对"案多人少"为初衷，以民事诉讼程序简化为内核。虽然应对"诉讼爆炸"而简化民事诉讼程序存在一定的合理性，但上述民事诉讼程序简化使"商品经济繁荣→实体权利义务倍增→民事程序丰满化和精细化"的司法规律出现逆转，民事诉权保障遭遇挑战。

在不存在程序保障过剩的背景下，民事诉讼程序被进一步简化，其能否有效保障《民法典》的切实实施，能否充分满足人民群众的实体和程序权利诉求，并在结果上切实保障民事诉权，不仅是分析和评估《民法典》时代的民事诉讼法修正的重要视角，同样构成了本章的思考起点与问题意识。

第二节　改革开放与民事程序精细化

改革开放40多年来，"商品经济繁荣→实体权利义务倍增→民事程序丰满化和精细化"的决定关系与递进关系逐渐凸显。这同样是我国民事诉讼体制转型的内驱力。② 意思自由是商品经济与实体法律之间的枢纽。正因为市场主体是创新原动力，民事实体法才需要以民事主体的意思和意志作为出发点来构建民事法律体系。同样，作为权利宣言书，《民法典》赋予民事主体的权利亟待借助国家强制力加以确定和实现。这一方面要求民事诉讼严格遵循实体准据法，另一方面要求民事程序构造在精神实质上融贯私法自治之根本要求。

一、市场经济、民法发展与民事诉讼模式转型

如何使民事程序构造契合商品经济的内在要求？如何让民事诉讼更能体现以私法自治为内核的实体准据？对上述关键问题的回应和解决，正是

① 参见张卫平：《民法典的实施与民事审判方式的再调整》，《政法论坛》2022年第1期。
② 参见张卫平：《转制与应变——论我国传统民事诉讼体制的结构性变革》，《学习与探索》1994年第4期。

民事诉讼实务界和理论界在改革开放最初 20 年间的共同关注，并集中体现为民事诉讼体制转型这一基础理论命题。民事诉讼体制转型意图将民事程序建构与我国经济体制和社会转型直接对应起来，借助经济基础决定上层建筑这一客观规律，将我国传统民事诉讼体制的经济基础归结为计划经济，并在学理上表达为职权主义或职权干预型诉讼体制。经济体制的转型和社会模式的变迁必然催生出新的民事诉讼体制，与市场经济和转型社会相协调与配套的民事诉讼体制"去职权主义化"是理论和实务的广泛共识。①

在上述新的民事诉讼体制或模式中，代表国家的法院不再大包大揽地决定民事诉讼的一切要素，"谁向谁起诉"由当事人（原告）而非法院决定，起诉的具体内容和裁判的对象同样由当事人而非法院塑造，诉讼资料和证据资料以及在此基础上的诉讼成败由当事人自我决定和自负其责。以 1988 年第十四次全国法院工作会议为代表，以《关于民事经济审判方式改革问题的若干规定》和《最高人民法院关于法院改革的五年纲要》为载体的民事诉讼体制转型渐次展开，并较为集中地体现为强化当事人举证责任和限制法院调查收集证据、强化庭审功能和程序效力、构建举证时限和证据失权制度。上述改革动向集中表现为当事人主义民事诉讼模式。

当事人主义诉讼模式的内驱力是改革开放以及由此开启的经济体制和社会转型。当然，在上述本土化问题的分析和解决过程中同样贯彻了"引进来"战略，即将我国传统民事诉讼模式置于普通法系和大陆法系主要国家的横向比较当中，分析市场经济国家配置的民事诉讼体制，为"去职权主义化"探寻新视角和新思路。② 这集中表现为辩论原则、处分原则、诉讼标的、举证责任等基础理论命题。辩论原则呼应当事人在事实主张和证据资料上的自我决定和自我负责，是对客观真实理念的修正。处分原则以民事权利主张作为当事人诉求和审理对象的表达方式，坚持民事诉讼的推动力量是当事人，法院不应越俎代庖。在中观层面，诉讼标的则进一步雕刻出诉讼对象和裁判客体的内涵与外延，举证责任则将案件事实重构责任由法官转移给当事人，凸显当事人的诉讼主人翁定位。其中，举证责任制度改革能较大程度减轻法院的审理负担并合理分配司法责任，故而也最早

---

① 参见傅郁林：《迈向现代化的中国民事诉讼法》，《当代法学》2011 年第 1 期。
② 参见张卫平：《大陆法系民事诉讼与英美法系民事诉讼——两种诉讼体制的比较分析（上）》，《法学评论》1996 年第 4 期；张卫平：《大陆法系民事诉讼与英美法系民事诉讼——两种诉讼体制的比较分析（下）》，《法学评论》1996 年第 5 期。

成为民事诉讼体制转型的关注重点。① 这也同样表明，民事诉讼体制转型只有科学解决法院审理负担和司法责任问题，才能获得法院的全力支持和推动。

随着改革开放而缓步展开的上述民事诉讼体制转型，奠定了我国民事程序的基调和底色。无论是立案登记制改革、裁判文书公开和说理以及法官员额制均可在改革开放最初 20 年找到逻辑起点。如果将民事诉讼体制转型称为理想，那么体制转型后的民事程序是否更科学地回应了法院的审理负担和司法责任，则是必须被关照的现实。这在一定程度上是被既有理论研究忽略的面向，也为民事诉讼法修正爆发出的理论实务隔阂埋下了伏笔。

二、民事诉讼模式转型与"诉讼爆炸"

民事诉讼体制转型是否引发了"诉讼爆炸"，并催生出"案多人少"？面对骤增的民事案件数量，当事人主义诉讼模式能否有效应对？与我国传统的职权主义诉讼模式相比，当事人主义诉讼模式是否效率更高？是否能更彻底地解决民事纠纷？仅靠"商品经济繁荣→实体权利义务倍增→民事程序丰满化和精细化"的决定关系与递进关系无法充分回应上述问题。如果"去职权主义化"的诉讼体制转型在我国导致"诉讼爆炸"和"案多人少"，如若当事人主义在我国较职权主义更加重了法官的审理负担和司法责任，那么就能理解缘何在商品经济高度发达的经济基础上无法完全建立起当事人主义诉讼体制。当然，若上述民事司法的老大难问题并不能归咎于当事人主义诉讼体制转型，甚至相反地是转型不彻底的结果，则自然有必要反思当下的民事程序简化趋向，特别是警惕民事诉权简化对诉权的消解作用。

（一）"诉讼爆炸"的界定

什么是"诉讼爆炸"？② "诉讼爆炸"又何以产生？③ "诉讼爆炸"并不是民事诉讼立法和理论上的概念，其表述也难谓科学。"诉讼爆炸"大体描述了伴随着改革开放而出现的民事案件数量骤增，而且存在相当程度的负面语义。例如，改革开放 40 年来我国 GDP 按不变价计算增长 33.5 倍，

---

① 参见李浩：《证明责任的概念——实务与理论的背离》，《当代法学》2017 年第 5 期；胡学军：《中国式举证责任制度的内在逻辑——以最高人民法院指导案例为中心的分析》，《法学家》2018 年第 5 期。

② 关于诉讼爆炸的比较研究，参见韩波：《审限制度："二十周岁"后的挑战》，《当代法学》2011 年第 1 期。

③ 参见左卫民：《"诉讼爆炸"的中国应对：基于 W 区法院近三十年审判实践的实证分析》，《中国法学》2018 年第 4 期。

年均增长 9.5%。① 我国经济快速发展不会被冠以"GDP 爆炸"之名。可见，民事案件数量骤增被称为"诉讼爆炸"，除了强调其数量的几何式增长，还附加了民事案件数量增长过快，发展不合理、不科学之感情色彩。如果继续追问，"诉讼爆炸"背后还有厌讼情绪，亦即理想状态是无讼，进而呈现出 GDP 不断增长而民事案件数量陡然下降并最终归零的背反趋势。

（二）"案多"的统计学表达

据统计，1950 年全国民事案件数量为 659 157 件。② 1950 年到 1978 年将近 30 年间，全国民事案件数量并不存在几何式增长，而是维持在 200 万件以下。③ 其中，1958 年到 1960 年全国民事案件数量逐渐降到新中国成立以来的历史低点，1960 年全国民事案件数量仅为 308 024 件。④ 随后，全国民事案件数量回涨到 60 万件左右。⑤ 1966 年开始，全国民事案件数量复降至新中国成立以来的最低点，1969 年全国民事案件数仅为 62 507 件。⑥1978 年以来，全国民事案件数量持续攀升。《民事诉讼法（试行）》颁布的 1982 年，全国民事案件数量为 778 941 件。在第十四次全国法院工作会议召开的 1988 年，全国民事案件数量为 1 968 755 件。

（三）"案多"的系统应对

面对上述挑战，民事程序分别从程序丰满化、精细化和增加法官人数两个面向加以应对。改革开放后，法官人数不断增长，从 1978 年的59 000人扩充为 1988 年的 119 529 人，十年之间实现了法官人数倍增。在《民事诉讼法》颁布的 1991 年，全国民事案件数量为 2 448 178 件，是 1982 年的三倍左右。1991 年配备的法官人数为 138 459 人，是 1982 年的近两倍。仅从民事案件数量和法官人数增长率进行观察，在民事诉讼体制和民事审判方式

---

① 参见《波澜壮阔四十载 民族复兴展新篇——改革开放 40 年经济社会发展成就系列报告之一》，载国家统计局网站，最后访问时间：2025 年 2 月 6 日。
② 本书数据主要参考朱景文主编：《中国人民大学中国法律发展报告 2011》，中国人民大学出版社 2011 年版。此外借助《中国法律年鉴（1987—2011）》《全国法院司法统计公报（2002—2018）》和最高人民法院工作报告加以补充，特此说明。
③ 1951 年（865 700 件）、1952 年（1 432 762 件）、1953 年（1 755 122 件）、1954 年（1 216 920 件）、1955 年（959 726 件）、1956 年（739 213 件）、1957 年（840 286 件）。
④ 1958 年（433 197 件）、1959 年（384 553 件）、1960 年（308 024 件）。
⑤ 1961 年（617 478 件）、1962 年（832 290 件）、1964 年（778 881 件）、1965 年（551 971 件）。
⑥ 1966 年（353 867 件）、1967 年（223 274 件）、1968 年（89 122 件）。

不发生根本转变的情况下，法官的审理压力无疑会加大。①

民事诉讼体制转型的高潮出现在 21 世纪初，并以 2001 年《证据规定》于 21 世纪初的颁布实施为标志。2001 年是以处分权主义和辩论主义以及程序规范化为目标的民事程序改革的巅峰，此后改革的方向便开始发生逆转。②《证据规定》颁布当年全国的民商事案件数量为 4 615 017 件，此后数年维持在 450 万件以内。③ 为了缓解 20 世纪末开始逐渐增大的民事审判压力，全国法官数量也于 2001 年达到 24 万人，在 2002 年进一步增长到 24.8 万人，达到了新中国成立以来的全国法官人数峰值。尤其值得注意的是，2003 年全国法官人数为 194 622 人，相比 2002 年减少了53 378 人，直到 2013 年才又回到 211 990 人的规模。

从 2002 年到 2008 年，我国民事诉讼体制转型处于司法环境的提升，即在法官人数较为充足的情况下并未迎来民事案件的陡然增加。④ 正是相对平稳的司法环境带来了民事诉讼体制转型的高潮期。

（四）"人少"的统计学表达

以 2008 年为起点，民事案件数量除了当年突破 500 万件大关，也开启了年均增长 50 万件的快速上升期。⑤ 随着立案登记制改革在 2015 年的全面展开⑥，当年民事案件数量超过千万，相比 2014 年增加将近 180 万件，此后保持在年均千万件以上。相反，截至 2019 年上半年，各省（区、市）仅有员额法官 12.6 万名⑦，相比 2002 年的 24 万人减少了一半，"案多"和"人少"的矛盾日益加剧。

---

① 民事案件数量在 20 世纪 90 年代持续增长，并于 1999 年增至 5 054 857 件，法官人数增至 21 万左右。

② 参见傅郁林：《迈向现代化的中国民事诉讼法》，《当代法学》2011 年第 1 期。

③ 2002 年（4 420 123 件）、2003 年（4 410 236 件）、2004 年（4 332 727 件）、2005 年（4 380 095 件）、2006 年（4 385 732 件）、2007 年（4 724 440 件）。

④ 值得注意的是涉诉信访的压力，这导致 2007 年以再审为关注重点的民事诉讼法修正。

⑤ 2009 年（5 800 144 件）、2010 年（6 090 622 件）、2011 年（6 614 049 件）、2012 年（7 316 463 件）、2013 年（7 781 972 件）、2014 年（830 7450 件）。

⑥ 我国立案登记制改革并未降低起诉条件，故而与学界倡导的以起诉条件低阶化为特征的狭义立案登记制存在本质区别。参见张卫平：《起诉难：一个中国问题的思索》，《法学研究》2009 年第 6 期，第 65 - 76 页；张卫平：《民事案件受理制度的反思与重构》，《法商研究》2015 年第 3 期，第 3 - 15 页。

⑦ 参见《最高人民法院 2019 年上半年审判执行工作数据》，载中国法院网，最后访问时间：2025 年 2 月 5 日。

第三节 "案多人少"背景下的民事程序简化

相比改革开放之初，2020年我国民事一审案件数量增长了33.8倍，略高于改革开放40年来GDP增长的33.5倍。总体而言，我国民事案件数量与经济社会发展呈正相关。民事案件数量是市场经济发展的晴雨表，也是地方经济发达程度的风向标。① 随着改革开放不断深入发展，民事司法作为社会公正最后防线的功能日益凸显。不仅如此，正是因为民事司法为当事人的权利诉求提供了有效路径，才能在经济快速发展的同时保证社会的长治久安，在"让一部分人先富起来"的同时不使民众丧失公平感。不可忽视的是，随着经济体制和社会转型而出现的民事案件数量增长的确加重了法官的审判压力和审理负担：与33.8倍的民事案件数量增长相比，改革开放40多年来法官人数增长从2002年峰值的4.2倍回落到2019年的2.14倍，加之民事案件越发复杂，使民事诉讼的人案比落差不断拉大，并由此加剧了"案多人少"这一老大难问题。

一、司法文件中的"案多人少"

虽然"案多人少"不是立法和理论概念，但确是司法文件中的常用词，不同历史时期的司法文件也呈现出对解决"案多人少"的不同理解和认识。

（一）发挥主观能动性，克服"案多人少"

最早使用"案多人少"的司法文件出现在1950年。在《关于送卷手续及整理诉讼卷证应注意事项的通报》中，最高人民法院要求地方各级人民法院按程序办事，认真执行送卷手续及寄回送证以及整理案卷和证物处理，并着重强调"即便在案多人少的情况下，也要克服困难"。这一方面表明"案多人少"是司法机关相当时期以来普遍存在的主观感受，另一方面也凸显出新中国成立初期对程序问题的重视。

（二）通过简化程序和规定法定不变期间应对"案多人少"

对"案多人少"的感知不仅存在于审判机关，也出现在检察系统。1950年后首次使用"案多人少"的司法文件是2003年《最高人民检察院

---

① 2010年，全国从事民事审判的法官人年均结案件数达到94.19件，东南沿海地区和中心城市法院的法官人年均结案件数多达数百件，办案压力大，工作强度高，"案多人少"的矛盾非常突出。参见时任最高人民法院院长王胜俊于2010年10月27日在第十一届全国人民代表大会常务委员会第十七次会议上的发言《最高人民法院关于民事审判工作情况的报告》，载全国人大网，最后访问时间：2025年2月6日。

公诉厅关于检察机关公诉部门贯彻执行〈关于适用普通程序审理"被告人认罪案件"的若干意见（试行）〉和〈关于适用简易程序审理公诉案件的若干意见〉的几点意见》，其提出针对"案多人少"的矛盾充分发挥简易程序功能。针对"案多人少"问题而简化程序可谓应激反应，亦即面对案件骤增难以安排充足司法人员进行处理，为了能够在规定时间内完成所有工作而必须对程序进行简化。不仅如此，为了能够进一步增加工作效率，就有必要硬性规定案件处理期限。2007年《最高人民检察院关于依法快速办理轻微刑事案件的意见》通过规定法定不变期间，解决办案任务重和"案多人少"的矛盾。

（三）通过增加法官编制和完善司法职业保障切实缓解"案多人少"

与检察系统通过程序简化和规定法定不变期间应对"案多人少"不同，最高人民法院率先从法官职业保障等"人少"的方面入手。1950年之后，首次出现"案多人少"的法院系统文件是时任最高人民法院院长肖扬于2007年10月26日在第十届全国人民代表大会常务委员会第三十次会议上所作的《最高人民法院关于完善审判工作监督机制促进公正司法情况的报告》，这与民事案件数量自2008年前后进入快速增长期的发展轨迹相契合。面对"案多人少"，最高人民法院呼吁为全国法院增加必要的人员编制。通过增加编制来解决"案多人少"的基本思路同样体现在《2010年人民法院工作要点》中，即"解决好部分法官不合理提前离岗问题，配合有关部门研究建立适应性更强的编制制度，缓解案多人少、法官断层的状况"。从司法保障角度解决"案多人少"同样成为2010年最高人民法院在《关于进一步加强调查研究工作的意见》和《关于贯彻落实〈关于切实解决法官、检察官提前离岗、离职问题的通知〉的意见》中的基本方略。

除了在全国范围内增加法官编制和完善司法职业保障，"案多人少"的应对之策还包括向"案多"的基层法院和东南沿海法院倾斜法官编制。最高人民法院在2010年《关于民事审判工作情况的报告》中指出，"全国从事民事审判的法官年均结案达到94.19件，东南沿海地区和中心城市法院的法官年均结案多达数百件"。最高人民法院印发《关于新形势下进一步加强人民法院基层基础建设的若干意见》则指出，应面向基层法院分配更多法官员额。2011年《最高人民法院关于加强人民法院基层建设促进公正司法工作情况的报告》中显示，基层法院共审理和执行各类案件30 381 840件，占全国法院审理和执行案件总数的89.28%。2008年以来，全国基层法院办案数量年均增长6.05%，东南部沿海地区和中、西部中心城市基层法院法官人年均办案三百多件，"案多人少"矛盾突出。对法官的管理未充分体现司法工作的特点和规律。

直到 2014 年，时任最高人民法院院长周强在第十二届全国人民代表大会第二次会议作《最高人民法院工作报告》时依旧强调完善司法职业保障对解决"案多人少"的关键作用。不仅如此，"案多人少"对当事人程序权利的挤压和贬损问题也得到了及时强调和重视。《最高人民法院关于人民法院规范司法行为工作情况的报告》将"案多人少"列为影响司法行为的第一客观因素，并指出："一些法官办案压力过大，难以兼顾案件质量、效率和效果，有的为追求审限内结案率而放松了对程序公正、行为规范的要求。"

（四）员额制改革与"案多人少"

在党的十八届三中全会将"完善司法人员管理"和"完善法官职业保障"作为顶层设计后，"案多人少"的应对之法也进入了新阶段，即在财政供养人员不增加、政法专项编制总规模不突破的前提下解决"案多人少"。这也体现在 2014 年及其之后的司法文件中。随着 2014 年前后民事案件数量接近并突破千万，"案多人少"及其应对成为全国人大代表和全国政协委员集中关注的焦点问题。针对十二届全国人大三次会议第 4375 号建议，最高人民法院答复认为，随着社会经济快速发展等因素，东部沿海地区法院受理案件数量呈逐年上升趋势，一些基层人民法院编制相对不足，"案多人少"的矛盾十分突出，且一直没有得到有效解决。"由于目前中央采取了不增加人员编制总量的政策，解决案多人少问题的根本办法，还是要走内涵式发展的路子，即依靠内部挖潜和优化资源的途径。"最高人民法院将内涵式发展的路径具体化为：（1）以法官员额制为主导的人员分类管理改革；（2）购买社会化服务等拓宽审判辅助人员来源渠道。

（五）"诉讼爆炸"并非"案多人少"的主因

必须明确的是，"诉讼爆炸"并不必然带来"案多人少"。"案多人少"在我国的出现是在案件数量增长与法官人数增加不协调的背景下产生的。其中，法官提前离职及其断层是改革开放进入本世纪初就一直存在的问题。[1] 2002 年以来的法官专业化改革[2]和延续至今的法官员额制在短期内急剧减少了法官数量，并带来了较为严峻的"案多人少"问题。需要进一

---

[1] 参见李浩：《法官离职问题研究》，《法治现代化研究》2018 年第 3 期，第 1-2 页。

[2] 参见《最高人民法院关于加强法官队伍职业化建设的若干意见》。

步思考的是：法官人数增加是否应与案件数量增长保持同步，即改革开放40 多年来我国年度民事案件数量增长 33.8 倍，故而法官人数也应有接近33.8 倍的增长？当前仅增长 2.14 倍的法官人数是否远不足以应对"诉讼爆炸"的时代挑战？以 1979 年的 5.9 万名法官为标准，若要实现与案件数量增长相当，法官人数规模将达到惊人的 134.52 万人，法官人数缺口高达 121.92 万人。

即便不考虑当前法官员额编制总体不变的基本框架，就算完全放开法官编制控制，短期内也无法实现上述法官人数规模。不可否认的是，当前我国员额法官规模的确存在短缺和不足的现象与问题。以 2019 年上半年数据为准，全国每万人配置的员额法官人数不到 1 人（0.89 人）。而放眼与我国民事实体法和程序法有一定相似性的德国，这一数值为 2.87 人。[1]即便我国员额法官人数增长 3 倍以上，还是要面对改革开放以来案件数量增长 33.8 倍的"诉讼爆炸"。[2] 在法官人数规模增长速度远落后于民事案件增长速度，且法官员额编制不足在短期内难有根本改观的背景下，民事程序简化在审判机关看来成为唯一出路。

二、民事程序简化的缘起与进路

经过上述梳理可以发现，与最高人民检察院主要以程序简化应对"案多人少"不同，最高人民法院以"人少"作为突破口，通过司法保障不断扩充和强化法官队伍。2014 年以前，最高人民法院解决"人少"的主要途径是增加法官编制，并于 2013 年达到了 211 990 人的相对高点。[3] 党的十八届三中全会以后，"人少"问题进入内涵式发展阶段。由于法官员额制改革在短期内造成了法官队伍规模骤减，且因为职业前景等担忧而在全国范围内出现"法官离职潮"，"案多"问题被进一步放大。为此，最高人民法院从多个方面缓解"案多人少"，例如公证制度与司法制度有效衔接[4]、网络执行查控体系建设[5]、中级人民法院协同执行[6]、实习律师制

---

[1] 联邦各级法院共有法官 23 810 人。参见德国联邦统计局（Statistisches Bundesamt）2020 年"公职人员"（Personal des öffentlichen Dienstes）Fachserie 14 Reihe 6 统计数据，最后访问时间：2021 年 12 月 13 日。

[2] 参见任重：《"案多人少"的成因与出路——对本轮民事诉讼法修正之省思》，《法学评论》2022 年第 2 期。

[3] 2001 年（240 000 件）、2002 年（248 000 件）、2003 年（194 622 件）、2004 年（190 961 件）、2005 年（189 000 件）、2006 年（190 000 件）、2007 年（189 000 件）、2008 年（189 413 件）、2009 年（190 754 件）、2010 年（193 000 件）、2011 年（195 000 件）。

[4] 参见《最高人民法院对十二届全国人大四次会议第 9232 号建议的答复》。

[5] 参见《最高人民法院对十二届全国人大四次会议第 8408 号建议的答复》。

[6] 参见《最高人民法院关于加强中级人民法院协同执行基层人民法院执行实施案件的通知》。

度以及购买社会化服务①、司法外包②、建立独立的矛盾解决中心和全国统一电子送达平台③、立案前委派调解和立案后委托调解等。④ 上述举措的核心是为民事诉讼程序减负，即通过多元化纠纷解决⑤，借助统一的诉讼服务中心、法官团队建设和购买社会服务⑥，实现案件的源头治理和分流，并压缩法官的事务性工作，让有限的司法资源得到最有效的利用。

上述创新举措部分缓解了"案多人少"矛盾，例如截至 2018 年年底，全国各级人民法院设置专门的诉调对接中心 2 701 个，专门工作人员 13 793 名。全国各级人民法院共建立特邀调解组织 18 206 个，特邀调解员 65 108 人。全国法院在诉讼服务中心或诉调对接中心配备正式编制专职调解员 7 726 人（包括法官和司法辅助人员），在立案阶段处理了大部分适宜调解的案件。⑦ 其中，上海市法院诉调对接中心受理纠纷 266 463 件，调解成功 87 331 件，占一审民事结案数的 32.77%。2018 年，全国通过特邀调解分流案件约占一审民商事案件总数的 15.3%。⑧ 不仅如此，通过以法官员额制为主导，按一定比例配置审判辅助人员组建的审判团队⑨，在相关试点实现了审查案件的高效运转，结案率同比上升 23%。⑩

（一）民事程序简化的初始逻辑

在法官员额等司法保障向内涵化发展的同时，"案多人少"对民事审判活动造成了实质影响，例如执行案件中出现了互相推诿的现象⑪、

---

① 据初步统计，一年多来，69 名实习律师协助法官累计办理案件 6 000 多件，其中办案最多的一位办理案件 212 件。参见《人民法院司法改革案例选编（三）》案例 8。

② 参见《人民法院司法改革案例选编（五）》案例 19。

③ 参见《最高人民法院关于政协十三届全国委员会第二次会议第 3177 号（政治法律类第 290 号）提案的答复》。

④ 参见《最高人民法院关于政协十三届全国委员会第二次会议第 0181 号（政治法律类 012 号）提案的答复》。

⑤ 参见《最高人民法院对十二届全国人大四次会议第 8969 号建议的答复》。

⑥ 参见《人民法院司法改革案例选编（七）》改革案例第 119 号。

⑦ 必须指出的是，虽然这一举措能够起到案件分流的作用，但也将宝贵的司法资源前置到调解工作中，可能导致审判资源的进一步匮乏。

⑧ 参见《最高人民法院关于政协十三届全国委员会第二次会议第 0181 号（政治法律类 012 号）提案的答复》。

⑨ 关于法官为主导的"法官＋法官助理（执行员）＋法警＋书记员"的执行团队，参见《最高人民法院关于政协十三届全国委员会第二次会议第 0582 号（政治法律类 037 号）提案的答复》。

⑩ 参见《人民法院司法改革案例选编（七）》改革案例第 119 号。

⑪ 参见《最高人民法院对十二届全国人大五次会议第 2620 号建议的答复》。

保全申请难度加大①、陪审制落实不到位②、专业法庭被裁撤及专业人才流失③、人民法庭无法在全国范围推广。④ 不仅如此，针对法官的人身伤害和网络暴力逐渐成为社会问题。⑤ 一方面是司法资源捉襟见肘，另一方面是"案多人少"引发的社会不满甚至暴力事件，最高人民法院的解决之道是进一步简化民事诉讼程序，以期在降低诉讼成本的同时提高诉讼效率。

在司法文件中首次将程序简化作为"案多人少"的应对之策是2011年最高人民法院出台的《关于部分基层人民法院开展小额速裁试点工作的指导意见》。针对我国经济转轨和社会转型产生的"诉讼爆炸"，有限的法官队伍难以充分满足人民群众的司法需求，为此积极在基层法院适用小额速裁程序审理民事案件。特别值得注意的是，为应对"案多人少"的民事程序简化最初并不以法院减负为目标，而是为了最大限度满足人民群众的司法需求。这一宗旨也体现在速裁程序的试点工作中。在程序构造上，小额速裁通过设定专门的审理流程、设立专门的速裁机构，最大限度简化民事诉讼程序。与此同时，民事程序简化乃建立在当事人程序选择权的基础上。不仅如此，小额速裁程序试点并未剥夺当事人异议权，而是对此同样采取简化处理，即当事人对人民法院适用小额速裁作出的判决不服，可以在收到判决书之日起10日内向原审人民法院提出异议申请，亦即在不提高审级的情况下最大限度融贯"两审终审"这一民事诉讼基本制度。

（二）民事程序简化的逻辑转换

上述民事诉讼程序的简化逻辑在立案登记制改革和法官员额制改革前后悄然出现改变。⑥ 2012年民事诉讼法修正案在简易程序部分加入了小额程序规定，即："基层人民法院和它派出的法庭审理符合本法第一百五十七条第一款规定的简单的民事案件，标的额为各省、自治区、直辖市上年度就业人员年平均工资百分之三十以下的，实行一审终审。"最高人民法院在《关于适用〈中华人民共和国民事诉讼法〉的解释》中将

---

① 参见《最高人民法院对政协十二届全国委员会第五次会议第1100号（政治法律类116号）提案的答复》。

② 参见《最高人民法院关于人民陪审员制度改革试点情况的中期报告》。

③ 参见《最高人民法院关于政协十三届全国委员会第三次会议第2081号（政治法律233号）提案答复的函》；《最高人民法院对十三届全国人大一次会议第3941号建议的答复》。

④ 参见《最高人民法院对十三届全国人大三次会议第6257号建议的答复》。

⑤ 参见《最高人民法院对十二届全国人大四次会议第3360号建议的答复》。

⑥ 参见傅郁林：《小额诉讼与程序分类》，《清华法学》2011年第3期。

民事程序简化的内涵与外延进一步具体化为小额诉讼程序、简易程序、裁判文书简化、增加审理前准备和庭前会议以及进一步细化落实担保物权特别程序。对于上述民事程序简化的宗旨，则从最大限度满足人民群众的司法需求，调整为提高审判和执行效率，降低当事人诉累。虽然上述宗旨最终落脚于当事人，但降低当事人诉累不过是对减轻法院负担的柔性表达。相比速裁试点，最终入法的小额程序不再以当事人的具体"需求"为根据，程序适用不再以当事人的程序选择为前提。不仅如此，当事人对小额速裁判决不服，也不再能提出异议申请并获得"准上诉"的程序保障。

由于入法后的小额程序丧失了当事人选择这一安全阀，法官在司法实务中不得不设法规避程序简化。① 法官的上述变通的确存在规范上的解释根据。虽然小额程序确定了标的额这一硬条件，但数额标准的适用前提是"简单的民事案件"。② 对于诉讼标的额满足小额程序条件，但程序简化可能引发当事人不满的案件，法官通过法律解释将其排除在"简单的民事案件"之外从而规避对以"一审终审"为基本特征的小额程序之适用。上述法律解释方案在全国范围内都是较为普遍的现象，并在结果上导致小额程序适用率远低于预期。③

以小额程序为代表的民事程序简化的确能够实现诉讼效率提高和诉讼成本降低，其在审判主体、审级、审理期限、举证时限、管辖权异议和程序简化异议处理以及裁判文书内容等方面均进行了"极简主义"的设置和安排。然而，民事程序简化应以诉讼公正和吸收不满作为其应有之义，一旦程序简化导致裁判结果背离诉讼公正，甚至使程序不仅不能吸收不满反而加剧当事人的抵触情绪，就背离了民事诉讼制度目的。小额程序仅仅因为当事人争议标的额并未超过各省、自治区、直辖市上年度就业人员年平均工资的 30％，就被认为案件事实清楚、权利义务关系明确且争议不大，进而在上述各方面被全面"减配"。实践表明其无法得到当事人的普遍认同，也并未得到审理法官的支持。与民事程序的强制简化不同，若干希望程序简化的当事人却不能得到法院的支持。针对

---

① 参见李浩：《繁简分流改革视域下完善小额诉讼程序研究——以 N 市与 S 市试点法院为重点》，《当代法学》2021 年第 4 期。

② 为了进一步明确上述适用条件，2021 年民事诉讼法修正案将原第 162 条之"基层人民法院和它派出的法庭审理符合本法第一百五十七条第一款规定的简单的民事案件"调整为第 165 条之"基层人民法院和它派出的法庭审理事实清楚、权利义务关系明确、争议不大的简单金钱给付民事案件"。

③ 参见李浩：《小额诉讼程序救济方式的反思与重构》，《法学》2021 年第 12 期。

建议融资租赁合同纠纷应适用小额程序且赋予当事人程序选择权的全国人大代表议案，最高人民法院认为，融资租赁合同纠纷涉及的标的额在 20 000 元以下的案件数量极少①，上述基于当事人选择权的程序简化无法在民事诉讼程序中得到实现。②

如上所述，简易程序的适用条件赋予法官更多裁量空间，亦即"事实清楚、权利义务关系明确、争议不大"可以在具体个案中成为安全阀。尽管如此，简易程序仅适用于基层人民法院及其派出法庭，这导致中级人民法院审理的一审民事案件被"一刀切"地判定为"复杂的民事案件"。全国人大代表曾提议将简易程序扩展到中级人民法院。对此，最高人民法院认为适用简易程序的审级范围属于立法事项，对其的调整不属于最高人民法院的职责范畴；根据审判实践需要，在广泛调研的基础上将向立法机关提出相关建议，促进简易程序制度的发展。③ 在此后的民事诉讼程序简化进程中，当事人的程序选择权被最高人民法院原则性排除，并朝着"程序再简化"迈进。2017 年全国人大代表曾建议简案快审、优化简易程序审理流程。针对裁判文书送达不适用简易方式这一例外，最高人民法院认为在当事人同意的情况下，可以采用电子送达。适用简易程序审理案件，可以根据案件具体情况，简化庭审程序，简化裁判文书制作，积极探索，采用表格式、令状式等简化裁判文书形式。人民法院将积极主动应用现代科技，推进司法审判和现代科技深度融合，使适用简易程序审理案件的各个环节更为灵活便捷。

对小额程序，最高人民法院通过《关于进一步推进案件繁简分流优化司法资源配置的若干意见》第 4 条探索标的额超出标准的简单民事案件经过当事人同意而采取"一审终审"。对于小额程序的完善宗旨，最高人民法院提出"努力适应人民群众的司法需要"，这也可以被看作是对超出诉讼标的额标准但经过当事人同意而适用小额程序的理论说理。不无遗憾的是，上述民事程序简化逻辑的"回春"并未得到贯彻和坚持。作为 2021 年民事诉讼法修正之试点根据，最高人民法院于 2020 年颁布的《民事诉讼程序繁简分流改革试点实施办法》（以下简称《实施办法》）又再一次将小额程序改革的宗旨从"满足人民群众的司法需要"调整为"降低当事人诉累"这一减轻法院负担的柔性表达。《实施

---

① 东部发达省份适用一审终审的小额速裁案件标的额在 2014 年一般不超过 20 000 元。
② 参见《最高人民法院对十二届全国人大三次会议第 5106 号建议的答复》。
③ 遗憾的是，将简易程序适用于中级人民法院并未成为本次修正案的内容。

办法》第三节专门对"完善小额诉讼程序"作出规定，其一改根据上年度就业人员年平均工资特定比例的诉讼标的额标准，转而采取人民币5万元以下之标准。而对超出5万元而低于10万元的简单金钱给付案件，经当事人双方约定而适用小额诉讼程序。以2020年度的就业人员年平均工资为例，北京市为145 766元，河南省为70 239元。5万元这一强制适用标准在北京占就业人员年平均工资的34.3％，与小额程序的诉讼标的额标准接近，而河南的比值则接近71.2％，已经较大幅度脱离"小额"的应有之义。在进一步提高小额程序诉讼标的额标准的同时，《实施办法》更进一步推动民事程序之简化，例如进一步简化传唤、送达、证据交换、不受法庭调查和法庭辩论等程序限制以及简化裁判文书和采用更短的审限。

第四节　民事程序简化的逻辑反思

行文至此，我国民事程序简化之逻辑及其落实方案为何在理论界和实务界引起不同看法和认识便不难理解了。从"商品经济繁荣→实体权利义务倍增→民事程序丰满化和精细化"的决定关系与递进关系出发，我国现行民事诉讼体制依旧落后于经济社会发展，体制转型不仅尚未完成，且正处于改革的深水区。[①] 有鉴于此，理论界尤其警惕"普通程序简易化""简易程序小额化"和"争讼程序非讼化"之逆发展潮流的民事程序简化趋势及其对民事诉权的制约作用。而民众对民事司法提出的更高要求，以及因为矛盾激化而出现的恶性事件，背后也都存在民事诉讼体制转型不完全不彻底的深层次制约。因为当事人并未成为程序的主人翁，其对法官的不满和误解都难以通过丰满和精细的程序加以消解。这导致我国民事司法并未形成公正、权威和高效的社会印象。有鉴于此，理论界倡导的民事诉讼体制转型是以民事程序的丰满化和精细化为主流，同时兼顾当事人对诉讼简化的程序选择权。

一、民事诉讼模式转型的松动

上述理论界倡导的体制转型方案在改革开放最初20年直到本世纪的

---

① 参见张卫平：《诉讼体制或模式转型的现实与前景分析》，《当代法学》2016年第3期；许可：《论当事人主义诉讼模式在我国法上的新进展》，《当代法学》2016年第3期；刘哲玮：《论民事诉讼模式理论的方法论意义及其运用》，《当代法学》2016年第3期；冯珂：《从权利保障到权力制约：论我国民事诉讼模式转换的趋向》，《当代法学》2016年第3期，第27-37页。

第一个十年都对实务界产生了强有力的引导作用，且在理论界和实务界的共同努力下，我国民事诉讼现代化取得了跨越式发展。其原因正在于，当事人主义诉讼体制在案件事实重构等审判工作中实质减轻了法院审理负担，并限缩了法官的司法责任。本世纪初，《证据规定》创造性推进客观证明责任、自认、举证时限和证据失权等在彼时甚至当下看来依然有进步性的改革举措。① 其原因也在于民事程序丰满化和精细化不仅不拖慢民事诉讼效率，而且能通过继续强化当事人自我决定和自我负责来加快诉讼进程，化解"案多人少"。不仅如此，随着最高人民法院将"人少"作为主要面向而不断增加法官编制，上世纪末和本世纪初的法官人数达到了前所未有的高位，再考虑到助理审判员和法官助理的职能差异，彼时的"案多人少"并未成为民事诉讼体制转型的根本制约因素。

（一）"案多人少"对民事诉讼模式转型的制约

在并肩前行二十余年后，理论界与实务界在民事程序简化问题上的龃龉愈发明显。2002 年法官人数达到峰值后在 2003 年出现了断崖式回落，使"案多人少"矛盾逐渐突出，而其背后的原因则是民事程序丰满化和精细化的同时并未落实当事人主义诉讼体制的配套制度，这导致法官在案件审理时受当事人行为的约束，诉讼标的和事实重构由当事人决定，但法官对案件的责任依旧停留在职权主义诉讼体制，亦即法官对案件负全面且无限之责任。这在本质上是民事诉讼体制转型不彻底、不充分的结果。当事人主义诉讼体制要求把当事人作为程序的主人翁，这就意味着法院对诉讼的对象和案件事实不再承担全面且无限之责任，而是仅对其职权范围内的事项负责。

（二）司法职权与司法责任的不协同

在以司法职权作为 X 轴和以司法责任作为 Y 轴的象限图（图 1-1）中，诉讼体制转型表现为从第二象限的职权主义诉讼体制转型为第三象限的当事人主义诉讼模式。受制于体制转型尚未彻底完成，我国当前的民事诉讼体制落入第一象限，即在司法职权范围上已经朝着当事人主义诉讼体制缩减，但司法责任几乎保持不变。对此的典型例证是莫兆军事件和彭宇案引发的社会反应及其对法官职业的重大影响。②

---

① 参见张卫平：《论民事诉讼中失权的正义性》，《法学研究》1999 年第 6 期。

② 参见任重：《改革开放 40 年：民事审判程序的变迁》，《河北法学》2018 年第 12 期；曹志勋：《经验法则适用的两类模式——自对彭宇案判决说理的反思再出发》，《法学家》2019 年第 5 期。

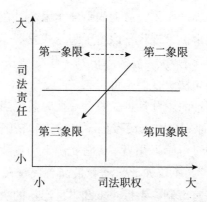

图 11 - 1　司法职权与司法责任关系图

以法官对案件及其社会影响负无限责任为代表的权责不一致问题是民事诉讼体制转型的改革深水区。法官无限责任的形成有多方面原因。首先，民事诉讼的客观真实观并未被有效扭转。无论是诉讼标的由当事人决定，还是案件事实重构由当事人负责，其背后的逻辑前提均是法律真实说。法律真实说并不是客观真实说的对立面，而是假双方当事人之手在绝大多数案件中发现客观真实。从比较法视角观察，借助当事人主义的法律真实发现客观真实，要比法院全面负责案件事实重构更有效且更经济。①其次，虽然民事诉讼法确立了举证责任和自认制度并将法官职权调查证据限定在较小范围，但审理法院要对案件事实判定负全部责任，生效判决认定的案件事实将发生对世的预决效，案件事实认定偏离客观真实也将成为对法官的负面评价。最后，在当事人行为基础上作出的生效判决却并未划定既判力相对性范围②，甚至曾在相当时期内认可确认判决和给付判决可直接变动实体法律秩序。③ 这也是虚假诉讼这一法律现象的实体/程序法律成因，构成民事诉权规制的重要环节，对此将于本书第十四章重点展开。

从"案多人少"的发展曲线来看，从 2001 年到 2008 年是民事诉讼体制转型的黄金发展期：一方面，民事案件数量增长相对平缓；另一方面，法官队伍规模也处在历史上的高位。不无遗憾的是，面对当事人主义诉讼

　　① 参见 ［德］罗森贝克等：《德国民事诉讼法（上）》，中国法制出版社 2007 年版，第 525 页；蒲一苇：《真实情结：民事证据概念的魅惑与超越》，《浙江社会科学》2006 年第 4 期。
　　② 参见林剑锋：《既判力相对性原则在我国制度化的现状与障碍》，《现代法学》2016 年第 1 期。
　　③ 参见任重：《〈民法典〉第 229 条（法律文书导致物权变动）诉讼评注》，《云南社会科学》2023 年第 1 期。

体制转型带来的不适应，实务界并未尽快落实当事人主义诉讼体制的配套制度，如取消案件事实预决效力，建立既判力相对性原则以及确立约束性自认制度，这使我国民事诉讼体制转型偏离司法权责一致的第三象限，而由第二象限向第一象限发展。上述"权小责大"的不协调问题在以"案多人少"和审限制度为代表的巨大审判压力下被进一步放大，并促使一线法官"用脚投票"离开审判岗位，形成了法官离职潮和法官断层问题。

二、两波民事程序简化改革

站在上述历史的十字路口上，继续坚持当事人主义体制转型并非空中楼阁，而是完全可以扭转第一象限的错位，通过科学划定与当事人主义诉讼体制相配套的司法责任制而最终达到第三象限。然而，面对"案多人少"的审判压力和审限的刚性要求，两波民事程序简化改革犹如应激反应先后登场，其对民事诉权的消解作用不容小觑。

（一）以"大调解"为名的第一波民事程序简化

第一波民事程序简化是以"大调解"为名的改革举措，即强调调解的作用甚至将调解率作为评价法官的重要指标。[1] 负责调解的并非委托或特约调解员，而是审理法官，法官在民事审判过程中不断促成当事人接受调解结果。不仅如此，调解与小额程序有异曲同工之处，即尽最大可能简化审判程序并在结果上实现"一审终审"。不仅如此，调解期间在司法实践中也不被计入审理期限。以"大调解"之名推进的第一波简化背后也存在实体法的制约。彼时，民事实体法律规范体系尚未形成，实体法的法典化还有待时日。无论是 1982 年《民事诉讼法（试行）》，还是 1991 年《民事诉讼法》，都面临实体法规范严重缺位的民事审判困境。截至 1982 年，我国民事实体法仅有 1950 年颁布实施的《婚姻法》。而在 1991 年，《民法典》七编中进一步增加了《继承法》（1985 年）和《民法通则》（1986年）。其后，才渐次颁布了《收养法》（1991 年）、《担保法》（1995 年）、《合同法》（1999 年）和《物权法》（2007 年），而《民事诉讼法》则于 2007 年经历了一次修订。《侵权责任法》（2009 年）则颁布于民事诉讼法前两次修订之间。2001 年《证据规定》第 7 条可谓实体规范供给严重不足的突出例证："在法律没有具体规定，依本规定及其他司法解释无法确定举证责任承担时，人民法院可以根据公平原则和诚实信用原则，综合当事人举证能力等因素确定举证责任的承担。"

---

[1] 参见张卫平：《诉讼调解：时下势态的分析与思考》，《法学》2007 年第 5 期；曹云吉：《审判风险与法院调解》，《国家检察官学院学报》2015 年第 5 期。

（二）以小额程序为核心的第二波民事程序简化

与以"大调解"为名的第一轮民事程序简化相比，以多元化纠纷解决、繁简分流、简案快审为关键词的本轮民事诉讼法修正可谓民事程序简化的第二波。与第一波相比，第二波的突出特点是在"案多人少"的背景下分流民事案件，对进入民事审判程序的案件采取"快慢分道"做法，并尽可能引导案件通过简化程序加以处理，从而节约司法资源，提高诉讼效率和减轻当事人诉累。虽然调解依旧是第二波的关键词，例如立案前委托调解，立案后委派调解以及特约调解，但其宗旨是将有限的法官审判资源用在复杂和困难案件上。与第一波相比，调解的主体不再是本案的审理法官，而是贯彻"调解的归调解，审判的归审判"[①]。一方面，民事程序简化第二波中民事实体法体系已经初步完成，并最终凝聚为《民法典》的编纂、颁布和实施。在《民法典》颁布前夕的 2019 年全面修订的《证据规定》删去原第 7 条之规定，举证责任的确定不再为法官留有裁量确定的空间。另一方面，在本世纪的第二个十年以来，民众的诉权意识和司法诉求也有大幅提高和增加。

"大调解"无法充分满足人民群众的司法需求。2015 年立案登记制改革以来年度民事案件数量突破千万的事实也表明民众的司法需求曾一度被压抑和制约。在此背景下，民事诉讼体制转型反而出现了停滞，甚至还使民事诉讼体制朝向第二象限反复。案件事实预决效力并未被祛除，既判力相对性同样未发挥原则作用。不仅如此，2012 年民事诉讼法修正案引入的第三人撤销之诉进一步动摇了既判力相对性制度，2001 年《证据规定》确立的举证时限和证据失权制度也被《民诉法解释》第 102 条实质架空。这背后反映出无限司法责任制背景下司法职权的再次扩张。不仅如此，即便是"不告不理"原则也开始在"案多人少"的背景下被松动和动摇，例如《九民纪要》第 36 条第 1 款规定："在双务合同中，原告起诉请求确认合同有效并请求继续履行合同，被告主张合同无效的，或者原告起诉请求确认合同无效并返还财产，而被告主张合同有效的，都要防止机械适用'不告不理'原则，仅就当事人的诉讼请求进行审理，而应向原告释明变更或者增加诉讼请求，或者向被告释明提出同时履行抗辩，尽可能一次性解决纠纷。"以纠纷一次性解决为代表的司法理念亦成为民事诉权的重要制约，对此将于本书第十二章进行详细探讨。

---

① 李浩：《调解归调解，审判归审判：民事审判中的调审分离》，《中国法学》2013 年第 3 期。

由于民事诉讼体制转型在本世纪第二个十年开始出现停滞甚至反复，当事人主义固有的节约司法资源和提升诉讼效率之功能并未充分发挥。最高人民法院将"案多人少"的审判压力直接释放在以小额程序为核心的第二波民事程序简化中。2021 年民事诉讼法修正可谓第二波的高潮。由最高人民法院主导的民事诉讼法修正案建议在第三章"审判组织"中明确基层人民法院审理的基本事实清楚、权利义务关系明确的第一审民事案件，可以由审判员一人适用普通程序独任审理，这可谓"普通程序简易化"。而对于"中级人民法院、专门人民法院对第一审适用简易程序审理结案或不服民事裁定提起上诉的第二审民事案件，事实清楚、权利义务关系明确的，可以由审判员一人独任审理"的建议，则体现出"二审程序简易化"。与之相比，将强制适用小额程序的标的额提高到就业人员年平均工资 50% 以下，将就业人员年平均工资 3 倍以下作为约定适用小额程序的标准，则进一步体现出"简易程序小额化"。

三、2021 年民事诉讼法修正之省思

作为第二波民事程序简化之延续的 2021 年民事诉讼法修正案草案一经发布就引发学界强烈反应。针对修正案征求意见稿强调诉讼效率却在一定程度上压缩当事人程序权利的修正取向，民事诉讼法学界提出两方面意见：一方面，民事诉讼法不应成为法院"减负"的工具；另一方面，修正案征求意见稿并非解决"案多人少"的科学出路。[①] 不仅如此，无论是合议制还是两审终审制，均是民事诉讼法明确规定的基本诉讼制度。对基本制度的调整理应通过民事诉讼法的全面修订，而不是局部小修。综合各方面意见，全国人大常委会也对最高人民法院提交审议的修正案草案的民事程序简化进行了微调。即二审中的独任制须经双方当事人同意方可进行，对小额程序约定适用标准从三倍以下调整为两倍以下，以在形式上最大限度维持两审终审和合议制的外观。

（一）当事人主义诉讼模式转型的认识误区

无论是将一审和二审之审判组织由合议制最大限度调整为独任制，还是通过小额程序的扩大化最大可能变"两审终审"为"一审终审"，都是应对"案多人少"和审限制度的应激反应，这也同时受到年终结案率等考

[①] 参见《民事诉讼法修改理论研讨会综述》，载"民事程序法研究"微信公众号 2021 年 11 月 29 日，最后访问时间：2021 年 12 月 13 日；傅郁林：《"司法提速"需要科学化和系统化》，《上海法治报》2021 年 11 月 26 日 B7 版；段厚省：《民诉法修改应守住程序保障的底线》，《上海法治报》2021 年 11 月 26 日 B7 版。

核指标的实质影响。在上述因素共同作用下，年底不立案成为"潜规则"。进入本世纪第二个十年，当事人主义诉讼体制转型的停滞和反复反映出认识误区。当事人主义诉讼体制并非仅仅靠缩减司法职权范围即可自动实现，除了以举证责任为代表的法院职权限缩，公正、高效和权威的民事司法还有赖于提升司法职权能效，亦即更科学和有效地运用司法职权。

（二）当事人主义对"案多人少"的科学回应

在以司法职权范围为 X 轴和以司法职权能效为 Y 轴的象限图（见图 11-2）中，当事人主义诉讼体制表现为从第四象限向第一象限的转型。第四象限表征出法院全面介入民事诉讼程序，但因为自身能力有限而无法在其负责的全部职权范围内实现权威、公正和高效。当事人主义诉讼体制要求在尊重当事人主人翁地位的同时充分发挥司法职权，使民事诉讼程序更公正和更高效，进而迈入职权范围缩小和职权能效放大的第一象限。

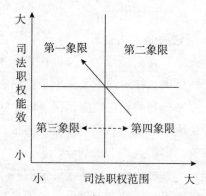

图 11-2　司法职权范围与司法职权效能关系图

当事人主义诉讼体制除要求确立辩论原则和处分原则外，还有一项不可或缺的重要原则即职权进行原则。无论是关于案件事实重构的辩论原则还是关于权利主张的处分原则，都是从静态的视角规定法院和当事人之间的权限分配。与此不同，职权进行原则明确审理法院对民事诉讼流程原则上具有垄断地位，即诉讼的进行由法院依职权推进。当然，上述原则之间存在若干交叉之处，例如起诉行为在确定案件诉讼标的之同时也将在满足起诉条件时开启诉讼程序。尽管我国于 2015 年全面推进立案登记制改革，但当事人的起诉行为还难以直接开启诉讼程序，这还有赖于法官对起诉条件的判断以及在此基础上的受理行为。须注意的是，在职权进行原则与处分原则、辩论原则交叉范围内，应坚持后两项基本原则的核心要义。①

　　在相当一段时间里，职权进行原则并未被明确为当事人主义诉讼体制的应有之义，甚至"送达难"这一法院职权能效问题被归结为当事人主义诉讼体制改革在我国的失败。是故，虽然法院就诉讼标的确定、案件事实重构等诉讼活动不再享有决定权，却要借助释明权科学解释当事人的起诉行为，并在确定诉讼标的后展开构成要件体系，明确"请求→抗辩→再抗辩→再再抗辩"等诉讼框架，而后根据法律规定的三重证明标准，科学和充分地运用自由心证，运用司法三段论得出构成要件的法律效果，并在多个实体和程序规范的共同作用之下得出诉讼结论。而在上述诉讼进程中，法官应充分发挥诉讼指挥权、案件事实认定权和合并分立决定权等司法职权的能效。

第五节　从减轻法院负担到切实保障民事诉权

　　2021年民事诉讼法修正案体现出的民事程序简化并未解决法官"权责不一致"这一民事诉讼体制转型的遗留问题，也未从法官职权内涵式发展出发最大限度增加司法职权效能，而是越过审理法官对具体个案的程序控制权，以"一刀切"的方式进一步扩大小额程序的强制适用范围，并为二审独任制扩大化留下规范空间。"一刀切"意味着诉讼标的额低于就业人员年平均工资50%以下但却对法律统一适用和"同案同判"有重要价值的小额案件，极可能被淹没在基层法院的一审终审中，也意味着诉讼标的额较高但对法律统一适用和"同案同判"并无显著意义的案件自然享有合议庭和两审终审的基本配置。而在我国当前法官职业能力尚有待加强，理论学说众说纷纭的情况下，合议庭所具有的民主集中、集思广益、法律统一和吸收不满的作用被进一步贬损。② 独任法官因为自身的学术背景、理论偏好和社会经验而得出"偏激"判决的概率增大，这也恐将进一步加剧法律适用的不统一。不仅如此，在法官"权责不一致"的改革深水区，合议制分担司法责任的固有功能也荡然无存。

　　随着第四次民事诉讼法修正尘埃落定，修改后的《民事诉讼法》于

----

① 参见张卫平：《民事诉讼处分原则重述》，《现代法学》2001年第6期；张卫平：《我国民事诉讼辩论原则重述》，《法学研究》1996年第6期。

② 参见潘剑锋：《"基本"与"其他"：对〈民事诉讼法〉相关制度和程序修订的体系化思考》，《法学评论》2022年第2期。

2022年1月1日实施，第二波民事程序简化达到高潮。总体而言，本次以民事程序简化和减轻法院负担为主线的民事诉讼法修正具有一定的合理性，这集中表现为改革开放以来民事案件数量与法官规模之间的发展矛盾，其背后是人民群众日益增长的司法需求和有限的司法供给之间的矛盾冲突。法官员额制改革切实提高了法官职业素养，通过法官团队建设强调专业挂帅。但员额法官的"高标准"和"严要求"也在短期内引发法官队伍规模减半的阵痛。受制于上述现实原因，民事诉讼体制转型停留在了改革深水区，这表现为法官职权缩减但责任不变的"权责不一致"问题，也表现为在法院职权范围缩减后未能实质提升司法职权能效。有鉴于此，本世纪第一个十年集中推进的第一波民事程序简化以"大调解"为基调，通过调解弥补法官职业素养的参差，并变相确立"一审终审"。

随着民事实体法律体系的建立和完善，特别是《民法典》的编纂、颁布和实施，调解不再是法官的主要工作。然而，"一刀切"地以诉讼标的额作为识别标准不仅欠缺理论基础，而且不存在实践经验支持。相反，一线法官通过将小额案件解释为"复杂的民事案件"而避免民事程序简化的副作用。本次民事诉讼法修正进一步扩大了小额程序强制适用范围，并可能通过司法政策将小额程序适用率作为法官考核指标，这势必进一步削弱诉讼固有的法律统一和"同案同判"功能，使潜在纠纷无法通过权威和公正的先例得以平复。

总体而言，无论是民事程序简化的第一波抑或是包括2021年民事诉讼法修正在内的第二波，都是在民事诉讼体制转型不完全、不充分甚至出现反复之背景下的应激反应。既然"人少"无法实质改变，"案多"就只能通过民事程序简化加以应对和化解。上述应激反应并未充分考虑"案多"的经济社会原因，此案与彼案以及前案与后案之间的关联，更未充分评估"案多"的内涵式解决问题，亦即将法官审理范围集中在以诉讼标的为圆心的诉讼要素，将责任范围限定在诉讼标的，而不对作为诉讼标的基础之诉讼资料承担担保责任，以最大限度降低对每个诉讼标的之司法支出，同时借助诉的合并制度将有牵连关系的诉讼标的作集约化处理，将起诉条件和上诉条件进行置换，在充分落实一审程序保障的同时实质筛选上诉案件，借助既判力相对性原则在最大限度上减少第三人撤销之诉和再审之诉的适用，保障和维系裁判的稳定性、可预期性和权威性，并自发地形成法律统一适用和"同案同判"。法律统一适用和"同案同判"不是司法行政化的结果，是无法"管出来"的，而是要遵循诉讼规律，进一步推进民事诉讼体制转型，使法律统一适用和"同案同判"在当事人主义的土壤中生根发芽。"诉讼爆炸""案多人少"背景下的民事程序简化和诉讼案件分流将有较大概率系以民事诉权的拒斥和压缩为代价，"起诉难""立案乱""执行难""执行乱""申请难"以及诉讼程序的"非讼化"均可谓具体例证。鉴于此，民事程序简化的逻辑也亟须从为法院减负的行政化思维转换为满足人民群众司法需要的民事权利思维，这也正是"以人民为中心"在民事司法工作中的应有之义。

第十二章　民事诉权的观念挑战

改革开放以来，我国商品经济蓬勃发展。与此同时，人民法院受理案件数量与日俱增。以"诉讼爆炸"和"案多人少"为关键词的超大规模民事纠纷也因此成为我国民事诉权的时代挑战。在此背景之下，高效审结民事案件成为必由之路。超大规模民事纠纷的科学解决之道并非进一步提高起诉门槛，或者通过多元化纠纷解决机制直接或间接强制当事人放弃诉权，而是在科学统筹法官员额的基础上通过四元民事诉权的阶层化，实现审理事项的集约化和极简化。与"诉讼爆炸""案多人少"的统计学分析不同，纠纷一次性解决的司法理念更为抽象，影响却同样深远。这可谓我国民事诉权的观念挑战。

第一节　纠纷一次性解决理念对民事诉权的影响

我国法律和司法解释并未对纠纷一次性解决加以界定，《九民纪要》在第 36 条使用"一次性解决纠纷"，在第 104 条使用"纠纷的一次性解决"，但对其内涵与外延并无详细解释与论述。然而，这一司法理念对民事诉权保障发挥着实质影响。以诉讼标的为例，通说认为我国识别标准更接近旧实体法说，但在纠纷一次性解决理念的影响之下，相关司法实践超越了旧实体法说。[①] 又如在纠纷一次性解决理念的引导下，释明变更诉讼请求的司法实践中出现经释明甚至未释明径行变更诉讼请求之倾向。[②] 再如通过既判力扩张，司法解释倾向于强制当事人在一个诉讼中提出所有可能的请求，典型例证是 2001 年《精神损害赔偿解释》第 6 条第 1 款，当事人在诉讼中未主张精神损害赔偿的，不准另诉提出。上述要求于 2020

[①] 参见张卫平：《程序公正实现中的冲突与衡平——外国民事诉讼研究引论》，成都出版社 1993 年版，第 80 页脚注 4；严仁群：《诉讼标的之本土路径》，《法学研究》2013 年第 3 期。

[②] 参见任重：《释明变更诉讼请求的标准》，《法学研究》2019 年第 4 期。

年修订的《精神损害赔偿解释》中不再保留。不过，上述纠纷一次性解决理念对民事诉权的限缩仍体现在民法典时代的其他司法解释中。根据《婚姻家庭编解释（一）》第88条第1项，无过错方作为原告向人民法院提出损害赔偿请求的，必须在离婚诉讼中同时提出。上述规则继承自《婚姻法解释（一）》第30条，并曾引发理论纷争。[①] 复如以纠纷一次性解决为内核扩大必要共同诉讼的适用范围，将多个诉讼标的强制并入同一程序加以处理。[②]

尽管纠纷一次性解决理念影响甚巨，但其概念及适用范围在我国不仅没有共识，甚至都很少被触及。[③] 这便使以纠纷一次性解决为导向的规范调整和制度创新成为无源之水，极大地贬损了我国民事诉讼法的理论性、体系性和科学性，并可能在结果上侵害当事人的民事诉权。尤其是在《民法典》已经颁布并实施的背景下，纠纷一次性解决的模糊性和任意性必将影响《民法典》的正确实施。以《民法典》第178条为例，虽然权利人被赋予选择权，但司法实践中普遍存在要求原告（权利人）起诉所有潜在行为人的必要共同诉讼要求，其集中体现为《人身损害赔偿解释》第2条。这也说明，如果纠纷一次性解决的限度无法被明确勘定，民法典赋予权利人的民事实体权利以及当事人享有的民事诉权可能在诉讼实施过程中被不当变动甚至消解。

鉴于此，本章将梳理纠纷一次性解决在我国的内涵与外延，随后对相关司法实践加以分析与评估，检验其是否真正提高了诉讼效率，而由此付出的代价是否不成比例。在此基础上，本章试图析出当事人主义语境下纠纷一次性解决所应恪守的限度，使民事诉讼真正起到切实实施《民法典》的重要保障作用，并在结果上夯实民事诉权保障。

第二节　纠纷一次性解决的概念界定

通过中国知网数据库进行检索，以"纠纷一次性解决"为篇名的民事

---

① 参见胡军辉：《论离婚判决的既判力及其程序保障》，《法学家》2014年第3期；刘哲玮：《独立与合并：程序法视角下的离婚损害赔偿之诉》，《当代法学》2014年第4期。

② 参见章武生、段厚省：《必要共同诉讼的理论误区与制度重构》，《法律科学》2007年第1期；胡震远：《我国准必要共同诉讼制度的建构》，《法学》2009年第1期。

③ 这同样是日本和我国台湾地区存在的问题。参见［日］山本克己：《"第二次世界大战"后日本民事诉讼法学的诉讼标的论争》，史明洲译，《清华法学》2019年第6期；吴从周：《法源理论与诉讼经济》，元照出版公司2013年版，第195页。

诉讼法学论文仅有 3 篇，分别是北京市第一中级人民法院课题组于 2013 年发表的调研报告①，姜耀庭、周强于同年发表的论文②，以及笔者于 2021 年发表的同主题论文。③ 而以此作为关键词的文献也仅有 10 篇。相反，全文中出现"纠纷一次性解决"的文献则多达 560 篇。④ 这也从一个侧面表明，虽然学者经常以纠纷一次性解决作为法律解释和立法建议的出发点和落脚点，但对同一概念存在理解分歧，这在结果上使以纠纷一次性解决为基础的研究成果无法真正形成聚焦。为了减少分歧，形成聚焦，有必要回溯和整理纠纷一次性解决这一概念表述在我国的缘起及变迁。

一、概念缘起：新旧诉讼标的理论与既判力的客观范围

如若将"纠纷"理解为诉讼标的，则一次诉讼至少解决一个诉讼标的本来就是民事诉讼的应有之义，因为诉讼标的本就在理论上被认为是民事诉讼不可再分的最小审理单位。⑤ 不仅如此，纠纷还与既判力制度紧密相关，也即相同当事人以相同诉讼标的的再次起诉违反"一事不再理"原则。⑥ 是故，以"诉讼标的＝裁判对象＝既判力客观范围"的等式关系观之⑦，纠纷一次性解决的内涵与外延都相当清晰，即对当事人圈定的诉讼标的应当在一次诉讼中解决，且对此诉讼标的不能再次进行实体审理。

纠纷一次性解决被单独提出的契机是新旧诉讼标的理论之争。虽然无论是传统诉讼标的理论，抑或是新诉讼标的学说，"纠纷等于诉讼标的"的等式都未被打破⑧，但纠纷一次性解决的提出深刻反映出我国"诉讼爆炸"却"案多人少"、法官职业素养偏低、律师服务功能偏弱和当事人诉讼权利意识薄弱等诸多不利因素的影响⑨：一方面，法官难以或不愿通过请求权基础来清晰界定诉讼标的；另一方面，当事人通常并不清楚也不甚

---

① 参见北京市第一中级人民法院课题组等：《关于建立民事审判"纠纷一次性解决机制"的调研报告》，《法律适用》2013 年第 1 期。

② 参见姜耀庭、周强：《试论民事纠纷一次除尽原则的设立》，《法律适用》2013 年第 7 期。

③ 参见任重：《民事纠纷一次性解决的限度》，《政法论坛》2021 年第 3 期。

④ 参见中国知网，最后检索时间：2025 年 2 月 6 日。

⑤ 参见张卫平：《论诉讼标的及识别标准》，《法学研究》1997 年第 4 期；[日] 高桥宏志：《民事诉讼法：制度与理论的深层分析》，林剑锋译，法律出版社 2003 年版，第 22 页。

⑥ 参见张卫平：《程序公正实现中的冲突与衡平——外国民事诉讼研究引论》，成都出版社 1993 年版，第 370 页。

⑦ 在比较法和学说理论上还存在诉讼标的相对化主张，进而使"诉讼标的＝裁判对象＝既判力客观范围"的等式关系被打破。参见 [日] 高桥宏志：《民事诉讼法：制度与理论的深层分析》，林剑锋译，法律出版社 2003 年版，第 51 页以下。

⑧ 例如最高人民法院民事裁定书（2003）民四终字第 2 号。

⑨ 参见江伟、韩英波：《论诉讼标的》，《法学家》1997 年第 2 期。

关心其诉求的请求权基础是什么。司法实践中，多数法官对诉讼标的并没有清晰认识，往往忽略案件卷宗中诉讼标的项目的填写，或者由书记员随意填上诉讼标的额或诉讼标的物。当事人因事实生活提起诉求，与实体法规定的请求权不完全一致。① 这便导致相当时期内，诉讼标的在我国立法、司法实践与理论研究中都不是关注重点。从 1978 年到 1987 年，我国研究民事诉讼基础理论的文章少，研究层次比较浅，对诉讼标的等基本问题均未涉及。从 1988 年到 1997 年，学者的关注点开始转向民事诉讼法学中的一些基本理论问题，诉权、诉讼标的、辩论原则、证明责任、既判力都是其重要内容。② 虽然我国民事诉讼法规定了诉的合并、分离与诉讼请求的变更，诉讼费用征收也是"按件"收取，即以诉讼标的为依据，但遇有请求权竞合的情形，法官通常不考虑请求权基础是什么，而是认为案件已经得到了处理，事实问题已经得到了解决，这种做法被认为更偏向新诉讼标的理论。③ 也有观点认为，尽管有些法院可能不准许这样的后诉，但这样做并无法律依据，民事诉讼法并未禁止此类后诉，实体法上也没有依据。④ 不过，理论界在当时多认为，虽然新诉讼标的理论是今后的努力方向，但鉴于我国国民法律意识有待提高，律师制度还有待健全，并且在相当长的时期内我国诉讼政策应侧重于对当事人权利的保护，因此仍应贯彻和坚持传统诉讼标的理论，避免原告的诉讼权利因诉讼标的范围过大而受到不当否定。⑤ 这便埋下了实践与理论在诉讼标的识别标准问题上的重大分歧。

由此可见，纠纷一次性解决在新旧诉讼标的理论之争中被作为新说的代称，即与传统诉讼标的理论相比，新说的诉讼标的范围更大，更有利于降低诉讼成本和提高诉讼效率，避免因同一给付目的同时或先后出现多个诉讼。综上，纠纷一次性解决最初在内涵与外延上指代新诉讼标的理论，其所要追求的是在充分保障当事人实体和程序权利基础上的诉讼经济。

二、概念变迁：从法律意义之诉讼标的到生活意义之纠纷

纠纷一次性解决在法解释论上意指一个诉讼标的在一次诉讼中得到解

---

① 参见姜耀庭、周强：《试论民事纠纷一次除尽原则的设立》，《法律适用》2013 年第 7 期。

② 参见李浩：《中国民事诉讼法研究四十年——以"三大刊"论文为对象的分析》，《法学》2018 年第 9 期。

③ 参见张卫平：《程序公正实现中的冲突与衡平——外国民事诉讼研究引论》，成都出版社1993 年版，第 80 页脚注 4。

④ 参见严仁群：《宽待诉的变更》，《江苏行政学院学报》2010 年第 4 期。

⑤ 参见江伟、肖建国：《论既判力的客观范围》，《法学研究》1996 年第 4 期。

决，而在立法论上则憧憬在条件成熟后，实现从传统诉讼标的理论向新说的跃升，进而通过扩大诉讼标的范围来实现诉讼扩容。不过，随后的学术讨论并未局限于"诉讼标的＝纠纷"的等式关系，而是逐渐从其法律意义迈向了生活意义。

1996 年之后，涉及纠纷一次性解决的讨论更加多元，例如从社会学、人类学以及我国传统文化的视角来审视纠纷，探讨纠纷对社会的影响①；从心理学角度分析何谓真正的纠纷一次性解决和矛盾的彻底化解，即服判息诉。② 虽然社会学、人类学和心理学意义上的纠纷及其一次性解决并未引起法学界的广泛响应，但上述讨论已经隐含着从纠纷一次性解决的法律含义逐步放大到人们对日常生活中纠纷的理解的趋势。这潜移默化着法学界对诉讼法律制度的理解与适用，并呈现出三种主要趋向。

（一）借助纠纷一次性解决理念描述和改进我国民事诉讼制度

在诉讼标的和既判力客观范围之后，纠纷一次性解决理念历经如下理论推进有独立请求权第三人制度，即同一法院在同一时期以相同人员对第三人参加之诉与原、被告之诉合并审理能够避免作出矛盾认定或判决，并使彼此相联系的纠纷一次性解决③；被告型无独立请求权第三人被认为虽然有助于纠纷一次性解决，提高诉讼效率，但在实施中会产生侵犯当事人程序权利和实体权利的情形④；为了避免地方保护主义，各地法院在增列无独立请求权第三人时十分慎重，这被认为限制了纠纷一次性解决机能的发挥⑤；而为了应对虚假诉讼和贯彻诉讼经济，一些法院往往会突破"法律上的利害关系"的限制来引入无独立请求权第三人⑥；建立诈害防止参加制度也被认为有利于纠纷的一次性解决⑦；为了一次性解决纠纷而强化

---

① 参见徐静村、刘荣军：《纠纷解决与法》，《现代法学》1996 年第 3 期。

② 参见陈增宝：《司法裁判中的事实问题——以法律心理学为视角的考察》，《法律适用》2009 年第 6 期；杨凯：《寻找从现实生活出发的民商事审判方法》，《法律适用》2012 年第 1 期。

③ 参见谭家戎：《第三人参加诉讼制度的认识与实践》，《人民司法》2001 年第 3 期。

④ 参见杨雅妮、杨芳：《论无独立请求权第三人参加诉讼的方式及其诉讼地位》，《甘肃教育学院学报（社会科学版）》2001 年第 2 期。

⑤ 参见章武生：《我国无独立请求权第三人制度的改革与完善》，《法学研究》2006 年第 3 期。

⑥ 参见刘君博：《第三人撤销之诉原告适格问题研究 现行规范真的无法适用吗?》，《中外法学》2014 年第 1 期。

⑦ 参见宋朝武：《新〈民事诉讼法〉视野下的恶意诉讼规制》，《现代法学》2014 年第 6 期。

诉之追加、合并（包括选择合并①与预备合并②）及反诉制度③；宽待诉之变更以实现纠纷一次性解决④；释明补充或变更、追加、合并诉讼请求及提起反诉，有利于纠纷的一次性解决⑤；在主张抵销之后另诉要求抵销债权的，违反纠纷一次性解决的理念⑥；当事人若针对判决理由中的事实再行起诉，法官在后诉中可能作出与前诉相矛盾的判决，有损司法权威，同时不利于纠纷一次性解决。⑦ 强制受害人一次性行使对数个侵权责任主体的诉讼实施权有助于提高司法效率，符合诉讼经济原则⑧；基于一次性解决纠纷的需要，在一个程序中处理有牵连的诉讼标的，建立"诉讼标的牵连"型必要共同诉讼或称准必要共同诉讼⑨；纠纷一次性解决的理念要求尽量扩大禁止重复起诉的范围⑩和确定判决所能产生拘束力的事项⑪，并使拘束力尽可能扩及所有与纷争有关的当事人。⑫

---

① 参见严仁群：《实体法：请慎入程序法之域——以民事责任竞合为例》，《法律科学》2010 年第 3 期。

② 参见罗水平、熊洋：《论客观的预备合并之诉及对我国立法之借鉴》，《求索》2009 年第 9 期。

③ 参见占善刚：《略论专属地域管辖适用之特质》，《法学评论》2002 年第 5 期；江伟、段厚省：《请求权竞合与诉讼标的理论之关系重述》，《法学家》2003 年第 4 期。

④ 参见严仁群：《宽待诉的变更》，《江苏行政学院学报》2010 年第 4 期；李浩：《论适用举证期限的几个问题》，《法律适用》2013 年第 10 期。

⑤ 参见韩红俊：《论释明义务对民事诉讼理论的优化》，《法律科学》2006 年第 5 期；韩红俊：《法观点指出义务探析》，《法学杂志》2010 年第 7 期；熊跃敏：《民事诉讼中法院释明的实证分析——以释明范围为中心的考察》，《中国法学》2010 年第 5 期。

⑥ 抵销问题并不是这一阶段才提出的，而是在既判力客观范围的讨论中已经点明，但抵销问题在这一时期被较为集中地讨论。参见翁晓斌：《我国民事判决既判力的范围研究》，《现代法学》2004 年第 6 期。

⑦ 参见常怡、肖瑶：《民事判决的既判力客观范围》，《甘肃政法学院学报》2006 年第 3 期。

⑧ 参见肖建国、黄忠顺：《数人侵权责任诉讼模式研究》，《国家检察官学院学报》2012 年第 4 期；罗恬漩、王亚新：《不真正连带责任诉讼问题探析》，《法律适用》2015 年第 1 期。

⑨ 参见谭兵：《民事诉讼法学》，法律出版社 1997 年版，第 218－219 页；章武生、段厚省：《必要共同诉讼的理论误区与制度重构》，《法律科学》2007 年第 1 期；胡震远：《我国准必要共同诉讼制度的建构》，《法学》2009 年第 1 期；武亦文：《我国保险代位求偿困局的破解——以法律程序构造的改进为中心》，《政治与法律》2013 年第 12 期；卢佩：《多数人侵权纠纷之共同诉讼类型研究——兼论诉讼标的之"案件事实"范围的确定》，《中外法学》2017 年第 5 期。

⑩ 参见段文波：《日本重复起诉禁止原则及其类型化解析》，《比较法研究》2014 年第 5 期。

⑪ 参见张榕、达理纳嘉：《民事既判力客观范围理论研究之反思——以明希豪森三重困境为分析工具》，《法律科学》2012 年第 5 期。

⑫ 基于纠纷一次性解决的具体学术观点较为多元，限于篇幅本章不再一一列举。主要文献还可参见胡军辉、廖永安：《论案外第三人撤销之诉》，《政治与法律》2007 年第 5 期；吴泽勇：《群体性纠纷解决机制的建构原理》，《法学家》2010 年第 5 期；王福华：《第三人撤销之诉适用研究》，《清华法学》2013 年第 4 期；潘剑锋、韩静茹：《第三人撤销之诉的性质定位与关系探究》，《山东社会科学》2015 年第 7 期。

（二）建立民事诉讼协同主义实现纠纷的一次性解决

有观点认为，民事司法尤其应体现回应型司法的功能，践行协同（动）主义①，以化解社会风险为中心，一次性解决矛盾纠纷，平息社会风险。② 从消极法官转换为积极法官，通过释明补偿当事人的法律知识不足，协助当事人确定审理范围，促进纠纷一次性解决。③ 对影响案件定性的诉讼标的争点、构成法律关系要件的法律争点及重要的事实、证据争点，法官应充分行使诉讼指挥权，帮助当事人补充争点，充分攻防，实现纠纷一次性解决。④ 人民法院依职权追加当事人是积极践行这一理念的重要举措，对案件进行整合式处理有利于纠纷一次性解决。⑤ 避免不必要的后续诉讼是其应有之义，法官应运用自己的专业能力与技巧，为当事人提供建议，对其诉讼行为进行引导，弥补当事人诉讼能力不足，实现社会的实质正义，促进纠纷的一次性解决。⑥

（三）参照美国模式进一步拓宽纠纷一次性解决的范畴

有学者认为，美国民事诉讼中，当事人如果没有将法律上相关联的纠纷全部提出则丧失另行提起诉讼的权利。⑦ 再如认为美国不懈追求纠纷的一次性解决，这使再审制度看上去十分"另类"。⑧ 现代美国民事诉讼的三个基本要素是陪审裁判、证据开示和全部纠纷一次性解决原则。⑨ 有学者进一步将英美法上的纠纷一次性解决原则归纳为，双方之间全部有关请

---

① 对协同（动）主义的反思，参见王次宝：《反思"协动主义"》，《清华法学》2010 年第 4 期；任重：《民事诉讼协动主义的风险及批判——兼论当代德国民事诉讼基本走向》，《当代法学》2014 年第 4 期；张卫平：《民事纠纷的社会性与民事诉讼程序和制度的构建》，《学习与探索》2020 年第 8 期。

② 参见姜耀庭、周强：《试论民事纠纷一次除尽原则的设立》，《法律适用》2013 年第 7 期。

③ 参见王福华：《民事诉讼协同主义：在理想和现实之间》，《现代法学》2006 年第 6 期。

④ 参见黄湧：《我国台湾地区民事诉讼争点整理程序分析与借鉴——兼论集中审理与能动司法的契合》，《法律适用》2010 年第 9 期。

⑤ 参见赵钢：《"能动司法"之正确理解与科学践行——以民事司法为视角的解析》，《法学评论》2011 年第 2 期。

⑥ 参见北京市第一中级人民法院课题组等：《关于建立民事审判"纠纷一次性解决机制"的调研报告》，《法律适用》2013 年第 1 期。

⑦ 参见宋春雨：《〈民事诉讼法〉修改中完善民事证据制度的若干设想》，《法律适用》2011 年第 7 期。

⑧ 参见江伟、徐继军：《论我国民事审判监督制度的改革》，《现代法学》2004 年第 2 期。

⑨ 参见黎蜀宁：《我国人民陪审制度评析及其重塑方案》，《甘肃社会科学》2004 年第 2 期。

求合并和全部当事人合并①；并认为我国应借鉴美国的强制合并制度。②由于美国诉讼标的是事实导向型的，在此基础上的共同诉讼制度也强调纠纷一次性解决，无论一个大的争议事实所产生的各种请求涉及多少实体法上的法律关系，也不论其涉及的实体法律关系是否相同，均通过一个诉讼程序解决。③英美法中的强制反诉旨在实现纠纷一次性解决④，进而建议我国引入强制反诉制度。⑤又如认为大陆法系普遍遵循"选择加入"，侧重程序保障，而美国集团诉讼更侧重纠纷一次性解决。⑥

三、概念风险：纠纷一次性解决的模糊性

通过梳理可以发现，纠纷一次性解决理念以新旧诉讼标的理论之争为起点，经历了从法律意义向生活意义的转变。这背后是从法解释学向立法论，从法学向社会学、心理学的迈进。首先应当肯定的是，民事诉讼不能脱离社会评价而独立存在，民事诉讼必须重视其社会作用与实践反馈。无论权利保护说抑或纠纷解决说，都是将民事诉讼作为实现特定目标的方法与途径。民事诉讼立法和司法也必须自觉接受上述预设目标的检验。

同时必须强调的是，立法论、比较法、心理学抑或是社会学希望民事诉讼所肩负的使命，也必须从民事诉讼法教义学看来是清晰、明确和具有可操作性的，即必须能够转化为法解释范畴的概念与技术，否则，在不同立法者、司法者以及研究者眼中便会呈现出不同的纠纷一次性解决，使其成为民事诉讼法学中的咒语。这不仅妨碍了科学和统一的民事诉讼法律和理论体系的构建，而且将实质贬损民事司法的统一。这并非杞人忧天，而是已经部分变为现实。虽然理论研究应该强调多源性和多样化，但我国现阶段的民事司法实践亟须总结归纳出纠纷一次性解决所应恪守的限度，否则，这一概念的运用不仅无法为当事人提供稳定的预

---

① 参见张嘉军：《扩展与限制：试析两大法系两种不同反诉观——兼论我国反诉制度的未来走势》，《安徽大学学报》2005年第2期。

② 参见张晋红、谢泽帆：《诉的强制合并之经济价值的思考——基于诉讼成本与诉讼效益的个案分析》，《广东商学院学报》2012年第1期；刘哲玮：《独立与合并：程序法视角下的离婚损害赔偿之诉》，《当代法学》2014年第4期。

③ 参见章武生、段厚省：《必要共同诉讼的理论误区与制度重构》，《法律科学》2007年第1期；武亦文：《我国保险代位求偿困局的破解——以法律程序构造的改进为中心》，《政治与法律》2013年第12期。

④ 参见严仁群：《诉讼标的之本土路径》，《法学研究》2013年第3期。

⑤ 参见北京市第一中级人民法院课题组等：《关于建立民事审判"纠纷一次性解决机制"的调研报告》，《法律适用》2013年第1期。

⑥ 参见熊跃敏：《消费者群体性损害赔偿诉讼的类型化分析》，《中国法学》2014年第1期。

期，而且可能因为司法责任制的建立和加强构成对法官职业的重大风险。①

第三节 纠纷一次性解决的实践样态

纠纷一次性解决的理论研究较为多元，这在进一步丰富学术供给的同时也蕴含着概念模糊和标准随意的潜在风险。相对于相关司法实践，纠纷一次性解决的司法理念并未形成稳固的内涵与外延。以下将通过典型判例，展示纠纷一次性解决理念在司法实践中的不同表现及运用，检验其是否真正发挥着提高诉讼效率的作用，而由此付出的代价是否合乎比例。

一、诉讼标的扩容

（一）模糊的诉讼标的识别标准

案例1②：江某（再审申请人）为了让阳升公司（被申请人）将南京控制电机厂欠阳升公司的生铁 13.43 吨转让给自己，给阳升公司出具一张19 468 元的欠条。但江某始终没有收到生铁。江某称，阳升公司随后强行拿走 25 000 元。江某于前案起诉阳升公司和欠条经办人秦某中返还不当得利 25 000 元。南京市中级人民法院在二审过程中组织调解并作出民事调解书，阳升公司一次性退还江某 12 000 元，江某撤回不当得利纠纷中对秦某中的起诉，各方当事人关于本案纠纷一次性解决完毕，再无其他纠葛。随后，江某找到了阳升公司已经取得 13.43 吨生铁的新证据，另诉阳升公司根据买卖合同给付生铁 13.43 吨。对于买卖合同一案，一审和二审法院均认为其与前案构成一事不再理。江某再向江苏省高级人民法院申请再审。江苏省高级人民法院（以下简称江苏高院）认为，江某在本案中诉请要求阳升公司向其给付 13.43 吨生铁，系基于"将南京控制电机厂欠阳升公司的 13.43 吨生铁转给江某"这一基本事实，而江某此前提起不当得利之诉亦是基于上述事实。现江某在民事调解书已履行完毕后，基于同一事实再次提起诉讼，违反了"一事不再理"原则，原审法院依据 2017 年《民事诉讼法》第 124 条第 5 项（现行《民事诉讼法》第 127 条第 5 项）之规定，裁定驳回其起诉并无不当。

在本案中，诉讼标的范围与识别标准同样构成了核心问题。在再审申

---

① 参见任重：《完善法官责任制改革的民事诉讼配套制度》，《中国社会科学报》2020 年 6 月 5 日第 6 版。
② 参见江苏省高级人民法院（2019）苏民申 265 号民事裁定书。

请人江某看来，"前诉是不当得利，诉讼标的是 25 000 元现金"，"本次诉讼标的是 13.43 吨生铁，案由是买卖合同"，并不构成"一事不再理"。显然，这一说理并未得到江苏高院的认可，其认为后诉构成"一事不再理"的理由有三：一是两个诉讼基于同一基本事实；二是江某曾在调解书中承诺"双方纠纷一次性解决，再无其他纠葛"；三是调解书已经履行完毕。

虽然合同纠纷与不当得利纠纷是否构成同一诉讼标的同样是新旧诉讼标的理论之间的核心分歧①，但本案已经超越了上述经典论题。我国司法实践中普遍接受的诉讼标的的识别标准是传统诉讼标的理论，即以实体法请求权为识别根据确定诉讼标的，一套法律构成要件产生一个（实体）请求权。② 在我国民法规范中，买卖合同请求权和不当得利请求权分别被规定在《民法典》第 598 条和该法第 122 条、第 985 条，二者构成要件并不相同，因此在传统理论看来并非同一诉讼标的，不构成"一事不再理"。而根据新诉讼标的理论，也并不当然支持江苏高院的看法。

新诉讼标的理论虽然学说众多，但其通常指代的是以德国民事诉讼法学家罗森贝克为代表人物的诉讼法二分肢说，即在实体请求权发生竞合时，如果诉的事实理由和诉的声明唯一，则不管在实体法上存在多少个请求权，诉讼标的只有一个。③ 是故，即便以纠纷一次性解决为目标将我国诉讼标的的识别标准从传统模式转换为新说，其在本案中也必须回答两个基本问题：（1）请求给付人民币 25 000 元与请求给付生铁 13.43 吨是否构成同一诉的声明；（2）签订关于 13.43 吨生铁的买卖合同并出具欠条与随后江某称其在胁迫下支付 25 000 元是否应被视为同一案件生活事实。首先需要明确的是，诉的声明作为诉讼法二分肢说的核心标准，也是源于德国的法学概念，其被认为是不考虑诉因的纯粹的法律利益要求，是不因诉讼标的理论的不同而改变的恒定概念④，这在我国民事司法实践中被更为普遍地表述为诉讼请求范围或请求范围。⑤ 就此而言，前案请求范围为给付25 000 元人民币，本案请求范围为给付 13.43 吨生铁，二者并不相同。仅据此已经可以得出，江某的后诉依新诉讼标的理论（无论是二分肢说抑或

① 参见李浩：《不当得利与民间借贷的交集——诉讼实务中一个值得关注的问题》，《清华法学》2015 年第 1 期。
② 参见最高人民法院修改后民事诉讼法贯彻实施工作领导小组编著：《最高人民法院民事诉讼法司法解释理解与适用》，人民法院出版社 2015 年版，第 635 页。
③ 参见张卫平：《民事诉讼法》（第六版），法律出版社 2023 年版，第 216 页。
④ 参见卜元石：《重复诉讼禁止及其在知识产权民事纠纷中的应用——基本概念解析、重塑与案例群形成》，《法学研究》2017 年第 3 期。
⑤ 参见任重：《释明变更诉讼请求的标准》，《法学研究》2019 年第 4 期。

是新实体法说）并不落入"一事不再理"。

（二）漂移的案件事实同一性标准

与诉的声明或称请求范围相比，案件生活事实同一性是更难把握的判断标准。① 由于具体事件之间普遍存在着因果关系，案件生活事实有必要依一定标准加以剪裁，而不能简单理解为，只要两个具体事件之间存在联系，就应该被作为同一案件生活事实来加以把握。例如，在德国"买卖合同价金—汇票"案件中，买家并未支付价款而是向卖家签发了等额汇票，这仍然被认为存在两个案件生活事实，故诉讼标的并不唯一。② 而相比"买卖合同价金—汇票"案，本案中的两个事件相隔更加遥远。江某与阳升公司签订买卖合同并出具欠条，指向了买卖合同纠纷，而江某称阳升公司随后借助暴力向其索要 25 000 元则是不当得利的案件事实。虽然阳升公司持有江某出具的欠条，但不当得利与先前签订买卖合同并出具欠条之间并不存在相当因果关系，不应被视为同一案件事实。当然必须明确的是，二分肢说中的案件生活事实标准本身就存在模糊性，其也因此在德国受到批评。③ 而案件生活事实在我国是否可能形成明确的判断标准，仅从本案来看并不让人乐观。江苏省高级人民法院归纳的"将南京控制电机厂欠阳升公司的 13.43 吨生铁转给江某"这一基本事实其实并不清晰。

由此可见，本案据以认定"一事不再理"的事实同一性并无法律和理论上的来源和根据，而审理法院也并未对"两个诉讼基于同一基本事实"这一抽象表述进行更为详尽的说理并据此提出具有可操作性的判断标准。此外尚需反思的是，通过扩大诉讼标的范围并模糊其识别标准，是否真正起到了纠纷一次性解决和案结事了的效果。以本案观之，预期目标并未实现。由于民事权益并未得到充分满足，纠纷一次性解决的内涵与外延又并不明晰，江某曾对上述前诉民事调解书申请再审。④ 再审申请被裁定驳回后，江某又诉请要求溧水区发展和改革局赔偿因其非法处理资产给江某造成的损失以及支付 13.43 吨生铁占有期间的 4 倍银行利息，在起诉被一审

---

① 事件说被认为是较新说要求更高的识别标准，美国《第二次判决法重述》认为，只有在当事人有足够的程序工具充分挖掘全部事实、有提出全部争议的能力时，采用事件说才是正当的。参见严仁群：《诉讼标之本土路径》，《法学研究》2013 年第 3 期。

② Vgl. Althammer, Streitgegenstand und Interesse: Eine zivilprozessuale Studie zum deutschen und europäischen Streitgegenstandsbegriff, Mohr Siebeck 2012, S. 52. 这一问题在日本的讨论参见［日］高桥宏志：《民事诉讼法：制度与理论的深层分析》，林剑锋译，法律出版社 2003 年版，第 47-51 页。

③ Vgl. Althammer, Streitgegenstand und Interesse: Eine zivilprozessuale Studie zum deutschen und europäischen Streitgegenstandsbegriff, Mohr Siebeck 2012, S. 2.

④ 参见江苏省高级人民法院（2017）苏民申 109 号民事裁定书。

法院以"一事不再理"为由裁定驳回后又提起上诉。① 在上诉被驳回后，江某再就买卖合同纠纷向阳升公司提起诉讼，在一审、二审之后又申请再审。

第三项理由则使事实同一性标准变得更加模糊。前诉调解书履行完毕未变动诉讼标的，而只是通过清偿消灭了实体权利。无论采取何种诉讼标的的识别标准，都不因为前诉确定的权利义务是否履行完毕而影响后诉是否落入"一事不再理"。前诉确定的权利义务是否履行完毕真正影响的是后诉实体判决（判决驳回），而非后诉起诉条件（裁定驳回）。具体而言，即便按照我国采用的传统诉讼标的理论，如若法院判定江某对阳升公司的生铁给付请求权已经因为调解书履行完毕而消灭，也并不使后诉构成"一事不再理"，而是使后诉因为请求权的消灭而无法得到胜诉给付判决，法院理应据此判决驳回江某的后诉请求。由于"一事不再理"被现行《民事诉讼法》第 127 条第 5 项明确为诉讼要件，法官并未将审理焦点集中在生铁给付请求权存否的判断，而是以纠纷一次性解决为理由，以"基于相同事实"作为抽象的说理驳回了江某的后诉。

而根据江苏省高级人民法院（以下简称江苏高院）判定"一事不再理"的第二项说理，江某的承诺性表述是否使后诉落入"一事不再理"规制范围内？在相关裁判文书中，当事人在法院主持下通过调解结案的比例较高，且调解书中都存在"本案纠纷一次性解决，再无其他纠葛"的一般性表述。虽然其背后是法院推动纠纷一次性解决的努力，但也使以调解书结案的诉讼标的范围更加模糊不清，并对后诉产生消极影响。② 以本案为例，"双方纠纷一次性解决，再无其他纠葛"的表述指向何种实体和诉讼法律后果？其对江某提起的后诉产生何种影响？这些其实都是江苏高院虽未具体阐明但又不应回避的问题。根据 2017 年《民事诉讼法》第 124 条第 5 项（现行《民事诉讼法》第 127 条第 5 项），调解书与生效判决一样产生消极既判力，并使其涵盖的诉讼标的得到终局性解决，对该诉讼标的的再提起诉讼引发"一事不再理"。不过，对调解书中承诺性表述的具体细节及其背后的真实意图，江某与江苏高院存在不同理解与认识。江某主张调解书上的相关表述是"各方当事人关于本案纠纷一次性解决完毕，再无其他纠葛"。是故，调解书处理的只是本案纠纷（不当得利），而不涉及买卖合同纠纷。相反，江苏高院在"本院认为"部分将调解书内容解读为

---

① 参见江苏省南京市中级人民法院（2018）苏 01 民终 11230 号民事裁定书。

② 不拘泥于诉讼标的也被认为是调解的自身特点。参见李浩：《调解归调解，审判归审判：民事审判中的调审分离》，《中国法学》2013 年第 3 期。

"双方纠纷一次性解决，再无其他纠葛"。虽然江某的主张和江苏高院对调解书的引述只相差"本案"两字，但在理解上可能走上两种截然相反的路径，这也在其他裁判文书中得到了印证。

（三）"本案一次性解决完毕"的理论解释

案例2①：海剑律师事务所请求法院判令青岛耐火材料厂支付代理费7 500元。经法院查明，海剑律师事务所曾通过前诉要求耐火材料厂给付代理费用，并在法院主持下达成调解。后诉一审法院据此认定前诉调解书已将纠纷一次性解决完毕，海剑律师事务所再向青岛耐火材料厂主张代理费，无事实和法律根据，判决驳回其诉讼请求。青岛市中级人民法院在二审中认为，民事调解书约定的"双方纠纷一次性解决完毕，今后再无其他纠纷"，无论是从文义还是基于双方调解方案与调解笔录所作陈述推析，均可得出本案双方在上述调解协议履行后再无其他纠纷的结论，而非如上诉人所述系"本案一次性解决完毕，双方就本案再无其他纠纷"。作为专业法律从业者，海剑律师事务所的法律思辨水平、逻辑推理、分析能力和遣词用语的严谨程度要远高于普通公众。显而易见，从上诉人的上诉状可知，其清楚知晓"双方纠纷一次性解决完毕，今后再无其他纠纷"与"本案一次性解决完毕，双方就本案再无其他纠纷"的明显区别，而上诉人却在原审法院的案件调解笔录中明确表示对"双方纠纷一次性解决完毕，今后再无其他纠纷"无异议。因此，上诉人提起本案诉讼，不但无事实与法律依据，且有违民法的诚信原则，本院对其诉讼请求依法不予支持。

与案例1类似，案例2也存在以调解书结案的前诉。作为民事纠纷解决的"东方经验"，调解在我国民事诉讼中发挥重要作用，并且一度成为法官业绩考核中的重要指标。在"调解归调解，审判归审判"的呼吁下②，调解逐渐回归理性，但其依旧是实现纠纷一次性解决和案结事了的重要手段。为充分发挥案结事了的制度优势，调解书中经常出现"纠纷一次性解决，今后再无其他纠纷"的一般性表述。③ 而这一表述也为今后可能出现的后诉埋下了伏笔，即前诉调解书的审理对象问题：相比判决，调解受到青睐的原因是其灵活性，即通过双方当事人让步甚至承诺其他权利

---

① 参见山东省青岛市中级人民法院（2018）鲁02民终9877号民事判决书。

② 参见李浩：《调解归调解，审判归审判：民事审判中的调审分离》，《中国法学》2013年第3期。

③ 必须指出的是，上述承诺性表述并非民事诉讼文书样式中的一般性要求。参见法律应用研究中心编：《最高人民法院民事诉讼文书样式制作规范与法律依据》，中国法制出版社2016年版，第163-165页。

义务安排来解决本案纠纷，但这也就使法官在调解时要处理较审判对象更多的权利义务关系。这种做法也得到了《民事调解规定》第 7 条的认可。由此产生的问题是，法官为了解决本案纠纷而处理的其他权利义务关系是否构成本案诉讼标的。与此紧密相关的问题是，借助"诉讼标的＝既判力客观范围"的等式，调解书中确定的权利义务关系是否均产生既判力？而在具体明确的权利义务安排之外，"双方纠纷一次性解决完毕，今后再无其他纠纷"的承诺性表述又会产生怎样的诉讼法律效果？其对后诉如何发挥作用？

案例 2 恰恰是上述问题的集中体现。海剑律师事务所之所以提起后诉，是因为其在前诉中只主张了 8 次委托代理费用，法院也仅就上述 8 次委托代理费用进行了审理和认定，双方当事人均未明确要求将后诉所主张的委托代理费用一并处理。是故，纠纷一次性解决所指向的仅是前诉请求范围内的一次性解决，而并非一揽子处理其与耐火材料厂的所有代理费用纠纷。相反，无论是后诉一审法院抑或是青岛中院均认为，"双方纠纷一次性解决完毕，今后再无其他纠纷"能够涵盖海剑律师事务所与青岛耐火材料厂的所有委托代理纠纷，涉及全部代理费用。若海剑律师事务所希望仅就本案纠纷一次性解决，应在协议达成时要求将承诺性表述修改为"本案一次性解决完毕，双方就本案再无其他纠纷"。按照这一区分标准，如若案例 1 中调解书具体表述为"各方当事人关于本案纠纷一次性解决完毕，再无其他纠葛"，则调解书中的裁判对象仅是不当得利纠纷，后诉并不构成"一事不再理"。值得反思的是，即便双方当事人的真实意思确是"双方纠纷一次性解决完毕，今后再无其他纠纷"，那又是否会使后诉落入"一事不再理"？

（四）"双方纠纷一次性解决完毕"的实体效果和程序效果

案例 2 为上述问题的解决提供了线索。与案例 1 不同，案例 2 的裁判方式为判决，而非根据 2017 年《民事诉讼法》第 124 条第 5 项（现行《民事诉讼法》第 127 条第 5 项）裁定驳回起诉。"双方纠纷一次性解决完毕，今后再无其他纠纷"只被认为使后诉请求无事实和法律依据：海剑律师事务所在前诉法官的见证下免除了其在后诉中主张的对青岛耐火材料厂的 7 500 元债务，进而使该给付请求权消灭，后诉法院据此判决驳回了海剑律师事务所的诉讼请求。是故，即便调解书中有"双方纠纷一次性解决完毕，今后再无其他纠纷"的表述，也不应认为对双方的所有纠纷均经过了审理并产生消极既判力，而是双方当事人在法官的见证下，在民事诉讼过程中自愿安排了他们在本案之外的其他民事权利义务关系。值得警惕的是，当事人是否存在安排其他权利义务关系的真实意图，其对"双方纠纷一次性解决完毕，今后再无其他纠纷"这一较为抽象的承诺性表达是否有充分的理解与认知？为了坚持调解自愿原则，使调解内容充分体现当事人的意思自治，应该明确指出当事人具体要处理的权利义务究竟为何。《民事诉讼法》第100条第1款对此要求，调解书应当写明诉讼请求、案件的事实和调解结果。对于超出诉讼请求的权利义务安排，法官应对当事人进行释明，使其充分了解"本案纠纷"和"纠纷"的实质区别，以及后者可能对后诉产生的实质影响。否则，以纠纷一次性解决为目标，以"一事不再理"和实体权利消灭为途径否定当事人的后诉主张，将构成对当事人实体和程序权利的实质贬损。

二、诉讼程序扩容

如何能使诉讼标的容纳更多实体权利与民事法律关系，进而在诉讼程序最小审理单位的意义上实现纠纷的一次性解决，既是相关学术讨论的起点，也是目前司法实践的重点。不过，囿于司法实践在新标准的探索上未能真正提供清晰的框架与标准，纠纷一次性解决可能引发当事人不满并导致更多后诉。虽然传统诉讼标的模式较各种新标准容量较小，但案例1并未因此出现难以克服的困境。前诉调解书履行完毕后，只要在实体法上证成生铁给付请求权已经消灭，就可以据此判决驳回后诉请求，而不会发生二次受偿问题。

诉讼标的的识别标准的主要价值取向是明确性和可预期性，据此落实当事人处分原则，并使法官裁判有的放矢。这一取向与根据具体案情扩大诉讼标的的范围的纠纷一次性解决存在深层次的紧张关系。[①] 不仅如此，纠纷一次性解决与旧实体法说之间并不存在难以逾越的障碍。纠纷一次性解决中的"一次性"并不局限于一个诉讼标的，更是意指在一次诉讼或一个民事程序中尽可能多地解决纷争。一个程序包含多个诉讼标的，这本就是民事诉讼的客观规律，且有具体制度的支撑。是故，扩容诉讼程序才应被视为纠纷一次性解决对民事司法实践的根本要求。

（一）合并审理的规范障碍及其克服

案例3[②]：高山公司基于同许继公司签订的建设工程合同提起本诉，主张许继公司未依约履行合同义务，请求确认合同解除并赔偿损失。许继公司在开庭审理前基于双方签订的建设工程合同提起反诉，认为高山公司

---

① 参见［日］山本克己：《"第二次世界大战"后日本民事诉讼法学的诉讼标的论争》，史明洲译，《清华法学》2019年第6期。

② 参见甘肃省高级人民法院（2014）甘民一终字第180号民事裁定书。

未依约履行合同义务，请求支付工程款并承担因其违约造成的损失，此外还将保证人山东大海集团有限公司列为第三人，请求其承担保证责任。一审法院以举证期限已过为由，不予受理许继公司提起的反诉。许继公司继而提出上诉，甘肃省高级人民法院经审理认为，虽然本诉被告未在举证时限内提出反诉，但从诉讼经济原则、纠纷一次性解决原则出发，受理许继公司提出的反诉，使原、被告之间的相关纠纷在同一法院、同一诉讼程序中解决，以实现诉讼节约，也可避免分别审理造成的前后裁判相抵触。综上，对许继公司有关反诉与本诉合并更有利于案件审理的上诉理由应予支持。

本案中，许继公司基于双方签订的建设工程合同向高山公司提起的反诉，被一审法院以超过举证时限为由裁定不予受理，这使本诉和反诉无法在同一程序中被解决。甘肃省高级人民法院以纠纷一次性解决为导向，通过对 2001 年《证据规定》第 34 条第 3 款和 2012 年《民事诉讼法》第 140 条（现行《民事诉讼法》第 143 条）进行体系解释突破了"举证时限届满前"这一时间限制；经由第 143 条位于"开庭审理"部分，导出当事人可以在开庭审理中增加、变更诉讼请求，被告可以提起反诉。2019 年全面修订的《证据规定》最终删去 2001 年《证据规定》第 34 条第 3 款，转而在第 55 条第 4 项明确："当事人增加、变更诉讼请求或者提出反诉的，人民法院应当根据案件具体情况重新确定举证期限。"由此进一步突破了变更诉讼请求的时间限制，为诉讼程序扩容扫清了障碍。①

本案中准许反诉原告将保证人列为第三人与本诉合并审理，同样体现了纠纷一次性解决的价值取向。应该肯定的是，将存在法律和事实牵连性的多个诉讼标的合并于同一民事程序加以解决，本来就是为了实现相关纠纷的一次性解决。不过，反诉原告将保证人列为第三人并据此向其主张保证责任的做法有待进一步商榷。保证人作为第三人参加诉讼，符合 2012 年《民事诉讼法》第 56 条第 2 款（现行《民事诉讼法》第 59 条第 2 款）中"对当事人双方的诉讼标的，第三人虽然没有独立请求权，但案件处理结果同他有法律上的利害关系"的规范要求。与有独立请求权第三人相比，无独立请求权第三人的特点在于，其并未在第三人与债权人之间形成新的诉讼标的。是故，反诉原告无法要求作为无独立请求权第三人的保证人承担保证责任。虽然我国 2012 年《民事诉讼法》第 56 条第 2 款（现行

---

①　参见最高人民法院民事审判第一庭编著：《最高人民法院新民事诉讼证据规定理解与适用》，人民法院出版社 2020 年版，第 515－516 页。

《民事诉讼法》第 59 条第 2 款）后段存在"被告型无独立请求权第三人"的子类，但由于其违反了处分原则和削弱了第三人的民事程序权利而饱受批判。① 此时，法院应释明反诉原告明确其请求内容，澄清其真实意图究竟是将保证人作为无独立请求权第三人，抑或是要求其作为被告承担保证责任。甘肃省高级人民法院回避这一问题的讨论，或许是出于对反诉的认识局限。其实，这依旧符合反诉的法律规定和制度本质。虽然原审被告以债务人和保证人作为共同被告，但同样能够在其与本诉原告之间形成反诉。据此，同一法院借助同一诉讼程序一并处理了本诉、反诉以及本诉被告向保证人提起的共同诉讼。

值得反思的是，这种处理方法并不能被 2012 年《民事诉讼法》第 51 条、第 140 条（现行《民事诉讼法》第 54 条、第 143 条）以及《民诉法解释》第 232 条所列举的合并审理情形所覆盖。被告人将原告与他人一起作为被告，向法院提起诉讼，一般不被认定为反诉。② 虽然《民诉法解释》第 221 条进一步完善了诉的合并制度，但其重心在诉的客观合并上。③ 是故，为了真正通过扩容诉讼程序实现纠纷一次性解决，有必要一般性规定合并审理制度，赋予法官根据具体案情裁量处理的权限。对此，可供参考的立法例有《德国民事诉讼法》第 140 条和《日本民事诉讼法》第 152 条。前者规定："系属于同一法院的同一当事人或不同当事人的数个诉讼，如果作为诉讼标的的请求在法律上有牵连关系，或者是可以在一个诉讼中主张的，法院为了同时辩论和同时裁判，可以命令将数个诉讼合并起来。"④ 后者规定："（一）裁判所可以命令口头辩论的限制、分离或合并，也可以撤销该命令。（二）裁判所对于不同当事人间的案件命令合并口头辩论时，对于合并前已被询问的证人，未被赋予询问机会的当事人提出询问申请时，在合并后的审理中应进行询问。"⑤

（二）连带责任纠纷一次性解决的限度

案例 4⑥：恒通公司与北京某公司签订医疗设备托运单。随后，恒通公司又与孟州公司签订货物委托运输协议，约定恒通公司委托孟州公司运

---

① 参见张卫平：《我国民事诉讼第三人制度的结构调整与重塑》，《当代法学》2020 年第 4 期。

② 参见王胜明主编：《中华人民共和国民事诉讼法释义》（最新修正版），法律出版社 2012 年版，第 92 页。

③ 参见最高人民法院修改后民事诉讼法贯彻实施工作领导小组编著：《最高人民法院民事诉讼法司法解释理解与适用》，人民法院出版社 2015 年版，第 574－577 页。

④ 《德国民事诉讼法》，丁启明译，厦门大学出版社 2016 年版，第 38 页。

⑤ 《日本民事诉讼法典》，曹云吉译，厦门大学出版社 2017 年版，第 152 页。

⑥ 参见北京市第一中级人民法院（2018）京 01 民终 1341 号民事判决书。

输医疗设备一套，司机杜某在乙方负责人处签字。人保北京分公司向北京某公司出具货物运输保险单。杜某驾驶涉案车辆与高速公路中央护墙发生碰撞，造成车辆、路产及车上货物受损。道路交通事故认定书认定杜某对此次事故承担全部责任。人保北京分公司经中国建设银行向被保险人北京某公司赔付 899 757 元后，向恒通公司和孟州公司主张代位求偿。一审法院判决恒通公司、孟州公司对人保北京分公司保险赔偿金 899 757 元及逾期利息承担连带支付责任。北京市第一中级人民法院在二审中认为，恒通公司和孟州公司基于不同的法律关系而对北京某公司负有以同一给付为目的的两个债务，当其中任何一方对北京某公司完全履行时，另一方的债务即因北京某公司的目的达到而消灭。人保北京分公司可基于合同法律关系请求恒通公司承担违约损害赔偿责任，也可以基于侵权法律关系请求孟州公司承担赔偿责任，人保北京分公司有权分别起诉，也可以提起共同诉讼。一审法院将人保北京分公司对恒通公司、孟州公司的保险人代位求偿权纠纷一并审理并无不当，亦可使纠纷一次性解决、避免双重赔偿，更具有实效性。恒通公司与孟州公司虽然构成民法上的不真正连带责任，但撤销一审法院关于二者承担连带责任的判项，任何一方认为自己有权向对方追偿的，可以依法另寻救济途径解决。

在二审法院看来，恒通公司与孟州公司构成民法上的不真正连带责任。不过，同一诉讼程序可以在多大限度内吸收上述民事权利义务关系呢？就外部关系而言，由于不真正连带责任包含合同法律关系和侵权法律关系，这被若干法院认为不可能在同一诉讼程序中处理，而只能分别提起诉讼。[①] 这种认识部分受制于 2017 年《民事诉讼法》第 52 条第 1 款（现行《民事诉讼法》第 55 条第 1 款）法律条文表述的局限性：因为外部关系中分别存在合同法律关系和侵权法律关系，这可能被解读为既非诉讼标的共同，也非诉讼标的同一种类。本案中，二审法院以同一给付目的为出发点，认为外部关系上可形成普通共同诉讼，是对诉讼标的同种类和被告人同意之要件作弱化处理的结果。[②]

然而，对于内部关系是否要与外部关系一并解决，二审法院和一审法院存在不同认识。在一审法院看来，内部关系理应与外部关系一并解决，据此判令"恒通公司、孟州公司对人保北京分公司保险赔偿金 899 757 元及逾期利息承担连带支付责任"。这种做法常见于涉及连带责任的裁判文

---

①　如罗恬漩、王亚新：《不真正连带责任诉讼问题探析》，《法律适用》2015 年第 1 期。

②　相关司法实践中还有以诉的合并绕开普通共同诉讼中被告人同意的迂回做法，如最高人民法院（2018）最高法民辖终 116 号民事裁定书。

书中，其不仅要写明连带债务人之间互负连带责任，而且要明确责任比例。① 不过，这种做法虽然在形式上实现了纠纷一次性解决，但却超出了诉讼程序的负载能力。通过诉讼程序扩容实现纠纷一次性解决仍旧以诉讼标的为基本单位，即将存在法律和事实牵连关系的多个诉讼标的合并于同一审判主体的同一诉讼程序中加以解决。而这种扩容方案的前提是诉讼标的之存在。人保北京分公司向恒通公司、孟州公司主张代位求偿权，其诉讼标的并不包含内部关系，而是指向了外部关系。正如二审法院所言："人保北京分公司有权分别起诉，也可以提起共同诉讼。"共同诉讼的内容只是分别就外部关系提起的诉讼标的之和。

人保北京分公司可以单独向恒通公司和孟州公司主张最高额 899 757 元赔偿责任及逾期利息的代位求偿权。虽然二者相加可能超过赔偿金及其利息总额，但二次受偿风险可以通过强制执行程序中的协调处理加以克服②，这样反而更充分地实现了纠纷一次性解决。③ 当然，也是受到司法实践的影响，债权人可能将其诉讼请求直接表述为要求数个债务人承担连带责任。由于这一表述无法使法官获得对每个义务人应给付数额的明确认知，因此有必要释明债权人明确其诉讼请求。对于内部关系，二审法院认为，任何一方认为自己有权向对方追偿的，可以依法另寻救济途径解决。那么，法院是否可能将内部关系一并处理？这取决于程序和实体上的条件是否能得到满足。在程序上，某一债务人向其他债务人提起诉讼进而生成诉讼标的，是合并审理的前提。由于债权人只关注和追求外部关系的满足，而并不在乎债务人之间的内部关系为何，债权人是否对内部关系诉讼享有诉讼实施权也是需要具体检验的问题，因此，内部关系的权利义务判定无法被外部关系的诉讼标的覆盖。是故，合并审理在程序上的前提是存在债务人之间的诉讼标的，否则，法官对连带债务和分担比例的判项将构成"判超所请"。而将连带债务和分担比例置于判决理由中，又超出了构成要件的范畴，并可能仅因为债务人对内部关系认定的争议提起上诉，致使权利人无法及时获得生效判决，无法及时满足其实体请求权。而在实体上观察，对连带债务的认定和判决并不

---

① 如上海市松江区叶榭镇人民政府诉蒋某祥等水污染责任纠纷一审案，《中华人民共和国最高人民法院公报》2014 年第 4 期。目前也有裁判文书仅写明连带责任，而不在判决主文中明确责任比例，如最高人民法院（2019）最高法民终 289 号民事判决书。

② 相关司法实践参见浙江省高级人民法院（2014）浙商终字第 68 号民事判决书；最高人民法院（2015）民申字第 2581 号民事裁定书。

③ 司法实践中的不同做法，参见罗恬漩、王亚新：《不真正连带责任诉讼问题探析》，《法律适用》2015 年第 1 期。

能直接使请求权被满足，而是有赖于债务人的自愿履行或法院的强制执行。而在债务人实际履行超过责任份额之前，其根据《中华人民共和国民法总则》第 178 条（《民法典》第 178 条第 2 款第 2 句）尚未获得追偿请求权。因此，从程序和实体两方面观察，连带责任纠纷的一次性解决应坚持以外部关系为限。

三、依职权扩容审理范围

在连带责任诉讼中，虽然原告并未要求法院就内部关系进行审理，但司法实践中依旧存在以纠纷一次性解决为导向的处理方案。与通过合并审理扩容诉讼程序不同，依职权将内部关系列入审判对象的做法其实是法院突破处分原则，绕开当事人的诉讼请求径行增加新诉讼标的，并使该部分审理内容产生既判力的不当做法。在判决生效后，债务人再就内部关系提起的后诉可能被认为构成"一事不再理"而裁定驳回起诉或以实体权利的放弃为由判决驳回诉讼请求。[①] 法院依职权扩容审理范围的做法不仅出现在连带责任纠纷中，而且存在于其他类型的民事司法实践中。

案例 5[②]：王某与恒易达公司签订委托经营管理合同，约定在合同履行到第六年时，王某有权申请其托管房屋按购房合同签约价 1.5 倍的价格定向回购。在王某如期提出申请后，恒易达公司拒绝支付回购款。王某向法院起诉要求恒易达公司给付回购款及利息。一审法院为实现纠纷一次性解决，在支持王某诉讼请求的同时判决王某协助办理所有权转移登记手续。恒易达公司提起上诉，主张王某本要求上诉人支付购房款，并无房屋过户登记的诉求。一审法院判决王某协助办理所有权转移登记手续属于超诉求判决。二审中，法院释明恒易达公司是否要求对方协助办理所有权转移登记手续，恒易达公司明确拒绝提出反诉请求，但王某在庭审中表示愿意配合办理。据此，二审法院认为，一审法院判决被上诉人协助办理所有权转移登记手续，避免了判决上诉人向被上诉人支付回购款后，被上诉人拒绝协助办理所有权登记手续，致使上诉人再次向被上诉人主张协助办理所有权转移登记手续。被上诉人与上诉人房屋买卖合同纠纷一次性解决，并无不当。待上诉人要求被上诉人协助办理所有权转移登记手续时，被上诉人应当予以配合。

本案中，被告恒易达公司并未像案例 3 中的许继公司一样主动提起反诉，且在二审法院释明后明确拒绝提起反诉。尽管如此，一审法院依旧以

---

① 前者如陕西省渭南市中级人民法院（2018）陕 05 民终 2407 号民事裁定书；后者如河北省衡水市中级人民法院（2018）冀 11 民终 2330 号民事判决书。

② 参见江苏省连云港市中级人民法院（2019）苏 07 民终 3802 号民事判决书。

纠纷一次性解决为导向依职权创造出反诉请求，并将反诉请求写入判项，这引起恒易达对"判超所请"的质疑。值得深究的是，审理法院为何在明确违背被告意愿的情况下，依旧要依职权提出反诉请求并对其进行裁判？在纠纷一次性解决理念下，这种做法背后其实还有更深层次的理论原因。首先，我国对传统诉讼标的理论的理解有别于德国、日本等传统大陆法系国家和地区。就给付之诉而言，我国司法实践长期以来将民事诉讼标的理解为争议的民事实体法律关系，而非原告的请求权主张。虽然在案例4的讨论中二者不存在实质差别，即对不真正连带责任外部关系的诉讼标的，可以用侵权法律关系和合同法律关系来加以区分，也可以将不同诉讼标的表述为侵权损害赔偿请求权和违约损害赔偿请求权；但就案例5中的双务合同而言，二者将得出截然不同的处理结果：如若以请求权主张为诉讼标的识别标准，则回购款价金给付请求和房屋转移登记请求分别构成两个诉讼标的；如果认为民事法律关系才是诉讼标的之识别标准，则双务合同可能被理解为同一诉讼标的。也只有在同一诉讼标的的前提下，审理法院认为其判决并非"判超诉请"的说理才站得住脚。

不过，以争议民事法律关系作为传统诉讼标的识别标准的做法已经因为其自身存在的逻辑矛盾而难以为继。其不仅引起学界的广泛批评①，而且无法在司法实践中被坚持和贯彻。二审法院之所以释明恒易达公司提起反诉，也是因为回购款给付请求和房屋转移登记请求并非同一诉讼标的，只有通过反诉主张才能作为审理对象。不过，二审法院还是基于避免后诉的考虑认可了一审法院依职权扩大审理范围的做法。值得反思的是：本案是否可能在两个诉讼标的之认识基础上，更科学地实现纠纷一次性解决？首先值得肯定的是，二审法院释明被告提起反诉正是对纠纷一次性解决的努力。尽管如此，纠纷一次性解决的实现依旧应当尊重当事人的意愿：（1）在被告提起反诉时，二审法院可以进行合并审理，但根据《民诉法解释》第328条，当二审法院无法就反诉达成调解时，要告知当事人另行起诉，而无法真正贯彻纠纷一次性解决，这背后凸显出审级利益与纠纷一次性解决之间的紧张关系；（2）在被告不提起反诉但主张同时履行抗辩权时，我国《民事诉讼法》尚无配套制度，这时司法实践中要么通过判决驳

---

① 参见李浩：《走向与实体法紧密联系的民事诉讼法学研究》，《法学研究》2012年第5期；卜元石：《重复诉讼禁止及其在知识产权民事纠纷中的应用——基本概念解析、重塑与案例群形成》，《法学研究》2017年第3期；赵秀举：《论请求权竞合理论与诉讼标的理论的冲突与协调》，《交大法学》2018年第1期。

回原告的诉讼请求，要么将抗辩权主张解读为反诉请求①；（3）在被告既不提起反诉也不主张同时履行抗辩时，法院应仅就原告的诉讼请求作出判决。② 无论是在被告提起同时履行抗辩权时判决驳回原告的诉讼请求，抑或是按照反诉处理同时履行抗辩权，都无法准确和充分地回应被告的诉求。为了解决这一问题，应该通过法律解释或立法修订确定同时履行判决制度，以附条件的执行根据促使债权人自觉履行对待给付义务。幸运的是，随着《九民纪要》第 36 条对同时履行判决的初步制度构建，上述实践难题将有望被最终解决。③

第四节　纠纷一次性解决的限度

纠纷一次性解决的理念切实回应了改革开放以来我国民事司法所面临的"诉讼爆炸"且"案多人少"的社会现实，因此，其一经提出就获得了司法实务部门的广泛接受。虽然纠纷一次性解决并无立法和司法解释上的明确界定，但还是逐渐成为诉讼理论上和司法实践中的高频词。不无遗憾的是，纠纷一次性解决的限度未能借助理论研究达成共识。学说上的多元观点实质影响到相关民事司法实践：由于理论并未框定纠纷一次性解决的边界，于是裁判者以自己的理解，将纠纷一次性解决作为突破具体民事诉讼法律制度甚至否定当事人在民事诉讼中的处分权和自主权的说理根据，这较为集中地表现为依职权扩大审理范围。如何将相关民事司法实践拉回正轨，使其一方面能够充分回应"诉讼爆炸"和"案多人少"的挑战，另一方面又不以否定处分原则和当事人程序权利为代价，并在结果上切实保障诉权以及《民法典》的正确实施？这就需要以民事诉权和《民法典》为标尺，对纠纷一次性解决的理论主张和实践中做法进行评估，在充分吸收已有经验的基础上，主要借助法解释学实现纠纷一次性解决的制度化。

一、坚持传统诉讼标的识别标准

我国民事司法实践究竟在诉讼标的识别标准上采取何种模式？对这一

---

① 参见韩世远：《合同法总论》（第四版），法律出版社 2018 年版，第 402 - 403 页。
② 参见潘剑锋：《民诉法修订背景下对"诉调对接"机制的思考》，《当代法学》2013 年第 3 期。
③ 关于同时履行抗辩权的程序效果，参见王洪亮：《〈合同法〉第 66 条（同时履行抗辩权）评注》，《法学家》2017 年第 2 期；刘文勇：《论同时履行抗辩权成立时对待给付判决之采用》，《国家检察官学院学报》2020 年第 4 期。

问题目前依旧未能在理论上达成绝对的共识。虽然纠纷一次性解决最初被用来衡量新旧诉讼标的理论的优劣，但我国现阶段宜以传统诉讼标的理论为原则，以充分保障当事人的程序权利和实体权益。

（一）司法实践偏离传统诉讼标的识别标准的原因

然而，民事司法实践并未严格遵循传统诉讼标的标准。这背后的原因是多方面的：一方面，法官在掌握传统诉讼标的识别标准时依旧存在困难。传统诉讼标的识别标准以当事人依据《民法典》提出的实体权利主张作为基准，就给付之诉而言，一个请求权基础产生一个请求权进而生成一个诉讼标的。例如《民法典》侵权责任编中所规定的过错责任、无过错责任和过错推定责任，总则和分则分别规定的一般侵权行为和特殊侵权行为之间，是否存在不同请求权基础进而产生不同请求权主张和不同诉讼标的，而《民法典》第 1186 条和第 1188 条是否构成独立的请求权基础和诉讼标的，均存在进一步探讨的空间。① 另一方面，传统诉讼标的理论确实在审理范围上小于新说，这会促使法官以纠纷一次性解决为根据采取更具弹性的识别标准来扩充诉讼标的容量，但这也带来了诉讼标的识别标准的随意性，较为典型的例证是连带责任的权利人选择权与必要共同诉讼形态之间的矛盾冲突。

（二）传统诉讼标的理论的制度优势

作为民事审判活动的基本单位，诉讼标的的核心功能是为当事人提供明确和稳定的预期，为法官划定清晰的审理范围。这同时也为法官责任制的落实提供了诉讼制度上的保障，否则，法官动辄会遭到当事人对"判非所请"或"判超所请"的质疑。目前，虽然各种新诉讼标的理论以及诉讼标的相对论在我国均有理论研究和学术讨论，但法官要充分掌握上述新标准和新理论，并且在司法实践中为当事人提供稳定的预期，恐怕还有相当长的路要走。作为佐证的是各种新诉讼标的理论在日本和我国台湾地区的发展。虽然新诉讼标的理论已经成为日本学界的通说，但实务界依旧采用传统诉讼标的论。② 类似的情况也出现在我国台湾地区。③ 与日本和我国台湾地区相比，我国实务界接受新标准的难度恐怕更大。各种新学说与传

---

① 参见李晓倩：《未成年人致人损害的规范逻辑与立法选择》，《环球法律评论》2018 年第 4 期；许可：《多维视角下公平分担损失请求权的理论基础与裁判构造》，《现代法学》2019 年第 6 期。

② 参见［日］山本克己：《"第二次世界大战"后日本民事诉讼法学的诉讼标的论争》，史明洲译，《清华法学》2019 年第 6 期。

③ 参见吕太郎：《民事诉讼法》（修订二版），元照出版公司 2018 年版，第 371 页；姜世明：《诉讼标的理论及重复起诉禁止中理论与实务争议之问题提示》，载姜世明主编：《诉讼标的及重复起诉禁止理论之再省思》，新学林出版股份有限公司 2018 年版，第 26 页。

统诉讼标的理论有同源性，其可以被看作是在请求权竞合的典型场景下对传统诉讼标的的理论的修正，这集中表现为实体请求权对案件生活事实范围的限定和裁剪。也是基于上述考虑，《民诉法解释》的起草者认为，传统诉讼标的的理论（旧实体法说）比较符合我国民事诉讼的实际状况，据此，诉讼标的乃是原告在诉讼上所谓一定具体实体法之权利主张。①

（三）传统诉讼标的的理论的配套机制

虽然传统诉讼标的的论的选定能够解决司法实践中恣意划定诉讼标的之问题，并在结果上增进诉讼标的的识别标准的可预期性和可接受度，但囿于我国并未采取律师强制代理制度，法官还应借助释明制度明确当事人划定的审理范围，使当事人不因法律知识不足引发诉讼上的不利，例如原告以建设工程施工合同无效为由主张"延误工期违约金"时，法院应将其解释为窝工损失②；再如释明原告明确其违约金、利息请求的时间起止时点③；又如法官对法律关系性质或民事行为效力有不同于当事人的认识时，根据2019年全面修订的《证据规定》第53条、《九民纪要》第36条、第49条对当事人进行释明。2019年《证据规定》第53条第1款一改2001年《证据规定》第35条第1款对变更诉讼请求释明的直接规定，转而将释明规则的重心放在证据释明和法律释明上。尽管如此，2019年《证据规定》第53条第1款的规范目的并未排除法官释明当事人变更诉讼请求。④

二、强化和充实诉讼程序扩容

（一）民事程序容量的观念重塑

法官之所以试图通过扩大诉讼标的的范围来实现纠纷一次性解决，很大程度上是因为我国民事程序的审理范围过小，通过诉讼程序扩容实现纠纷一次性解决在我国存在诸多观念和规范上的障碍。在观念上，受传统诉讼标的的理论影响，部分法官认为民事程序只能审理相同性质的民事法律关系。⑤上述认识也呈现于2003年《人身损害赔偿解释》第11条第1款："雇员在从事雇佣活动中遭受人身损害，雇主应当承担赔偿责任。雇佣关系以外的第三人造成雇员人身损害的，赔偿权利人可以请求第三人承担赔

---

① 参见最高人民法院修改后民事诉讼法贯彻实施工作领导小组编著：《最高人民法院民事诉讼法司法解释理解与适用》，人民法院出版社2015年版，第634－635页。

② 如最高人民法院（2017）最高法民申2885号民事裁定书。

③ 如四川省成都市中级人民法院（2019）川01民终12594号民事判决书。

④ 参见刘敏等：《关于新〈民事证据规定〉理解和适用的若干问题》，《人民法院报》2020年3月26日第005版；熊跃敏、陈海涛：《新〈证据规定〉第53条：实务考察、适用要件与逻辑转换》，《法律适用》2022年第4期。

⑤ 参见罗恬漪、王亚新：《不真正连带责任诉讼问题探析》，《法律适用》2015年第1期。

偿责任，也可以请求雇主承担赔偿责任。雇主承担赔偿责任后，可以向第三人追偿。"随着民事程序扩容成为有效化解"诉讼爆炸""案多人少"以实现纠纷一次性解决的刚需，2020 年修正《人身损害赔偿解释》时不再保留上述要求。

（二）民事程序容量的规范重塑

就规范层面而言，虽然《民事诉讼法》第 55 条第 1 款和第 143 条分别列举了普通共同诉讼、原告增加诉讼请求、被告提出反诉和第三人提出与本案有关的诉讼请求，但并未一般性规定法官对合并审理的自由裁量权，这就使具有事实和法律牵连性的多个诉讼标的被审理法院拒绝在同一程序中审理，较为典型的例证是案例 3。上述机械处理也受到《民法典》第 186 条之影响。根据《民法典》第 186 条，受损害方有权选择请求承担违约责任或侵权责任。上述要求被实务界机械理解为原告必须在不同诉讼标的之间作出明确选择，而不能在同一诉讼中主张多个诉讼标的：在受害人经法院释明而不作出明确选择时，法院应裁定驳回起诉。[1] 对于合并审理，不应以诉讼标的是否同一或者具有相同性质作为判断标准，合并审理的情形也并不限于《民事诉讼法》第 55 条第 1 款和第 143 条的列举，其并非穷尽式列举。[2]

（三）法官对合并审理的自由裁量权

在上述情形之外，民事诉讼法应赋予法官合并审理的自由裁量权，并对合并审理的一般条件作出规定。不仅如此，为克服传统诉讼标的的理论在审理范围上过于狭窄的问题，还应在我国通过法律解释和立法修订明确认可选择性诉的合并与预备性诉的合并。[3] 幸运的是，虽然我国《民事诉讼法》与司法解释并未明确规定选择性和预备性诉的合并，但其已经在司法实践中出现基本雏形。如最高人民法院（2016）最高法民申 3576 号民事裁定书中记载："法官向雪雁公司释明，如果二审法院认定租赁合同无效，则雪雁公司无权要求弘晨公司支付租金，但依据《最高人民法院关于审理城镇房屋租赁合同纠纷案件具体应用法律若干问题的解释》第五条规定，出租人有权请求对方参照合同约定的租金标准支付房屋占有使用费。雪雁公司当庭表示假如合同无效，则将原租金请求变更为房屋占有使用费。"[4]

---

① 参见最高人民法院民法典贯彻实施工作领导小组主编：《中华人民共和国民法典总则编理解与适用》，人民法院出版社 2020 年版，第 940 页。

② 参见严仁群：《民诉法之教义学当如何展开》，《比较法研究》2018 年第 6 期。

③ 参见张卫平：《主观预备合并之诉及制度建构研究》，《政法论丛》2020 年第 5 期。

④ 相同处理方法，参见最高人民法院（2015）民申字第 1252 号民事裁定书。

　　与合并审理制度相联系，对普通共同诉讼的适用条件作灵活处理也是纠纷一次性解决的题中之义。目前，我国《民事诉讼法》第 55 条第 1 款普通共同诉讼适用条件存在过于严苛的问题。一方面，诉讼标的同一种类的标准并不明确，请求内容不同的数个诉讼标的也面临不被合并审理的风险；另一方面，合并审理要求当事人（包括被告）的同意，而司法实践中被告经常拒绝合并审理，进而使本应合并审理的案件只能另案解决，使纠纷一次性解决的目标落空。对此，宜授权法官通过自由裁量将有法律和事实上牵连关系的诉讼标的合并审理，删去诉讼标的同种类和被告同意的苛刻条件。

三、禁止依职权扩大审理范围

　　为了一次性解决纠纷，司法实践中存在依职权提出诉讼标的或诉讼抗辩，并对其作出裁判的做法。这种做法虽然在形式上满足纠纷一次性解决的要求，但却以违背当事人意愿和突破处分原则为代价，并将在结果上实质变动《民法典》的权利构造、适用前提和法律效果。尤其是在当事人诉权意识日益加强的背景下，这种做法愈发引起当事人的不满，并促使当事人通过上诉和申请再审的方式质疑裁判。以案例 5 为例，一审法院在被告未提出反诉时径行增加协助办理过户手续的反诉请求内容。二审法院虽然进行了释明，但在上诉人（一审被告）明确拒绝后，仍旧认可了一审法院依职权扩大审理范围的做法。这种做法诚然有我国欠缺同时履行判决制度的现实原因，但其背后反映出法院以纠纷一次性解决削弱当事人民事诉权的倾向。释明当事人提起反诉但尊重当事人选择的做法能够在形式上满足处分原则的要求，然而，法官中立性和公正性丧失的风险不可不察。对于新诉讼请求，宜将释明的前提限定在当事人的请求范围及要件事实主张之基础上，这也能为抗辩权和诉讼抵销释明提供统一标准。通过释明有限度地实现纠纷一次性解决固然存在审理范围难以扩大的可能，例如不符合释明条件或者当事人经释明不提出相应的请求，但这背后是当事人主义特别是处分原则的底线和《民法典》的应有之义，不应任意逾越，否则必然造成理论体系和法律体系的紊乱，并在结果上"摁下葫芦起了瓢"。

第五节　"纠纷"与"一次性"协同

　　为了缓解甚至化解"诉讼爆炸"和"案多人少"，纠纷一次性解决被寄予厚望。纠纷一次性解决愈发成为理论研究、裁判文书和司法性文件中的高频词。在此背景下，纠纷一次性解决的限度亟待认真厘清，否则，其必然因为概念的模糊性和标准的任意性而引发民事诉讼现代化改革的倒退，并在结果上影响切实保障民事诉权。我国既有研究和司法实践将重点置于"纠纷"的扩容：从最初的诉讼标的，逐渐扩展到将有关联的诉讼标的集中于同一民事程序中加以解决，甚至扩及生活意义上的纠纷。为了扩大"纠纷"的内涵与外延，民事司法实践出现了突破传统诉讼标的识别标准的做法。虽然这部分源于诉讼标的识别标准并未在实务部门深入人心，但纠纷一次性解决的愿景无疑是重要推手。为了实现诉讼标的扩容，司法实践中存在以事实具有同一性为由禁止后诉的做法，而调解书中的承诺性表述也被认为可能更宽泛地发生"一事不再理"的诉讼后果。除了诉讼标的扩容，相关司法实践还创造性地克服了变更诉讼请求、提起反诉的时间限制，成功绕开了普通共同诉讼中诉讼标的同种类和当事人同意的约束。为了将潜在的诉求在一次诉讼中解决，还有法院依职权扩充审理范围，将当事人未提出甚至明确反对的诉讼标的和诉讼抗辩引入诉讼。

扩容纠纷一次性解决中的"纠纷"应遵循当事人主义的限度。在诉讼标的的识别标准上应坚持明确性和可预见性。考虑到我国特殊的国情，在今后相当长的时期内仍宜坚持传统诉讼标的识别标准，并以此为基础通过建立合并审理的一般规定和承认选择性诉的合并与预备性诉的合并，拓宽普通共同诉讼范畴，明确同时履行判决和诉讼抵销等诉讼制度实现诉讼程序的扩容。相反，在当事人并无提出新诉讼标的和诉讼抗辩的意愿时，法官不应释明其提出甚至依职权扩大审理范围。这是诉讼程序扩容所应坚持的必要限度。

其实，纠纷一次性解决并非仅有无限扩大"纠纷"范围这一选择，而是应该在坚持"纠纷"理性限度的同时扩展"一次性"的内涵与外延。"一次性"常被理解为一次诉讼，即一个完整的诉讼程序。然而，为了进一步实现诉讼经济和节约司法资源，还应将"一次性"限缩解释为"一个审级"，即将存在法律和事实牵连性的多个诉讼标的尽可能通过一审实现终局性解决，避免通过二审和再审程序对上述诉讼标的作重复性处理。通过回顾理论文献与相关判例可以发现，纠纷一次性解决在我国存在重"纠纷"而轻"一次性"的情况：虽然我国存在起诉条件高阶化问题，但当事人提起上诉几乎没有任何实质条件限制，仅仅是当事人不服就可以启动上诉。这也成为制约知识产权飞跃上诉或越级上诉制度发挥统一司法裁判作用的程序原因。① 此外，当事人申请再审的法定事由众多，再审程序有从特别纠错程序向第三审发展的趋向。② 虽然上诉和再审能够起到审判指导和监督的作用，可能发挥克服地方保护和维护司法统一的实际效果，但这背后的司法资源浪费问题同样严重。在"纠纷"的扩容已经逐渐接近诉讼标的与诉讼程序的极限时，纠纷一次性解决的正确贯彻和科学落实还有赖于确立实质性的上诉条件并减少再审的运用，以实现当事人主义诉讼模式与诉讼经济的共赢，在超大规模民事纠纷的科学应对之外切实回应民事诉权保障的观念挑战。

---

① 参见毋爱斌、苟应鹏：《知识产权案件越级上诉程序构造论——〈关于知识产权法庭若干问题的规定〉第 2 条的法教义学分析》，《知识产权》2019 年第 5 期；方斯远：《我国飞跃上诉的制度构建：兼论有限三审制的改革路径》，《中国法学》2020 年第 5 期。
② 参见李浩：《管辖错误与再审事由》，《法学研究》2008 年第 4 期；张卫平：《再审事由规范的再调整》，《中国法学》2011 年第 3 期。

第十三章　民事诉权规制的审判权面向

新中国成立以来，我国民事诉权从无到有，历经跨越式发展。考虑到作为通说的二元诉权论与权利保护请求权说存在学说渊源，且我国民事诉讼法典化尚未最终完成，民事诉权的模式转型可以权利保护请求权说为参照，建立四元的民事诉权体系。除了进一步加强民事诉权的原理探讨，并以权利保护请求权说为指引展开民事诉权体系并协同审判程序、执行程序、保全程序和特别程序之诉权，我国民事诉权研究还亟待直面以"程序简化""诉讼爆炸""案多人少"为关键词的时代挑战以及以"民事纠纷一次性解决"为表征的观念挑战。

总体而言，在我国民事诉讼当事人主义模式转型尚未彻底完成，以"起诉难"为表征的民事诉权保障体系尚处于初级阶段的背景下，民事诉权规制不应成为主旋律，否则将不可避免地以诉权保障之名行诉权贬损之实。鉴于此，诉权规制课题研究可从两个向度予以展开，本章着眼于民事诉权规制的审判权面向，而民事诉权规制的诉权面向将作为本书的最后一章（第十四章），以期实现民事诉权基础理论研究之闭环。

第一节　民事诉讼诚信原则与民事诉权规制

值得注意的是，民事诉权规制并非民事诉讼法律体系的留白，反而是其应有之义。无论是诉讼标的识别标准的统一划定，抑或是既判力相对性原则的坚守，均系在根本上规制民事诉权的核心要义。

一、民事诉讼诚信原则在民事诉权规制体系中的定位

以既判力相对性为代表的民事诉讼基础理论与诉权滥用行为实乃一里一表。如果民事诉讼法律体系坚守既判力相对性，并将其例外限定在合理范围内，则恶意诉讼、虚假诉讼的诉权滥用风险就能得到稳妥控制，以至于虚假诉讼不成为真命题；如果民事诉讼法律体系任意判断判决效力，并

未得到充分程序保障的民事主体也可能受判决效力覆盖，甚至在执行程序中被径行追加、变更为被执行人，则诉权滥用的系统风险加剧，并可能呈现出"头痛医头、脚痛医脚"和"按下葫芦起了瓢"的现象，盖因恶意诉讼、虚假诉讼在法律体系中有可乘之机，源头治理问题因为既判力相对性的松动而并未得到切实解决。

民事诉权规制的审判权面向须与民事诉讼基础理论协同推进，尤其是既判力相对性的贯彻、既判力与执行力的一元模式构建等。上述基础理论课题构成了民事诉权规制之审判权面向的基石。关于上述论题本书其他篇章已有论述，此处不再重复。是故，本章将着重围绕我国民事诉讼诚信原则展开论述。在我国当事人主义诉讼模式尚未完全确立，既判力相对性规范体系还未最终形成的背景下，民事诉讼诚信原则发挥着漏洞填补功能。与此同时，若不能科学划定民事诉讼诚信原则的适用范围，以诉权规制为名行职权主义诉讼体制之实的模式转型停滞甚至倒退将难以避免。鉴于此，民事诉讼诚信原则系在现行法框架内筑牢民事诉讼基础理论，以审判权面向科学规制民事诉权的关键步骤。

以 2012 年民事诉讼法修正案在《民事诉讼法》第 13 条新增第 1 款为标志，民事诉讼诚信原则在我国正式成为法定基本原则。其与现行《民事诉讼法》第 59 条第 3 款、第 114 条至第 116 条形成前后呼应的总分结构。上述规范体系随后历经三次重要立法事件：（1）为进一步加大虚假诉讼的规制力度，2015 年《刑法修正案（九）》于《刑法》新增第 307 条之一，明确规定虚假诉讼罪；（2）为与《民法典》第 7 条、第 142 条、第 466 条第 2 款、第 500 条第 3 项、第 509 条第 2 款中"诚信原则"之概念表述协调一致，2021 年民事诉讼法修正案将《民事诉讼法》第 13 条第 1 款之"诚实信用原则"调整为"诚信原则"[①]；（3）为与《刑法》第 307 条之一相协调，2023 年民事诉讼法修正案于《民事诉讼法》第 115 条第 2 款扩张虚假诉讼的内涵和外延，新增单方虚假诉讼的规定。

通过梳理和总结可以发现，我国民事诉讼诚信原则的重心是民事诉权规制，亦即规制虚假诉讼、恶意诉讼、无理缠诉等不诚信诉讼行为。这不仅构成了 2012 年民事诉讼法修正案之前立法论研究的核心，而且是民事诉讼诚信原则入法以来解释论的重点。从民事诉讼模式变迁的视角观察，民事诉讼诚信原则是当事人主义诉讼模式发展到更高阶段的产物，是当事

---

① 值得注意的是，裁判文书并未随着立法概念的调整而转变，其依旧保持诚实信用原则的传统表达，并且存在混用两种表达方式的情况。参见北京某图科技发展有限公司诉李某良侵害发明专利权纠纷案（2023）最高法知民终 235 号民事判决书。

人主义语境下民事诉讼法律关系的谨慎调整。① 虽然民事诉讼诚信原则常被回溯至罗马法中的"诚信诉讼",但两者存在语境错位。② 我国学界的上述认识较为客观地描绘出大陆法系民事诉讼诚信原则的发展历程。以德国为例,其学界主要争点在于民事诉讼法相对于民法的独特性。如若将民事诉讼法律关系视为一种特殊的债,那么以债之关系作为适用重心的民法诚信原则也将自然延伸至民事诉讼法律关系。面对上述逻辑推演,德国学者在相当时期内以民事诉讼的"非道德化(moralinfrei)""技术法(das technische Recht)"的立法定位以及超越时代变迁的"永恒价值(Ewigkeitswerte)"拒斥诚信原则在民事诉讼中的类推适用。③ 虽然上述民事诉讼独特性认识有绝对化倾向,且民事诉讼诚信原则已在当代德国得到理论和实践的广泛认可,但考虑到对立的当事人结构以及民事诉讼法律关系对民事权利实现的实质性影响,民事诉讼诚信原则的适用必然更加强调谦抑性,其较民法诚信原则的适用更为慎重。④

二、我国民事诉讼诚信原则的两个面向

我国民事诉讼诚信原则适用范围的厘定始终面临当事人主义诉讼模式尚未最终建立、处分原则和辩论原则的约束性尚不充分的发展阶段限制。总体而言,诚信原则适用范围研究在我国有两个基本面向:一是有效规制不诚信诉讼行为(规制功能),二是比较法上的案例组介绍及其在我国的适用展望(填补功能)。前者可谓我国民事诉讼诚信原则的规制功能,亦即通过立法、司法解释以及司法性文件切实有效遏制虚假诉讼等不诚信诉讼行为;后者可谓民事诉讼诚信原则的填补功能,即以诉讼公正为出发点对民事诉讼法律体系进行漏洞填补,系统性和体系化地推进民事诉讼诚信化。相较而言,填补功能的有效发挥更为漫长艰巨。诚信原则的适用范围无法通过一般规定的方式加以明确,而须借助司法实践的积累与试错,并在此基础上形成实务界与学术界的良性互动。⑤ 值得注意的是,自 2013年《最高人民法院关于人民法院在互联网公布裁判文书的规定》颁布、实施以来,相关裁判文书持续累积,厘定民事诉讼诚信原则适用范围的制约

---

① 参见杨秀清:《解读民事诉讼中的诚实信用原则》,《河北法学》2006 年第 3 期。

② 参见韩波:《错觉抑或幻象:民事诉讼法诚信原则再省思》,《暨南学报(哲学社会科学版)》2014 年第 3 期。

③ Vgl. Stein/Jonas/Brehm, Kommentar zur Zivilprozessordnung, Band 1, 22. Aufl. 2003, § 1 Rn. 222.

④ Vgl. Rauscher, in: Münchener Kommentar zur ZPO, Band 1, 6. Aufl. 2020, Einleitung Rn. 37.

⑤ 参见张卫平:《民事诉讼中的诚信原则》,《法律科学》2012 年第 6 期。

因素正在逐步消解。依托民事司法本土资源划定诚信原则的适用范围，同样是民法等法律部门的新动向和新范式。①

第二节 民事诉讼诚信原则适用范围的基本范式

无论是 1950 年《程序通则》，抑或是 1956 年《程序总结》及其条文化的《程序草稿》，均未规定民事诉讼诚信原则。民事诉讼诚信原则在 1982 年《民事诉讼法（试行）》、1991 年《民事诉讼法》直到 2012 年民事诉讼法修正案的初版征求意见稿中始终未被提及。

一、民事诉讼诚信原则的"重规制，轻填补"

民事诉讼诚信原则受到实务与理论的共同关注，缘于民事经济审判方式改革，尤其是当事人举证责任的确立以及随之出现的虚假陈述和伪造证据现象。有鉴于此，民事诉讼诚信原则存在"重规制，轻填补"的趋向。相反，填补功能以法律体系漏洞作为主要着眼点，其虽然同样涉及诉讼权利滥用规制问题，但强调体系性、系统性地解决不诚信诉讼行为。

除了客观适用范围的理解差异，对填补功能和规制功能的不同侧重还引发了适用主体的差异性认识。填补功能的出发点是对公平正义之法律体系的统一追求。与民事主体应遵循诚信原则一脉相承，包含法院（法官）在内的民事诉讼主体也自然应当遵循诚信原则。相反，如若将民事诉讼诚信原则聚焦于当事人的不诚信诉讼行为，则可能倾向于将法院（法官）排除在主体范围外。诚信原则在我国的立法初衷是遏制虚假诉讼、恶意诉讼等不诚信诉讼行为，进而在民事审判方式改革的同时不增加法院的审理负担。据此，如若将诚信原则适用主体扩及法院（法官），则可能引发法院地位的降低和司法权威的贬损。②

二、民事诉讼诚信原则的模式转型

诚信原则适用范围的界定在民事诉讼法中的确立历经从"重规制，轻填补"到"规制兼顾填补"的基本模式变迁。如上所述，2012 年民事诉讼法修正案于首次公开征求意见时并无诚信原则规定。在最高人民法院等机构的建议下，第二次审议稿在第 13 条第 1 款处分原则之下新增第 2 款，亦即"当事人行使权利应当遵循诚实信用原则"。上述条文表述及其体系

---

① 参见于飞：《诚信原则修正功能的个案运用——以最高人民法院"华诚案"判决为分析对象》，《法学研究》2022 年第 2 期。

② 参见翁晓斌：《民事诉讼诚信原则的规则化研究》，《清华法学》2014 年第 2 期。

位置显然将法院明确排除在诚信原则适用主体之外。最终，立法机关将民事诉讼诚信原则调整为第 1 款，并表述为"民事诉讼应当遵循诚信原则"。相较第二次征求意见稿，诚信原则的适用范围从"当事人行使权利"扩展到民事诉讼活动的全过程。全国人大常委会法工委释义书认为，人民法院行使审判权也应当遵守诚信原则，其典型情形包括法官主动回避、依法组成合议庭、禁止强迫当事人调解、依法受理案件、依法送达诉讼文书、依法开庭审理、不得贪污受贿和徇私舞弊以及枉法裁判。[①] 最高人民法院理解与适用书采取了不同于立法释义的规制导向，即认为诚信原则一般并不适用于权力行使行为，只有在法律、司法解释没有明确规定的法官自由裁量事项上才有诚信原则的适用余地，并主要表现为不得滥用审判权和不得实施突袭性裁判两个方面：前者具体指向不得管辖无管辖权的案件和拒绝管辖应管辖的案件，认定证据和适用法律时依法行使裁量权，不得强迫调解；后者包括保障当事人陈述和举证的平等机会，根据诚信原则合理分配举证责任以及通过释明权平衡当事人之间的诉讼地位。[②]

三、民事诉讼诚信原则的实践概览

上述认识塑造了民事诉讼诚信原则的司法实践。以"《民事诉讼法》第十三条"和"诚实信用原则"或"诚信原则"为关键词，通过聚法案例数据库进行全文检索共得到民事裁判文书 343 108 件。[③] 在将检索条件进一步限定为"本院认为"后，相关裁判文书数量骤减至186 752 件，"本院认为"的回应比例仅为 54.4%。与之形成鲜明对比，以"《民法典》第七条"和"诚信原则"为关键词在聚法案例数据中进行全文检索得到的民事裁判文书数量为 13 442 件。[④] 在"本院认为"部分回应诚信原则的裁判文书数量为 10 461 件，回应率为 77.8%。民事诉讼诚信原则在司法实践中的回应率偏低存在多方面原因，其中，当事人对诚信原则不切实际的期待甚至滥用是重要成因。最高人民法院推动诚信原则入法虽然旨在规制当事人不诚信诉讼行为，但道德要求的法律化必然催生当事人对法官以及对方当事人提出泛道德化要求。在嘉域集团有限公司、中山东茗影音电子有限公司等诉东芝公司、东芝国际采购香港有限公

---

① 参见王瑞贺主编：《中华人民共和国民事诉讼法释义》（最新修订版），法律出版社 2023年版，第 26 页。

② 参见陶凯元、杨万明、王淑梅主编：《中华人民共和国民事诉讼法理解与适用》（上），人民法院出版社 2024 年版，第 55、58 页。

③ 参见聚法案例数据库，最后检索时间：2024 年 8 月 31 日。

④ 参见聚法案例数据库，最后检索时间：2024 年 8 月 31 日。

司加工合同纠纷案中，原告以一审法院违反诚信原则为由上诉至最高人民法院，理由是一审法院并未根据案件审理进展将合同纠纷变更为侵权损害赔偿纠纷，进而导致其败诉。① 显然，根据《民事诉讼法》第13条第2款之处分原则，当事人有权决定审理和裁判的对象。在原告将诉讼标的确定为合同纠纷后，法官即便认定其并非合同当事人，也不应径行将诉讼标的变更为侵权损害赔偿纠纷。② 这同样是《民法典》第186条的题中之义。可见，原告以此主张法院违背诚信原则不能成立。此外，法院对诚信原则的适用范围亦缺乏统一认识，故而对当事人的民事诉讼诚信原则适用主张保持缄默。

同样值得关注的是法院泛用诚信原则，进而回避裁判文书实质说理的实践倾向。在陈某云诉全某红民间借贷纠纷案中，审理法院以民事诉讼诚信原则为根据，否定被申请人所主张的借据形成日期。③ 向诚信原则逃逸曾一再出现在我国民事诉讼诚信原则实践中，这也曾是民法诚信原则上的共性问题④，在比较民事诉讼法上亦有呈现。⑤

民事诉讼诚信原则丰富多元的司法实践为本土案例组的生成提供了肥沃土壤，但也使全样本分析的可能性降低。有鉴于此，本书不得不限缩样本范围。相比基层和中级人民法院，最高人民法院和各高级人民法院在适用诚信原则时更为谨慎，说理更加充分。与此同时，下级法院对诚信原则的理解与适用也通过上诉和再审的方式进入最高人民法院和各高级人民法院的视野，并在裁判文书中产生观点的互动甚至碰撞。例如在青岛中兴达橡塑有限公司诉胶州市金富元橡塑制品厂因恶意提起知识产权诉讼损害责任纠纷案中，山东省高级人民法院否定了一审法院对恶意诉讼的判定。⑥ 随后，最高人民法院于再审程序中再次判定原告的起诉构成恶意诉讼。⑦

需要进一步探讨的是本土案例组的分类标准。规制功能和填补功能在适用范围及案例组的选取上存在实质差别。前者直接将当事人不诚信诉讼行为作为对象，后者则主张体系性化解不诚信诉讼行为。从征求意见稿和

---

① 参见最高人民法院（2018）最高法民终767号民事裁定书。

② 参见任重：《释明变更诉讼请求的标准——兼论"证据规定"第35条第1款的规范目的》，《法学研究》2019年第4期。

③ 参见江苏省睢宁县人民法院（2019）苏0324民再4号民事判决书。

④ 参见徐国栋：《我国司法适用诚信原则情况考察》，《法学》2012年第4期。

⑤ 参见任重：《民事诉讼诚实信用原则的实施——德国的认知与实践》，《法学家》2014年第4期。

⑥ 参见山东省高级人民法院（2017）鲁民终1192号民事判决书。

⑦ 参见最高人民法院（2018）最高法民再388号民事判决书。

修正案中的规范模式变迁出发，我国采纳"规制兼顾填补"的民事诉讼诚信原则范式。据此，案例组也被相应划分为法院和当事人两个基本组别。需指出的是，鲜有判例对法官违反诚信原则予以实质回应甚至作出肯定性判定。法官诚信原则的适用呈现谦抑性。相反，法官对当事人违反诚信原则的说理更为充分，同时在适用上存在宽泛性和恣意性认定。

第三节　法官禁反言原则

根据释义书的明确要求，人民法院在行使审判权时也应当遵守诚信原则。[①] 学理上认为，民事审判权可根据其内容细分为程序控制权、程序事项裁决权、调查取证权、释明权、事实认定权和实体争议裁判权。[②] 不仅如此，《民事诉讼法》第 13 条第 1 款之规定"民事诉讼应当遵循诚信原则"显非狭义理解，而是进一步扩及执行程序、保全程序和非讼程序等我国民事诉讼法射程范围内的程序类型，进而可导出全流程的民事诉讼诚信原则要求，如恶意申请财产保全、执行申请权失权、滥用担保物权实现申请权以及破产重整程序中的禁反言。据此，上文嘉域集团有限公司、中山东茗影音电子有限公司等诉东芝公司、东芝国际采购香港有限公司加工合同纠纷案中，原告主张法院违背诚信原则错误归纳其诉讼请求乃指向审判程序中的实体争议裁判权。虽然一审法院在经过实体审理后以 2017 年《民事诉讼法》第 119 条（现为第 122 条）第 1 项规定的原告不适格裁定驳回起诉，但这并未动摇诉讼标的作为实体争议的定性。"以裁代判"是司法实践用以应对"诉讼爆炸""案多人少"，以此规避程序成本和判决说理的变通方法。然而，"以裁代判"不仅混淆了实体事项与程序事项，而且引发诉权构造中胜诉权构成要件的起诉权化。[③] 就此而言，理解与适用丛书对法官适用诚信原则的谦抑性要求具有积极作用，亦即"在民事诉讼中法官自由裁量事项决定上，法律、司法解释没有明确规定的，才有诚信原则适用的余地"[④]。可见，法官对诚信原则的适用有两项重要前提：一

---

① 参见王瑞贺主编：《中华人民共和国民事诉讼法释义》（最新修订版），法律出版社 2023 年版，第 26 页。

② 参见张卫平：《民事诉讼法》（第六版），法律出版社 2023 年版，第 85-86 页。

③ 参见任重：《中国式现代化视域下民事诉权的反思与重塑》，《中国法学》2024 年第 4 期。

④ 陶凯元、杨万明、王淑梅主编：《中华人民共和国民事诉讼法理解与适用》（上），人民法院出版社 2024 年版，第 55 页。

是实质上属于法官自由裁量事项，二是形式上不存在法律和司法解释的相关规定。据此，判决原则上是对实体事项的判定，而裁定一般而言是对程序事项的回应，这并非法官自由裁量事项。在上述认识基础上，《民事诉讼法》第155条和第157条分别对判决和裁定的适用范围作出明确界定。有鉴于此，诚实信用原则无法作为"以裁代判"的正当性根据。

是故，上述案件中法官违反诚信原则的主张及判定存在泛用问题，即将当事人处分权归入民事审判权（实体争议裁判权）范畴，进而要求法院为当事人选定最优诉讼标的。由于我国民事诉讼法和司法实践在诉讼标的识别标准问题上采取传统诉讼标的论[①]，故而形成实体权利主张与诉讼标的之间的直接对应关系，这在给付之诉中表现为"请求权主张→给付诉讼标的"之决定关系。原告若选定合同请求权为诉讼标的，则法官不得借助审判权将其变更为侵权损害赔偿请求权。[②] 在将以上述案件为代表的泛用样本加以排除后，法官适用诚信原则实践在我国较为集中地表现为法官禁反言原则。

案例1[③]：执行案外人中国信达资产管理股份有限公司湖北省分公司在一审法院将执行所得款项发放给申请执行人捷元公司之后，向一审法院就本案所涉应收款债权提出执行异议。一审法院对该执行异议进行实体审查后作出了驳回异议的执行裁定，并在该裁定中明确载明当事人有权就该裁定提起执行异议之诉。湖北省高级人民法院认为：为秉持诚信原则的精神，维护人民法院生效裁判文书的既判力与公信力，此时不宜再以案外人提出执行异议不符合法律规定为由对衍生的执行异议之诉驳回起诉。对该执行异议之诉应当进行实体审理。

诚信原则在本案中被作为直接裁判根据。根据《民事诉讼法》第238条，案外人的执行异议应在执行过程中提出。由于案外人提出执行异议时，一审法院已经将执行所得款项发放给申请执行人，根据《执行异议和复议规定》第2条第1款，一审法院本应裁定不予受理或裁定驳回申请。相反，一审法院经过实质审查后作出驳回裁定，案外人随即提出异议之诉。湖北省高级人民法院认为驳回异议裁定书中已经载明当事人有权就该裁定提起执行异议之诉，此时不宜再以执行异议不在"执行过程中"为

① 参见最高人民法院修改后民事诉讼法贯彻实施工作领导小组编著：《最高人民法院民事诉讼法司法解释理解与适用》（上），人民法院出版社2015年版，第635页。

② 参见任重：《〈民法典〉第1170条（共同危险行为）诉讼评注》，《法学杂志》2023年第3期。

③ 参见湖北省高级人民法院执行异议之诉案，（2018）鄂民终1255号民事裁定书。

由，对衍生的执行异议之诉驳回起诉。据此，若前诉法院在裁判文书中明确释明另诉权，则后诉法院应根据诚信原则履行前诉法院明确作出的承诺，其可谓法官禁反言原则。一般认为，禁反言原则是当事人诚信原则的主要适用范围，其包含三个构成要件，即当事人有矛盾行为、对方相信了前一行为以及对方利益受损。[①] 禁反言的内核是信赖保护，即对方当事人或者法院对于当事人的行为产生合理信赖后，诚信原则就禁止解除此种信赖。[②] 以案例1为代表的司法实践在我国拓展了禁反言原则的适用范围，即将前诉法院的释明作为根据，要求后诉法院保护后诉原告的合理信赖。

总体而言，法官禁反言原则有助于维护法院公信力和保障当事人诉讼权利。在辽宁和欣装饰工程有限公司诉张立强、乌鲁木齐辰光旅行社有限公司股东损害公司债权人利益责任纠纷案中，对于申请追加共同被执行人的申请，乌鲁木齐中级人民法院裁定驳回的同时释明另诉解决。[③] 乌鲁木齐中级人民法院和新疆维吾尔自治区高级人民法院却以重复起诉为由裁定驳回另诉。基于法官禁反言原则，最高人民法院认定驳回起诉显然与另诉释明相违背，据此撤销驳回起诉之民事裁定并指令乌鲁木齐中级人民法院对本案进行审理。须指出的是，最高人民法院虽然在本案中以法官禁反言原则作为判断根据，但并未回避对《民事诉讼法》第127条第5项及《民诉法解释》第247条的直接适用。经过对当事人、诉讼标的、诉讼请求之三同标准进行细致分析后，最高人民法院借助法官禁反言原则导出另诉应被依法受理和审理的结论。

值得反思的是，审理法院是否有权以法官禁反言原则为据突破民事诉讼法的明确规定，尤其是法定不变期间。这同样成为案例1的争议焦点。笔者认为，根据法官禁反言原则认定执行异议之诉权，虽然保障了当事人的诉权，实现了法院的在先承诺，但可能因此产生错误裁判的多米诺骨牌效应。后诉法院即便是根据法官禁反言原则对案外人异议之诉进行实质审理，也无法实现异议之诉的制度目的，盖因执行完毕已使实体审理丧失诉的利益。同样，即使依法官禁反言原则与依既判力相对性原则得出了相同结论，法官也不应舍弃对当事人、诉讼标的和诉讼请求之同一性判断。综上，诚信原则不应突破甚至违背强制性诉讼规范，只有在法律没有明确规定且法官有自由裁量权限的情况下才有法官禁反言原则的适用空间。据

---

① 参见刘荣军：《诚信适用原则在民事诉讼中的适用》，《法学研究》1998年第4期。
② Vgl. Stein/Jonas/Brehm, Kommentar zur Zivilprozessordnung, Band 1, 22. Aufl. 2003, § 1 Rn. 230.
③ 参见最高人民法院（2016）最高法民再249号民事裁定书。

此，即便法院释明另诉权，后诉法院亦不应适用法官禁反言原则，而是应根据《民事诉讼法》第 127 条第 5 项及《民诉法解释》第 247 条对既判力相对性依法作出判定。

第四节　诉讼权利滥用规制原则

我国引入民事诉讼诚信原则旨在维护民事诉讼秩序，预防和制裁在民事诉讼活动中滥用诉讼权利，侵害国家、集体和他人合法权益的行为。有鉴于此，本章还应聚焦诉讼权利滥用，分析与评估民事诉讼诚信原则对不诚信诉讼行为的规制功能。

一、虚假诉讼与恶意诉讼

遏制不诚信诉讼行为是民事诉讼诚信原则的核心命题。与此同时，无论是《民事诉讼法》第 13 条第 1 款、第 59 条第 3 款以及第 114 条至第 116 条的总分结构，抑或是《刑法》第 307 条之一的民刑交叉，均围绕虚假诉讼展开。有鉴于此，诚信原则理应退回幕后，充分借助第三人撤销之诉等虚假诉讼规制程序，严格适用 2023 年《民事诉讼法》第 59 条第 3 款和第 115 条明示的虚假诉讼法律构造，降低泛化甚至恣意认定虚假诉讼的适用风险。[①] 与虚假诉讼不同，恶意诉讼并无法定构成要件及特别规制程序。在汕头市乐立方玩具实业有限公司诉钟某珠因恶意提起知识产权诉讼损害责任纠纷案中，广东省高级人民法院以民事诉讼诚信原则为准据提出认定恶意诉讼的四项构成要件，即：（1）一方当事人以提起诉讼的方式提出了某项请求；（2）提起诉讼的一方当事人主观上具有恶意；（3）该诉讼行为给另一方当事人造成了实际的损害后果；（4）该诉讼行为与损害后果之间具有因果关系。[②]

总体而言，相关判例对虚假诉讼的判定能够严格遵循法定条件，例如在重庆市渝欣牧业开发有限公司诉张某民间借贷纠纷案中，重庆市高级人民法院以实体权利义务真实为由否定虚假诉讼的成立。[③] 然而，对于若干"问题当事人"，法院倾向于以违反诚信原则为由判定当事人滥用起诉权，据此裁定不予受理或驳回起诉。

---

① 诚信原则对虚假诉讼规制发挥辅助说理作用的判例，参见最高人民法院（2015）民申字第 771 号民事裁定书。

② 参见广东省高级人民法院（2017）粤民终 2782 号民事判决书。

③ 参见重庆市高级人民法院（2015）渝高法民申字第 01357 号民事裁定书。

案例 2：上诉人蒋某敏不服湖南省张家界市中级人民法院不予受理裁定提起上诉。湖南省高级人民法院认为，上诉人蒋某敏因与上海市公安局悬赏广告合同纠纷一案，通过邮寄方式在多个法院起诉，多个法院认定其起诉"不属于人民法院受理民事案件范围"，并且最高人民法院也多次驳回其再审申请。民事诉讼应当遵循诚信原则。蒋某敏现仍以邮寄方式在湖南省张家界市向上海市公安局递送举报材料，并向张家界市中级人民法院起诉，滥用自己的起诉权，原审法院不予受理并无不当。①

仅从湖南省高级人民法院的表述看，滥用起诉权将产生诉权失权的法律后果，导致其起诉不被受理或驳回起诉。不过，起诉权失权在我国并无明确规定。一审法院并未援用诚信原则，而是以 2012 年《民事诉讼法》第 119 条第 4 项（现行《民事诉讼法》第 122 条第 4 项）认定公安局悬赏合同纠纷不属于法院主管的民事纠纷。湖南省高级人民法院径行从诚信原则导出滥用起诉权禁止，进而证成法院不应受理蒋某敏的再次起诉。笔者认为，对湖南省高级人民法院有关起诉权滥用导致失权的见解有必要再审思，理由在于：一方面，诉权具有人权属性，不以国家授予为前提，是个人维护独立人格和意志自由的基本需要。有鉴于此，对滥用诉权的认定甚至作出失权的结论都宜慎之又慎。另一方面，本案中，或可通过解释2012 年《民事诉讼法》第 124 条第 5 项（现行《民事诉讼法》第 127 条第5 项），使不予受理或驳回起诉的裁定产生对法院主管问题的既判力，《民事诉讼法》第 13 条第 1 款可对此发挥漏洞填补功能，而非诉权规制功能。

朱某星诉雅安市安盛煤业有限责任公司劳动争议案则为诉权保障与诚信原则提供了可能的协同方法。该案中，朱某星"承诺不以任何形式、任何理由就与劳动有关的事宜向雅安市安盛煤业有限责任公司要求其他任何费用或承担任何责任"，同样包含通过起诉主张其权利。一审法院在经过实体审理后，根据民法诚信原则驳回了原告的诉讼请求。② 这同样得到了二审法院的肯定。③ 由此可见，放弃诉权协议并不产生起诉权失权的诉讼法律效果，而是仅发生民法上债的作用，亦即对不起诉行为在民法上的承诺。安盛煤业可反诉或另诉要求朱某星承担违约损害赔偿责任。不过，上述逻辑在强制执行申请权问题上并未一以贯之，内蒙古自治区高级人民法院在包头市鑫地房地产开发有限公司与任某果借款合同执行案中认为，当事人于二审中自愿达成和解协议，约定债权人放弃申请执行权，而债务人

---

① 参见湖南省高级人民法院（2015）湘高法立民终字第 114 号民事裁定书。
② 参见四川省雅安市中级人民法院（2018）川民申 2387 号民事裁定书。
③ 参见四川省高级人民法院（2017）川 18 民终 1072 号民事判决书。

撤回上诉。在债务人已经撤回上诉后，债权人申请执行的行为被认定违反民事诉讼诚信原则，故原判决不应被执行。双方当事人对协议书的争议得另诉解决。①

综上，在立法、司法和理论的协力下，诚信原则已经较为全面地发挥了遏制虚假诉讼和恶意诉讼的实际作用。在此基础上，虚假诉讼和恶意诉讼亟待形成稳定的内涵与外延，法院要判定起诉构成虚假诉讼、恶意诉讼亟待肩负起更实质且充分的说理责任。以德国法为例：对于当事人享有处分权的事项，权利滥用的认定严格遵循谦抑性原则。判定滥用起诉权，甚至要严格论证以"排除一切合理怀疑"，亦即只有在任何方面都无法找出诉权行使的正当性时，才能例外地判定其构成权利滥用。② 在司法政策影响下，虚假诉讼和恶意诉讼在我国存在泛化认定的趋向，当事人诉权保障面临严重风险。

二、诉讼权利滥用

虽然常伴随捏造民事案件基本事实（《民事诉讼法》第 115 条第 2 款），但虚假诉讼和恶意诉讼仍主要表现为滥用起诉权，亦即通过提起虚假诉讼或恶意诉讼骗取法院生效判决、调解书以损害他人（包括对方当事人）的合法权益。与之相对，诉讼权利滥用则发生在案件受理后的具体程序阶段，是以不当诉讼状态作为目标损害对方当事人合法权益的不诚信诉讼行为。释义书和理解与适用丛书中列举的具体情形多属于此种类别，如滥用管辖异议权、回避申请权、提出证据等权利。③ 相较于起诉权滥用及其失权，具体诉讼权利的滥用的影响更为间接。考虑到当事人主义诉讼模式转型尚未最终完成，其适用仍应贯彻谦抑性。以下借助四个本土案例组详加讨论。

（一）滥用程序权利拖延诉讼

案例 3④：兴业太原分行（一审原告）依据其与普大公司（一审被告）签订的案涉 1 亿元票款的商业汇票银行承兑合同提起本案诉讼，普大公司以本案争议金额不足人民币 1 亿元为由坚持提出级别管辖异议。经一审法院审查，普大公司未在法律规定的期限内提出管辖权异议，据此裁定驳回

---

① 参见内蒙古自治区高级人民法院（2015）内执复字第 10 号民事裁定书。

② Vgl. Stein/Jonas/Brehm, Kommentar zur Zivilprozessordnung, Band 1, 22. Aufl. 2003, § 1 Rn. 233.

③ 参见王瑞贺主编：《中华人民共和国民事诉讼法释义》（最新修订版），法律出版社 2023 年版，第 25 页；陶凯元、杨万明、王淑梅主编：《中华人民共和国民事诉讼法理解与适用》（上），人民法院出版社 2024 年版，第 55 页。

④ 参见最高人民法院（2017）最高法民终 853 号民事判决书。

其申请。随后，普大公司又以合议庭未受理其管辖权异议申请为由要求合议庭全体成员回避。一审法院依法驳回其申请后，普大公司又以准备证据为由要求延期开庭。在一审法院不予准许后，其又在开庭前以代理律师心脏不适为由要求择期开庭。延期审理后，普大公司在庭审中既未提供其已经偿还本息的证据，对于兴业太原分行提供的所有证据也一概拒绝质证、答辩。一审判决作出后，普大公司以其偿还票款 1 亿元及利息后尚有 4 000 余元本息未获认定为由提起上诉，但既不提交任何证据，又在二审期间无故不到庭接受询问。最高人民法院根据民事诉讼诚信原则判定普大公司的上述行为明显构成滥用诉讼权利，怠于履行诉讼义务，故意拖延诉讼进程，不仅浪费了宝贵的司法资源、扰乱了正常的诉讼秩序，而且损害了对方当事人的合法权益，在此情况下无法也无必要对其上诉理由进行审理。

本案中，诚信原则既发挥辅助说理功能，也有直接适用色彩。对于一审被告用以拖延诉讼的管辖权异议、回避申请和延期开庭申请，《民事诉讼法》第 130 条第 1 款、第 48 条以及第 149 条均有明确规定，诚信原则实乃用于辅助说理。而对于一审被告拒绝质证以及滥用上诉权的行为，诚信原则发挥着漏洞填补功能。《民事诉讼法》第 71 条规定，证据应当在法庭上出示，并由当事人互相质证。《民诉法解释》第 103 条第 1 款进一步明确，未经当事人质证的证据，不得作为认定案件事实的根据。在本案中，最高人民法院借助诚信原则突破了质证的原则性要求，将因为被告自身原因未经质证的证据作为认定案件事实的根据。这一做法也能得到《民诉法解释》第 387 条的佐证。此外，最高人民法院在本案中借助诚信原则落实了学理上的上诉利益：被告仅以 4 000 余元本息存在争议为由提起上诉，且上诉后不提交证据也不接受询问，最高人民法院于是判定其提起上诉的目的是拖延诉讼，不满足上诉利益要求，从而不对上诉理由进行审理。

由于我国并未全面设置上诉条件，因此一审和二审呈现出"严进宽出"的制度安排：虽然起诉条件高阶化，但只要当事人不服一审判决、裁定并在法定期限内提起上诉，二审法院原则上均须进行实体审理，这无疑进一步加剧了我国长期存在的"诉讼爆炸""案多人少"。[1] 除了以拖延诉讼为目的提起上诉，北京市高级人民法院进一步拓展上诉利益的外延：以

---

[1] 参见任重：《"案多人少"的成因与出路——对本轮民事诉讼法修正之省思》，《法学评论》2022 年第 2 期。

一审法院已经指出的错误法律依据对管辖权异议提起上诉，属于滥用上诉权，违反民事诉讼诚信原则。① 不过，对上诉利益的上述拓展有待商榷。《民事诉讼法》第 157 条第 2 款明确将管辖权异议纳入可上诉的裁定，其目的正是实现管辖权问题的"两审终审"。是故，以一审法院已经处理过相关法律问题为由认定当事人滥用上诉权，这存在架空上诉制度的结构性风险。如若当事人不存在拖延诉讼或者其他不当目的，仅是一审法院曾处理过相关法律问题，则不宜否定当事人的上诉利益，据此提起上诉的不宜被判定为滥用上诉权。

与上诉条件相比，我国虽然规定了较为完备的再审申请程序和再审事由，但仍无法避免当事人滥用再审申请权。在天津市天益工贸有限公司诉天津市滨海商贸大世界有限公司、王某锋财产权属纠纷案中，最高人民法院依托诚信原则发展出再审利益："为达到能使本案再次进入再审的目的，否认其在一审、二审及再审期间坚持的主张，否认再审判决中对其有利的认定，有悖诚信原则。"② 而在另一案件中，最高人民法院进一步阐释了再审利益的内涵："当事人无正当理由未提起上诉，而在一审判决生效后直接申请再审，有违两审终审制的基本原则；当事人处分自己的诉讼权利应当诚实守信，符合民事诉讼法的相关规定。当事人无正当理由未提起上诉，而在一审判决生效后直接申请再审，是对诉讼权利的滥用和对司法资源的浪费，也会对对方当事人的权益造成不当损害，有违诚信原则。"③ 此外，上诉人未缴清上诉费又以二审程序瑕疵为由申请再审也被判定违反诚信原则。④ 不过，当事人自愿履行生效法律文书中的义务后申请再审，则并不违反民事诉讼诚信原则。⑤

（二）拆分实体权利提起多项诉讼

案例 4⑥：再审申请人程某（一审原告、二审被上诉人）不服江苏省南京市中级人民法院民事判决申请再审。江苏省高级人民法院认为：民事诉讼须遵循诚信原则。程某于 2014 年 9 月 23 日在迪卡侬公司（一审被告、二审被上诉人）一次性购买商品 67 件，合计金额 1 682.5 元，其中包含涉案价值 19.9 元的钓鱼剪刀。程某本可就该消费行为通过一次性诉讼

---

① 参见北京市高级人民法院（2015）高民（商）终字第 03763 号民事裁定书。
② 最高人民法院（2012）民再申字第 310 号民事裁定书。
③ 最高人民法院（2018）最高法民申 1166 号民事裁定书。
④ 参见重庆市高级人民法院（2014）渝高法民申字第 00098 号民事裁定书。
⑤ 参见最高人民法院（2013）民提字第 7 号民事判决书。
⑥ 参见江苏省高级人民法院（2016）苏民申 2251 号民事裁定书。

的方式达到维护其合法权益、惩戒违规经营者的目的，同时亦可促进市场环境的向好发展。而程某持同一销售票据，以价格较低的单件商品为诉讼标的，以迪卡侬公司欺诈消费者为由向一审法院提起诉讼 54 件，每个案件均要求迪卡侬公司退还购物款、赔偿 500 元。鉴于程某进行拆分式诉讼，二审法院经审理后认定迪卡侬公司构成欺诈的商品总价值的 3 倍已超过《消费者权益保护法》第 55 条第 1 款规定的 500 元最低增加赔偿金额，判决在单个案件中按照程某购买涉案钓鱼剪刀的价款 19.9 元的 3 倍即 59.7 元认定迪卡侬公司应当承担的增加赔偿金额，并无不当。

本案中，江苏省高级人民法院认为原告分别就 19.9 元的钓鱼剪刀提起诉讼是为了利用《消费者权益保护法》第 55 条关于 500 元最低赔偿金额的规定。江苏省高级人民法院根据诚信原则认为，原告不应分别提起诉讼而获得超出纠纷一次性解决的利益。值得肯定的是，法院虽然不支持单独起诉适用 500 元最低赔偿额，但并未禁止拆分式起诉。根据我国采取的传统诉讼标的理论，虽然原告于被告处一次性购买上述 67 件商品，且所有商品均显示在同一购物小票上，但同一买卖合同并不天然导出同一诉讼标的。由于买卖合同标的物不同，因此，原告可能提起的诉讼标的并不唯一。① 对于原告向一审法院提起的 54 件诉讼，法院均予以受理，但对单个诉讼按照标的额的 3 倍确定赔偿数额，进而在当事人诉权保障、处分原则与民事诉讼诚信原则之间达成了平衡。

（三）迟延提出攻击防御方法

案例 5②：孙某某（一审原告、二审被上诉人）不服广东省深圳市中级人民法院民事判决书申请再审。广东省高级人民法院认为：关于孙某某残疾赔偿金的计算标准问题，在本案一审期间，孙某某的户籍卡显示其系家庭户，户籍地为河北省吴桥县，一审判决依据孙某某提供的证据，依据农村居民人均年纯收入计算孙某某的残疾赔偿金并无不当；在本案二审期间，孙某某的户籍由河北省吴桥县迁至广东省深圳市宝安区，但孙某某未对一审判决提出上诉，二审判决仅对上诉请求的有关事实和适用法律进行审查，维持一审判决亦无不当。孙某某在二审判决生效后再以户籍变动为由申请再审，主张以城镇居民标准计算残疾赔偿金，有违诚信原则，本院不予采纳。

我国民事诉讼法及司法解释中并不存在"攻击防御方法"的概念表

---

① 参见任重：《论我国民事诉讼标的与诉讼请求的关系》，《中国法学》2021 年第 2 期。
② 参见广东省高级人民法院（2015）粤高法民申字第 228 号民事裁定书。

述。相比证据失权，迟延提出攻击防御方法的范围更广，例如逾期提出诉讼时效抗辩权，这无法被我国举证时限和证据失权制度有效涵盖。相关判例也对扩展证据失权的适用范围提出了实际需求。① 笔者建议采用攻击防御方法之案例组表述，有效拓展失权制度的外延。在案例 5 中，广东省高级人民法院认定孙某某未在二审期间提出新事实及其证据，反而以户籍变动为由申请再审违反民事诉讼诚信原则。不过，法院并未借此建立新的规则，而是以诚信原则之名行举证期限之实。2001 年颁布的《证据规定》第 34 条系首次在我国民事诉讼中确立了举证时限以及证据失权制度。② 随着《民诉法解释》第 101 条和第 102 条的出台，举证期限和证据失权的效力存在一定程度的削弱。尽管案例 5 存在向诚信原则逃逸的问题，但也从另一个方面说明，我国司法实践对举证期限以及证据失权依旧存在制度需求。

值得反思的是，根据诚信原则不接受孙某某在二审期间形成的新证据，该种做法无法实现诉讼公正与实体正义，而这恰恰是民事诉讼诚信原则的本旨。由于上诉期间内孙某某的户籍尚未迁往广东省深圳市宝安区，此时不能苛求其提出该新证据。在二审审理期间，孙某某也无法通过提出新证据使法院作出较一审判决更为有利的判决。正如广东省高级人民法院所言："孙某某未对一审判决提出上诉，二审判决仅对上诉请求的有关事实和适用法律进行审查，维持一审判决亦无不当"。这就使一审原告陷入困境：能提起上诉时尚未获得新证据，获得新证据时已经无法提出上诉请求，而申请再审又会遭遇证据失权的掣肘。若其不申请再审，生效判决中确定的赔偿金又难以在广东省深圳市维持同等生活水平。因此，孙某某申请再审的行为并非滥用诉讼权利，而是在我国获得公正判决以实现实体权利的唯一路径。

（四）滥用应诉管辖

案例 6③：济源投资担保公司（一审原告、二审被上诉人）不服河南省济源市中级人民法院民事裁定向河南省高级人民法院申请再审。本案中，双方当事人签订的"委托担保协议""个人反担保保证合同"明确约定了仲裁条款，济源投资担保公司不得向法院起诉。济源投资担保公司主张枫林公司、徐某刚等人（一审被告、二审上诉人）未在一审法院首次开庭前对法院受理本案提出异议，应视为放弃仲裁协议，法院应当继续审

---

① 北京市高级人民法院（2017）京民终 55 号民事判决书。
② 参见张卫平：《民事诉讼中举证迟延的对策分析》，《法学家》2012 年第 5 期。
③ 参见河南省高级人民法院（2018）豫民再 314 号民事裁定书。

理。河南省高级人民法院认为，根据查明的基本事实，济源投资担保公司一审起诉时故意伪造、篡改双方合同约定的仲裁条款，该行为严重违反了诚信原则。因此，本案不具备适用《仲裁法》第 26 条的前提，二审法院在查清事实的基础上，依法驳回济源投资担保公司的起诉，并无不当，应予维持。

首先需要说明的是，本案中原告故意伪造、篡改双方合同约定的仲裁条款，这已构成《民事诉讼法》第 114 条第 1 款第 1 项"伪造、毁灭重要证据"，系恶意诉讼的法定情形。河南省高级人民法院在本案中对诚信原则的运用乃对原告援引《仲裁法》第 26 条后段的司法回应。原告篡改证据，是为了规避《民事诉讼法》第 122 条第 4 项前段和第 127 条第 2 项。为使案件顺利进入开庭审理阶段并获得应诉主管的机会，原告对合同书中仲裁条款进行篡改，使法院在审查起诉条件时难以发现当事人之间存在仲裁协议。河南省高级人民法院据此认为，原告系对应诉主管的滥用，故不产生《仲裁法》第 26 条后段之法律效果。

第五节　诉讼权利漏洞填补原则

在上述民事诉讼权利滥用规制的司法实践中，诚信原则的填补功能如影随形。无论是借助诚信原则归纳恶意诉讼的四项构成要件，抑或是提出上诉利益、再审利益并扩展其内涵，均反映出体系化应对不诚信诉讼行为的实际需要，亦即以当事人主义法理填充实定法中的模糊与留白。[①] 与此同时，拒绝变更定期金判决的做法揭示出"重规制，轻填补"的适用范围偏重，诚信原则对权利保护的漏洞填补功能并未充分彰显。

案例 7[②]：通化市中心医院（一审被告、二审上诉人）不服吉林省通化市中级人民法院民事判决申请再审，理由是二审判决以其对一审原告的赔偿数额无异议为由全额支持诉讼请求，法律适用错误，认定赔偿数额过高。吉林省高级人民法院认为，根据 2017 年《民事诉讼法》第 13 条和第 51 条（现行《民事诉讼法》第 13 条和第 54 条），在民事诉讼过程中一方当事人对另一方提出的诉讼请求作出承认的意思表示，是对自己诉讼权利的正当处分，应当得到人民法院的认可和尊重。一审法院按照原告的诉讼

---

① 参见任重：《论我国民事诉讼法学的法理化——兼论法理学与法教义学的关系》，《南通大学学报（社会科学版）》2024 年第 4 期。

② 参见吉林省高级人民法院（2018）吉民申 425 号民事裁定书。

请求数额判决通化市中心医院予以支付是正确的。二审法院基于当事人意思自治原则，没有支持通化市中心医院的无故反悔，并无不当。

案例8：再审申请人许某琼（一审原告、二审上诉人）不服四川省德阳市中级人民法院民事判决申请再审。四川省高级人民法院认为，许某琼在诉争事故发生后的第一次诉讼中，经与对方当事人协商一致后收取了各项赔偿共计2 000元，并自愿放弃其他诉讼请求，许某琼再次要求对方当事人承担赔偿责任的诉讼请求无法律依据。①

虽然《民事诉讼法》第54条后半句规定被告可以承认诉讼请求，前半句规定原告可以放弃诉讼请求，但却并未对承认和放弃诉讼请求的前提条件及其诉讼效果作出明确规定。与此形成鲜明对比的是自认制度。相比自认，认诺和舍弃的诉讼法律效果更为彻底：自认只是免除具体事实主张的证明必要，而认诺和舍弃则直接对诉讼请求发挥作用，法官不必亦不得处理案件事实及其证据证明。吉林省高级人民法院在案例7中肯定了认诺的拘束力，填补了我国认诺制度的空白。而四川省高级人民法院则在案例8中支持舍弃的诉讼法律后果，即原告的舍弃使诉讼请求产生既判力，当事人的再次争讼落入"一事不再理"。

诚信原则的固有定位是漏洞填补，而非制度构建。诚信原则是试金石，它能够检验具体诉讼规范是否存在漏洞、规范之间是否发生矛盾。尽管如此，试金石本身却无法在规范长久失位时稳定地搭建起某项诉讼制度。虽然案例7和案例8旨在借助诚信原则落实认诺和舍弃的规定（《民事诉讼法》第54条），但需要反思的是：当事人对其认诺和舍弃的意思表示是否有充分的认识？法院通过诚信原则直接导出认诺判决和舍弃判决的做法，是否在实质上构成了对当事人的突袭裁判？当事人对认诺判决和舍弃判决又可以借助何种特殊途径予以救济？上述重要问题难以仅仅通过诚信原则得到解决。这种担忧也在案例5中变为现实。孙某某虽然在二审期间可以提出新事实和新证据，但据此并不能实现自己的诉求，原因在于，我国并未规定附带上诉制度。由于其在上诉期届满之后才完成户籍变动，故无法在上诉审理期间附带提出上诉请求。原审生效判决确定孙某某残疾补偿金时，系以河北省农村户口作为基准，因此无法满足户籍变动后的正常生活所需。是故，在二审判决生效后申请再审是孙某某获得较一审更有利结果的唯一出路。

就此而言，民事诉讼诚信原则的漏洞填补功能只是标示出民事诉讼模

---

① 参见四川省高级人民法院（2014）川民申字第1985号民事裁定书。

式转型的改进方向，却无法替代体现中国式现代化视域下的民事诉讼法典化。[①] 如若不完善附带诉讼以及定期金变更判决等配套诉讼制度，法院将不得不面对民事权利实现的高昂司法负担。面对"诉讼爆炸""案多人少"的司法现实，民事诉讼诚信原则反而可能成为民事权利实现和诉讼权利保障的制度障碍。与此同时，民事诉讼法律漏洞将为不诚信诉讼行为提供作用空间，进而形成民事诉讼诚信原则适用范围的恶性循环。例如，随着知识产权保护的加强，我国随之出现恶意专利诉讼问题。一方面，受害人即便获得胜诉判决，其因恶意诉讼所支出的合理费用也往往无法得到完全和有效的补偿。这无异于降低提起恶意诉讼的成本并增加其预期收益。通过反诉要求实际费用支出虽能起到缓解作用，但这一方面会遭遇审级利益问题，如二审提起反诉；另一方面则使案件的审理愈发复杂化。而通过另诉则使权利人的补偿出现迟滞，且进一步加剧"诉讼爆炸""案多人少"。对此，民事诉讼诚信原则难以替代诉讼费用制度改革。只有将当事人进行诉讼的合理支出纳入其中，将缴费时点原则上前移至递交诉状时，同步完成民事诉权的阶层化体系重塑[②]，才可能实现在充分补偿实体权利人的同时威慑和遏制恶意诉讼人的平衡效果。此外，还有必要在败诉方承担诉讼费用的原则之外制定若干例外规则，如被告即时认诺时原告承担诉讼费用，又如当事人承担不诚信诉讼行为产生的额外费用等。

第六节　民事诉讼诚信原则的局限性

民事诉讼诚信原则案例组不能独自前行。诚信原则是民事诉讼法典化的桥梁，而绝非终点。囿于中国式现代化视域下的民事诉讼法典化难以一蹴而就，民事诉讼诚信原则必将在相当时期内发挥规制功能和填补功能。上述以法官诚信原则和当事人诚信原则为基本分类，分别延伸至法官禁反言原则、诉讼权利滥用规制原则、诉讼权利漏洞填补原则的两类三种开放式本土案例组，旨在克服民事诉讼诚信原则在我国的抽象性与模糊性，为理论与实务的良性互动以及多元观点的碰撞升华提供平台，在科学规制的前提下切实保障当事人民事诉权。

---

① 参见任重：《民事诉讼法"去试行化"：以民法典为参照》，《法治社会》2024 年第 3 期。
② 参见任重：《中国式现代化视域下民事诉权的反思与重塑》，《中国法学》2024 年第 4 期。

虽然本章对最高人民法院和各高级人民法院相关裁判文书进行了全样本阅读并在文中进行重点分析与评估，但上述案例组绝非民事诉讼诚信原则在我国的全貌。不仅如此，不同案例组间并非泾渭分明，而是不可避免地存在着交叉、重叠甚至抵牾。本章的初衷在于抛砖引玉，试图将中国素材有机融入比较法研究基础上的案例组框架，使本土案例组研究真正成为我国民事诉讼理论和实务良性互动的纽带与桥梁。

第十四章　民事诉权规制的诉权面向

《依法治国决定》中的第一处"诉权"表述分别涉及民事诉权保障（"改革法院案件受理制度，变立案审查制为立案登记制，对人民法院依法应该受理的案件，做到有案必立、有诉必理，保障当事人诉权"）及其规制（"加大对虚假诉讼、恶意诉讼、无理缠诉行为的惩治力度"）。本书前两编着眼于诉权保障，分别从民事诉权原理（第一章到第五章）与民事诉权体系（第六章到第十章）两个维度予以展开。诉权规制则是本书下编（第十一章到第十四章）的重点，亦即分别从民事诉权的挑战以及民事诉权的规制的两个方面予以展开。相较民事诉权原理和民事诉权体系，对民事诉权的规制须坚守谦抑性，原因在于，我国民事诉权保障尚处于初级发展阶段，过分强调民事诉权规制将削弱甚至抵消民事诉权保障。鉴于此，民事诉权保障须正视其现实挑战及其成因（第十一章和第十二章），随后科学展开研究民事诉权规制研究两个面向。

虚假诉讼、恶意诉讼以及无理缠诉等诉权规制的核心领域系我国民事诉讼诚信原则的关注重点，其适用范围的厘定始终面临当事人主义诉讼模式尚未最终建立、处分原则和辩论原则的约束性尚不充分的发展阶段限制。随着实体程序衔接和民刑交错的规制体系逐步建立完善，诚信原则亟待夯实漏洞填补之固有功能。较为丰富的裁判文书为本土案例组的生成提供了土壤，即以法官和当事人为基本分类，分别延伸至法官禁反言、诉讼权利滥用规制、诉讼权利漏洞填补等两类三种开放式本土案例组。法官诚信原则之适用呈现谦抑性，当事人诚信原则却存在泛化理解与恣意判定。诚信原则不应替代具体制度成为直接裁判根据，不宜突破强制性诉讼规范，对滥用起诉权的判定宜遵循"排除一切合理怀疑"。当事人诚信原则的谦抑性有赖于当事人主义诉讼模式的确立及民事诉讼法典化的达成，这同样是民事诉权规制之审判权面向的重要语境和前提。对此本书第十三章已有详细论述，此处不再赘文。

以虚假诉讼为关键词的民事诉权规制课题须回溯虚假诉讼的法律成

因，据此方能对症下药并恪守民事诉讼诚信原则之谦抑性。虚假诉讼法律成因及对策分析不仅对于确定《民事诉讼法》第 59 条第 3 款规定的结果条件有决定意义，更对民事诉讼的体系结构调整有重要参考价值。以生效裁判对案外第三人合法权益构成的侵害为标准，法律意义上的虚假诉讼只存在于协议不成时请求法院分割共有财产以及因虚假诉讼案外第三人无法另行诉讼两种情形。对民事裁判作用方式的误读、对另行起诉制度的忽视以及既判力制度的缺失构成虚假诉讼的根本法律成因。只有对以上问题作出实质回应，才能根本解决虚假诉讼问题，并协同处理民事诉权保障与民事诉权规制。

第一节　虚假诉讼概念的提出

如果将虚假诉讼视为一种病态，那么对虚假诉讼的法律成因及对策进行分析与总结就是对我国民事诉讼法律体系及相关民法规范进行一次全面和系统的体检，尝试发现病灶并对症下药，从根本上消除虚假诉讼，并在制度环境上杜绝虚假诉讼的发生，这可谓民事诉权规制的治本之策。

虚假诉讼法律成因及对策分析在逻辑层面包含两个紧密联系的基本问题，即法律意义上的虚假诉讼是否存在以及虚假诉讼的法律成因与对策。对此，无论是《民事诉讼法》第 115 条抑或第 59 条第 3 款都以肯定结论作为制度前提。然而，这一制度前提并非理论推导的结果或法律体系的需求，更多的是对社会忧虑的回应和抚慰。《民事诉讼法》第 59 条第 3 款的结果条件是他人已经生效的错误判决、裁定和调解书侵害了案外第三人的民事权益，这同样是虚假诉讼的内部结构和作用方式。从历史解释出发，撤销之诉的确立正是为了回应遏制虚假诉讼的社会诉求。[①]

随着虚假诉讼入法，其也从社会问题转化为"法律问题"，特别是《民事诉讼法》第 115 条对虚假诉讼作用方式的归纳和总结，使虚假诉讼问题具备了形式上的法律特性。[②] 然而，虚假诉讼法律成因及对策分析依旧有实践和理论的必要性：一方面，如果在法律体系中无法得出虚假诉讼直接损害案外第三人合法权益的结论，将使以《民事诉讼法》第 59 条第 3

[①]　参见全国人大常委会法制工作委员会民法室编：《〈中华人民共和国民事诉讼法〉条文说明、立法理由及相关规定》（第二版），北京大学出版社 2012 年，第 86 页以下、第 183 页以下。

[②]　参见李文革：《虚假诉讼的裁判方式：新修订的〈民事诉讼法〉第 112 条评析》，《政治与法律》2013 年第 10 期。

款为代表的案外第三人程序保障制度成为装饰性条款。据此，应对虚假诉讼的法律制度将仅具有倡导意义，撤销之诉的结果条件将永远无法实现，从而阻却案外第三人适用相关法律制度。一般认为，《民事诉讼法》第 59 条第 3 款的适用条件有如下六项：（1）主体条件：第三人。（2）程序条件：第三人因不能归责于自己的事由未参加诉讼。（3）实体条件：有证据证明发生法律效力的判决、裁定、调解书部分或者全部内容错误。（4）结果条件：损害其民事权益。（5）时间条件：自知道或者应当知道其民事权益受到损害之日起 6 个月。（6）管辖法院：向作出生效判决、裁定、调解书的法院起诉。[①] 另一方面，在虚假诉讼肯定论的基础上，虚假诉讼法律成因分析也将直接决定案外第三人权益保障机制的调整对象与适用条件。不仅如此，从体系上梳理和总结虚假诉讼法律成因也对从根本上解决虚假诉讼问题以及民事诉讼法律体系的系统完善有不可替代的理论价值。

一、作为法律现象的虚假诉讼

虚假诉讼这一概念表述源于我国民事诉讼实践，是对司法实务直接感受的总结。虚假诉讼概念在我国的提出和讨论过程可以印证这一判断。虽然在德国民事诉讼法学讨论中出现过类似概念 Scheinprozess，但其与我国的虚假诉讼问题有本质不同。[②] 民事司法实践中的虚假诉讼问题最初以"诈讼行为"的形式在犯罪学领域加以讨论，即编造虚假事实提起民事诉讼占有他人财物或逃避债务的行为是否构成诈骗罪。[③] 这同样是大陆法系刑法领域的重要论题，其作为诈骗罪的一种特殊类型被称为诉讼欺诈。

作为民事诉讼实际运行中的现象，文献中的虚假诉讼概念最先出现在 2003 年河南省人民检察院和郑州市人民检察院联合举办的"虚假（恶意）民事诉讼"研讨会上。[④] 虚假民事诉讼被定义为"当事人本没有正当的理由和根据，而采用虚构诉讼主体、法律事实，或者隐瞒证据、伪造证据等手段，提起并参加民事诉讼，致使法院作出错误裁判，以达到损害其他民

---

① 参见最高人民法院民事诉讼法修改研究小组编著：《〈中华人民共和国民事诉讼法〉修改条文理解与适用》，人民法院出版社 2012 年版，第 104 - 108 页。

② 参见冯珂：《民事诉讼要件理论研究——以德国法及理论为中心》，清华大学 2014 年法学博士学位论文，第 125 页以下。

③ 参见张利兆：《对编造虚假事实提起民事诉讼占有财物行为的刑法调控》，《犯罪研究》2002 年第 6 期；董玉庭：《论诉讼欺诈及其刑法评价》，《中国法学》2004 年第 4 期。

④ 参见柴春元、刘金林：《规制恶意民事诉讼，净化私权行使空间》，《人民检察》2004 年第 1 期。

事主体合法权益目的的违法行为"。之后的相关报道基本沿用了这一定义。① 虚假诉讼概念提出之初是基于司法实务部门对相关案件类型的感触与总结。② 是故,其并非严格意义上的法学概念,而是作为一种社会现象被讨论和使用。不仅如此,最初的虚假诉讼概念并未被明确界定,其至少包含当前语境下的冒名诉讼、虚假诉讼和恶意诉讼③,甚至延伸至刑法学和犯罪学意义上的诉讼欺诈。④ 随着《刑法修正案(九)》增加《刑法》第 307 条之一规定虚假诉讼罪,如何刑民虚假诉讼规制成为理论难题。⑤

　　在 2012 年民事诉讼法修正案之前,由实务部门提出的虚假诉讼问题并未被迅速转化为民事诉讼法学讨论,多数论文依旧与之前的报道或内部文件保持一致,探讨虚假诉讼的社会成因与社会防治。⑥ 其总体而言依旧是在现象总结与策略讨论的层面不断推进,通过内部文件或调查报告的方式尝试将司法实务中出现的虚假诉讼类型化⑦,并总结出法官在类似案件中的裁判注意事项。⑧

　　二、作为法律概念的虚假诉讼

　　虚假诉讼问题真正进入法学讨论的契机是 2012 年民事诉讼法修正案的立法准备和颁布实施。由于司法机关在民事司法实务中的突出感受及其在社会舆论中产生的强烈反响,虚假诉讼问题成为 2012 年民事诉讼法修

---

① 参见李自庆:《有意通过虚假诉讼造成对方经济损失须赔偿》,《法制日报》2005 年 8 月 31 日第 4 版;余瑶瑶:《从一起再审案件看虚假诉讼预防》,《江苏经济报》2007 年 3 月 28 日第 B3 版。

② 如浙江省一些基层法院反映,有近 90% 的办案法官表示曾接触到虚假诉讼案件,80% 的法官表示该类案件有逐年递增的趋势。参见璩静、黄深钢:《浙江出台首个反虚假诉讼意见》,《政府法制》2009 年第 4 期。

③ 参见张卫平:《中国第三人撤销之诉的制度构成与适用》,《中外法学》2013 年第 1 期。

④ 参见王胜明主编:《中华人民共和国民事诉讼法释义》,法律出版社 2012 年版,第 269 页;最高人民法院民事诉讼法修改研究小组编著:《〈中华人民共和国民事诉讼法〉修改条文理解与适用》,人民法院出版社 2012 年版,第 242 页以下。

⑤ 参见任品杰:《论二元制模式下民刑虚假诉讼程序衔接》,《甘肃政法大学学报》2021 年第 2 期。

⑥ 参见张长云:《对虚假诉讼有关问题的思考》,《法制与社会》2011 年第 8 期;魏玉华:《论我国民事诉讼中的虚假诉讼及其防范》,《法制与社会》2011 年第 10 期;朱健:《论虚假诉讼及其法律规制》,《法律适用》2012 年第 6 期;刘烁玲:《论虚假诉讼及其治理》,《江西社会科学》2010 年第 2 期;周翔:《虚假诉讼定义辨析》,《河北法学》2011 年第 6 期。

⑦ 例如 2009 年浙江省高级人民法院出台《关于在民事审判中防范和查处虚假诉讼案件的若干意见》,参见璩静、黄深钢:《浙江出台首个反虚假诉讼意见》,《政府法制》2009 年第 4 期。

⑧ 参见钟蔚莉、胡昌明、王煜珏:《关于审判监督程序中发现的虚假诉讼的调研报告》,《法律适用》2008 年第 6 期;赵刚:《虚假诉讼:所谓智者的法律游戏》,《人民法院报》2008 年 7 月 27 日第 2 版。

改重点关注的问题。负责拟订民事诉讼法修正案的全国人大常委会法工委民法室的同志还专门到虚假诉讼高发的浙江省进行调研。为了防范和打击虚假诉讼，一些地方的法院、检察院还专门发了文件。①但在学理讨论的最初阶段，相关文献并未对虚假诉讼的内涵与外延达成一致意见，而是基本沿用了实务部门对虚假诉讼的描述与总结。

随着讨论的深入以及 2011 年 10 月《中华人民共和国民事诉讼法修正案（草案）》的公布，有学者对司法实务部门总结出的相关现象进行区分，将虚假诉讼限定为双方当事人、法院以及案外第三人的四方关系，将当事人恶意侵害对方当事人合法权益（恶意诉讼）限定为三方关系。②从民事诉讼法理出发，三方关系与四方关系存在本质不同：三方关系中的对方当事人在诉讼中有充分的制度保障，面对恶意加害方虚构事实和伪造证据的行为，其可以进行较为充分的防御。我国民事诉讼中的答辩制度、质证制度以及上诉制度等一系列法律制度都给予受害方较为充分的程序保障，使其得以避免以虚构事实和伪造证据为基础作出的错误生效裁判。

就民事诉权基础理论分析框架而言，四方关系是较为陌生的讨论对象：民事诉讼法律关系以双方当事人与法院的等腰三角结构为模型，并以此为基础建构整套民事诉讼法律体系。如若案外第三人在前诉过程中得知当事人的加害行为，尚有可能以诉讼第三人制度为依据，通过参加诉讼的方式维护自身合法权益。但在前诉已经获得终局裁判的情况下，案外第三人无法以第三人身份进行攻击和防御，并可能因此受到实质侵害。基于此，民事诉讼法或许需要给予案外第三人特别关注。

值得注意的是，上述推论以虚假诉讼肯定论为基础展开。如若虚假诉讼并不直接侵害案外第三人合法权益，也就丧失了建立案外第三人特别救济程序的必要性。由此可见，三方关系和四方关系不仅具有不同的结构，而且具有不同的立法考量，因此应当在概念上区分虚假诉讼和恶意诉讼。此外，民事审判程序以确定当事人主张的民事法律关系存在与否为基本功能，打击刑事犯罪并非民事诉讼法的任务所在。诉讼欺诈虽然与民事诉讼相联系，但却并非真正的民事诉讼法律问题，因而也应将其排除出虚假诉讼概念的外延。这种观点与 2012 年民事诉讼法修正案保持一致：《民事诉讼法》第 112 条（现行《民事诉讼法》第 115 条第 1 款）仅针对四方关系作出规定，三方关系被作为《民事诉讼法》第 111 条（现行《民事诉讼

---

① 参见李浩：《虚假诉讼中恶意调解问题研究》，《江海学刊》2012 年第 1 期。
② 参见张卫平：《诉讼公正与效率的双重提升：泛论〈民事诉讼法〉的修改》，《国家检察官学院学报》2011 年第 5 期。

法》第 114 条）第一种情形进行了立法上的区分。① 值得注意的是，2023
年民事诉讼法修正案在《民事诉讼法》第 115 条第 2 款新增单方虚假诉讼
（"当事人单方捏造民事案件基本事实，向人民法院提起诉讼，企图侵害国
家利益、社会公共利益或者他人合法权益的，适用前款规定"）②，这进
一步明确了虚假诉讼的广义与狭义之分：狭义虚假诉讼是指当事人之间恶
意串通，企图通过诉讼、调解等方式侵害他人合法权益的行为；广义虚假
诉讼还包括单方伪造证据、故意将被告拖入诉讼等情形。《民事诉讼法》
第 115 条第 1 款乃狭义虚假诉讼，第 2 款为广义虚假诉讼，系在《民事诉
讼法》第 114 条第 1 种情形的基础上进一步扩展单方虚假诉讼的适用范
围。虽然 2023 年民事诉讼法修正案使三方关系和四方关系在广义虚假诉
讼概念下合一，但仍有必要强调其有不同的法律机理和规制策略。鉴于
此，本章将以四方关系为基础探讨狭义虚假诉讼的法律成因及对策。

第二节　虚假诉讼的定性分析

虚假诉讼所描述的前诉法律关系与案外第三人构成的四方关系是纷繁
复杂的人类社会关系的一个特殊片段和缩影。其中，虽然双方当事人在前
诉中存在恶意串通、捏造事实以及伪造证据的不当行为，并且他们之间并
无实体法律关系或者对此并无争议，但前诉依旧受民事诉讼法律规范的调
整，并因此构成民事诉讼法律关系。③ 对于虚假诉讼的定性具有决定意义
的是前诉与案外第三人的相互关系，即前诉中骗取的生效裁判是否会直接
损害案外第三人的民事权益。只有在肯定论基础上，才得以认定虚假诉讼
为真正的法律问题。同样，虚假诉讼问题的定性也对我国第三人撤销之诉
的结果条件有决定作用。

一、民事审判程序与案外第三人民事实体权益损害

虽然《民事诉讼法》第 59 条第 3 款（2012 年《民事诉讼法》第 56 条
第 3 款）中的"损害其民事权益"在语义上可以包含对民事实体权益和民
事程序权利的侵害，但其立法目的主要针对通过虚假诉讼对案外第三人民

---

① 参见王胜明主编：《中华人民共和国民事诉讼法释义》，法律出版社 2012 年版，第 269 页。
② 参见林剑锋：《论单方虚假诉讼的民事程序规制》，《现代法学》2023 年第 3 期。
③ 参见张卫平：《程序公正实现中的冲突与衡平——外国民事诉讼研究引论》，成都出版社
1993 年版，第 55 页。

事实体权益的损害①，例如通过虚假诉讼侵害他人所有权的情形。对于虚假诉讼能否侵害案外第三人民事实体权益这一重要的前提性问题，既有调研报告和学术论文都鲜有论述。对此，民事生效裁判的作用方式提供了一种可能的视角和思路，即民事生效裁判是否具有变动实体法律关系的效果。这也是民事诉讼法学的基本论题之一。

（一）民事生效裁判的作用方式

对于民事生效裁判的作用方式，民事诉讼法理论上主要出现过两种基本观点——民事生效裁判的实体法说和诉讼法说。

1. 实体法说

根据实体法说，民事生效裁判具有直接变动或者间接变动实体法律关系的效果。民事生效裁判直接变动实体法律关系是较为早期的学说，这本就是萨维尼私法诉权说的题中之义。此后，一些学者主张民事生效裁判虽然不具备直接变动实体法律关系的效果，但是它构成了对其所确定的实体法律关系不可推翻的推定（unwiderlegliche Vermutung）。然而这种观点与实体法说并没有本质的不同，因为这种推定在司法实践中将产生与直接变动实体法律关系类似的法律效果。②

2. 诉讼法说

处于实体法说对立面的是诉讼法说：民事生效裁判只是对实体法律关系的确认，原则上并不具有变动实体法律关系的效果。最初的诉讼法说不仅认为民事生效裁判并不变动实体法律关系，而且认为其并不禁止再次提起相同的诉讼请求，只是禁止后诉法官作出与前诉相悖的判断。目前诉讼法说是德国民事诉讼法学的通说，只是再次提起的诉讼会因为同一事项的民事生效裁判而不合法（unzulässig）。③

3. 两种学说的比较

两种学说在大部分情形下都保持一致，二者最根本的冲突发生在对错误裁判效力的理解和认识上。④ 这也与虚假诉讼的性质确定直接相关，因

---

① 参见全国人大常委会法制工作委员会民法室编：《〈中华人民共和国民事诉讼法〉条文说明、立法理由及相关规定》（第二版），北京大学出版社 2012 年版，第 86 页以下；最高人民法院民事诉讼法修改研究小组编著：《〈中华人民共和国民事诉讼法〉修改条文理解与适用》，人民法院出版社 2012 年版，第 97、107 页。

② Vgl. Joachim Martens, Rechtskraft und materielles Recht, ZZP 79 (1966), S. 405.

③ Vgl. Arwed Blomeyer, Rechtskrafterstreckung infolge zivilrechtlicher Abhaengigkeit, ZZP 75 (1962), S. 3 f.

④ Vgl. Walter J. Habscheid, Urteilswirkungen und Gesetzesänderungen: Eine rechtsver-gleichende Studie, ZZP 78 (1965), S. 424.

为虚假诉讼正是以骗取错误的生效裁判为目的。实体法说和诉讼法说对错误生效裁判的认识截然不同。根据实体法说，即便是错误裁判也发生变动实体法律关系的效果，在法院裁判生效后，当事人将处于由裁判所确定的实体法律关系当中。以确认判决为例，即便法院错误认定原告为某动产的所有权人，该动产的所有权也会在裁判生效时转移到原告处。相反，诉讼法说认为民事裁判也包括错误判决并不会发生变动实体法律关系的后果。据此，虽然裁判中认定标的物为原告所有，却并不会使原告直接获得所有权。按照诉讼法说，错误的裁判将使当事人和案外第三人生活在"双重的法律关系"（doppelte Rechtsordnung）当中：一方面，当事人之间的实体法律关系存在或不存在的状态并未被法院的错误裁判所改变，即真正的实体法律关系；另一方面，错误的生效裁判又确认了一种并不真实存在的"实体法律关系"①。

实体法说和诉讼法说的背后是诉权学说甚至哲学立场的显著差异。与实体法说不同，诉讼法说以人类认识的有限性为出发点。其实，无论法院是否对案件事实重构负责，其都无法确保在任何情形下揭示实体真实。由于法院和法官并非案件的亲历者，即便在职权主义背景下，法官对案件事实的探知也依旧要依赖作为案件亲历者的当事人。就案件事实的主要来源而言，当事人主义和职权主义并没有本质差别。案件事实作为过去的行为或状态往往只留下若干信息载体，随着时间的流逝，法院和当事人无论主观上是否竭尽全力搜寻信息载体，并通过载体提取信息，运用最恰当的经验法则进行回溯，都会受到客观条件的制约，即我们永远无法再次踏入同一条河流。现代科技的进步也并未根本推翻这一推论。由于裁判基础的条件制约，民事裁判难以保证总是与实体法律关系保持一致。即便存在再审制度，由于再次审理在时间上较前诉距离案件事实更加遥远，也无法保证再次审理一定能够得出比之前更正确的裁判。

4. 诉讼法说的自身优势

为了将错误裁判的危害限定在最小范围，避免出现错误判断的连锁反应，应当否定民事裁判对实体法律关系的变动效果。生效民事裁判原则上不应直接产生变动实体法律关系的效果，前诉当事人通过虚假诉讼获得的错误生效裁判也不应对其与案外第三人的实体法律关系产生实质影响。这同样是民事诉讼既判力制度的理论基础。以所有权关系为例，如若错误的

---

① Vgl. Walter Zimmermann, Zivilprozessordnung mit FamFG (Allgemeiner Teil sowie Verfahren in Familiensachen), GVG, EGGVG, EGZPO, EU-Zivilverfahrensrecht, 9. Aufl., Verlag ZAP, 2013, § 322 Rn. 11.

前诉裁判产生物权变动的法律效果，基于一事不再理原则，作为原所有权人的案外第三人也因此无法获得另诉的保护，而是必须首先否定前诉错误判决的既判力，之后才能够提出并实现自己的民事权利主张。

以德国为例，虽然民事生效裁判的作用方式并未被明确规定在民事诉讼法律规范中，但通过体系解释依旧可以确定民事生效裁判原则上并不发生变动实体法律关系的效果。即便是作为例外情形的形成判决①，也原则上仅具有消极变动实体法律关系的效果。例如婚姻关系和财产共同制关系的解除，原则上并不积极创设实体法律关系，也因此并不引发物权变动。② 正是由于这一制度机理，形成判决并不具有执行力。③

5. 诉讼法说在我国的确立

与德国法相似，我国民事诉讼法也并未明确民事生效裁判的作用方式。仅从《民事诉讼法》第 59 条第 3 款和第 115 条第 1 款法律表述似乎可以发现某些实体法说的痕迹。例如《民事诉讼法》第 59 条第 3 款的适用条件包括"发生法律效力的判决、裁定、调解书的部分或者全部内容错误，损害其民事权益"；第 115 条第 1 款表述为"企图通过诉讼、调解等方式侵害他人合法权益"。以上法律条文都将错误的生效裁判与民事权益受损的结果直接相连，似乎立法者认为生效裁判将发生变动实体法律关系的效果。但结合《民法典》第 229 条可以得出，我国民事生效裁判的作用方式原则上依旧采取了诉讼法说。

（二）导致物权变动的民事裁判类型

我国《民法典》第 229 条规定："因人民法院、仲裁机构的法律文书或者人民政府的征收决定等，导致物权设立、变更、转让或者消灭的，自法律文书或者征收决定等生效时发生效力。"出于集中讨论的需要，此处暂不涉及仲裁机关的仲裁裁决、人民法院的调解书以及人民政府的征收决定。

从民事实体法视角观察，本条是关于非依法律行为发生物权变动的规定，构成公示公信原则的例外；从民事程序法视角观察，本条同时圈定了

---

① 形成判决理论最先由德国民事诉讼法学者提出，并被实体法学者接受，随后在实体法领域相应提出形成权和形成诉权的概念。因此，形成判决理论产生之初就体现出民事实体法和程序法的密切互动。参见汪渊智：《形成权理论初探》，《中国法学》2003 年第 3 期；auch Peter Schlosser，Gestaltungsklagen und Gestaltungsurteile，Verlag Ernst und Werner Gieseking，Bielefeld 1966，S. 18。

② Vgl. Othmar Jauernig/Burkhard Hess，Zivilprozessrecht，30. Aufl.，2011，§ 35 Rn. 16 f.

③ Vgl. Richard Zoeller/Max Vollkommer，Zivilprozessordnung，28. Aufl.，2010，Vor § 300 Rn. 9.

法院生效裁判的作用方式，明确了诉讼法说的例外：根据《民法典》第229条，导致物权设立、变更、转让或者消灭的直接原因并非法律行为，而是生效裁判，这就要求物权变动的法律效果与生效裁判有直接因果关系。生效民事裁判以外还需要法律行为方产生物权变动的情形并不符合《民法典》第229条的具体要求。结合民事诉讼法理，直接导致物权设立、变更、转让或者消灭的法院生效裁判集中表现为形成判决。[①] 虽然在给付判决作出后也往往会伴随物权变动的发生，但这并非判决的直接效果。确认判决同样不产生《民法典》第229条表述的法律效果。确认判决和给付判决只是由法院确定某一法律关系或权利是否存在，而并非直接变动既存法律关系。综上所述，我国民事生效裁判原则上并不发生物权变动或变动实体法律关系的效果，诉讼法说的例外限于形成判决。

与形成权相比，形成诉权（Gestaltungsklagerechte）对相对人利益或社会利益有更重大的影响，因此权利人行使形成诉权需要满足两个基本条件：一是有法律明确规定赋予其具体情形下的形成权限，二是必须经过法院的检查性判决或者对于符合法律设定的前提条件的确认性判决才能够实现变动法律关系的效果。[②] 以上两个基本条件也构成形成诉讼和形成判决的识别标准，以此为条件对民事实体法律规范进行检索可以圈定具有变动实体法律关系效果的裁判范围，并进一步明确具有物权变动效力的判决类型。这也同样构成虚假诉讼定性分析的核心问题。

我国民事实体法律规范中权利人请求人民法院变动实体法律关系的规范可以被归纳为请求法院变动人身关系和请求法院变动财产关系两个大类。请求变动人身关系的形成诉权以离婚诉讼为代表，原则上并不存在以此损害案外第三人民事权益的理论可能，相关司法实践中也尚未出现人身权利侵害型虚假诉讼。请求法院变动财产关系又包括两种基本类型：一类是请求法院变动债权债务关系。然而基于债的相对性原则，前诉中获得的变动债权债务关系的形成判决原则上不会损害案外第三人的民事实体权益。另一类是请求法院变动物权关系。根据《物权编解释（一）》第7条，变动物权关系的形成诉权规定集中在请求法院分割共有财产的形成诉权规定。

---

① 参见崔建远：《物权：规范与学说》，清华大学出版社2011年版，第198页；程啸：《因法律文书导致的物权变动》，《法学》2013年第1期。

② 参见［德］拉伦茨、［德］沃尔夫：《德国民法中的形成权》，孙宪忠译注，《环球法律评论》2006年第4期。最新理论探讨，参见宋史超：《形成诉权行使方式的反思与重构》，《环球法律评论》2024年第5期；宋史超：《形成判决对世效：溯源与省思》，《中外法学》2024年第6期。

请求法院分配共同财产的形成诉权具体表现为离婚诉讼和共有物分割诉讼两种类型。以离婚诉讼为例，其可以细分为四类不同的诉讼请求：一是解除婚姻人身关系，二是解除财产共同制关系，三是请求确认财产分配协议的内容，四是协议不成请求法院分割共有财产。其中前两类诉讼请求为形成诉讼，婚姻人身关系的解除并不发生物权变动的法律效果，财产共同制的解除也只是面向未来消灭既存实体法律关系，而不改变所有权状态。同样不会发生物权变动的还有第三类请求：由于夫妻双方已经就共同财产分配达成一致意见，因此法院相关判决内容是对既有实体法律关系的确认，在性质上根据当事人的具体诉讼请求属于确认之诉或给付之诉，并不发生直接变动实体法律关系的效果，因此夫妻共有的房屋在一方按照离婚判决进行自愿履行或者强制执行之前依旧为夫妻二人共有。然而，司法实践中的当事人双方并非总能够就共同财产分配达成一致意见。在无法达成相关协议的情况下，当事人一方可以请求人民法院作出判决。

由于在法院的判决之前并不存在就共有物分割协商一致的既存实体法律关系，因此具体分割内容难以理解为确认判决或给付判决，而应当被理解为创设法律关系的形成判决。对此，有两条进路可供考量：一种思路是认为通过法院判决替代当事人之间的分配协议，进而通过形成判决创设债权债务关系；另一种思路是认为法院确定的分配方案具有直接变动物权的效果，并根据《民法典》第 229 条在判决生效时变动物权。

我国共有物分割类型的形成判决具有何种性质的法律效果曾引发争议。[①] 分割共有物的判决是《民法典》第 229 条的适用情形，上述认识得到《物权编解释（一）》第 7 条的确认。尽管如此，依旧有必要对相关判决的不同内容根据其性质加以细分。由于对当事人财产分配协议进行确认的判决内容并非形成判决，而是确认判决或给付判决，因此认为确认当事人一方享有某项财产的判决和分割财产的判决都具有物权变动效力的观点值得商榷。只有在无法达成财产分配协议时，根据法律明确规定请求法院对共有物进行分割而获得的相关判决才是形成判决，才可能具有物权变动的法律效力。与其他规定非因法律行为发生物权变动的国家和地区相比，我国《民法典》第 229 条的适用范围更广，其并不局限于不动产。以民事司法实践的视角观察，关于不动产和特殊动产的虚假诉讼会因为相关财产登记在案外第三人名下而难以骗得法院的形成判决，进而使此种类型的虚假诉讼仅可能发生在相关财产被登记在虚假诉讼当事人一方的特殊情形。

---

① 参见刘子赫：《共有物分割诉讼的类型分析》，《苏州大学学报（法学版）》2023 年第 3 期。

如若认可动产也适用《民法典》第 229 条，将扩大通过虚假诉讼损害案外第三人民事实体权益的理论可能。因此，遏制虚假诉讼或许可以作为对《民法典》第 229 条的适用范围进行限缩解释的诉讼理由。

综上所述，通过考察我国《民法典》第 229 条和民法中关于形成诉权的相关规定，可以将通过法院生效判决导致物权变动的情形限于当事人协议不成，法院对共有财产分配作出的形成判决。虚假诉讼据此才有骗取生效判决损害案外第三人民事实体权益的可能。是故，给付判决和确认判决整体以及除协议不成时分割共有物判决以外的形成判决原则上不能满足《民事诉讼法》第 59 条第 3 款之"有证据证明发生法律效力的判决、裁定、调解书的部分或者全部内容错误，损害其民事权益"这一构成要件（结果条件）。[1]

二、民事执行程序与案外第三人实体权益损害

由于虚假诉讼中当事人存在恶意串通、虚构事实和伪造证据的不法行为，实践中虚假诉讼大多以调解方式结案。[2] 与此相联系，在取得法院生效裁判后，占有案外第三人财产的当事人一方通常会主动履行生效裁判中确定的义务。

仅当诉讼当事人双方均不占有案外第三人财产时，才会产生通过强制执行获得财产的愿望和需要。鉴于此，《物权编解释（一）》第 7 条之执行程序中作出的拍卖成交裁定书、变卖成交裁定书、以物抵债裁定书难以形成虚假诉讼。尽管如此，虽然通过虚假诉讼骗得的法院生效裁判本身原则上并不会产生直接损害案外第三人民事实体权益的法律后果，但并不能排除通过民事强制执行程序损害案外第三人实体权益的可能。因此，依然有必要对虚假诉讼后可能发生的强制执行程序进行分析与检讨。

与审判程序不同，强制执行程序并不采用双方当事人和法官的等腰三角形结构，执行机构会站在执行债权人一方，帮助其实现民事生效裁判中确认的民事权益。强制执行程序与审判程序在结构上的差异也使二者具有不同的制度目的和理念。强制执行程序以迅速、经济、简便为基本价值追求。[3] 强制执行程序为此呈现出与审判程序分离的格局。执行程序的任务是实现生效法律文书的内容，而不是裁决当事人之间的纷争、确认民事权

---

① 参见任重：《回归法的立场：第三人撤销之诉的体系思考》，《中外法学》2016 年第 1 期。

② 参见全国人大常委会法制工作委员会民法室编：《民事诉讼法修改决定条文释解》，中国法制出版社 2012 年版，第 61 页。

③ 参见唐力：《论民事执行的正当性与程序保障》，《法学评论》2009 年第 5 期；肖建国：《中国民事执行立法的模式选择》，《当代法学》2011 年第 1 期。

利义务关系。与此相适应，执行机关的审查权限原则上被限定在程序事项，其不再处理实体权利争议，而是以生效裁判文书中的给付内容为依据，通过国家强制力帮助执行权利人从执行义务人处实现权利。以此为基础，虽然强制执行的标的应当是债务人的财产，但执行机构并不会在实体上进行个别确认，司法实践中强制执行的范围因此是债务人占有的所有财产，例如我国民事诉讼法规定的调查被执行财产的方法就包括被执行人申报和申请执行人调查，结合虚假诉讼的语境，当事人双方都有可能故意将案外第三人的财产列入执行范围。

根据《民法典》第229条，人民法院强制执行行为原则上并不构成非因法律行为发生物权变动的法定情形，其依旧受到物权变动一般规则的调整，例外限于"人民法院在执行程序中作出的拍卖成交裁定书、变卖成交裁定书、以物抵债裁定书"〔《物权编解释（一）》第7条〕。以买卖合同为例，由于虚假诉讼当事人之间并无有效合同，强制执行措施因此并不产生物权变动的法律效果，案外第三人依旧是所有权人。尽管如此，强制执行措施仍旧可能使虚假诉讼中的一方占有案外第三人所有的财产，进而损害案外第三人的所有权。通过考察案外第三人民事权益损害在强制执行程序中的发生机理可以发现，这并非虚假诉讼所独有的问题：由于强制执行程序强调迅速、经济、简便，并且呈现出执审分离的格局，因此在民事司法实践中，凡是执行债务人占有的财产或者执行债务人申报的案外第三人占有的财产都可能作为强制执行标的。强制执行程序本身特有的价值取向和制度特性是造成案外第三人实体权益损害风险的根本原因，因此不是其直接的法律成因。

三、虚假诉讼与案外第三人程序权利损害

尽管我国《民事诉讼法》第59条第3款和第115条第1款的立法初衷是维护案外第三人的民事实体权益，但"民事权益"的法律表述并未将民事程序权利排除在外。因此，对虚假诉讼的定性分析不能忽略其可能对案外第三人程序权利造成的损害。

（一）案外第三人诉权的固有保障

仅从民事诉讼的一般法理出发，他人之间通过恶意串通、虚构事实和伪造证据骗取的法院生效裁判并不会损害案外第三人的民事程序权利。由于案外第三人享有完全和充分的程序保障，虚假诉讼并非真正的民事诉讼法律问题。以我国民事司法实践中较为典型的试图通过虚构买卖合同骗得生效给付判决侵害案外第三人所有权的情形为例，由于错误给付判决并不导致物权变动，案外第三人依旧是所有权人，因此其可以提起所有权确认

之诉或所有物返还之诉维护自身合法权益。对此，既判力以及诉讼标的制度都为案外第三人的程序权利提供了充分的支撑和保障。

1. 既判力相对性对案外第三人诉权的保障

民事诉讼的基本结构是双方当事人和法官之间构成的诉讼法律关系。由于当事人是案件事实的亲历者或者利害关系人，其更有能力也更有意愿向法院提供裁判的事实基础。因此，法官正是在双方当事人提出的攻击/防御方法基础上作出司法裁判。由于案外第三人并未参与诉讼程序，因此其无法进行攻击/防御。在此背景下，一概要求案外第三人必须服从前诉的裁判结果和事实认定不仅直接损害其诉讼基本权利，也会因此使其民事实体权益遭受实质贬损。基于以上考虑，生效民事裁判的既判力原则上并不约束案外第三人。案外第三人依旧可以向法院起诉以维护自身民事实体权益。即便法院认定的事实与前诉不同，例如在前诉中认定虚假诉讼当事人一方为所有权人，在后诉中认定案外第三人为真正的所有权人，也不与既判力的制度目的和具体要求相悖，并不构成前后矛盾的裁判，这也是民事裁判既判力客观范围和主观范围的基本要求。

2. 诉讼标的识别标准对案外第三人诉权的保障

上述结论同样是诉讼标的理论的题中之义。诉讼标的理论同样并未以案外第三人作为理论模型，因此无论是诉讼请求还是事实理由的区分标准都是以相同的诉讼当事人之间的民事诉讼作为出发点。案外第三人针对诉讼当事人一方或者双方提起的诉讼请求原则上都不会与前诉构成同一诉讼标的，虽然诉讼请求均包含针对同一标的物的给付内容，但前诉审理的是虚假诉讼当事人之间的给付请求权，而后诉审理的是案外第三人针对虚假诉讼一方当事人的物上返还请求权。不仅如此，两个诉讼请求依据的事实和理由也完全不同，前诉的事实和理由是虚假诉讼当事人之间的买卖合同，后诉所依据的事实和理由是案外第三人的所有权。因此，基于既判力和诉讼标的理论的基本要求，案外第三人的民事程序权利原则上并不会因为虚假诉讼遭受实质侵害。

（二）固有保障体系的制度困境

我国民事诉讼法学对既判力理论的关注始于上世纪 90 年代初，并已取得相当成果和进展。[①] 遗憾的是，既判力理论的研究成果并未转化为法律规范，同样没有获得民事司法实务的广泛接受。我国民事诉讼法并未完整规定既判力制度。虽然《民事诉讼法》第 127 条第 5 项规定"对判决、

———————

[①]　参见金印：《既判力相对性法源地位之证成》，《法学》2022 年第 10 期。

裁定、调解书已经发生法律效力的案件，当事人又起诉的，告知原告申请再审，但人民法院准许撤诉的裁定除外"，但本条并未明确民事裁判中发生此种效力的内容、前后案件的识别标准和主客观范围等关键问题。因此，我国民事诉讼虽然存在既判力理论，却并不存在既判力法律制度。与此相联系，我国民事诉讼理论和司法实务对诉讼标的的重要性也缺乏足够的重视。尽管如此，前诉与后诉的一致性识别以及生效裁判效力范围却是我国民事司法实践无法回避的重要问题。由于既判力和诉讼标的制度的缺失，法院在论述前诉与后诉的一致性问题时通常引证一事不再理原则。相比于既判力制度在司法实务中的境遇，一事不再理原则更被广泛接受，并在一定程度上代替了既判力制度。以逻辑关系视角观察，一事不再理并不是一项法律制度，而是对禁止重复诉讼和既判力制度的归纳与总结，因此它并没有为既判力问题提供具体和可操作的标准。这种状况不仅可能因为法官恣意使案外第三人丧失通过另诉维护自身合法权益的机会，而且在总体上将因为标准不统一而严重损害民众对法院的信赖，甚至产生直接贬损司法权威的消极后果。

（三）案外第三人证明要求的加重

与既判力制度缺失相联系，即便案外第三人在虚假诉讼后得以向法院另行起诉，也可能因为前诉判决中确认的事实而承受更高的败诉风险。与既判力客观范围的要求不同，我国民事诉讼法并未规定判决的拘束力限于诉讼标的或判决主文。从我国的司法实践来看，不仅法院判决的主文有拘束力，判决理由也有拘束力，因此不允许当事人在后诉中就判决理由中的判断事项另行诉讼，即便已经提起诉讼，也可能以前诉判决的理由为根据驳回后诉原告的诉讼请求。不仅如此，根据 2019 年全面修订的《证据规定》第 10 条，已为人民法院发生法律效力的裁判所确认的基本事实无须举证证明，当事人有相反证据足以推翻的除外。虚假诉讼和第三人撤销之诉入法的主要理由也在于，我国《民事诉讼法》中并未明确规定既判力相对性原则，人民法院生效裁判所确认的事实为免证事实，当事人无须举证。案外第三人另行向法院起诉，极有可能被驳回起诉。[①] 我国民事诉讼中的这一制度设计使虚假诉讼的案外第三人在后诉中处于极为不利的境地。

（四）民事程序权利侵害型虚假诉讼的证成

基于我国民事诉讼立法和司法实践的现状，虚假诉讼可能使案外第三

---

① 参见最高人民法院民事诉讼法修改研究小组编著：《〈中华人民共和国民事诉讼法〉修改条文理解与适用》，人民法院出版社 2012 年版，第 100 页。

人无法享有充分的程序保障和正常行使诉讼权利。虽然从民事诉讼法律体系的视角观察，这种不利并非虚假诉讼的直接后果，而是借助于其他因素方得以产生；但以解决虚假诉讼为初衷的第三人撤销之诉某种程度上采取迂回方式，通过特别法解决了案外第三人在民事司法实践中遭遇的另诉权贬损问题，其积极意义值得肯定。只是即便在撤销之诉中，案外第三人仍然会受到 2019 年《证据规定》第 10 条限制，《民事诉讼法》第 59 条第 3 款对此并未作出特别安排。因此对于前诉裁判中被确认事实的预决效力，撤销之诉的积极意义仅在于使案件回到作出错误裁判的人民法院，从而解决司法实践中广泛存在的下级法院不愿作出与上级法院不同事实认定的困局。而在案件事实预决效力以及上下级法院的司法默契作用下，以限制案外第三人另诉权的方式强制其提起第三人撤销之诉，不能不说是民事诉权保障及其规制之间的失衡。

第三节　虚假诉讼的实践样态及其评析

虽然虚假诉讼受到了实务部门的持续关注，并且引发了较强的社会反响，但综合考察《民法典》第 229 条和《民事诉讼法》第 59 条第 3 款规定的结果条件可以发现，当事人骗得的生效裁判原则上并不会直接损害案外第三人的民事实体权益。虽然虚假诉讼可能通过强制执行程序损害案外第三人的占有权能，但这一损害结果的发生是基于强制执行特殊的程序属性，其与虚假诉讼并不存在直接和主要的因果关系。同样，虚假诉讼与案外第三人的程序权利损害之间并不存在直接关联。

一、虚假诉讼的泛化理解与适用

虚假诉讼依旧可以被认定为真正的法律问题，只是其法律意义上的内涵和外延都较为有限，因此并非民事诉讼的一般性问题。仅当协议不成请求法院分割共有财产的形成判决以及因虚假诉讼致使案外第三人无法另行诉讼时，才可能满足《民事诉讼法》第 59 条第 3 款的结果条件。应当指出的是，尽管《民事诉讼法》第 59 条第 3 款的立法初衷是应对虚假诉讼问题，但其仍然可能对其他问题的解决产生积极作用。以我国台湾地区为例，第三人撤销之诉并非应对虚假诉讼，而是为了解决既判力扩张情形下的第三人权益保护问题。[①]

---

① 参见张卫平：《中国第三人撤销之诉的制度构成与适用》，《中外法学》2013 年第 1 期。

与虚假诉讼法律成因分析进路保持一致，虚假诉讼在司法实践中的体现和评析也将遵循民事实体权益与民事程序权利的基本分类。

二、侵犯案外第三人民事实体权益的虚假诉讼

（一）物权侵害型虚假诉讼

在第三人撤销之诉的司法实践中，主张前诉生效裁判侵害物权的情形同样是主要类型。示例1：A 与 B 是母子关系，A 与 C 是夫妻关系。A 与 C 婚后共同出资购买了一处房屋，但房屋产权登记在 A 名下。A 欲与 C 离婚又想独占房产，便让母亲 B 向 A 本人提起房屋权属确认之诉。在诉讼过程中 B 出示虚假借条证明其系诉争房屋的实际出资人及购房人，A 也当庭表示自己系名义购房人，其母亲是房屋的真正所有权人。法院随即作出判决确认 B 对诉争房屋享有所有权。

示例1：本案是较为典型的意图通过确认或给付判决侵害他人所有权的案件。本案中，由于房屋系 A 与 C 婚后共同出资购买，虽然房产被登记在 A 名下，但该房屋依旧是夫妻共同财产。由于房产被登记在 A 名下，因此在 A 与 B 之间的所有权确认之诉中，法官无从了解案外第三人 C 的存在，从而以 A 与 B 提供的事实和证据为基础作出了确认判决。根据《民法典》第229条，法院作出的生效确认判决并不能直接变动所有权关系，C 依旧是房屋的共同共有人。可见，C 并不因此满足《民事诉讼法》第59条第3款的结果条件。仅当 C 无法通过另诉维护自身所有权时，才可能因为程序权利受损满足结果条件。

（二）普通债权侵害型虚假诉讼

示例2：A 与 B 签订房屋买卖合同后，房价大幅上涨，出卖人 A 反悔。A 与其亲属 C 伪造已先行将房屋出售给 C 的房屋买卖合同，C 以 A 未履行双方的房屋买卖合同为由向法院起诉 A。A 在审理中同意将房屋过户给 C，双方达成调解协议并经司法确认后将涉诉房屋过户至 C 名下，导致 A 与 B 之间的房屋买卖合同无法履行过户手续。

示例2中，虽然 A 与 B 先行签订房屋买卖合同，但由于 A 始终没有将房屋过户到 B 的名下，A 依旧是房屋的所有权人，B 并未获得房屋的所有权，而是根据房屋买卖合同享有要求 A 给付房屋的请求权。根据《民法典》第229条，A 与 C 通过虚假诉讼获得的给付判决并不产生物权变动的法律后果。由于 A 与 C 之间并无真正的房屋买卖合同，或者虽然订立买卖合同但因恶意串通无效，因此虽然房屋已经过户到 C 名下，却并不产生物权变动的法律效果。在排除他人善意取得的情形下，B 要求 A 给付该房屋的请求权并未受到 A 与 C 之间虚假诉讼的侵害，因此同样不符合撤

销之诉的结果条件。

以民事司法实践的视角观察，B 通常难以获知并证明 A 与 C 之间存在伪造买卖合同的事实，除非 A 与 C 对于 B 的事实主张进行了自认。在此背景下，A 与 C 之间买卖合同的效力难以被推翻。虽然根据《民法典》第229 条，生效给付裁判并不具有物权变动的法律效果，但 A 随后将房屋过户至 C 的名下，C 成为该房屋的所有权人。此时 A 与 B 之间的房屋买卖合同陷入履行不能。尽管如此，结合虚假诉讼的基本结构和作用方式可以发现，这种情形不仅难以认定为真正意义上的虚假诉讼，其也并不符合《民事诉讼法》第 59 条第 3 款的结果条件。普通债权原则上不适用第三人撤销之诉。[①] 履行不能的状态并非法院生效裁判所致，而是基于 A 与 C 之间的法律行为。即便允许 B 通过撤销之诉撤销原生效裁判，也不能因此重新使 A 成为房屋所有权人。为了弥补案外第三人 B 的实际损失，应当采用违约损害赔偿的路径。将此种情形认定为虚假诉讼不仅不能实际弥补 B 的损失，并且将对交易安全以及经济秩序产生消极影响。

（三）破产债权侵害型虚假诉讼

示例 3：A 公司濒临破产且已资不抵债，因马上面临财产的重新分配，为避免债权人追索财产，A 公司的企业主 B 与其亲属 C 虚构大量债务关系，由 C 在破产程序中申请参与 A 公司企业财产分配；或者企业主 B 与管理人员 D 虚构拖欠工资报酬的情形。

从权利类型视角观察，示例 3 与示例 2 均可归入债权侵害型虚假诉讼。示例 3 的特殊之处在于支付不能和破产程序的特殊背景。由于 A 与他人虚构债务，因此在其支付不能的情形下自然会降低债权人的受偿额度。然而即便在此种情形下，确认并不存在的债权债务关系的生效裁判也并未直接变动实体法律关系，在理论上并不存在对债权的侵害。为了避免在生效裁判作出后虚构债权被计入债权表参与分配，债权人可以根据《破产法》第 58 条第 3 款规定对被记载的债权提出异议，并向受理破产申请的人民法院提起诉讼，请求法院确认债务人 A 与他人之间不存在债权债务关系。

考虑到司法实践中鲜有认定虚假诉讼的现实，当 A 存在放弃到期债权、无偿转让财产或者以明显不合理的价格进行交易等情况时，债权人还可以请求人民法院撤销债务人 A 的行为。赋予债权人以撤销之诉的特别

[①]　参见最高人民法院民事诉讼法修改研究小组编著：《〈中华人民共和国民事诉讼法〉修改条文理解与适用》，人民法院出版社 2012 年版，第 107 页。

保护并不会直接消除债权人受偿额度降低的风险，因为案外第三人受偿额度降低的风险并非基于生效裁判，而是由前诉当事人之间的法律行为所致。一方面，第三人撤销之诉的法律效果是撤销生效裁判，而不是撤销前诉当事人的法律行为，因此无法以第三人撤销之诉替代实体法上的撤销权；另一方面，要求撤销权人必须首先提起第三人撤销之诉的做法将不当地为债权人撤销权的实现增加前提条件，并且有通过诉讼架空实体权利的危险。

（四）与案外第三人有利害关系的虚假诉讼

从分类标准考察，此类案件可以归入债权侵害性虚假诉讼，其缺乏独立为一种案件分类的合理依据。例如 A 与 B 系表亲，A 有 20 亩虾池并常年将虾池发包给 B 承包。B 承包 A 的虾池养殖甲鱼收益颇丰。2000 年年底 B 的承包期将满，A 向 B 发出要约提出新一轮承包期每亩虾池要加收100 元的费用，并限 B 在 2000 年 12 月 30 日前书面回复是否继续承包。B 认为 A 不顾亲戚情面，遂扬言表示不再继续承包虾池。A 听闻后觉得 B 十分小气，遂决定将虾池公开招标。B 知悉 A 已将虾池公开招标，认为每亩增加 100 元承包费自己养殖甲鱼仍然有利可图，于是在 2001 年 1 月 20 日书面回复 A 同意以其原来要约价格继续承包虾池，但此时 A 已经与 C 签订了虾池承包协议。B 随即向法院起诉 A，要求 A 履行虾池承包协议。在庭审中，A 碍于亲戚关系并未提出 B 给出书面回复已过承诺期的抗辩，法院随即判决 A 继续履行承包合同。A 随后表示愿意向 C 承担违约责任。首先，本案仍然是可能损害他人债权的虚假诉讼类型案件。基于同类案件分析同样的理由，C 的债权并未因他人之间的诉讼而受到侵害，履行不能的状态是基于他人之间的民事法律行为。此外，本案是否存在虚假因素也是颇值得怀疑的。虽然 B 超过了承诺期才作出承诺，但其将被视为新的要约。A 在诉讼过程中的反应可以被解释为对新要约作出了承诺，因此本案性质难以认定为虚假诉讼，本案判决也并非错误判决。为了对虚假诉讼实践作出直接回应，本章依旧将其单列讨论。

示例 4：A 与 B 系夫妻关系，但感情破裂准备离婚。A 为了在离婚中多分财产，虚构其与 C 之间早先存在借贷合同关系。C 以民间借贷纠纷为由起诉 A 要求偿还欠款，C 在诉讼中虚构了 A 对其有欠款的凭据。A 对欠款凭据表示认可并表示该笔借款用于婚后家庭生活开支。双方随后达成调解协议，A 同意偿还 C 该笔欠款，并要求法院出具调解书予以确认。

示例 4 中具有确认内容的调解书并非《民法典》第 229 条所指导致物权设立、变更、消灭的生效裁判，因此不产生变动实体法律关系的效果。由于 A 与 C 之间并不存在借贷关系，这种状况并不会因为法院出具的调解书而改变。即便在司法实践中 B 难以获知并证明 A 与 C 之间存在虚构事实和伪造证据的情形，相关损害风险抑或实质损害也都并非错误生效裁判所致，而是源于 A 与 C 虚构借贷关系的行为以及之后 A 向 C 的金钱给付行为，因此本案并不符合《民事诉讼法》第 59 条第 3 款规定的结果条件。不仅如此，B 提起撤销之诉也并不能消除损害风险或弥补自己的实际损失。为了消除损害风险或弥补实际遭受的损失，B 可以请求法院确认 A 与 C 之间并不存在借贷关系。

示例 5：某医院与一家保险公司签订了医疗事故责任保险合同，约定在一定时间范围内该医院发生的医疗责任事故由保险公司负责承担赔偿责任。为了骗取赔偿款，医院与部分患者串通，伪造病历资料并唆使患者向法院提起诉讼要求赔偿。在法院以判决或调解书形式确认医院承担赔偿责任后，医院即持法院的判决书或调解书向保险公司索赔。

与示例 4 的理由一致，本案中法院判决也并未赋予患者侵权损害赔偿请求权，保险公司并不符合撤销之诉中因为生效裁判损害民事权益的结果要求。

三、侵犯案外第三人民事程序权利的虚假诉讼

示例 6：A 是 B 的债权人，B 与 C 签订房屋买卖合同。因合同履行纠纷，B 与 C 诉至法院。在法院主持下，B 与 C 达成调解协议，约定房屋买卖合同解除，C 返还 B 预付款 10 万元。作为 B 的债权人，A 主张调解书损害了自己的合法权益，因为 B 资不抵债，B 与 C 虚构存在合同解除的情形并且 B 仅得到预付款而并未要求违约损害赔偿，因此要求撤销原调解书。

从实体权利类型视角观察，示例 6 亦是债权侵害型"虚假诉讼"。亦如示例 3 的分析结论所示，从实体权益视角观察，本案并非法律意义上的虚假诉讼。为了维护自身合法权益，A 无须提起第三人撤销之诉，而是应当主张撤销 B 的法律行为。然而，在我国民事司法实践中，A 可能面临无法另诉的困境，如甘肃省高级人民法院在（2014）甘民一终字第 48 号民事裁定书中认为，由于 B 和 C 之间的法律行为已经得到了生效调解书的确认，因此 A 不能再行使债权人撤销权，A 除了第三人撤销之诉并无其他救济途径可循。这构成支持受理 A 提出的第三人撤销之诉的实质理由。

第四节　虚假诉讼的法律成因分析

以错误生效裁判与案外第三人民事权益损害的因果关系为参照，法律意义上的虚假诉讼有两个类别，即侵害案外第三人民事实体权益的虚假诉

讼和侵害案外第三人民事程序权利的虚假诉讼。其中,前者仅限于协议不成时请求法院分割共有财产的情形,后者则限于因为虚假诉讼阻碍案外第三人另行诉讼的情形。

以解决虚假诉讼问题为立法初衷的第三人撤销之诉在我国存在被滥用的情况:在司法实践中被广为认定的给付型和确认型虚假诉讼值得商榷,基于民事裁判作用方式和债的相对性原则,给付型和确认型错误生效裁判并未损害案外第三人的物权或债权。对此,案外第三人可以通过另诉的方式排除妨害,撤销之诉并不能实现另行诉讼的法律效果。

从案外第三人程序权利视角出发,由于法律文书对程序事项的处理缺乏充分的说理,因此既有司法判例中鲜有直接论述虚假诉讼损害案外第三人程序权利的情形。但在较多案件中,案外第三人民事程序权利受损构成法院受理撤销之诉的背景因素,甚至是主要动因。从实证视角观察,解决虚假诉讼在民事诉讼法律体系中引发的连锁反应构成《民事诉讼法》第59条第3款的主要功能。只是案件事实的预决效力在理论上和实践中都难以成为对此类虚假诉讼适用第三人撤销之诉的充分依据,因为2019年全面修订的《证据规定》第10条并未对第三人撤销之诉作出特别安排,程序权利侵害型虚假诉讼因此仅对我国语境下下级法院不愿作出与上级法院不同的事实认定有积极意义,并可能在缺乏既判力和诉讼标的标准的背景下突破我国司法实践中一事不再理原则对案外第三人的不当限制。

司法实践对虚假诉讼的泛化认识和对撤销之诉的滥用源于对虚假诉讼的内涵和外延缺乏清晰界定,其根本原因是对虚假诉讼法律成因的忽视和误读。要从根本上解决这些问题,就无法回避虚假诉讼的法律成因分析。只有明确虚假诉讼的法律成因,坚持撤销之诉的制度边界,才能有的放矢,从制度层面解决虚假诉讼问题,并获得对第三人撤销之诉的正确理解和科学定位。

一、对民事裁判作用方式的误读

民事裁判作用方式是在法律上界定虚假诉讼的核心问题之一。提起虚假诉讼的当事人对此尚存在误解。以示例4为例,为了在离婚中实质上多分财产,当事人并非必须通过诉讼确认他人对自己的借款返还请求权,即便获得了生效裁判也并不会使虚构的实体法律关系成真。除了当事人,我国司法机关也存在对民事裁判作用方式的误读,特别是认为生效裁判错误和案外第三人民事权益受损之间有必然的因果关系。这种现象一方面反映出我国民事诉讼法学及司法实践对裁判作用方式问题的忽视,另一方面与我国《民法典》第229条的误读有关。虽然《民法典》第229条是关于非因法律行为发生物权变动的直接规定，但该条也同时圈定了法院生效裁判的作用方式，明确了诉讼法说的例外。结合我国形成诉权的相关规定，仅当协议不成时请求法院分割共有财产的生效裁判才会发生变动物权的法律效果，民事生效裁判原则上并不直接变动实体法律关系。因此，虚假诉讼的行为类型以及《民事诉讼法》第 59 条第 3 款的结果条件理应与《民法典》第 229 条相协调。

二、另诉权保障的缺失

有关虚假诉讼及第三人撤销之诉的既有文献和民事司法实务有意或无意地忽视了案外第三人诉权的保障和另行起诉的一般路径。以示例 4 为例，有观点认为 B 除申请再审外，并无其他救济方法。因此在示例 4 中，B 的程序权利受到损害，应当将其作为提起第三人撤销之诉的适格原告。[①]这种观点或许忽略了 B 的（另）诉权保障。

转换观察视角，案外第三人无疑可以成为普通诉讼程序中的一方当事人，从而以一般程序维护自身合法权益。由此他可以获得更多的准备时间、只需满足更宽松的起诉条件便可以获得更充分的审级利益等程序保障。要求案外第三人只得适用相关的特别程序，就需要有正当理由，如既判力的扩张、强制执行程序的特殊要求，否则就没有充分根据强制要求案外第三人只能通过特别程序维护自身合法权益。不仅如此，我国民事诉讼法和司法解释的相关规定也并未排除案外第三人另行起诉的可能，例如《民事诉讼法》第 59 条第 3 款只规定在满足起诉条件时，案外第三人可以提起撤销之诉。从我国目前的司法实践出发，尽管《民诉法解释》第 247 条规定了"三同标准"，但司法实践仍缺乏对既判力相对性的恪守，后诉可能因为其与前诉在案件事实方面的联系而被驳回。[②]

就此而言，第三人撤销之诉解决了案外第三人另诉不畅的问题，但这种方法存在以特别程序代替一般程序的趋向和风险，是对起诉条件法定原则的背离且构成对案外第三人审判程序诉权的贬损。为了充分保障案外第三人的程序权利和实体权益，应当重视和坚持案外第三人另行诉讼的程序权利，切实保障案外第三人（另）诉权。

三、既判力相对性原则的松动

无论是裁判的作用方式抑或是另诉制度都直接受到既判力制度的限定和制约，因此，既判力制度化缺失正是我国民事诉讼中虚假诉讼问题的症

---

① 参见刘君博：《第三人撤销之诉原告适格问题研究 现行规范真的无法适用吗?》，《中外法学》2014 年第 1 期。

② 参见张卫平：《重复诉讼规制研究：兼论"一事不再理"》，《中国法学》2015 年第 2 期。

结所在。从案外第三人权益保障视角出发，应当允许案外第三人针对哪些事项另行提起诉讼就直接涉及既判力问题。也正由于既判力立法和制度化的缺失，另行起诉无法充分发挥遏制虚假诉讼和保护案外第三人合法权益的应有作用。这种状况也为第三人撤销之诉提供了理论和现实的必要条件。撤销之诉以否定前诉裁判既判力为制度代价，其并无法全面替代另行诉讼的作用和功能。因此既判力制度的缺失和既判力相对性的松动构成了我国虚假诉讼问题的根本制度成因。

第五节 虚假诉讼规制的诉权面向

对民事裁判作用方式的误读、对另行诉讼制度的忽视和既判力制度在民事诉讼中的缺失构成了我国虚假诉讼问题的根本制度原因。要遏制虚假诉讼的蔓延，切实保障案外第三人合法权益，并从根源上解决虚假诉讼问题，就必须对虚假诉讼的各项法律成因作出实质回应，通过民事实体法和民事程序法的共同努力提出具体、可操作的法律对策。

一、重视和强调《民法典》第 229 条的程序协同

《民法典》第 229 条的诉讼法地位并未受到足够的重视和强调。据此并非所有类型的生效裁判都能产生物权变动的效果。结合虚假诉讼的内部结构和作用方式，可能通过生效裁判侵害案外第三人民事实体权益的情形限于协议不成时请求法院分割共有财产的行为类型。在今后对《民事诉讼法》第 59 条第 3 款进行司法解释时，建议与《民法典》第 229 条协调一致，以一般规定加个别列举的方式对撤销之诉的结果条件进行科学界定，《物权编解释（一）》第 7 条可作为重要参考。通过个别列举的方式可以使撤销之诉的结果条件更为具体和可操作，避免司法实践中对撤销之诉的滥用；通过一般规定的方式可以为今后司法实践中出现的新问题留下解释余地，进而为案外第三人合法权益提供更周延的法律保护。

二、对《民法典》第 229 条作限缩解释

我国《民法典》第 229 条不仅适用于不动产，而且适用于动产。以民事司法实践的视角观察，针对不动产和特殊动产所有权的虚假诉讼会因为相关财产登记在案外第三人名下而无法骗得法院的形成判决，进而使此类虚假诉讼仅可能发生在相关财产被登记在虚假诉讼当事人一方名下的特殊情形。如若认可一般动产也适用《民法典》第 229 条，将扩大通过虚假诉讼损害案外第三人物权的理论可能。因此建议通过司法解释将《民法典》

第 229 条的适用范围限缩解释为不动产和特殊动产，从实体法源头减少虚假诉讼的理论可能。

三、对《民事诉讼法》第 59 条第 3 款作扩张解释

案外第三人另诉不畅构成了撤销之诉入法的重要考量因素，并且在民事司法实践中构成法院受理撤销之诉的背景原因甚至主要动因。虽然虚假的前诉并非造成案外第三人另诉不畅直接和重要的原因，但不应因此否定《民事诉讼法》第 59 条第 3 款在我国语境下可能对案外第三人民事程序权利保障发挥的积极作用。在今后的司法解释中，建议对"民事权益"进行扩张解释，使其包含"民事实体权益"和"民事程序权利"，并例外承认通过虚假前诉导致案外第三人另诉不畅时也将满足撤销之诉的结果条件。为了避免撤销之诉被滥用，应当要求案外第三人依照《民事诉讼法》第 59 条第 3 款要求对另诉不畅进行证明，例如向法院提交另诉法院不予受理或驳回起诉的生效民事裁定书。

四、对案件事实的预决效力科学定位

我国民事司法实践中对案件事实预决效力的泛化认识是造成另诉不畅的重要原因之一：一方面，前诉生效裁判中的何种事实认定产生预决效力长期以来并未被立法或司法解释明确界定，例如虚假诉讼大多以调解方式结案，且当事人之间存在恶意串通，因此常常发生对对方当事人陈述的案件事实的承认，那么调解书中确认的事实和自认的事实是否具有预决效力，这在 2019 年全面修订的《证据规定》之前并无明确指引。例如，2001 年《证据规定》第 9 条第 2 款对"已为人民法院发生法律效力的裁判所确认的事实"和"已为仲裁机构的生效裁决所确认的事实"采用一元处理模式，即"当事人有相反证据足以推翻的除外"。不仅如此，当事人在审判程序中自认的事实也能被"裁判所确认的事实"的最大文义所覆盖。2015 年《民诉法解释》第 92 条继续维持上述处理模式和表述方式。直到 2019 年全面修订的《证据规定》第 10 条才改变上述格局，即将法院裁判的预决效力事实范围限定为"基本事实"，同时对仲裁裁决预决效力和法院裁判预决效力采取二元模式，亦即对前者"当事人有相反证据足以反驳的除外"，而对后者"当事人有相反证据足以推翻的除外"。这也为最大限度避免虚假诉讼裁判对案外第三人的另诉权产生案件事实预决效力提供了规范根据。

同样不能忽视的是，在司法实践中即便案外第三人在另诉中有证据可以推翻被人民法院生效裁判所确认的事实，一些法院依旧存在不予受理或者驳回起诉的做法，这种倾向在事实认定为上级法院所作出时尤为明显。

为了充分保障案外第三人在另行诉讼中的程序权利，一方面应当要求法院在民事司法实践中严格遵守和贯彻 2019 年全面修订的《证据规定》第 10 条，在符合条件时依法作出与上级法院不同的事实认定；另一方面，建议通过司法解释进一步明确预决事实的效力范围及其例外，特别是采取一般结合列举的方式明确"基本事实"的内涵与外延。

五、进一步夯实既判力相对性原则

与针对实体权利侵害型虚假诉讼的前两项对策相比，应对程序权利侵害型虚假诉讼的后两项对策具有暂时性和应激性，其原因在于案外第三人程序权利损害并非虚假诉讼的直接后果，而是源于我国民事司法实践中一事不再理标准的缺失和对案件事实预决效力的泛化认识。因此，程序权利侵害型虚假诉讼和相应的撤销之诉就其概念内涵和适用范围而言均具有不确定性，并将在总体上呈现不断萎缩直至消亡的趋势。随着预决事实效力规定被严格贯彻和遵守、对预决事实效力例外和一事不再理原则标准的明确界定以及既判力制度在立法中的最终确立，程序权利侵害这一行为类型将逐渐从虚假诉讼的概念内涵和撤销之诉的适用范围中被剥离。从另一个视角观察，只有通过法院判例和司法解释不断明确一事不再理原则的具体标准和效力边界，将其主观范围原则上限定在诉讼当事人之间，将客观范围限于裁判的主文（具体为"裁定如下"或"判决如下"之后的裁判内容），将效力标准时界定在最后一次言词辩论，最终通过立法将其制度化和法定化，才能从根本上遏制虚假诉讼的蔓延，切实保障案外第三人合法权益；才能避免撤销之诉的滥用，坚持生效裁判的终局性和权威性，最终在民事诉讼中找到民事诉权规制与民事诉权保障之间科学和公正的平衡点。

关键词索引

（以拼音为序）

A

案多人少　28，32，34 - 36，38，48，49，51，52，54，56 - 59，61，66 -
　　69，72，73，76，80，82，84，85，92，96，121，131，132，136，
　　138，146，152，155，170，176，178，185，187，203，211，213，
　　219，223，253，255，257，259 - 265，269 - 274，277，278，280，
　　299，302，303，306，312，318，324

案件事实同一性　288

案结事了　209，210，212，213，223，288，290

案外第三人　5，283，327，328，330 - 350

案外第三人诉权　338，339，347

案外人诉权　192

B

保全程序　73，83，84，86，137，143，144，146，188，205，207 - 209，211，
　　213 - 215，217，219，221 - 223，253，306，312

保证人　60，131，162，186，187，293，294

被告明确　152，161，163，171

被告适格　82，166

被告型无独立请求权第三人　60，282，294

被申请人异议　227，233

本案判决请求权　94，116，117，126，127，130

本土性　46，101 - 103，106，108

必要共同诉讼　50，57，60，131，279，283，285，300

贬损诉权　177

变更被执行人　181

变卖　223，225，227-229，232-234，241，242，337，338

辩护辩论权　72

辩论原则　11，52，118，192，237，256，274，275，281，308，326

不告不理　161，163，272

不开庭　234，239，240

不予受理　21，37，75，77，83，130，140，153，165，169，170，173，
174，181，194，208，209，213，293，313，316，349

不真正连带责任　283，295，296，298，301

C

裁判文书　46，144，149，158，159，163，193，202，209，210，227，
234，257，265-268，289，290，295，296，303，307，308，310，
311，313，314，325，326，338

裁判作用方式　327，346，348

查明事实　60，71，135，186

拆分实体权利　319

陈述权　72

诚信原则（诚实信用原则）　44，47，186，271，307-311，313

程序保障　57，91，92，132，144，183，184，188，203，211，216，227，233，
237-241，244，248，255，266，273，276，279，285，307，328，330，337，
338，341，347

程序权利　13，16，47，48，55，56，58，66，94，99，145，164，196，
203，217，232，234，235，238-241，254，255，261，273，281，
282，292，294，299，300，331，338-342，345-347，349，350

程序权利保障　48，235，238，241，349

程序事项　31，118，131，138，144，145，173，174，178，205，208，
209，212，213，218-221，239，247，312，313，338，346

程序性异议　146，225，228，229，233

迟延　5，67，218，320，321

抽象公法诉权　6，10，19，26，29，99，112-114，116，117，119-
125，127，129-132，138，151，214

出资人　160，202，203，342

处分原则　11，192，237，256，274，275，292，294，297，299，303，
308，309，311，320，326

穿透式　100，144，182，187，191，201-204

传统诉讼标的理论（旧实体法说）　301

纯粹私法诉权　109，129

刺破公司面纱　202，203

错案　209，210，212，213，247

D

答辩权　16，94，128

打管辖　173

大调解　55，56，58，152，253，271，272，276

大陆法系　7，35，42，44，47，51，52，56，91，109，126，128，205，
214，216，217，244，245，256，285，298，308，328

代理　22，62，73，139，140，152，170，171，231，246，290，291，
301，318

担保物权　13，68，84，143，184，188，221，223－238，240－248，
253，254，265，312

当事人能力　141，199，200

当事人主义　11，40，42，43，47－49，51－63，65，86，94，106，118，144，
146，148，192，193，195，203，204，209，213，225，240，253，256，
257，268－271，273－276，279，303－308，317，322，326，333

德国民法典　35，36，102，120－127，131，138，142，218，226

德国民事诉讼法　36，37，39，44，65－67，102，110－112，124－127，
132，138，140，142，148，174，177，196，197，217－219，226，
248，270，287，294，328，332，334

登记机构　242，243，247

抵押登记　229，231，243，248

抵押权人　162，223，224，226，236，246

抵押人　223，224，246

帝国民事诉讼法　102，112，114，120，122－125，131

第三人撤销之诉　24，61，81，132，162，168，175，193，195，205，239，
240，245，272，276，282，283，315，329，331，337，340－348

定期金　322，324

动产抵押　243，247，248

独任制　234，240，273，275

对抗主义　243

多点对焦　187－189

多元化纠纷解决　76，79，104，105，264，272，278

多元证明标准　217

E

恶意诉讼　28，32，33，37，57，58，61，70，71，96，162，282，306，
　　307，309，311，315，317，322，324，326，329，330

二分肢说　52，62，244，287，288

二审程序　73，127，239，273，319

二元诉权论　10，16-18，20，28-31，33-36，48，83，84，88-90，
　　92，93，95，99，100，114，115，118，128-131，135-138，142，
　　176，214，215，223，306

F

法典化　7，20，40，48，50，59，80，92，104，109-111，130，131，
　　137，157，186，254，271，306，324，326

法定代理　140，170-171

法官编制　261-263，269

法官禁反言　312-315，324，326

法官离职　155，262，263，271

法官释明　5，54，56，61，62，72，77，218，301

法教义学　13，26，40，46，49，50，53，66，100，136，144，180，182，
　　193-195，198，201，215，285，305，322

法院管辖　75，151，152，169，170，173，181，228，229，236

法院主管　75，78，141，153，170，173，174，208，316

繁简分流　76，187，266，267，272

反诉　140，163，164，239，283，285，292-294，297-299，302-
　　304，316，324

反诉权　16，94，97，128，151，163，164

飞跃上诉（越级上诉）　304

非讼程序　13，68，86，136，137，143，145，146，179，184，214，223-
　　227，229-249，253，312

非讼程序标的　235，238，253

非讼化　146，225，240，253，268，277

分支机构　199，200

夫妻共同财产　13，27，136，192，198，342

夫妻共同债务　191，192，198，199

服从执行声明　226，248

附条件的民事诉权　80，82，85

G

改革开放　7，10，11，13-15，17，29，36，39，41-43，46，47，51，53，57，58，68，69，82，84，85，89-91，93，98-101，109，115，121，128，147，148，153，155，156，169，170，172，185，186，197，253-260，262，263，268，269，276，278，299

高度盖然性　145，216，217，219-222

高阶化　12，79，80，82，120，131，157，174，178，181，207，208，213，304，318

个人独资企业　199

给付判决　184，188，190，191，199-203，270，289，299，335-338，342

给付之诉　36，60，176，184，187-189，241，244，298，300，313，336

公法诉权　17，19，29，48，57，65，66，68-70，73，84-86，89，93，100，106，108，112，113，116，121，123，124，130，137，138，147，154，155，169，177，214

公开审判　233，234

公司人格独立　202，203

公司债务　202，203

攻击防御方法　219，320，321

共有物分割　5，336

股东　5，26，160，162，166-168，202，203，314

股权质押　243，248

固有必要共同诉讼

广义诉权　83，145，164

规制功能　38，308，309，311，315，316，324

H

合并审理　282，292-294，296-298，302-304

合伙财产　201

合伙企业　199-201

合伙债务　201

合理信赖 314

合议制 273，275

和解协议 317

混合私法诉权 110，129

J

积极起诉条件 30，75，82，157，170，171

基本权利 16，17，20，35，48，65－69，80，83，85，86，92，98，99，116，127，139，182，214，219，339

基层法院 240，261，265，275，329

级别管辖 163，164，173，174，317

既存实体权利 69，119，182，190

既判力 4，8，15，33，53，98，100，101，108，123，144，153，161，162，166，180，182－185，188，190－204，208，209，224，240，246，278－283，289，291，297，307，313，316，323，327，333，334，339－341，346－348，350

既判力相对性 8，61，100，144，191－197，199，201，203，270－272，276，306，307，314，315，339，340，347，348，350

简案快审 267，272

简化程序 253，260，272

简易化 253，268，273

结案 207，260－262，264，273，289，290，337，349

解散公司之诉 162

禁反言 312，314

禁令 44，80，136，137，188－190，205，216

径行变更诉讼请求 278

纠纷一次性解决 50，57，58，60，144，185，187，223，272，278－306，320

举证时限 54，60，61，219，256，266，269，272，293，321

举重以明轻 184，196

具体的诉讼请求 69，75

具体公法诉权 6，10，18，19，26，28，31，32，93，94，99，113，114，116，118，120－124，129，131，148，151

K

抗辩权 23，129－131，162，163，167，168，175，176，187，208，

219，233，299，303，321

客观范围　8，53，192，198，199，201，280－283，291，339，340，350

口头起诉　21，23，24，26，27，78，170，171

L

滥用程序权利　317

滥用应诉管辖　321

类似必要共同诉讼　50，126

立案登记制　11－13，15，18，28，33，36，69－71，73－77，79－81，83，85，97，105，106，119－125，127，130－132，135，147，150，156，157，169，171，174，176－178，181，182，205，207－209，212，213，215，222，257，259，265，272，274，326

立案乱　34，35，38，84，93，128，135，139，153，154，163，169，181，182，277

立案审查制（审查立案制）　11－13，19，28，70，74－75，81－82，84－85，111，113，119－121，123－125，127，131－132，135，156－157，182，208，212，326

立案庭　28，70，81，130，177，178

连带责任　50，57，60，199－203，236，294－297，300

两审终审　132，238，239，265，273，275，319

另诉权　61，194，314，315，341，347，349

垄断资本主义　89

漏洞填补　47，307，308，316，318，322－324，326

M

满足实体要求　16，93

矛盾裁判　244

民法典　3，5，8，14，15，19，20，23，25－27，29，30，33，34，36，40，42，50，60，62，65，68－70，72，78，80，81，89，93，101，102，105，106，127，129－132，144，147，148，151，157，159，167，168，173，175，176，179，182－193，195，196，199，200，202－204，221，223，224，237，241，243，244，246，247，254，255，270－272，276，279，287，297，299，300，302，303，307，310，311，313，324，334－338，341－344，346－348

民间借贷　22，159，161，162，164，287，311，315，344

民事程序法治现代化　7，15，36，38，48，54，59，61，100，156

民事程序容量　301，302

民事强制执行法　136，181，196

民事权利　14－16，19，25，61，65，78，83，94，101，102，105，113，123，136，137，141，143，144，146，168，182－196，199，200，202，216，224，227，235，237，238，247，254，256，277，291，295，308，324，334，337

民事权利能力　200，202

民事权益争议　143，146，224－228，230，232－235，237，241，245，247

民事生效裁判　332，334，335，337，347

民事诉权　1，3－133，135－186，188，190，192，194，196－198，200，202，204－206，208，210，212，214－216，218，220，222－224，226，228，230，232，234－236，238，240－242，244，246－248，251，253－350

民事诉讼法典　10，35，50，80，87，92，98，101，102，128，137，151－153，186，196，218，294

民事诉讼目的（民事诉讼制度目的）　8，15，44，186，196

民事诉讼体制（模式）　5－7，9，11－13，19，26，28，31，33，41－43，45，47－63，65－68，79－82，84－86，94，99，106，109，126，129，131，135，138，142，144，147，149，151－153，155－157，163，169，175，176，178－180，182，195－198，200，201，203，204，208，210，213，214，223，224，226，227，230，235，237，238，240－243，246，247，253，256，268，269，284，287，292，299，306，307，309，312，329，337，349

明确的被告　75

P

拍卖　223，225，227－229，232－234，241，242，337，338

排除一切合理怀疑　60，317，326

判决　8，9，22－25，31，32，34－36，49，67，68，70－73，76，81，83－87，90，92，94，97，100，113－117，119－121，124－126，128－130，136，139－145，155，159，165－168，174，175，177，178，180－185，190－197，201，203，207－210，221，224，234，236－240，242，244，265，266，269，270，275，279，282，283，288－292，294－299，301，303，304，306，307，309，311－313，315－324，327，328，333－337，339，340，342，344，345，350

判决类型 5，8，69，191，244，335

判决请求权构成要件 83，132，147，173，175，178

陪审制 38，264，284

破产 312，343

破产债权 343

普通共同诉讼 50，295，302－304

普通诉讼程序 188，211，225－227，233，235，237，240－242，246－248，347

普通形成权（一般形成权） 168，188－189

普通债权 342，343

Q

其他组织 17，21，65－69，75，76，80，83，85，86，139，199，200

起诉规范 20－27

起诉门槛 26，38，51，57，69，82，92，124，131，132，147，152，153，155－157，167－170，172，176－178，278

起诉难 13，16，18，31，34，35，38，70，84，93，94，97，120，128，132，135，136，139，147，153，154，156，163，165，169，181，182，205，207，208，212，214，259，277，306

起诉权 4，9，13，16－18，20－24，26，27，29－31，34，36，51，67－69，72，76，81－91，93，94，97，99，100，102，106，114－116，119，121，124，128－132，135，136，138，139，142，145，147，150－170，172－176，178，223，224，253，312，315－317，326

起诉权构成要件 23，67，68，83，132，135，147，152－156，163，165－170，172－175，178

起诉权中心模式 82，84

起诉条件 12，15，21－24，26，32，36－38，65，68－70，74，77－83，92，93，105，120，128，129，131，132，135，136，139，140，142，145，147，152，155－159，163，165－168，170－172，174，177，178，207－209，213，229，230，233，259，274，276，289，304，318，322，347

起诉条件法定 74，77，79－81，85，106，158，163，165，213，347

起诉行为 21－23，25，26，83，169，171，172，174，178，207，274，275，316

起诉行为成立要件 83，132，147，170，171，175，178

起诉状　21，22，24，25，30，32，37，74，77，122，139，169－171，176，177，181，208

前置程序　26，167－169，236，237

前置请求程序　163，166

强制担保　209，211，212，216

强制执行　39，75，81，83，90，136，137，142－144，179，181，183－185，188，189，191－193，196，197，203－205，214，216，225，226，230，242－244，247，248，296，297，316，336－338，341，347

切实实施民法典　13－15，17，105，121，123－125，127，130，131，175，178

亲子关系　27，168，173，176

请求权　6－8，11，16，19，29－32，35－36，48－50，52，57，58，60，62，67，68，89，93－95，100，102，103，110－112，114－132，135，137－145，148，150－153，166－169，172，174－176，178－180，182，184，185，187－192，194，198，211，214－216，223，245，280，281，283，287，289，291－293，296－298，300，301，306，313，339，342，345，346

全过程诉权保障　71，73，74，84，147，149，154，156，157，163，169，172，176

权利保护请求权（法律保护请求权）　6，19，31－32，35，48，57－58，102－103，114，116－127，130－132，135，137－148，151，180，182，214，215，223，306

权利义务承受　144，199，201

权利质权　243

确认利益　125

确认判决　224，270，333，335－337，342

确认之诉　114，125，175，176，184，187－189，214，241，245，336，338，342

R

人案比　28，155，176，253，260

人格权　25，136－139，148，188－190

人格权禁令　13，136，188，189

人权　4，7，12，16，46，47，53，66，68，73，81，96－98，102，

106，116，148，149，182，193，214，248，281，316，341

人权化　19，20，97，98，100，106，148，151

人身安全保护令　158，165，188

认诺　238，323，324

S

萨维尼　12，13，19，35，82，88，93，109－113，117，120，121，124，125，137，138，151，332

三段论　25，49，183，210，217，275

善意取得　342

上市公司　243，247，248

上诉　21，75，81，87，97，105，132，153，160，164，166，205，236，239，242，266，273，276，281，289，290，293，296，297，303－305，311，316－323，330

上诉权　4，5，9，13，30，36，66，72，77，83，87，88，90，112，128，150，151，159，163，318，319

上诉条件　175，276，305，318，319

舍弃　314，323

申请难　13，38，136，137，144，205－210，212，213，215，217，219，222，223，264，277

申请权　13，66，67，72，73，75，83，145，156，164，179，210，213，312，316，317，319

申请条件　208，209，213，215，219，229

申诉　20，66，71－73，87，194

申诉权　71－73

审级利益　127，210，238，239，248，298，324，347

审理负担　61，166，256，257，260，268，309

审判程序　13，75，80，83，84，86，92，132，136－139，142－147，149－151，153，155－159，161－163，165，167，169－173，175，177－185，188，191－193，195－197，200，203，204，207，210，214，215，223－226，233，235，241，247，253，269，271，272，306，312，330，331，337，347，349

审判权　11，15，46，72，94，95，99，126，127，162，306，307，309－313，315，317，319，321，323，325，326

审限　5，136，209－213，215－217，232，234，235，242，247，257，262，268，271，273

审执分离　180，181

胜诉权　4，16，17，20－24，26，27，29，30，48，67，68，72，81－86，90，91，93，94，100，106，114，115，128－131，138，139，142，143，145，153，154，159，162－164，167，168，171，174－176，178，179

胜诉权构成要件　22，34，36，67－69，83，131，132，147，167，168，175，176，178，185，224，312

实体法律关系　125，154，190，210，243，244，246，285，298，331－336，343，344，346，347

实体法说　44，52，62，100，244－247，278，288，292，332－334

实体事项　31，131，166，174，175，217－220，312，313

实体性异议　230，232－235，238－243，247，248

实现担保物权程序　225，227，230，233，238

实质理由　227，233，345

市场经济　4，41，50，55，57，59，82，91，92，109，148，254－256，259

释明　5，54，62，72，77，78，83，161，172，187，189，218，233，246，248，272，275，278，283，284，287，292，294，296－298，301－304，310－312，314，315，349

受理　11－13，17，21－23，26，28，30，36，38，68－73，75，76，80－83，85，94，105，116，121，125，128－131，135－137，147，150－158，161，165，167，169，170，172－175，177，178，181，206－209，213，224，229，230，234，236，237，259，262，264，274，278，293，310，314，316－318，320，322，326，343，345，346，349

受理条件　75，152，161，170，181

受让人　195－197

书证程序　145，248，249

疏明　139，218，220－222

双重法秩序　190，191

司法保护　14，16，29，31，90，93，94，98，99，116，191，192

司法保护请求权　19，116－118，126，127，214，215

司法地方保护　173

司法辅助人员　264

司法责任　171，256，257，269－272，275，286

司法职权　269，270，272，274－276

司法职权范围　253，269，274

司法职权效能　274，275

司法资源　28，32，54，59，61，92，146，154，176－178，213，225，
　246，247，253，254，264，265，267，272，273，304，305，
　318，319

私法诉权　6，10，12，13，17－19，28，29，31，36，48，57，65－70，
　73，82，84－86，89，93，94，99，100，106，108－114，116，119－
　121，123－125，129，130，137－139，147，151，154－156，169，
　177，182，214，332

送达　25，30，32，36－38，122，139，140，169－171，176，177，
　208，234，264，267，268，310

送达难　275

苏联　7，10，17，18，28，34，35，38，41－44，52，65，84，88－91，
　93，95，99，101，102，109，113，115，124，128，129，135，151－
　153，155，214，215

诉　3－106，108－132，135－249，253－260，263－350

诉的合并　140，201，276，281，294，295，302，304

诉的利益　161，163，174，314

诉的前提条件　35，139－142

诉累　266，267，272

诉前行为保全　13，23，24，84，136，137，144，190，205－213，215－
　217，219，221，222

诉请解除　189

诉权否定　19，117，118

诉权概念　4，7，9，17，18，23，34，87，88，99－101，109，112，
　122，136－138，148，215

诉权规范　9，20，21，23，26，33，64，150

诉权规制　96，98，106，306，307，326

诉权滥用　4，12，33，38，54，59，60，63，71，76，82，96，97，
　149，170，177，306，307

诉权模式　6，17，28，32，34，65，109，115，129，130，137，140，
　153，154，163，215，224

诉权学说　5，8，10，13，17－20，31，88，89，93，95，98－101，108－

111，113，115，117－119，124，125，127－129，131，333

诉权要件分层　169，170，175，180，213，215

诉讼保全　136，137，144，145，179，188－190，205，215，220

诉讼爆炸　28，32，34－36，38，48，49，51，52，54，56－59，61，66－69，72，73，76，80，82，84，85，92，96，121，131，132，135，138，146，152，155，170，176，177，203，211，223，253，255，257，258，262，263，265，277，278，280，299，302，303，306，312，318，324

诉讼标的　4，7，8，13，15，16，22，28，33，44，45，48，50，52－54，56－58，60，62，69，82，91，98－101，108，111，141，146，174，183，184，188－192，194，195，197－199，201，207，224－228，235，238，241，242，244－246，253，256，269，270，274－276，278－289，291－306，311－314，320，339，340，346

诉讼标的额　266－268，275，276

诉讼程序　4，5，12，17，30，62，65，67，68，80，83，94，96，114，121，122，139，142，146，154，163，182，183，187－190，203，207，212，214，218，219，225，226，235，237－242，248，253－255，264－268，274，277，284，285，292－297，301，304，305，329，339

诉讼担当　65，196，197，201

诉讼抵销　303，304

诉讼法说　62，100，124，332－335，347

诉讼费用　11，32，36－38，78，95，96，152，177，178，212，281，324

诉讼费用救助　37，76，177，178

诉讼费用预交　36－38，177－179

诉讼模式　11，44，46，52，53，55，56，58，60，94，144，148，192，193，203，213，240，253，255－257，268，269，273，283，305，307，308，317，324，326

诉讼请求的变更　281

诉讼权利　11，14，16，21，22，34，41，47，49，53，56，59－61，65，67，74，75，90，92，94，99，100，113，128，140，146，156，158，162－164，182，186，223，225，238－241，246－249，254，280，281，314，315，317－319，321，322，324，326，341

诉讼权利滥用　309，315，317，322，324，326

诉讼时效　23，24，27，36，129－131，162，163，167，168，175，

187，232，233，321

诉讼实施权　124，141，144，165，166，170，174，176，199，201，202，204，283，296

诉讼体制　9－11，15，34，40－44，46－49，51－63，65，86，88，89，101，106，109，151，173，204，213，240，253，255－259，268－276，307

诉讼效率　35，175，203，238，239，241，249，265，266，269，272，273，279，281，282，286

诉讼行为能力　21，140，170－172

诉讼要件　35，36，118，120，139－142，169，174，177，180，181，184，208，214，215，289，328

诉讼指挥权　61，275，284

诉之追加　282

所有权　160，166，247，297，332－334，336，338，339，342，343，348

T

调解书　286－292，304，317，327，328，334，337，340，344，345，349

调解员　264，271

调解自愿　292

特别程序　68，73，84，143，145，184，188，210，226，229，234，236，265，306，347

特殊动产　243，336，348，349

填补功能　308，309，311，322，324

听证　175，234，235，239

同时履行抗辩权　298，299

突袭裁判　72，323

推定　77，192，193，198，242，243，248，300，332

W

委托代理　170，171，291

温德沙伊德　6，35，110－112，137

无独立请求权第三人　162－164，282，293，294

无理缠诉　28，32，33，37，57，70，71，96，170，176，177，307，326

无罪推定　193

物权变动　5，8，69，191，224，244，270，334－338，342，343，347，348

X

希尔伯特问题　3-5，7，9-11，13，15，17，19-21，23，25-29，31，33，120

先刑后民　229，230

消极起诉条件　24，30，75，78，82，153，157，170，171，198

小额程序　145，265-268，271-273，275，276

小额化　253，268，273

协同主义（协动主义）　44，52，56，284

协议管辖　173

刑事诉讼　71，73，103，104，139，144，177，193，195，199，204，216，217

行政诉讼　5，12，74，180，208

形成判决　5，8，69，191，224，334-337，341，348

形成权　168，176，188，189，233，334，335

形成诉权　5，26，142，163，164，168，189，224，334-337，347

形成之诉　114，176，184，187，189，245

虚假诉讼　9，28，32，33，37，57，58，61，70，71，76，96，98，193，270，282，306-309，315，317，326-333，335-350

选择合并　283

Y

一审终审　238，239，265-267，271，273，275，276

一事不再理　163，166，170，174，188，190，194，195，198，199，241，245-248，280，286-289，291，292，297，304，323，334，340，346，347，350

以裁代判　312-313

应诉管辖　173

应诉权　16，90，94

英美法系　51，89，205，256

优势盖然性　218-221

优势证据　216

优先受偿　227-229，231，232，234，241，242，247

有独立请求权第三人　24，282，293

有限责任　159-162，168，202，203，231，243，316

预备合并　283，302

预决效力　61，146，225，240，244，246－248，271，272，341，346，349，350

员额法官　259，263，276

员额制改革　49，82，262，263，265，276

原告适格　36，65，82，83，129，152－154，158，160，161，163，165，166，168，171，172，174，178，193，282，347

Z

再法典化　7，36，81

再审申请　81，286，288，316，319，323

再审诉权　4，66，72，83，97，128，150，151，156，162－164

责任比例　296

责任财产　201

诈害防止参加　282

占有人　196，197

证据失权　44，53，54，60，61，219，256，269，272，321

证据资格　242

证明标准　144，145，205，215－222，242，275

证明力　242，243，248

证明责任　4，8，15，33，44，49，53，58，176，183，210，217，218，220，256，269，281

支配权　168，176

知情权　72，162，166－168

执行程序　13，73，75，81，84，86，137，143，144，180－183，185，187，189，191－193，195－197，199－204，223，224，226，229，253，306，307，312，337，338

执行力　100，144，180－185，190，192，193，195－201，203，204，253，307，334

执行力扩张　192，199，201－204

执行乱（乱执行）　34－35，136，144，180，185，191，198，201，203－204，223，277

执行难　13，34，35，38，75，136，144，156，180，182，185，191，197，198，201，203，204，210，211，223，277

执行依据（执行根据）　144，146，184，203，226－227，229－230，235，241－242，246－248

执行异议　5，77，81，185，191，230，313，314

执行异议之诉　24，81，181，191，205，313，314

执行债权　191，193，337

直接利害关系　69，75，165，166，173，215

职权进行原则　274，275

职权主义　42，43，47 - 49，51，52，55 - 59，61，118，256，257，
　269，307，333

中国式现代化　9，12，13，15，20，26，32，34，68，74，79，101，
　104，128，131，147 - 150，153，156，157，171，172，178，179，
　312，324

中国问题意识　8，9，15，33 - 35，37 - 39，41，43，45 - 61，63 - 65，
　67，86，101，108，109，115，120，151

仲裁裁决　128，158，184，334，349

仲裁协议　175，208，247，322

专属管辖　173，174

追加被执行人　197，199，201，203

自认　60，61，217，269 - 271，323，343，349

自由裁量权　302，313，315

自由心证　275

自由资本主义　89

自主知识体系　64，84，85，103 - 106，108，121

最高额抵押　228，231，247

后 记

二十年前的夏天，我正在清华大学第六教学楼的期末考场奋笔疾书。相较于民法学、刑法学的体系之美与方法之妙，民事诉讼法学对于本科一年级下学期的法学生来说是高深且费解的。"诉讼标的不是具体的物，而是权利或法律关系主张。"上述内容只可能作为备考前的口诀，却很难真的被融入头脑。相比诉讼标的，民事诉权更为抽象并更具挑战性，张卫平教授将其称为法学界的"猜想级问题"。和同学们一样，我也被张卫平教授的为人为学所深深吸引。而"猜想级问题"这个提法也燃起了我的好奇心和好胜心。我于是吞下了民事诉权这枚"鱼饵"，投身于民事诉讼法学的学习和研究中。作为课程助教，我在本科和研究生阶段又听过五次民事诉讼法学必修课。每当张卫平教授讲到民事诉权时，我都会打起精神试图解开这道"猜想级问题"。而在文献中看到民事诉权的概念分歧和学说论战时，我似乎遇到了一位"老朋友"，常常沉浸在民事诉权理论文献中不愿离去。准确地说，我对民事诉权的兴趣并不理性，文献的堆积并没有升华出民事诉权这一"猜想级问题"的解题思路。不过，这份面对民事诉权的"不服输"也深深地埋在了一个青年学子的心里。

2013年年初，我在德国萨尔大学获得法学博士（Dr. iur.）后回到清华大学继续深造。张卫平教授鼓励我以"民法与民事诉讼法的衔接"作为博士后阶段的主要研究方向。就这样，民事诉权这位"老朋友"又一次出现在我面前。民事诉讼法学从民法学中独立出来的契机正是民事诉权的公法化。赫尔维格将具体公法诉权说发扬光大，以权利保护请求权说夯实了民事诉讼法学的独立地位，并借助阶层化的民事诉权构成要件推动了民事诉讼法学的科学化与体系化。以民法与民事诉讼法的交叉研究作为新视角和新思路，我对民事诉权有了新的认识。面对虚假诉讼问题，民事诉权很可能失语。民事诉权基础理论研究虽然旗帜鲜明地呼吁保障当事人享有的民事诉权，但对民事诉权的内涵、外延、构成要件又莫衷一是。既有研究难以为虚假诉讼的科学治理和民事诉权的有效保障提供清晰指引。在张卫平教授的指导和鼓励下，我尝试对虚假诉讼进行实体/程序交互式研究。意想不到的是，上述民事诉权基础理论研究的新思路获得了编审老师和外审专家的支持与好评，有幸发表在《中国法学》2014年第6期。

与此同时，张卫平教授还鼓励我朝着民事诉权的体系化发力。既有的民事诉权基础理论较为抽象，进而使民事诉权停留在法理学、法史学和宪法学等维度。这虽然有利于民事诉讼法与其他法律部门的交流和交叉，但过于抽象的民事诉权研究也存在脱离民事诉讼立法和实践的隐忧。当诉权进入民事程序的具体语境，民事诉权基础理论研究豁然开朗。民事程序通常被分为审判程序、执行程序和保全程序。而在其他国家和地区单行立法的非讼程序（"特别程序"）也被规定于我国民事诉讼法中。可见，我国的民事程序有四个基本大类。由此观察，民事诉权体系至少可被划分为审判程序中的民事诉权、执行程序中的民事诉权、保全程序中的民事诉权以及非讼程序中的民事诉权。考虑到2012年修正的《民事诉讼法》在"特别程序"中新增"实现担保物权案件"，我先以非讼程序中的民事诉权作为切入点，有关非讼程序标的的研究成果有幸发表在《法学研究》2016年第2期，而以诉权要件阶层化为内核的审判程序民事诉权研究成果则发表于《中国法学》2024年第4期。

"民事诉权规制"和"民事诉权体系"这两个实体/程序交互式研究面向为我打开了民事诉权基础理论研究的新局面。相较而言，"民事诉权原理"是容易被忽视的重要理论板块。以民事诉权概念、学说为代表的既有诉权研究成果如一座座高峰，使后来人在赞叹的同时也心生畏惧。我选择了翻译德国民事诉讼法学之父赫尔维格教授的诉权经典著作《诉权与诉的可能性：当代民事诉讼基本问题研究》作为突破口，并有幸在国家社科基金青年项目资助下出版。新中国成立以来，我国民事诉权基础理论深受苏联影响。不过，苏联法学家顾尔维奇教授的《诉权》并未参考赫尔维格的上述重要作品。这就使顾尔维奇对权利保护请求权说的认识并不全面，甚至陷入了彪罗式和科勒式的窠臼。通过翻译出版赫尔维格的《诉权与诉的可能性：当代民事诉讼基本问题研究》，同时翻译该书所针对的三篇诉权经典论文，我国民事诉权基础理论研究将可能走出"隐秘的角落"。这也将为我国民事诉权的谱系定位和模式转型提供更为坚实的理论基础。《诉权与诉的可能性：当代民事诉讼基本问题研究》这部译作意外地入选了2018年度法律出版社十大好书并居于榜首，随后又在学界前辈的包容支持下入选法律出版社首届"金獬豸"奖，这更使我坚定了实体/程序交互式民事诉权基础理论研究的信心。

　　与过去十余年的民事诉权基础理论研究一脉相承，本书同样分为"民事诉权原理""民事诉权体系"和"民事诉权规制"三个面向，它们都以实体/程序交互为研究特色。在中国人民大学出版社郭虹老师和白俊峰老师的提议和支持下，本书与同期出版的实体/程序交互式民事诉讼法学教科书《民法典与民事诉讼法的交错》一起作为"民法典与民事诉讼法协同实施研究三部曲"的组成。本书的相关内容曾得到多位编审老师和外审专家的支持，阶段性成果先后发表在《中国法学》《法学研究》《环球法律评论》《政法论坛》《法学评论》《法治研究》《国家检察官学院学报》《中国法律评论》《当代法学》《上海政法学院学报》《河北法学》《社会科学文摘》等学术刊物上。借此机会，我想由衷感谢陈贻健、陈永强、冯珏、李曼、李晓倩、梁昕照、寇丽、马章民、汤仙月、王小玲、占善刚、周晓霞、姚佳、杨会新、易明群、袁方、赵毅宇等编审老师。

　　我也想衷心感谢中国政法大学讲师刘子赫博士和冯祝恒博士、华东政法大学师资博士后陶禹行博士、清华大学博士研究生马鹏博、周奕彤和聂李烜对本书提出的意见和建议！

　　我还要再次感谢中国人民大学出版社的郭虹老师、白俊峰老师以及本书的编辑团队。正是郭虹老师和白俊峰老师的到访才促成了本书及其所在的"民法典与民事诉讼法协同实施研究三部曲"。编辑团队的敬业和严谨使本书尽可能减少了谬误之处，你们让我深受感动并受益良多。当然，本书仍要文责自负。我也想再次恳请各位师友和读者不吝提出宝贵的意见和建议。

　　最后，我要感谢我的父母、爱人、儿子和女儿，谢谢你们一直陪伴在我的身边，让我时刻感受到人生的馈赠。正是你们的包容和理解，让我可以长时间无忧无虑地思考和写作。我同样把这本书献给你们！

任重

2025 年 6 月

于清华大学法律图书馆

图书在版编目（CIP）数据

民事诉权基础理论研究 / 任重著 . -- 北京 ：中国
人民大学出版社，2025.6. -- ISBN 978-7-300-34240-5

Ⅰ. D925.104

中国国家版本馆 CIP 数据核字第 2025ZK3707 号

民法典与民事诉讼法协同实施研究三部曲

民事诉权基础理论研究

任 重 著

Minshi Suquan Jichu Lilun Yanjiu

出版发行	中国人民大学出版社			
社　址	北京中关村大街 31 号		**邮政编码**	100080
电　话	010 - 62511242（总编室）		010 - 62511770（质管部）	
	010 - 82501766（邮购部）		010 - 62514148（门市部）	
	010 - 62511173（发行公司）		010 - 62515275（盗版举报）	
网　址	http://www.crup.com.cn			
经　销	新华书店			
印　刷	北京七色印务有限公司			
开　本	720 mm×1000 mm　1/16		**版　次**	2025 年 6 月第 1 版
印　张	25 插页 1		**印　次**	2025 年 10 月第 2 次印刷
字　数	423 000		**定　价**	98.00 元

版权所有　侵权必究　印装差错　负责调换